SEGURANÇA INTERNA

REFLEXÕES E LEGISLAÇÃO

LUÍS FIÃES FERNANDES
Mestre em Estratégia e Assistente do Instituto
Superior de Ciências Policiais e de Segurança Interna

MANUEL MONTEIRO GUEDES VALENTE
Director do Centro de Investigação e Assistente do Instituto
Superior de Ciências Policiais e de Segurança Interna

SEGURANÇA INTERNA

REFLEXÕES E LEGISLAÇÃO

ALMEDINA
1955-2005

SEGURANÇA INTERNA
REFLEXÕES E LEGISLAÇÃO

AUTORES
LUÍS FIÃES FERNANDES
MANUEL MONTEIRO GUEDES VALENTE

EDITOR
EDIÇÕES ALMEDINA, SA
Rua da Estrela, n.º 6
3000-161 Coimbra
Tel.: 239 851 904
Fax: 239 851 901
www.almedina.net
editora@almedina.net

EXECUÇÃO GRÁFICA
G.C. – GRÁFICA DE COIMBRA, LDA.
Palheira – Assafarge
3001-453 Coimbra
producao@graficadecoimbra.pt

Novembro, 2005

DEPÓSITO LEGAL
234598/05

Toda a reprodução desta obra, por fotocópia ou outro qualquer processo,
sem prévia autorização escrita do Editor,
é ilícita e passível de procedimento judicial contra o infractor.

À Lara pelo incentivo e pela amizade
　　　　　Manuel M. G. Valente

Ao João Pedro e à Ana
　　　　Luís F. Fernandes

PREFÁCIO

O estudo da segurança interna surge, nos dias de hoje, de modo poliédrico, o que nos incute a acção de não o bloquearmos nas sedes da ciência do polícia, do estratego, do jurista, do político, do jornalista, mas, antes, de lhe abrirmos as portas aos vários campos do saber. A multifacetada visão de um mundo em mutação inclina-nos a colher e a registar para o «eu» e o «outro» e o «nós» breves reflexões jurídicas e estratégicas de um objecto de estudo ansiado e vasculhado por todos os cidadãos – nacionais ou europeus – e, ancorada na ideia de aquisição de conhecimento, uma panóplia de legislação intrínseca à tipologia de segurança interna e conexa à prossecução da função de um direito garantia de todos os demais direitos.

Anichados à ideia de conglomeração de conhecimentos doutrinários e legislativos, propomos apresentar a todos – cidadãos – uma obra que não se esgota na ideia de colectânea de diplomas legais que vagueiam no imenso deserto da descoberta diária que nos cabe sempre que nos interrogamos sobre questões genéticas ou colaterais à segurança interna. Pois, metamorfosear a vastidão e profusão de diplomas legais da segurança interna foi nosso ensejo, cuja empreitada inacabada é-nos conscientemente posta a nu, mas não quisemos que, após mais um ano lectivo, os nossos alunos pudessem rebater aos professores a inexistência de uma obra recheada de diplomas que fazem o dia a dia das ciências policiais e da materialização da função de polícia: *defender a legalidade democrática e garantir a segurança interna e os direitos do cidadão.*

A obra que trazemos à estampa encarna a ideia de poder disponibilizar aos investigadores e professores das matérias cientificas da segurança interna uma unidade de apoio legislativo, evitando-lhes a perda de tempo na busca de um diploma disperso.

A «eles» se deve, também, esta obra composta por duas partes: uma primeira dedicada a duas reflexões doutrinais sobre a segurança interna, sendo uma mais jurídica e outra mais estratégica; uma segunda engancha o **Sistema de Segurança Interna** – a Lei de Segurança Interna, o Regimento do Conselho Superior de Segurança Interna, as Normas de Funcionamento do Gabinete Coordenador de Segurança e o Sistema Nacional de Crise –, as leis **orgânicas das várias forças e serviços de segurança** – GNR, PSP, SEF, e dos Sistemas da Autoridade Marítima, de Autoridade Aeronáutica e de Facilitação e Segurança da Aviação Civil –, **o Sistema de Informações da República** – a Lei orgânica do SIRP, o SIS e o SIED –, a **Segurança Nacional** – o Gabinete Nacional de Segurança e Respectivo Serviço e o Segredo de Estado – e **Legislação Complementar** – o Regime do Estado de Sítio e de Estado de Emergência, a Organização da Investigação Criminal, o Regime do Agente Infiltrado, os Conselhos Municipais de Segurança, a Lei Quadro das Polícias Municipais, o Regime Jurídico da Segurança Privada e os diplomas da Protecção Civil.

Os autores

LUIS FIÃES FERNANDES
MANUEL MONTEIRO GUEDES VALENTE

Parte I
REFLEXÕES

REFLEXÕES (BREVES) TÉCNICO-JURÍDICAS SOBRE SEGURANÇA INTERNA

§1.º ENQUADRAMENTO GERAL

A discursividade sobre Segurança Interna não se esgota no quadro jurídico-constitucional e jurídico-criminal, mas também atraca a si um quadro operativo-policial, um quadro operativo-político e um quadro operativo-social, cultural e económico. Todavia, é nosso ensejo promover uma breve reflexão dos quadros jurídicos citados sem que nos olvidemos que é o resultado sequente e inalienável dos restantes quadros.

A Segurança Interna, como primeiro ponto a clarificar, não pode cingir-se a atribuições, competência ou missão exclusiva da POLÍCIA[1] sob pena de atrofiarmos a concepção de um Estado de direito democrático em que a *participação individual e colectiva* de todos não só é um dever de cidadania, mas antes um direito constitucionalmente consagrado de cada membro da comunidade[2] e tarefa fundamental do Estado[3].

---

[1] Na restrita concepção do art.º 272.º da CRP. Quanto a este assunto, MANUEL MONTEIRO GUEDES VALENTE, "Contributos para uma tipologia de Segurança Interna", in *I Colóquio de Segurança Interna,* Almedina, Coimbra, 2005, pp. 79-88.

[2] Cfr. n.º 1 do art.º 48.º, n.º 1 do art.º 52.º da CRP.

[3] Cfr. al. *c*) do art.º 9.º da CRP, na qual se apresenta como tarefa fundamental do Estado "incentivar a participação democrática dos cidadãos na resolução dos problemas nacionais".

Em segundo lugar, releva consciencializarmo-nos de que a Segurança Interna hoje não é uma questão do soberano isolado, de um só Estado, antes uma realidade de vários Estados Fronteira que, face à globalização ou à *desterritorialização* da Segurança[4] ou às iminentes ameaças regionais, europeias e globais[5], que afectam o dia a dia de cada cidadão, se metamorfosearam em *Estado Fronteiras*[6], *i. e.*, a segurança interna é uma questão de globalidade das soberanias nacionais[7].

Em terceiro lugar, cumpre-nos fazer um périplo jurídico e técnico-operativo pelos diversos diplomas que compõem o sistema de Segurança Interna, desbulhando *alguns pontos* cruciais para a construção de um futuro quadro legislativo capaz de responder não só aos desafios da segurança de *marca nacional*, de segurança de marca europeia e de marca internacional[8], *i. e.*, pretendemos, com esta breve análise, retocar

---

[4] Quanto à desterritorialização de Segurança, LUÍS FIÃES FERNANDES, «As "Novas" Ameaças como Instrumento de Mutações de Conceito de "Segurança"», in *I Colóquio de Segurança Interna*, Almedina, Coimbra, p. 123.

[5] A globalização ou semi-globalização, na acepção de EMÍLIO GERELLI [«Il fantasma della globalizzazione e la realtà. Dei sistemi tributari negli anni 2000», in *rivista di Diritto Finanziario e Scienza delle Finanze*, 1997, p. 451], « como "mecanismo" social hiperdinâmico que torna globais os espaços económicos, culturais e informativos que antes se estruturavam, definitivamente, a um nível nacional», [JOSÉ DE FARIA COSTA, "O fenómeno da globalização e o Direito Penal Económico", in *Estudos de Homenagem ao Prof. Doutor Rogério Soares* – Boletim da Faculdade de Direito da Universidade de Coimbra – STVDIA IVRIDICA – 61 – *AD HONOREM* p.533], catapulta o mesmo sintoma de perda de *marca nacional* para a questão da segurança.

[6] Quanto a este assunto, MANUEL M. G. VALENTE, "Contributos para uma Tipologia...", *in Op. Cit.*, pg. 88-89.

[7] Quanto a este assunto ADRIANO MOREIRA, "A Segurança e o Novo Mundo", in *II colóquio de Segurança Interna*, Almedina, Coimbra, 2005, (no prelo); ANABELA MIRANDA RODRIGUES, *Um Sistema Sanciomatório para a União Europeia – Entre a Unidade e a Diversidade ou Os Caminhos da Harmonização*, Texto policopiado e cedido no curso de Mestrado em Ciência Jurídico-Criminais da Faculdade de Direito da Universidade de Coimbra na cadeira de Direito Penal Europeu, 2005, pp. 1-3.

[8] Quanto à Segurança Interna no contexto internacional, ANABELA MIRANDA RODRIGUES, "O mandado de detenção europeu", in *Revista Portuguesa de Ciência Criminal*, Ano 13, Fasc. 1.º, 2003, pp. 27-63, AZEREDO LOPES," A Segurança Interna no Contexto Internacional" in *I Colóquio de Segurança Interna*, (Coord. MANUEL

as ideias e aproximá-las da ideia fundamental que, hoje, qualquer Estado não pode descurar: O Sistema de Segurança Interna de cada Estado-Membro tem de se conexar com o espaço de segurança comum europeu no respeito pelos princípios da liberdade, da democracia, do respeito pelos direitos do Homem e pelas liberdades fundamentais, do Estado de direito e no respeito dos direitos fundamentais, património da humanidade – art. 6.º do TUE[9].

§2.º DO QUADRO LEGISLATIVO

2.1. Da Lei de Segurança Interna e Diplomas Conexos

I. O quadro legislativo português da Segurança Interna emerge de uma concepção de *"mundo tranquilo,* de uma organização estadual sólida e de estabilidade tranquilizadora, em que a separação de poderes e funções era também indiscutível no que respeita à segurança e à defesa"*[10]*. Hoje, não podemos descurar a ideia do cenário de "Casulos

---

VALENTE), Almedina, Coimbra, 2005, pp. 13-20. Quanto à limitação da soberania dos Estados pelos próprios e a teoria voluntarista e a teoria objectivista – em que o "Estado não é realmente soberano: a lógica exclui a pluralidade de soberanos; um Estado, ao delimitar as suas próprias fronteiras, deve contar com os seus vizinhos" –, RENÉ-JEAN DUPUY, *O Direito Internacional*, (tradução de CLOTILDE CRUZ), Almedina, Coimbra, 1993, pp. 24-30.

[9] Neste sentido ANABELA MIRANDA RODRIGUES, "O mandado de ...", *in Op. Cit.*, Ano 13, fase 1.º, 2003, pp.50-51; "A Emergência de um «Direito Penal Europeu»: Questões Urgentes de Política Criminal", *in Revista Estratégia do Instituto de Estudos Estratégicos Internacionais;* n.ºs. 18-19, 1.º e 2.º semestres, 2003, pp. 151--152; ANABELA MIRANDA RODRIGUES e JOSÉ LOPES DA MOTA, *Para uma Política Criminal Europeia,* Coimbra Editora, Coimbra, 2002, pp. 43-51. Quanto à segurança interna desenvolvida pela PSP no quadro europeu de Schengen, PEDRO CLEMENTE, *Da Polícia de Ordem Pública,* Ed. Governo Civil de Lisboa, 19998, pp. 178-185.

[10] AZEREDO LOPES, " A Segurança Interna no Contexto...", *in op. Cit.*, p. 13. Hoje, a separação radical de poderes e de funções poderá entulhar a prevenção pró--activa e reactiva, prejudicando a presunção de segurança interna de qualquer Estado ou grupo de Estados, devendo aqueles funcionarem em cooperação formal e material.

estaduais, num mundo organizado em Estados, em que cada um era responsável pelo seu quintal, em que cada um devia essencialmente tratar das flores que lá se encontrassem e cuidar dos prejuízos que lá se verificassem"[11]. A concepção tradicional de segurança interna esfuma-se na consciencialização de que a Segurança Interna não só *depende do plano internacional* – "do fluir das relações internacionais, da participação do Estado português num determinado quadro institucional europeu e transatlântico"[12] – como também ocupa o centro da mesa das preocupações da sociedade de marca nacional, de marca europeia e de marca internacional, em que o terrorismo e o desemprego ocupam o pódio seguidos do crime organizado e da manutenção da paz e da tranquilidade[13].

O quadro legislativo, mesmo tendo havido um acompanhar da evolução das preocupações e das novas ameaças em vários quadrantes legislativos que interferem com o sistema de segurança interna, parece-nos carente de um pensar inserido no quadrante geral da segurança interna no cenário de um espaço europeu comum de segurança[14] e de um espaço global de segurança[15]. Façamos uma breve reflexão sobre os diplomas.

II. A segurança interna não figura expressamente como tarefa fundamental do Estado, podendo-se retirar do articulado do art. 9.º da

---

[11] AZEVEDO LOPES "A Segurança Interna no contexto...", *in Op. Cit.*, pp. 17-18.

[12] *Idem*, p. 13

[13] Quanto a este assunto LUÍS FIÃES FERNANDES, "As «Novas» ameaças...", *in op. Cit.*, p. 125 e nota 5.

[14] No quadrante europeu, cfr. o Plano de Acção do Conselho da Europa de 3 de Dezembro de 1998, ponto 5 da introdução – JO C 19 de 23 de Janeiro de 1999, pp. 3-5. Como se depreende da leitura do plano, a constituição de um espaço comum de segurança impõe a construção simultânea e prioritária de um espaço comum de liberdade e de justiça. Cfr. n.º 6 do art. 7.º da CRP.

[15] Quanto a este assunto, a Convenção das Nações Unidas contra a Comunidade Organizada e Transnacional – Decreto do PR n.º 19/2004 e RAR n.º 32/2004, DR, I-A, n.º79, de 2 de Abril de 2004. Quanto a este assunto MÁRIO GOMES DIAS, "A Convenção das Nações Unidas contra a criminalidade Organizada Transnacional e os Protocolos Adicionais contra o Tráfico de Pessoas e contra o tráfico de migrantes", *in Estudos de Homenagem ao Prof. Doutor Germano Marques da Silva*, Almedina Coimbra, 2004, pp. 107-131.

CRP, *maxime* als. *b)*, *d)* e *g)*, em uma ideia de segurança interna ampla, tendo em conta que aquelas tarefas obedecem ao respeito da dificuldade da pessoa humana e da vontade do «povo», detentor da soberania nacional, tendo em conta o respeito e a garantia de efectivação dos direitos e liberdades fundamentais e a separação e a independência dos poderes, cuja prossecução se subordina à Constituição – cujos preceitos que respeitam aos direitos, liberdades e garantias se aplicam directamente e «vinculam entidades públicas e privadas» – e à legalidade democrática[16].

A Segurança Interna é parte integrante do direito fundamental pessoal à segurança consagrado no art. 27.º da CRP[17], que abarca a segurança interna e a segurança externa. Como direito fundamental pessoal a segurança impõe-se ao Estado como tarefa fundamental. Todavia, cumpre-nos redizer que a segurança é um direito fundamental não absoluto, mas relativo face ao princípio da liberdade, tendo em conta que a segurança se apresenta, desde o art. 3.º da Constituição de 1822, mais como garantia de direitos do que como direito autónomo[18].

A segurança interna apresenta-se constitucionalmente como uma das funções da POLÍCIA na triplica perspectiva – de ordem e tranquilidade públicas, administrativa e judiciária –, conforme n.º 1 do art. 272.º da CRP. Visão triplica que se reflecte, desde logo, no art. 1.º da Lei de Segurança Interna, aprovada pela Lei n.º 20/87, de 12 de Junho, alterada pela Lei n.º 8/91, de 1 de Abril (LSI). Debrucemo-nos sobre este diploma que criou, a par da determinação das competências da Assembleia de República e do Governo em matéria de Segurança Interna, o Conselho Superior de Segurança Interna – artigos 10.º, 11.º da Lei n.º 20/87 e RCM n.º 12/88, de 24 de Março[19], que aprova o regimento do Conselho – e o Gabinete Coordenador de Segurança – artigos 12.º e 13.º da Lei n.º 20/87 e DL n.º 61/88, de 27 de Fevereiro, que aprova a organização e o funcionamento do Gabinete.

---

[16] Cfr. artigos 1.º, 2.º, 3.º, 7.º e 18.º., n.º 1 da CRP.

[17] Quanto ao direito à segurança MANUEL M. G. VALENTE, "Contributos para a tipologia...", in *I Colóquio de Segurança Interna,* Almedina, Coimbra, 2005, pp. 90-95.

[18] *Idem,* p. 91.

[19] Cfr. DR, I Série, n.º 87, 14 de Abril de 1988, pp. 1439-1440.

III. Como função da POLÍCIA, a segurança interna, adstrita à GNR, à PSP, à PJ, ao SEF, aos órgãos dos sistemas de autoridade marítima e aeronáutica e ao SIS – conforme n.º 2 do art. 14.º da Lei n.º 20/87 –, é uma actividade que se desenvolve com o escopo de «garantir a ordem, a segurança e a tranquilidade públicas, proteger as pessoas e bens, prevenir a criminalidade», e de «assegurar o normal funcionamento das instituições democráticas, o regular exercício dos direitos e liberdades fundamentais do cidadão o respeito pela legalidade democrática», conforme n.º 1 do art. 1.º da Lei n.º 20/87.

Podemos aferir que a segurança interna prosseguida pela POLÍCIA engloba a função de defesa da legalidade democrática e a garantia dos direitos dos cidadãos – n.º 1 do art.º 272.º da CRP.

A segurança interna apresenta-se como *actividade* a desenvolver por forças e serviços de segurança, designadamente os que sendo «organismos públicos» e que «estão exclusivamente ao serviço do povo português»[20] – n.º 1 do art. 14.º da LSI –, no qual reside a *soberania* da República Portuguesa – art. 1.º do CRP. Actividade que encerra em si mesma a ideia de função[21] de segurança interna a ser exercida pela GNR, PSP, PJ, SEF, sistemas de segurança marítima e aeronáutica e SIS – nos termos do n.º 2 do art.º 14.º da LSI.

---

[20] Itálico nosso.

[21] Termo *função* – no sentido de "actividades específica, complementar de outras actividades também específicas cujo exercício coordenado é indispensável à produção de certo resultado" ou que concorre para produzir "o efeito de se atingirem os fins" de colectividade política [MARCELLO CAETANO, *Manual de Ciência Política e Direito Constitucional*, Reimpressão da 6.ª Ed., Almedina, Coimbra, 1996, Tomo I, p. 148] – concorre com o termo *missão* – tarefa – "constitucionalmente definidas, que advêm da atribuição de competências a órgãos de soberania" [GOMES CANOTILHO, *Direito Constitucional e Teoria da Constituição*, 3.ª Ed., Almedina, 1999, pp. 504--505. Tendo em conta que as forças e serviços de segurança não são órgãos de soberania [Presidente da República, Assembleia da República, Governo e Tribunais, conforme n.º 1 do art. 110.º da CRP], mas dependem do órgão de soberania governo por meio da tutela ministerial, pensamos que o termo adequado é função. Quanto à função e missão ou tarefa de segurança interna, MANUEL M. G. VALENTE, "Terrorismo: Fundamento de restrição de Direitos?", in *Terrorismo*, (Coord. ADRIANO MOREIRA), 2.ª Edição, Almedina, Coimbra, 2004, pp. 422-427.

A segurança interna como actividade a promover pelas forças e serviços de segurança rege-se dentro dos ditames constitucionais e legais – lei penal e processual penal, leis orgânicas das polícias e serviços de segurança [n.º 2 do art. 1.º da LSI] –, pautando-se «pela observância das regras gerais de polícia»[22] e no «respeito pelos direitos, liberdades e garantias e pelos demais princípios do Estado de Direito democrático» – n.º 1 do art. 2.º da LSI. A actividade de segurança interna implica a aplicação de *medidas gerais* e de *medidas de polícia* que, além da obediência ao princípio de previsão legal[23] – «previstas nas leis» [n.º 2 do art.º 272.º da CRP, n.º 3 do art.º 1.º e n.º 2 do art.º 2.º da LSI] –, devem-se materializar com respeito do princípio da proibição do excesso ou da proporcionalidade *lato sensu:* adequadas, exigíveis e necessárias (por conseguinte, subsidiárias) e proporcionais *stricto sensu* [24].

IV. Da lei não resulta uma função de segurança interna esgotada no âmbito das atribuições e competências das forças e serviços de segurança, pois aquela função estende-se à sociedade em geral através do princípio da colaboração, designado no articulado por **dever geral de colaboração** – art. 5.º da LSI. Os cidadãos, em geral, têm o *dever de colaborar* no desenvolvimento e materialização dos fins da segurança interna, permitindo, por um lado, que as forças e serviços de segurança exerçam as competências que lhes estão adstritas, e, por outro, devendo observar as disposições legais de teor preventivo e acatar as ordens e mandados legais e legítimos das autoridades[25]. No

---

[22] Cfr. n.º 3 do art.º 272.º da CRP e n.º 3 do art.º 2.º da LSI.

[23] Quanto ao **princípio da legalidade da actuação da Polícia**, MANUEL M. G. VALENTE, *Teoria Geral do Direito Policial*, Almedina, Coimbra, 2005, pp. 86-91 e toda a bibliografia aí referida.

[24] Quanto ao **princípio da proibição do excesso ou da proporcionalidade** *lato sensu*, MANUEL M. G. VALENTE, *Teoria Geral...*, pp. 91-98 e bibliografia aí referida. Quanto ao princípio da proporcionalidade e a bibliografia longa, VITALINO CANAS, *Constituição da República Portuguesa*, AAFDL, Lisboa, 2004, pp. 52-53, 267-268 e 273.

[25] A não verificação de legalidade e legitimidade do mandado ou da ordem, dota o cidadão do **direito imanente de resistir à intervenção policial**, como se tratasse de uma acção directa do cidadão face ao abuso do exercício de competências

primeiro quadro, podemos falar de um *dever de colaboração passivo* – não obstruir a actividade de segurança interna promovida pelas forças e serviços de segurança – e, no segundo quadro, um *dever de colaboração activo* – em que se impõe uma acção de maior (acatar ordens e mandados) ou menor nível (observar disposições legais) adequada à actividade de segurança.

Acresce que, a par do dever geral de colaboração, deve-se falar do **dever especial de colaboração**, que tem uma incidência quer em um quadro subjectivo quer em um quadro objectivo. Quanto a este, refira-se que, no **dever especial de colaboração**, os sujeitos adstritos não só devem observar as disposições legais de teor preventivo, acatar ordens e mandados das autoridades material e territorialmente competentes e não obstruir que aqueles exerçam as suas competências no âmbito de segurança interna – deveres gerais para o cidadão (comum) –, como ainda estão obrigados a um «dever especial de colaboração com as forças e serviços de segurança, nos termos da lei[26]» [n.º 2 do art. 5.º da LSI], como *p. e.*, comunicação da notícia do crime de que tomem «conhecimento no exercício das suas funções e por causa delas», *ex vi* al. *b)* do n.º 1 do art. 242.º CPP. Dever este que ganha maior vínculo se aquele sujeito desempenhar funções de chefia, de direcção, de inspecção ou fiscalização, cabendo-lhes, assim, um *dever de comunicação imediata* [27] de factos, conhecidos no exercício das funções ou por causas delas[28], «que constituam preparação, tentativa ou execução de crimes de espionagem, sabotagem ou terrorismo», *ex vi* do n.º 3 do art. 5.º da LSI.

---

e atribuições. Quanto a este assunto, o art. 21.º da CRP consagra o direito de qualquer cidadão a «resistir a qualquer ordem que ofenda os seus direitos, liberdades e garantias e de repelir pela força qualquer agressão, quando não seja possível recorrer à autoridade pública». Para melhor compreensão da consagração constitucional do direito de resistência, GOMES CANOTILHO e VITAL MOREIRA, *Constituição da República Portuguesa Anotada*, 3.ª Edição, Coimbra Editora, Coimbra. 1993, pp. 165-167.

[26] Entende-se de acordo com lei geral e com os diplomas orgânicos de cada força e serviço de segurança em especial.

[27] No articulado o legislador optou pelo advérvio «prontamente» que interpretamos no sentido do *imediatamente*.

[28] No mesmo sentido, al. *b)* do n.º 1 do art. 242.º do CPP.

Acrescente-se que estes sujeitos, além de deverem comunicar a conveniência de qualquer facto que afecte a segurança interna, a par de terem de observar as disposições legais preventivas referentes à segurança ou com ele concorrentes, de terem de acatar ordens ou mandados de autoridade competente e legitima, de não poderem nem deverem produzir qualquer acção ou omissão capaz de obstruir o normal exercício das competências da força e serviços de segurança, têm um *dever* especial de *comunicação imediata* sempre que o facto beliscador de segurança interna possa consignar a prática do crime de sabotagem – art. 329.º do CP –, de espionagem – art. 317.º do CP – e de terrorismo – Lei n.º 52/2003, de 22 de Agosto –, crimes que tutelam juridico-criminalmente a *Segurança do Estado português,* mais concretamente a paz pública[29] e, sequente e (in)directamente, bens jurídicos individuais: vida e integridade física.

Quanto ao *quadro subjectivo,* o dever especial de colaboração recai sobre funcionários e agentes do Estado ou pessoas colectivas de direito público e membros dos órgãos de gestão de empresas públicas, que, dependendo da função exercida na entidade a que pertence, estão obrigados a um *dever especial de colaboração* – n.º 2 do art. 5.º do LSI – ou a um *dever especial de comunicação imediata* – n.º 3 do art.º 5.º do LSI. Deveres que geram *responsabilidade disciplinar e criminal* caso sejam violados – *ex vi* do n.º 4 do art. 5.º do LSI. Acresce que estes deveres se estendem, por maioria de razão, com elementos da força e serviços de segurança, conforme determinam os estatutos e leis orgânicas e de funcionamento[30].

Acrescente-se que a LSI prescreve o *princípio da cooperação*[31] entre diferentes forças e serviços de segurança, devendo para tal pro-

---

[29] Quanto à tutela de *paz pública* com a incriminação do terrorismo, MANUEL M. G. VALENTE, "Terrorismo", 2.ª Edicção, *in Op. Cit.*, pp. 441-443.

[30] Cfr. p. e. art. 25.º da LOGNR alterada pelo DL n.º 231/93, de 26 de Junho, alterado pelo DL n.º 265/93, de 31 de Julho, DL n.º 298/94, de 24 de Novembro.

[31] Quanto ao *princípio da cooperação*, MANUEL M. G. VALENTE, *Teoria Geral* ..., pp. 371 – 404, e toda a bibliografia ai referida. Quanto ao *princípio (ou dever de) da cooperação* prescrito em vários preceitos, art. 6.º da Lei n.º 21/2000, de 10 de Agosto, que aprovou a Lei Orgânica da Investigação Criminal, alterada pelo DL n.º 305/2002, de 13 de Dezembro, o art. 6.º da LOPJ, al. *p*) do n.º 2 do art. 2.º da

mover a «comunicação recíproca de dados não sujeitos a regime especial de reserva ou protecção», com o intuito de exercerem a sua actividade segundo os objectivos e finalidades da política de segurança interna e dentro dos limites do enquadramento orgânico respectivo, *i. e.*, dentro das atribuições e competências adstritas a cada força e serviço de segurança, conforme art. 6.º da LSI.

Adite-se que da lei não se retira que o cidadão comum não será responsabilizado criminalmente se infringir o estipulado no n.º 1 do art. 5.º da LSI, pois caso proceda de forma que obstrua o exercício das competências das forças e serviços de segurança ou que não acate ordem ou mandado legítimo de autoridade ou que não observe as disposições legais de teor preventivo, o cidadão comum pode incorrer na prática de crime por acção ou omissão, cuja conduta preenche os elementos do tipo.

V. A segurança interna enquadra não só uma actividade, mas também, para que na actividade se desenrole, uma *política* que compreende um «conjunto de princípios, de orientação e medida» Com vista a prosseguir e a naturalizar a ordem, a segurança e a tranquilidade públicas, a proteger as pessoas e bens, a prevenir a comunidade, a assegurar o normal funcionamento das instituições democráticas, o exercício regular dos direitos, liberdades e garantias, o respeito da dignidade da pessoa humana, cujo sectores se deverão enraizar e emergir da legalidade do «povo».

À Assembleia da República cabe enquadrar e fiscalizar a política de segurança interna – n.º 1 do art. 7.º da LSI e al. *c*) do art. 161.º, als. *a*) e *e*) do art. 162 da CRP –, enquanto ao governo compete a condução da política de segurança interna, sendo o Primeiro-Ministro

---

LOFPSP, al. *f*) do art. 2.º da LOGNR, art. 5.º da LOFSEF. Quanto ao dever de cooperação no quadro da investigação criminal, MANUEL M. G. VALENTE, *Regime Jurídico da Investigação Criminal Comentado e Anotado*, 2.ª Edição, Almedina, Coimbra, 2004, pp. 101-104. Quanto cooperação policial em geral e em uma perspectiva vertical e horizontal, nacional e internacional, MANUEL M. G. VALENTE, *Teoria Geral...*, pp. 371-404 e , no quadro europeu, CONSTANÇA URBANO DE SOUSA, "A Segurança Interna no Quadro Europeu", *in I Colóquio de Segurança Interna*, Almedina, Coimbra, 2005, pp. 101-122.

responsável pela sua direcção – artigo 8.º e 9.º de LSI e al. *j*) do n.º 1 do art. 197.º, al. *f*) do art. 199.º e als. *a*) e *d*) do n.º 1 do art. 201.º da CRP.

Para a prossecução da política de segurança interna pelo governo foram criados os seguintes órgãos:

α. O *conselho superior de segurança interna*[32] (CSSI), «órgão internacional de auscultação e consulta em matéria de segurança interna», cabendo-lhe dar parecer quando as linhas gerais da política de segurança interna, às bases gerais quanto à organização, funcionamento, disciplina deliberação das atribuições e competências das forças e serviços de segurança e às grandes linhas orientadoras no que concerne à formação e especialização das forças e serviços de segurança, assim como lhe cabe assistir ao Primeiro Ministro quanto à adopção de *providências* que se mostrem *necessárias* em situações e momentos de *grave ameaça da segurança interna*.

β. O *gabinete coordenador de segurança* (GCS)[33], que é um *órgão especializado* com funções de *assessoria* e de *consulta* para a *coordenação técnica e operacional de actividade de segurança*, da dependência directa do Primeiro-Ministro ou, por delegação do Ministro da Administração Interna (MAI).

---

[32] Para um melhor estudo do CSSI, o *Regimento do Conselho Superior de Segurança Interna*, aprovado pelo RCM n.º 12/88, de 24 de Março de 1988, DR, I Série, n.º 87, pp. 1439 – 1440. Compõem o CSSI o Primeiro Ministro, que preside, os ministros da Administração Interna, da Justiça e das Finanças, o Comandante-Geral da GNR, os Directores Nacionais da PSP e da PJ, os Directores Gerais do SEF, do SIS e dos Sistemas de Autoridade Marítima e Aeronáutica, o Secretário Geral do Gabinete Coordenador de Segurança, o PGR para fins do art. 219.º da CRP, os Presidentes das Regiões Autónomas e Ministros da República sempre que o assunto diga respeito à região respectiva e outras entidades, o comité do Primeiro Ministro, com responsabilidade na área da segurança, conforme art. 11.º da LSI.

[33] O funcionamento do *gabinete coordenador de segurança* (GCS) foi aprovado pelo DL n.º 61/88, de 27 de Fevereiro, sendo que o compõem um *Secretário--Geral,* nomeado pelo PM, o Comandante Geral da GNR, os Directores Nacionais da PSP e da PJ, os Directores Gerais do SEF e dos sistemas de Autoridade Marítima e de Aeronáutica, conforme n.º 2 do 12.º da LSI e n.º 2 do art. 1.º do DL n.º 61/88.

Ao GCS compete assistir, regular e permanentemente, as entidades governamentais responsáveis pela execução da política criminal e estudar e fazer propostas relativamente à cooperação entre a força e os serviços de segurança, ao aperfeiçoamento do seu dispositivo, ao eventual emprego combinado de pessoal das diferentes forças e serviços de segurança atinente a fazer face a situações e a momentos de grave ameaça, a coordenação da cooperação externa, às normas de actuação e de procedimento a tomar em momentos e situações de grave ameaça da segurança interna e aos planos de alteração conjunta das forças e serviços de segurança em especial das que têm por atribuição e competência a prevenção da criminalidade – conforme artigos 12.º e 13.º da LSI e art. 1.º e 2.º do DL n.º 61/88, de 27 de Fevereiro.

VI. Como temos defendido, a segurança (Interna) tem como escopo primário a promoção do bem-estar individual e colectivo que permite, através do respeito da dignidade da pessoa humana, a concreção por cada um e pela comunidade dos direitos fundamentais pessoais, sociais, económicos e culturais e ambientais. Face a esta consciencialização e aos benefícios inegáveis da globalização, promovida pela propulsão tecnológica e internacionalização do conhecimento, e, consequentemente, aos riscos e ameaças inerentes a qualquer processo evolutivo, cujos efeitos se reportam ou extravasam a segurança interna tradicionalmente concebida, foi criado o *Gabinete Nacional de Gestão de Crises*, cujo fim é «aprovar o Primeiro-Ministro no processo de tomada de decisão e na sua execução em situações de crise» – n.º 1 do art. 1.º do DL n.º 173/04, de 21 de Julho.

Aferimos que é um gabinete que infere na actividade de segurança interna e que só deve ser accionado «quando ocorra ou se preveja que possa ocorrer uma situação de crise» – n.º 2 do art.º 1.º do DL n.º 173/04. Todavia, questão pertinente é saber o que se entende por *situação de crise*. Pois, não descuramos que qualquer situação de crise gera insegurança que se reflecte na segurança interna, contudo preocupa-nos este efeito multiplicador de conselhos e gabinetes de apoio que mais não fazem do que, nesses momentos de *crise grave*, atropelarem-se como a história tem demonstrado.

Cuidamos em defender que a expressão *situações de crise* implica, por um lado, uma análise concreta do caso e, por outro, que a expressão tem um alcance além da singular quebra da normalidade, *i. e.*, concordamos que a situação de crise *antecede o estado de guerra* – conforme se retira do preâmbulo do DL n.º 173/04 –, mas que não se afere da simples alteração da ordem ou da tranquilidade ou saúde públicas. Pois, impõe-se que a situação reflicta um momento e uma situação que, não sendo estado de guerra, demonstre a incapacidade do sistema de segurança interna ou do sistema nacional de saúde para lhe fazer face. É conveniente fazer um uso estrito do Gabinete Nacional de Gestão de Crise, sob pena de descaracterização de todo o restante sistema nacional seja de segurança interna, seja de saúde ou outro que, *in casu*, se manifeste.

2.2. Das medidas de polícia em especial

I. A actividade de segurança interna promovida pelas forças e serviços de segurança implica a tipificação de medidas atinentes a proporcionais *lato sensu* – adequadas, necessárias e exigíveis (subsidiárias) e proporcionais *stricto sensu* – à sua concreção. As medidas de polícia prescritas no art. 16.º da LSI não se confundem nem se igualam às medidas cautelares e de polícia prescritas nos artigos 248.º e ss. do CPP[34], nem com as medidas cautelares administrativas que avultam em imensa legislação administrativa[35].

---

[34] Quanto à destrinça entre as medidas cautelares e de polícia e as medidas de polícia, MANUEL M. G. VALENTE, *Teoria Geral...*, pp. 83-135 na análise que se efectua de cada princípio da intervenção policial. Quanto às medidas cautelares e de polícia, MANUEL M. G. VALENTE, *Processo Penal Tomo I*, pp. 271-282.

[35] Como a suspensão imediata da actividade de segurança privada nos termos do n.º 1 do art. 29.º do DL n.º 35/2004, de 21 de Fevereiro.

A LSI, no art. 16.º, prevê a *tipificação*, pelos diplomas orgânicos e de funcionamento de cada força ou serviço de segurança, de medidas de polícia, podendo ser:

α. **medidas gerais de polícia** – vigilância policial, a exigência de identificação de pessoa que esteja ou circule em lugar público ou que esteja sob vigilância policial[36], apreensões[37] temporárias de armas e explosivos, vedar a entrada de estrangeiros não documentados ou não desejáveis e expulsão de estrangeiros do território nacional[38] [n.º 2 do art. 16.º da CSI]; e

β. **medidas especiais de polícia** – encerrar temporariamente paióis, depósitos de fábricas de armamento ou explosivos e respectivos componentes, *renovar ou suspender autorizações* aos titulares daqueles estabelecimentos, *encerrar temporariamente estabelecimentos* que vendam armas ou explosivos[39], *cessação da actividade* de empresas, grupos, organizações ou associações que se dediquem ao crime altamente organizado [especialmente a sabotagem, a espionagem, ao terrorismo] ou ao recrutamento, treino e preparação de pessoas para a prática do crime altamente organizado [n.º 3 do art. 16.º]. Dois pontos a ter em conta: primeiro, a autoridade de polícia que determina e aplique as medidas especiais de polícia, terá, sob pena de nulidade, de comunicar de imediato – por fax, mail, telefone, telemóvel (...) – o tribunal competente para que o juiz (entenda-se em sentido amplo, *i. e.*, juiz de instrução criminal, de

---

[36] A identificação prevista na al. *b*) do n.º 2 do art. 16.º da LSI não tem os mesmos fundamentos e pressupostos que a identificação permite no art.º 250.º da CPP. Quanto a este assunto, MANUEL M. G. VALENTE, *Teoria Geral...*, pp. 175-181 e *Processo Penal* – Tomo I, Almedina, Coimbra, pp. 275-278.

[37] Podemos falar, aqui, em apreensões administrativas.

[38] Quanto a estrangeiros, DL n.º 244/98, de 8 de Agosto, alterado pela Lei n.º 97/99, de 26 de Julho, pelo DL n.º 4/01, de 10 de Janeiro e pelo DL n.º 34/2003, de 25 de Fevereiro.

[39] O controlo do fabrico, do armazenamento, da comercialização, do uso e do transporte de armas e munições, de explosivos e substâncias equiparadas que não pertençam às Forças Armadas e demais forças e serviços de segurança é atribuição exclusiva da PSP, em todo o território Nacional – *ex vi* n.º 3 do art. 2.º da LOFPSP.

comarca ou do tribunal administrativo) possa arquivar e validar, *ex vi* do n.º 4 do art. 16.º do LSI; segundo as medidas especiais de polícia têm como fundamento evitar que a *paz pública* interna e internacional e a *segurança do Estado* de direito democrático sejam colocadas em causa e, consequentemente, evitar qualquer *belisco* na segurança interna *lato sensu*.

II. Releva que, relativamente ao *controlo de comunicações* – previsto no art. 18.º da LSI –, façamos três considerações de enquadramento e de explicitação:

α. em primeiro lugar, o controlo de comunicações *não pode ser considerada uma medida de polícia*, porque, desde logo, depende de autorização do JIC e está sujeita à permanente e imediata intervenção do JIC, como se depende dos n.ºs 1 e 4 do art. 18.º da LSI, sendo, desta feita, uma medida judicial a operativizar pela POLÍCIA atinente à prossecução da segurança interna;

β. em segundo, *o catálogo de crimes* a que se faz referência no n.º 1 do art.º 18.º, com remissão para o n.º 2 do art. 187.º do CPP, imbrica com a preocupação de salvaguardar a segurança interna face a actos ou factos que possam perigar a paz pública – ora vejamos, os crimes de catálogo, neste quadro, são os que preenchem os elementos do tipo das infracções que compreendam o terrorismo, a criminalidade violenta ou altamente organizada, as associações criminosas, crimes contra a paz e a humanidade, contra a segurança do Estado, crimes abrangidos por convenção sobre segurança de navegação aérea ou marítima, a produção e o tráfico de estupefacientes, falsificação de moeda ou títulos equiparados a moeda, *i. e.*, crimes cuja prática e resultado final fazer perigar danosamente a segurança interna, bem jurídico do «eu», do «nós» e do «outro»;

γ. e em terceiro, o *controlo de comunicações,* no âmbito da LSI, é da *competência exclusiva da PJ,* sendo que os terminais se encontram sediados nas instalações da PJ, sem prejuízo do controlo imanente e permanente do Juiz que autorizou a diligência, como se pode depreender do n.º 4 do art. 18.º.

Poder-se-á afirmar que o controlo de comunicações se afasta, na natureza e essência originária, da teleologia das escutas telefónicas[40], meio de obtenção de prova, previsto nos artigos 187.º e ss. do CPP. Como argumento a favor desta interpretação, refira-se que o controlo de comunicações apenas é admissível no quadro da LSI, nos termos e para efeitos do n.º 2 do art. 187.º do CPP, cujo catálogo se reporta a infracções que afectam directamente a segurança interna.

2.3. Das leis orgânicas das forças e serviços de Segurança (brevíssimas considerações)

As forças e Serviços de Segurança – GNR, PSP, PJ, SEF, sistemas de autoridade marítima e aeronáutica, SIS – são *serviços públicos*, pois prosseguem uma função constitucional e atribuições e competências próprias do domínio do *ius imperii* e da *respublica* – conforme art. 2.º da LOGNR, artigos 1.º, 2.º, 3.º, 4.º, 5.º, 6.º, 7.º e 8.º da LOPJ, artigos 1.º, e 2.º do LOSEF, art. 6.º do sistema de autoridade marítima, artigo 6.º e 7.º do Estatuto do instituto Nacional de Aviação Civil, artigos 1.º, 2.º, 5.º da LOFSIS. Em suma, prossecução de atribuições e competências destinadas a garantir a segurança interna, função que é, *à priori*, de natureza de serviço público.

A GNR e a PSP são *forças de segurança* enquanto o SEF, o SIS e os sistemas de autoridade marítima e aeronáutica na acepção de atribuições de segurança interna são considerados como *serviços de segurança*. Quanto à PJ, como «corpo superior de polícia criminal auxiliar da administração da justiça» – art. 1.º de LOPJ –, na nossa opinião, detém características de força e de serviço de segurança, pois, quanto à primeira, carece de prerrogativas próprias de força de segurança como se depreende das atribuições e competência – desde logo, territoriais – adstritas à PSP e à GNR, o que lhe dá uma natureza híbrida.

A evolução natural da sociedade provocou uma mutação constante das forças e serviços de segurança, sendo de destacar a conscien-

---

[40] Quanto ao regime jurídico das escutas telefónicas, MANUEL M. G. VALENTE, *Escutas Telefónicas – Da Excepcionalidade à Vulgaridade*, Almedina, Coimbra, 2004 e *Processo Penal Tomo I*, pp. 385-437.

cialização de que aquelas e aqueles, como serviços públicos estão, ao nível formal, ao serviço da comunidade e não ao serviço de interesses particulares ou de poderes instituídos, que se materializa e se centraliza na prossecução diária das atribuições e competências de cada uma das forças e serviços de segurança. Todavia, há a referir que, com HASSEMER[41], há, hoje, o perigo de transportar as funções de polícia dotada de *ius imperii* para o sector das empresas de segurança privada, como se fosse uma confissão da ineficácia e incapacidade daquelas forças e serviços na prossecução dos fins da segurança interna[42].

§3.º BREVES CONSIDERAÇÕES FINAIS

A segurança interna é um objecto de estudo técnico-jurídico de relevante interesse face à sedentarização do homem, que cedeu um pouco da sua liberdade em troca de bem-estar 'secundário', jurídico, económico, cultural e social. Este pensamento está patente em todos os diplomas desta colectânea.

A consciencialização de que a segurança interna tem de ser estudada e analisada como um todo inserido em uma comunidade extra-muros nacionais é uma certeza que queremos imprimir na colectânea ao inserirmos diplomas conexos à prossecução da função de segurança interna, cuja actualização de alguns se impôs face aos compromissos assumidos por Portugal no quadro internacional e europeu.

---

[41] WINFRIED HASSEMER, *A Segurança Pública no Estado de Direito*, AAFDL, Lisboa, 1995, p. 113: " A nossa polícia, por exemplo, retira-se para a rectaguarda na luta contra o crime em favor das empresas de segurança precisamente no cargo da forma de criminalidade que mais imediatamente atemorizam os cidadãos. Este facto constitui-se num *escândalo da política de segurança* e num *perigo para o estado de direito*. Privatiza-se um campo que é o cerne do Estado e isto tem consequências: desigualdades entre os ricos e os pobres no tocante à protecção contra o crime; perda da sujeição à lei, da protecção dos direitos humanos e do controlo do Estado de direito no combate ao crime". Itálico nosso.

[42] Quanto à privatização da Polícia e da segurança, PEDRO CLEMENTE, "O paradigma da Polícia Privada", *in Estudos de Homenagem ao Professor Doutor Germano Marques da Silva*, Almedina, Coimbra, 2004, pp. 351-356 e 357 e ss..

Como ponto de encerramento desta brevíssima reflexão, queremos vincar a ideia de que a segurança interna não é tarefa exclusiva das forças e serviços de segurança ou dos funcionários e agentes de Estado, pois é uma tarefa *ab initio* de todo e qualquer cidadão, e, ainda, que não se esgota intra-muros nacionais, mas sente-se e reflecte-se no Estado Fronteiras do *Maravilhoso Mundo Novo*.

Lisboa, 6 de Julho de 2005

Manuel Monteiro Guedes Valente

Director do Centro de Investigação e Assistente do
Instituto Superior de Ciências Policiais e Segurança Interna

UMA PERSPECTIVA SOBRE O SISTEMA DE SEGURANÇA INTERNA

§1.º INTRODUÇÃO

O 11 de Setembro, e os acontecimentos que lhe sucederam, agudizaram o sentimento de insegurança dos cidadãos, consequência da tomada de consciência das vulnerabilidades das sociedades modernas. Vulnerabilidades derivadas, em parte, de uma crescente interdependência e interconexão das várias infra-estruturas de transportes, energia, telecomunicações e informática. Paradoxalmente, se por um lado a interdependência e interconexão facilitam o fluxo de pessoas, capitais, produtos, serviços e informação, por outro tornam a sociedade actual mais permeável à materialização e aos efeitos de certas ameaças, as quais têm um elevado potencial para desarticular aquelas infra-estruturas. Tais vulnerabilidades são exploradas por actores não estatais que concorrem com o Estado pelo monopólio do uso da força e que, por via do poder *mutagénico* da tecnologia e de combinações complexas de meios e de *modi operandi*, geram ameaças diversificadas, de natureza transnacional, assimétricas e totalmente imprevisíveis quanto ao tempo, modo, local e intensidade de materialização[43].

---

[43] Adaptado de FERNANDES, Luís Fiães, As *"novas" ameaças como instrumento de mutação do conceito "segurança"*, pp. 123-152 in VALENTE, Manuel Monteiro Guedes, coord., *I Colóquio de segurança interna*, Instituto Superior de Segurança Interna, Almedina, Coimbra, 2005.

O Estado, para enfrentar tais actores e evitar que outros poderes sejam exercidos no interior do seu território, organiza o seu poder segundo um determinado quadro institucional, materializando-o através de meios de acção diversos. No entanto, a cada vez maior interdependência global tem como consequência que o Estado já não pode decidir de forma autónoma e isolada sobre as políticas e meios com que pode atingir a sua segurança.

§2.º A SEGURANÇA INTERNA

A segurança, vocábulo polissémico, começou por ser estudada pela filosofia política e pela ciência política a partir do século XVI. Etimologicamente deriva do baixo latim "*securancia*", de *segurar*, de *seguro*, do "*latim sēcūru- «isento de cuidados, sem inquietações, sem perturbações, tranquilo, calmo; livre de perigo, em que nada há a temer, em segurança».*"[44] A *Grande Enciclopédia Portuguesa e Brasileira* define-a como "*Acto ou efeito de segurar; afastamento de todo o perigo (...) Estado, qualidade ou condição daquilo que é firme, seguro, inabalável ou inviolável (...) estado das pessoas ou coisas que os torna livres de perigo ou dano;*"[45] Num sentido jurídico, a segurança constitui valor de garantia, condição de realização da liberdade, valor instrumental não absoluto.

A Constituição da República Portuguesa estabelece no seu artigo 27.º, n.º 1 que todos têm direito à liberdade e à segurança. Estes direitos integram a esfera dos direitos, liberdades e garantias fundamentais dos cidadãos e encontram-se interligados, na medida em que não há liberdade sem segurança, e a segurança, num Estado de Direito, só pode ser concebida no quadro do absoluto respeito pelos direitos fundamentais. Como notam dois distintos constitucionalistas – Vital Moreira e Gomes Canotilho – a constituição, neste artigo, comporta um duplo sentido: um negativo, associado ao direito à liberdade, traduzindo-se num

---

[44] MACHADO, José Pedro, Dicionário *Etimológico da Língua Portuguesa*, quinto volume, Livros horizonte, 1995, p. 171.

[45] *Grande Enciclopédia Portuguesa e Brasileira*, Volume XXVIII, Editorial Enciclopédia, limitada, Lisboa, s. d., p. 107.

direito subjectivo do cidadão à segurança, à defesa perante agressões dos poderes públicos; e um positivo, traduzido num direito à protecção dos poderes públicos contra perigos e agressões aos seus direitos e interesses legalmente protegidos.

O quadro de ameaças e riscos à segurança dos cidadãos, da comunidade, bem como ao normal funcionamento das instituições democráticas, obriga o Estado a estabelecer um quadro institucional e a criar instrumentos e mecanismos adequados à prevenção e combate de tais ameaças. Em Portugal, e no que se refere à segurança interna, o quadro legal e institucional relativo à segurança interna encontra-se previsto na Lei n.º 20/87, de 12 de Junho, alterada pela Lei n.º 8/91, de 1 de Abril (Lei de Segurança Interna). A actual Lei de Segurança Interna (LSI), aprovada pela Assembleia da República a 28 de Abril de 1987, resulta de uma longa discussão parlamentar que se iniciou com a proposta de Lei n.º 71/III (Lei de Segurança Interna e Protecção Civil), durante o IX Governo Constitucional, a qual acabaria por ser aprovada na generalidade, nos finais de Junho de 1984. No entanto, a não aprovação da proposta de lei na especialidade, associada ao final da legislatura, determinou a sua caducidade.

Na legislatura seguinte uma nova proposta (proposta de lei n.º 26/IV) é apresentada à Assembleia da República, em cumprimento do programa do X Governo Constitucional, o qual referia ser intenção do governo apresentar uma *"Proposta de Lei sobre Segurança Interna, instrumento indispensável à adequada articulação e coordenação da actividade desenvolvida pelas diversas autoridades policiais com vista a um mais eficaz combate e repressão da criminalidade. Com o objectivo de garantir uma maior eficácia no domínio da prevenção e repressão da criminalidade bem como da eliminação de factores que, manifestando-se à margem da lei se revelem geradores de delinquência, o Governo assegurará a efectiva coordenação das acções a desenvolver pelas forças e serviços de segurança."*[46] A proposta acabaria por ser aprovada, sendo publicada como Lei n.º 20/87 (Lei de Segurança Interna).

---

[46] Cf. o Programa do X Governo Constitucional.

A LSI define a segurança interna como "*a actividade desenvolvida pelo Estado para garantir a ordem, a segurança e a tranquilidade públicas, proteger pessoas e bens, prevenir a criminalidade e contribuir para assegurar o normal funcionamento das instituições democráticas, o regular exercício dos direitos e liberdades fundamentais dos cidadãos e o respeito pela legalidade democrática.*"[47] A prossecução dos fins da segurança interna está depende da política de segurança interna definida pelo executivo, a qual consiste num conjunto de princípios gerais definidos em Conselho de Ministros e em orientações e medidas emanadas pelas tutelas às varias forças e serviços de segurança (FSS), enquanto meios de realização do Estado democrático. Trata-se de uma política de natureza interministerial, multidisciplinar e permanente, que assenta em múltiplos instrumentos.

A LSI define os princípios gerais e fins da segurança interna, bem como os mecanismos de coordenação e os órgãos responsáveis pela sua execução. Este quadro legal define as bases gerais da actividade do Estado na garantia da ordem, da segurança e da tranquilidade públicas, da prevenção da criminalidade e da protecção das pessoas e bens de perigos para interesses legalmente protegidos, constituindo a actividade de segurança interna um meio para realizar os fins do Estado de direito democrático, no respeito pelos direitos dos cidadãos, face a ameaças e riscos diversos.

---

[47] Art.º 1 da Lei n.º 20/87 de 12 de Junho (Lei de Segurança Interna), alterada pela Lei n.º 8/91 de 1 de Abril. A segurança interna pode ainda ser definida como a "*actividade desenvolvida pelo Estado para garantir o normal funcionamento das instituições democráticas, o regular exercício dos direitos e liberdades fundamentais dos cidadãos e o respeito pela legalidade, visando em particular: manter a ordem, a segurança e a tranquilidade públicas; proteger pessoas e bens removendo os perigos que os ameacem; prevenir a criminalidade, em especial a organizada e a prática de actos de espionagem, sabotagem e terrorismo; prevenir a infiltração no território nacional e desencadear a expulsão de estrangeiros que ponham em perigo valores e interesses legalmente estabelecidos.*" in Enciclopédia Verbo do Direito e do Estado (Polis), *Segurança Interna*, V volume, Coluna 632.

2.1. Domínios da actividade de segurança interna

A garantia da segurança interna é essencial à consolidação da democracia e ao exercício dos direitos e liberdades dos cidadãos, pela criação das condições de segurança, ordem e tranquilidade públicas necessárias e essenciais ao desenvolvimento económico, à promoção da qualidade de vida e ao exercício dos direitos em liberdade. Como afirma o Prof. Severiano Teixeira:

"A Segurança é uma questão de Estado, mas, mais do que isso, é um Bem Público. Sem Segurança não há desenvolvimento económico. Sem Segurança não há Democracia. Porque contrariamente a um pensamento tradicional que defendia que mais Segurança era igual a menos Liberdade, é claro, hoje, que a Segurança é um factor da Liberdade. A Segurança é condição da liberdade como a Liberdade é condição da Democracia."[48]

A natureza interministerial e a interdisciplinaridade da política de segurança interna manifesta-se na actividade de prossecução da mesma, criando-se uma inter-relação entre a LSI, a Lei Quadro do Sistema de Informações da República Portuguesa (SIRP)[49], a Lei de Organização da Investigação Criminal (LIOC), a Lei Penal e Processual Penal, entre outras. Esta inter-relação e interdependência determina que a actividade de segurança interna se desenvolva em quatro domínios que, embora complementares, são distintos[50]:

---

[48] TEIXEIRA, Nuno Severiano, *Contributos para a Política de Segurança Interna*, Ministério da Administração Interna, 2002, p. 10.

[49] Cf. a Lei n.º 30/84, de 5 de Setembro (Lei Quadro do Sistema de Informações da República Portuguesa), alterada pela Lei Orgânica n.º 4/2004, de 6 de Novembro.

[50] Cf. Diário da Assembleia da República, I Série, n.º 1 de 14-08-1987, (V Legislatura, I Sessão) p. 13 e ss. e Diário da Assembleia da República, I Série, n.º 64 de 18-03-1988, (V Legislatura, I Sessão) p. 2240 e ss.

2.1.1 *Domínio das informações*

Originariamente este domínio era entendido como limitado às "informações de segurança" e centrado na actividade desenvolvida pelo Serviço de Informações de Segurança (SIS). Este serviço tem como atribuições a produção de informações que contribuam para a salvaguarda da segurança interna e para a prevenção da sabotagem, do terrorismo, da espionagem e da prática de actos que, pela sua natureza, possam alterar ou destruir o Estado de direito constitucionalmente estabelecido[51]. O SIS integra o Sistema de Informações da República Portuguesa, juntamente com o Serviço de Informações Estratégicas de Defesa (SIED).

Ao SIRP incumbe assegurar, no respeito da Constituição e da lei, a produção de informações necessárias à salvaguarda da independência nacional e à garantia da segurança interna, sendo constituído por um conjunto de estruturas especializadas, com atribuições e competências rigorosamente delimitadas, funcionando de acordo com princípios legalmente estabelecidos. A última alteração à Lei Quadro do SIRP operou uma mudança estrutural no sistema ao promover uma "fusão de topo", com a criação da figura do Secretário-Geral do Sistema de Informações da República Portuguesa.

No plano da coordenação da actividade de informações, destaca-se a recém criada Unidade de Coordenação Anti-Terrorismo (UCAT), por Despacho de 25 de Fevereiro de 2003[52] do Primeiro-Ministro. A criação desta unidade visou reforçar a actividade de segurança interna, sendo a sua actividade enquadra no âmbito da Lei de Segurança Interna e da Lei de Organização da Investigação Criminal. Esta unidade tem por objectivo garantir a coordenação e a partilha de informação no âmbito do combate ao terrorismo entre os vários serviços que a integram[53]: PJ, SIS,

---

[51] Cf. artigo 21.º da Lei n.º 30/84, de 5 de Setembro, alterada pela Lei Orgânica n.º 4/2004, de 6 de Novembro, e artigo 2.º da Lei Orgânica do Serviço de Informações de Segurança (Decreto-Lei nº 225/85, de 4 de Julho, alterado pelos Decretos-Leis nº. 369/91, de 7 de Outubro, e 245/95, de 14 de Setembro).

[52] Despacho posteriormente aditado pelo Despacho de 14 de Março. Cf. Relatório Anual de Segurança Interna de 2003.

[53] Relatório Anual de Segurança Interna de 2003.

SIED, SEF, PSP, GNR, Autoridade Marítima, participando ainda nas reuniões um representante do Gabinete do Primeiro-Ministro e de um representante do Gabinete Coordenador de Segurança.

A institucionalização da UCAT surge de forma atípica no quadro da segurança interna, sendo que o seu enquadramento legal, estrutura orgânica, composição e responsabilidades de coordenação e dependência não se encontram objectivamente estabelecidas. No entanto, a criação da unidade e a integração da mesma por várias forças e serviços de segurança, sem competências específicas de produção de informações, é o reconhecimento de que o domínio das informações tem de ser compreendido de forma alargada, para além das informações de segurança.

A evolução do conceito e do papel das informações, associada a alterações orgânicas ocorridas em várias forças e serviços de segurança, às quais são atribuídas competências na área das informações, leva-nos a afirmar que o conceito informações, no âmbito da segurança interna, deve ser entendido numa dupla vertente: enquanto actividade destinada à produção de informações de segurança (desenvolvida exclusivamente pelos serviços de informações, como vimos anteriormente) e enquanto actividade instrumental, destinada a contribuir para a investigação criminal, segurança e ordem públicas[54].

Na vertente de actividade instrumental são várias as FSS que prevêem nas suas leis orgânicas a produção de informações, como é o caso da PSP e da PJ[55]. As actividades desenvolvidas neste âmbito são instrumentais relativamente às suas atribuições legais, i.e., não sendo tarefa fundamental da organização, ainda assim são essenciais para a prossecução da sua missão principal[56]. Assim, por exemplo, no policia-

---

[54] É de notar que a LSI e a Lei Quadro do SIRP disponibilizam os mecanismos necessários à compatibilização do princípio da exclusividade da produção de informações com o princípio da cooperação entre forças e serviços de segurança.

[55] Cf. Decreto-Lei n.º 93/2003, de 30 de Abril.

[56] Neste sentido cf. a *Comunicação da Comissão ao Conselho e ao Parlamento Europeu relativa a determinadas acções a empreender no domínio da luta contra o terrorismo e outras formas graves de criminalidade, nomeadamente para melhorar as trocas de informações*, COM(2004)221 final, Bruxelas, 29.03.2004 e em COUNCIL OF THE EUROPEAN UNION, *The Hague Programme: strengthening freedom, security and justice in the European Union*, Brussels, 13 December 2004.

mento de proximidade, as informações, em sentido lato, são essenciais no planeamento e distribuição de recursos, na medida em que auxiliam os gestores policiais a decidir onde, quando e que recursos alocar a um determinado local, no sentido de prevenir e combater a criminalidade. De facto, *"Intelligence must be viewed as a core activity that informs and leads all other areas of policing."*[57]

No caso da investigação criminal, as informações de natureza criminal destinam-se, entre outras, a servir de base à condução da investigação e a auxiliar a tomada de decisão sobre as tácticas e as técnicas a utilizar no âmbito de uma determinada investigação criminal. A sua importância é fundamental para a actividade de investigação criminal, sendo tal importância reconhecida pela LOIC ao criar um Sistema Integrado de Informação Criminal.

2.1.2 *Domínio da prevenção*

A actividade de segurança interna visa essencialmente a prevenção. Este domínio abrange o conjunto de actividades desenvolvidas pelas forças e serviços de segurança com o objectivo de evitar a ocorrência de factos criminosos. As actividades de prevenção da criminalidade das FSS são desenvolvidas com o recurso a medidas de polícia[58], de natureza preventiva, como a vigilância e fiscalização de certas actividades, lugares e estabelecimentos que possam favorecer a prática de crimes, para além da vigilância policial de pessoas por período de tempo determinado.

Nesta actividade, para além dos órgãos e das forças e serviços de segurança que desenvolvem actividades no âmbito da segurança interna, os cidadãos também desempenham um papel essencial. Como afirma o Prof. Severiano Teixeira:

"Garantir a segurança das pessoas e dos bens é certamente a primeira missão do Estado. Mas o Estado não poderá cumprir

---

[57] HER MAJESTY'S INSPECTORATE OF CONSTABULARY, *Keeping the Peace. Policing Disorder*, March 1999, p. 3.

[58] Cf. artigo 16.º da LSI.

esta missão se todos e cada um dos cidadãos não se sentirem parte integrante da sociedade através do Estado, ligados por um contrato social, a que chamamos pacto republicano. É impossível colocar um polícia atrás de cada cidadão, para garantir a sua segurança. (...) Se os cidadãos não estiverem convencidos do seu interesse, individual e colectivo, se não sentirem o vínculo a este pacto republicano que lhes cria tantos direitos como os correspondentes deveres, o direito à segurança não será plenamente realizado."[59]

Neste sentido, a prevenção da criminalidade pode ser definida como a actividade que *"abrange todas as medidas destinadas a reduzir ou a contribuir para a redução da criminalidade e do sentimento de insegurança dos cidadãos, tanto quantitativa como qualitativamente, quer através de medidas directas de dissuasão de actividades criminosas, quer através de políticas e intervenções destinadas a reduzir as potencialidades do crime e as suas causas. Inclui o contributo dos governos, das autoridades competentes, dos serviços de justiça criminal, de autoridades locais, e das associações especializadas que eles tiverem criado na Europa, de sectores privados e voluntários, bem como de investigadores e do público, com o apoio dos meios de comunicação."*[60]

Em Portugal, a prevenção da criminalidade é um tema recorrente nos programas dos vários Governos Constitucionais. Logo no programa do I Governo Constitucional (1976-1978), a prevenção da criminalidade é abordada de uma forma muito simples e genérica, estando a acção política nesta área reduzida à intenção *de lançar uma ampla campanha de prevenção, numa linha de acção colectiva integrada.* A partir do II Governo Constitucional (1978) é reconhecida a necessidade de articular as várias medidas preventivas *ao nível dos vários ministérios,* sendo pela primeira vez manifestada a intenção de estabelecer um órgão coordenador da actividade de prevenção sob a égide do Pro-

---

[59] TEIXEIRA, Nuno Severiano, *op. cit.*, pp. 25-26.
[60] Cf. n.º 3 do art. 1.º da Decisão do Conselho 2001/427/JAI, de 28 de Maio de 2001, que cria a Rede Europeia de Prevenção da Criminalidade.

curador-Geral da República, o qual seria participado por organismos policiais e não policiais.

Com o XI Governo Constitucional (1987-1991) a ideia de prevenção da criminalidade aparece associada a um conceito que se começa a densificar, no sentido em que as linhas de acção do governo sobre esta matéria aparecem desenvolvidas, são de natureza multisectorial e o seu objecto, para além da população em geral, é claramente identificado, através de medidas específicas dirigidas aos jovens. Neste programa do governo é, pela primeira vez, introduzida a ideia de protecção das vítimas e do melhoramento da relação entre os agentes das forças de segurança e o público em geral, e a prevenção da criminalidade passa a ser considerada uma acção prioritária por parte das forças de segurança. É também neste programa do governo que, pela primeira vez, se aborda a questão da melhoria das condições de segurança dos estabelecimentos de ensino, ainda que de uma forma muito genérica. Esta intenção é reforçada no programa do XII Governo Constitucional, em que a escola é eleita como o local por excelência onde a prevenção se inicia. Neste programa do governo são lançadas as bases políticas do que hoje é o programa "Escola Segura". Aliás, nas Grandes Opções do Plano para 1993, na área da segurança interna, é lançada a preparação de um programa especial, a nível nacional, de segurança dos estabelecimentos de ensino básico e secundário e das áreas circundantes.

A partir do XIII Governo Constitucional verifica-se uma crescente atenção à prevenção da criminalidade nos vários programas do Governo. A acção governativa no âmbito da prevenção é cada vez mais desenvolvida e complexa, sendo concebida como uma acção multisectorial, apostando em múltiplos instrumentos e em vários tipos de prevenção, como a social e a situacional. É também com o programa do XIII Governo Constitucional que se inicia a actualização do modelo de policiamento português e o lançamento de programas de policiamento de proximidade orientados para a especificidade dos problemas urbanos e suburbanos[61]. Nestes programas de natureza eminentemente preventiva destaca-se o reforço do *programa escola segura* e o lança-

---

[61] Cf. Lei n.º 52-B/96, de 27 de Dezembro, que aprova as Grandes Opções do Plano para 1997.

mento de novos programas como, por exemplo, o programa *idosos em segurança*.

2.1.3 *Domínio da ordem pública*

Neste domínio integram-se as actividades desenvolvidas pelas forças de segurança, com particular destaque para a PSP e GNR[62], para criar, garantir ou restabelecer as condições necessárias ao normal funcionamento das instituições democráticas, ao regular exercício dos direitos, liberdades e garantias dos cidadãos e ao respeito pela legalidade democrática.

A ordem pública pode ser entendida como a ordem exterior e material, fundada no direito e tendo como fim a prevenção e controlo de perigos para interesses legalmente protegidos, através de actos de autoridade, fundados na lei, restritivos dos direitos e liberdades dos cidadãos. A ordem pública consiste, segundo Jorge Miranda, no *"conjunto das condições externas necessárias ao regular funcionamento das instituições e ao pleno exercício dos direitos individuais"*[63]. Apesar do exposto, a noção de "ordem pública" é susceptível de várias concepções, dependendo do ponto de partida doutrinal. Apesar da diversidade de concepções, é possível identificar uma linha comum nas várias concepções existentes: a ordem pública deve ser entendida como o estado em que se verifica uma convivência pacífica na sociedade e em que estão criadas as condições para o exercício dos direitos dos cidadãos e onde o exercício dos direitos e liberdades é garantido pela protecção do Estado contra a ameaças e riscos que impendem sobre o livre exercício dos mesmos.

---

[62] Cf. art. 2.º da Lei n.º 5/99, de 27 de Janeiro (Lei Organização e funcionamento da PSP) que estabelece como um dos objectivos fundamentais da PSP *"Garantir a manutenção da ordem pública, segurança e tranquilidades públicas"*. O art. 1.º do Decreto-Lei n.º 231/99, de 26 de Junho (Lei Orgânica da GNR) determina como uma das missões da GNR *"Garantir, no âmbito da sua responsabilidade, a manutenção da ordem pública, assegurando o exercício dos direitos, liberdades e garantias"*.

[63] MIRANDA, Jorge, *A ordem pública e os direitos fundamentais. Perspectiva constitucional*, Revista Polícia Portuguesa, n.º 88. Julho/Agosto, 1994, p. 5.

No plano operacional, as actividades desenvolvidas pelas FSS caracterizam-se, normalmente, pela utilização de unidades com competências técnicas específicas e equipamento especial. Em situações de desordem de "baixa intensidade", por exemplo, a PSP utiliza, em alguns Comandos de Polícia, as denominadas Equipas de Intervenção Rápida (EIR). Nas situações cuja resolução implica o recurso a meios que ultrapassam os meios normais, inclusive os meios das EIR, tanto a PSP, como a GNR, recorrem a unidades de reserva, como é o caso dos Regimentos de Cavalaria e Infantaria da GNR ou do Corpo de Intervenção da PSP.

2.1.4 *Domínio da investigação criminal*

A investigação criminal pode ser definida como o conjunto de diligências que, nos termos da lei processual penal, visam averiguar a existência de um crime, determinar os seus agentes e a sua responsabilidade, descobrir e recolher as provas, no âmbito do processo[64]. Neste domínio, o Ministério Público desempenha um papel fundamental na medida em que lhe cabe a direcção da investigação criminal, ainda que realizada por outras entidades (cf. artigos 1.º e 3.º do Estatuto do Ministério Público[65]). No desempenho das suas competências de investigação, o Ministério Público é assistido pelos órgãos de polícia criminal (como por exemplo a PJ, PSP ou a GNR).

No âmbito da investigação criminal, e decorrente do reconhecimento do importante papel das informações na mesma, o Decreto-Lei n.º 81/95, de 22 de Abril, criou o primeiro "sistema especializado de investigação criminal", destinado a fazer face ao problema específico do combate ao tráfico de estupefacientes. Este diploma legal clarificou

---

[64] Cf. art.º 1º da Lei de Organização da Investigação Criminal, aprovada pela Lei n.º 21/2000, de 10 de Agosto, alterada pelo Decreto-Lei n.º 305/2002, de 13 de Dezembro.

[65] Cf. Lei nº 47/86, de 15 de Outubro com as alterações introduzidas pelas Leis n.os 2/90, de 20 de Janeiro, 23/92, de 20 de Agosto, 10/94, de 5 de Maio e 60/98, de 27 de Agosto.

e efectuou a primeira redistribuição das competências dos vários órgãos de polícia criminal no âmbito da prevenção e combate à droga:

- A Polícia Judiciária assume neste sistema um papel de particular importância. É esta polícia que é responsável pela prevenção da introdução e trânsito, pelo território nacional, de substâncias estupefacientes e psicotrópicas, detendo a competência exclusiva da investigação das situações de "grande tráfico"[66].
- A Polícia de Segurança Pública e a Guarda Nacional Republicana têm a responsabilidade de vigilância nas respectivas áreas de actuação com vista à detecção de situações de tráfico e consumo de estupefacientes. Note-se que no combate ao tráfico de estupefacientes as competências investigatórias da PSP e GNR são limitadas às situações de distribuição directa aos consumidores. A GNR, através da Brigada Fiscal[67], também exerce vigilância, prioritariamente, sobre a fronteira marítima, nas áreas que ofereçam condições propícias ao desembarque clandestino de drogas.
- A Direcção-Geral das Alfândegas e Impostos Especiais Sobre o Consumo (DGAIEC) desenvolve a sua acção de vigilância sobre as mercadorias e meios de transporte, na importação, exportação e trânsito, nas vias rodoviária, marítima, aérea e postal, tendo por missão exercer o controle da fronteira externa comunitária e do território aduaneiro nacional para fins fiscais, económicos e de protecção da segurança e da saúde pública, bem como administrar os impostos especiais sobre o consumo e os demais impostos indirectos que lhe estão cometidos. É de notar que este organismo não exerce funções de segurança interna.

---

[66] Art.º 57 do Decreto-Lei n.º 15/93, de 23 de Janeiro, alterado pelo Decreto-Lei n.º 81/95, de 22 de Abril.

[67] A Brigada Fiscal actua na globalidade do Território Nacional e é uma unidade especial da GNR, que actua no âmbito da prevenção e repressão das infracções fiscais.

O Decreto-Lei n.º 81/95, de 22 de Abril, também tinha como objectivo obter uma melhor cooperação e articulação entre as várias forças e serviços com competências no combate ao tráfico de estupefacientes. Na prossecução de tal objectivo foi criado um sistema com a função de permitir e tornar o processo de partilha de informação táctica mais eficiente e eficaz, bem como permitir a acção coordenada dos vários órgãos de forma a evitar a sobreposição de operações ou investigações, que poderiam colidir com outras já em curso. A coordenação e articulação dos vários órgãos é obtida através das Unidades de Coordenação e Intervenção Conjunta (UCIC), as quais praticam e disciplinam a partilha de informações oriundas de cada órgão, coordenando as acções que devam ser executadas em comum[68]. O sistema articula-se através de uma UCIC Nacional e por seis UCIC regionais (Norte, Centro, Lisboa, Sul, Madeira e Açores). Em cada uma das UCIC, ao nível nacional e regional, estão presentes os vários órgãos de polícia criminal (PSP, PJ, GNR, SEF e DGAIEC).

Num certo sentido, a aprovação da Lei de Organização da Investigação Criminal (LOIC) – aprovada pela Lei n.º 21/2000, de 10 de Agosto, alterada pelo Decreto-Lei n.º 305/2002, de 13 de Dezembro – transformou o sistema criado pelo Decreto-Lei n.º 81/95, de 22 de Abril, num "subsistema". De facto, a LOIC procedeu a uma "nova" redistribuição das competências de investigação criminal e estabeleceu o Sistema de Investigação Criminal, alicerçando o mesmo num conjunto de princípios[69] e de mecanismos de cooperação e coordenação entre as autoridades e os órgãos de investigação criminal[70]. A coordenação da investigação criminal é efectuada a dois níveis (cf. artigos 7.º e 8 da LOIC):

- Pelo Conselho Coordenador, de âmbito estratégico e a nível nacional, sendo composto pelos Ministros da Justiça e da Administração Interna, que presidem, e pelos Directores Nacio-

---

[68] Art.º 6 do Decreto-Lei nº 81/95 de 22 de Abril.

[69] Como, por exemplo, o princípio da coordenação, cooperação, comunicação e da centralização da informação criminal.

[70] Neste sistema podemos distinguir órgãos de polícia criminal com competência genérica e outros com competência específica.

nais da Polícia Judiciária e da Polícia de Segurança Pública e pelo Comandante-geral da Guarda Nacional Republicana. A este Conselho compete, entre outras, dar orientações para assegurar a articulação entre os órgãos de polícia criminal, garantir a adequada coadjuvação das autoridades judiciárias por parte dos órgãos de polícia criminal e solicitar ao Procurador-Geral da República a adopção, no âmbito das respectivas competências, das providências que se revelem adequadas a uma eficaz acção de prevenção e investigação criminais;

- Pelo Sistema de Coordenação Operacional dos órgãos de polícia criminal, de âmbito operacional, e que é assegurada pelos respectivos Directores Nacionais (PJ e PSP) e Comandante--geral e, nos diferentes níveis hierárquicos ou unidades territoriais, pelos directores ou comandantes das subunidades dos órgãos de polícia criminal.

Após analisarmos os vários domínios da actividade de segurança interna, vamos analisar, de forma descritiva, o sistema de segurança interna.

2.2 O Sistema de Segurança Interna

Como vimos anteriormente, a segurança interna é a actividade desenvolvida pelo Estado para prevenir e combater a materialização das ameaças e riscos em território nacional e garantir o normal funcionamento da sociedade e das suas instituições. Para desenvolver tal actividade, o Estado necessita de um quadro legal e institucional que lhe permita materializar as suas políticas de segurança. O quadro institucional formado pelo conjunto das várias entidades, órgãos e serviços que no âmbito da actividade de segurança interna exercem funções de fiscalização, de direcção, consultivas, de coordenação e operacionais constitui o sistema de segurança interna (SSI). Neste sistema, as várias entidades, órgãos e serviços subordinam a sua actuação à lei e a um conjunto de princípios e orientações na prossecução dos fins da segurança interna. Entre os princípios fundamentais em que assenta a actividade de segurança interna destaca-se:

- **Princípio da legalidade**, consubstanciado na subordinação da actuação das forças e serviços de segurança aos princípios do Estado de direito e ao respeito pelos direitos, liberdades e garantias dos cidadãos (cf. artigo 266.º, n.º 2 da CRP e artigo 2.º da LSI);
- **Princípio da unidade** para todo o território nacional de cada força ou serviço de segurança (cf. artigo 272.º, n.º 4 da CRP e artigo 2.º da LSI);
- **Princípio geral da colaboração** dos cidadãos na prossecução dos fins de segurança interna (cf. artigo 5.º da LSI);
- **Princípio da cooperação e coordenação** das forças e dos serviços de segurança, em que cada força ou serviço de segurança deve colaborar e coordenar a sua acção com as restantes (cf. artigo 6.º da LSI);
- **Princípio da exclusividade de actuação**, em que cada um dos serviços ou forças só pode desenvolver as actividades previstas na sua lei orgânica (cf. artigo 6.º da LSI);
- **Princípio do apartidarismo** das forças ou serviços de segurança (cf. artigo 14.º da LSI).

Estes princípios enquadram a actividade de segurança interna e constituem a base de interacção entre os vários actores do sistema de segurança interna, sustentando e dando coerência à própria arquitectura institucional. Os principais actores do SSI são:

2.2.1 *A Assembleia da República*

A Assembleia da República, enquanto órgão de fiscalização, enquadra a política de segurança interna e fiscaliza a sua execução. Neste âmbito, o Governo ouve e informa os partidos da oposição representados na Assembleia da República sobre questões de política de segurança interna. Um dos meios pelos quais se processa a fiscalização e a execução da política de segurança interna é através da apreciação do Relatório Anual de Segurança Interna, o qual aborda a situação do país no que se refere à segurança interna e às actividades das forças e dos serviços de segurança. Este relatório é, nos termos do Regimento da Assembleia da República, enviado à Comissão de Assuntos Constitucionais, Direitos, Liberdades e Garantias, a qual emite parecer, depois de apreciar o mesmo em plenário.

2.2.2 *O Governo*

Ao Governo cabe a condução da política de segurança interna (cf. artigo 8.º da LSI), competindo ao Conselho de Ministros:

- Definir as linhas gerais da política governamental de segurança interna, bem como a sua execução;
- Programar e assegurar os meios destinados à execução da política de segurança interna;
- Aprovar o plano de coordenação e cooperação das forças e serviços legalmente incumbidos da segurança interna e garantir o regular funcionamento dos respectivos sistemas;
- Fixar, nos termos da lei, as regras de classificação e controle da circulação dos documentos oficiais e, bem assim, de credenciação das pessoas que devem ter acesso aos documentos classificados.

2.2.3 *O Primeiro-Ministro*

O Primeiro-Ministro é politicamente responsável pela direcção da política de segurança interna (cf. artigo 9.º da LSI) cabendo-lhe, entre outras, a direcção da política de segurança interna, a coordenação e orientação da acção dos membros do governo, a convocação e a presidência do Conselho Superior de Segurança Interna e informar o Presidente da República acerca dos assuntos respeitantes à condução da política de segurança interna.

2.2.4 *O Conselho Superior de Segurança Interna*

O Conselho Superior de Segurança Interna (CSSI) é um órgão interministerial de auscultação e consulta em matéria de segurança interna (cf. artigo 10.º da LSI), cabendo-lhe, nomeadamente, assistir o Primeiro-Ministro no exercício das suas competências nesse domínio, emitindo pareceres, nomeadamente, sobre (cf. art. 4.º):

- A definição de linhas gerais da política de segurança interna;
- As bases gerais de organização, funcionamento e disciplina das forças e serviços de segurança e da delimitação das respectivas missões e competências;
- Os projectos de diplomas que contenham providências de carácter geral respeitantes às atribuições e competência das forças e serviços de segurança;
- As grandes linhas de orientação a que deve obedecer a formação, especialização, actualização e aperfeiçoamento do pessoal das forças e serviços de segurança.

Enquanto órgão de auscultação cabe-lhe informar e aconselhar o Primeiro-Ministro, sobre:

- Propostas de alteração das leis penais e processuais, bem como de quaisquer diplomas especificamente respeitantes à segurança interna;
- A celebração de acordos internacionais que envolvam a actuação de forças e serviços de segurança fora do território nacional e a adopção de normas aplicáveis internacionalmente, em resultado de compromissos assumidos no âmbito de cooperação internacional, no domínio da segurança interna;
- A forma e conteúdo do relatório a apresentar anualmente pelo Governo à Assembleia da República sobre as actividades das forças e serviços de segurança;
- A fixação, nos termos da lei, das regras de classificação e controle da circulação de documentos oficiais classificados;

- Estabelecimento de meios e processos de transmissão para facilitar a comunicação rápida por parte dos indivíduos investidos nas funções de direcção, chefia, inspecção ou fiscalização em qualquer órgão ou serviço da Administração Pública de factos que constituam preparação, tentativa ou execução de crime de espionagem, sabotagem ou terrorismo.

Este órgão interministerial, cujo Regimento se encontra previsto na Resolução do Conselho de Ministros n.º 12/88, de 14 de Abril, é presidido pelo Primeiro-Ministro e composto pelos vice-primeiros-ministros e ministros de Estado, se os houver; pelos Ministros da Administração Interna, da Justiça e das Finanças; pelo comandante-geral da Guarda Nacional Republicana, pelos directores nacionais da Polícia de Segurança Pública e da Polícia Judiciária, pelos directores do Serviço de Estrangeiros e Fronteiras e do Serviço de Informações de Segurança, pelos responsáveis pelos sistemas de autoridade marítima e autoridade aeronáutica, pelo secretário-geral do Gabinete Coordenador de Segurança, pelos ministros da República para as regiões autónomas e pelos presidentes dos governos regionais, caso o Conselho trate de assuntos de interesse para as regiões autónomas e pelo Procurador-geral da República. Se o presidente considerar conveniente pode ainda convocar outras entidades com especiais responsabilidades na prevenção e repressão da criminalidade ou na pesquisa e produção de informações relevantes para a segurança interna (cf. art. 2.º LSI).

2.2.5 *Gabinete Coordenador de Segurança*

O Gabinete Coordenador de Segurança (GCS), enquanto órgão especializado de assessoria e consulta para a coordenação técnica e operacional da actividade das forças e serviços de segurança, constitui pedra angular de todo o sistema de segurança interna. A sua génese pode ser encontrada na Resolução do Conselho de Ministros n.º 85/86, de 11 de Dezembro. A publicação desta resolução ocorre num contexto de grande actividade terrorista na Europa e, particularmente, em Portugal, por parte das Forças Populares 25 de Abril (FP25). O principal objectivo da Resolução era aperfeiçoar os mecanismos de coordenação, atribuindo ao Ministro de Estado, para efeitos de combate ao terrorismo e criminalidade de alta violência, "autoridade para coordenação" das várias forças e serviços de segurança (Guarda Nacional Republicana, Polícia de Segurança Pública, Serviço de Estrangeiros e Fronteiras, Serviço de Informações de Segurança, Guarda Fiscal, Polícia Judiciária e Autoridade Marítima). A Resolução estabelecia ainda a possibilidade do Ministro de Estado constituir um Gabinete Coordenador de Segurança, que funcionaria como seu órgão de apoio relativamente ao planeamento, coordenação e execução das acções de segurança interna. Este gabinete teria o apoio de representantes das forças e serviços de segurança.

A existência do actual GCS está prevista no artigo 2.º da LSI, sendo a sua organização e funcionamento regulada pelo Decreto-lei n.º 61/88, de 27 de Fevereiro, com as alterações introduzidas pelo Decreto-Lei n.º 51/96, de 16 de Maio e pelo Decreto-Lei n.º 149/2001, de 7 de Maio. Ao GCS compete assistir, de modo regular e permanente, as entidades governamentais responsáveis pela execução da política de segurança interna, cabendo-lhe, designadamente, estudar e propor (cf. art. 2.º da LSI):

- Os esquemas de cooperação das forças e serviços de segurança, bem como de aperfeiçoamento do seu dispositivo, com vista à articulação do seu funcionamento, sem prejuízo da especificidade das missões estatutárias de cada uma;
- O eventual emprego combinado do pessoal das diversas forças e serviços de segurança e dos seus equipamentos, instalações e demais meios para fazer face às situações de grave ameaça que o exijam;
- As formas de coordenação da cooperação externa que as forças e serviços de segurança desenvolvam nos domínios das suas competências específicas;
- As normas de actuação e os procedimentos a adoptar em situações de grave ameaça da segurança interna;
- Os planos de actuação conjunta das forças e serviços especialmente encarregados da prevenção da criminalidade;

- Os procedimentos de avaliação e planos de aperfeiçoamento, coordenação e modernização dos processos de formação inicial e contínua realizados no âmbito das forças e serviços de segurança, quer de carácter geral, quer visando a actuação em situações específicas;
- Recolher, analisar e divulgar os elementos respeitantes aos crimes participados e quaisquer outros elementos necessários à elaboração do relatório de segurança interna.

Este órgão funciona na directa dependência do Primeiro-Ministro ou, por sua delegação, do Ministro da Administração Interna, sendo composto pelo Comandante-geral da Guarda Nacional Republicana, pelos Directores Nacionais da Polícia de Segurança Pública e da Polícia Judiciária, pelos Directores-gerais do Serviço de Estrangeiros e Fronteiras e do Serviço de Informações de Segurança, pelo Director-geral de Marinha, pelo Presidente do Instituto Nacional da Aviação Civil, pelo Secretário-geral e pelo Secretário-geral adjunto (cf. artigo 12.º da LSI). O GCS reúne periodicamente em plenário e, no quadro dessa actividade, analisa e dá pareceres sobre as matérias que lhe são submetidas à consideração, no âmbito das suas atribuições. As suas actividades são prosseguidas através do secretariado permanente, o qual é composto pelos representantes das várias forças e serviços de segurança, os quais têm como principal responsabilidade assegurar a articulação com os respectivos serviços, para além de desenvolverem as actividades necessárias à prossecução das missões do GCS[71].

No âmbito das suas atribuições, o GCS elabora projectos diversos como, por exemplo, o projecto de revisão do dispositivo territorial das Forças de Segurança (Guarda Nacional Republicana e Polícia de Segurança Pública) e o projecto de revisão e actualização do Plano de Coordenação e Cooperação das Forças e Serviços de Segurança[72], bem

---

[71] Cf. Relatório Anual de Segurança Interna 2003.
[72] A alínea c), n.º 2 do artigo 8.º da LSI determina que o Conselho de Ministros deve aprovar o Plano de Coordenação e Cooperação das Forças e Serviços de Segurança, por proposta do Primeiro-ministro (cf. alínea c), artigo 9.º da LSI). Este Plano é elaborado tendo por base os princípios do sistema de segurança interna, definindo o

como planos de acção destinados à prevenção de determinados fenómenos criminais[73]. No âmbito da sua actividade de coordenação, o GCS planeia e coordena a segurança de altas entidades, civis e militares, nacionais e estrangeiras; de embarcações militares de risco que aportem em portos nacionais; de manifestações, concentrações, desfiles, cimeiras e congressos, bem como de grandes eventos desportivos de dimensão internacional[74]. Neste âmbito, destaca-se ainda o papel desempenhado na preparação e acompanhamento do EURO 2004[75].

2.2.6 *As Forças e Serviços de Segurança*

A CRP estabelece no artigo 272.º, n.º 1 que a garantia da segurança interna é função da polícia, definindo o artigo 14.º da LSI as entidades que exercem funções de segurança interna[76]:

---

mesmo as normas de procedimento em situações que requerem o empenhamento combinado e articulado de recursos de várias forças e serviços de segurança. O actual Plano de Coordenação e Cooperação das Forças e Serviços de Segurança foi aprovado por Resolução do Conselho de Ministros de 1989, sendo classificado de confidencial.

[73] Cf. Relatório Anual de Segurança Interna 2003.

[74] Cf. Relatórios Anuais de Segurança Interna de 2000, 2001, 2002 e 2003.

[75] De acordo com a Resolução do Conselho de Ministros n.º 109/2002, de 23 de Agosto, o Secretário-geral e o Secretário-geral adjunto do GCS desempenharam as funções de Coordenador-geral e de Secretário-executivo da Comissão de Segurança do EURO 2004, a qual tinha como objectivo a coordenação da actuação dos diversos organismos e entidades envolvidos na segurança do evento.

[76] Aliás, é de notar que constitucionalmente sempre esteve presente a ideia de deixar claramente fixado na lei que a garantia da segurança interna competia à polícia e que a segurança interna não se confunde com a Defesa Nacional (actividade relacionada com a independência nacional, a integridade territorial e a liberdade e a segurança dos cidadãos face a agressões ou ameaças externas). Neste sentido, as Forças Armadas só podem intervir internamente em situações limite, em estados de excepção, e na medida em que as suas capacidades, meios humanos, materiais e técnicos possam contribuir para reforçar a acção de outros sectores da administração. A este propósito conferir os debates da Assembleia da República durante a I Revisão Constitucional de 1982. Do elenco das Forças e Serviços de Segurança Interna também fazia parte a Guarda Fiscal, a qual foi extinta pelo Decreto-Lei n.º 230/93, de 26 de Junho.

- A Guarda Nacional Republicana, cuja a actividade é enquadrada pela sua Lei Orgânica, aprovada pelo Decreto-Lei n.º 231/93, de 26 de Junho;
- A Polícia de Segurança Pública, cuja organização e funcionamento se encontra prevista na Lei n.º 5/99, de 27 de Janeiro;
- A Polícia Judiciária, cujas competências e missões se encontram previstas no Decreto-Lei n.º 275-A/2000, de 9 de Novembro, com as alterações introduzidas pelos Decreto-Lei nº 304/2002 e Decreto-Lei nº 305/2002, ambos de 13 de Dezembro;
- O Serviço de Estrangeiros e Fronteiras, que tem a sua estrutura orgânica e funcional definida no Decreto-Lei n.º 252/2000, de 16 de Outubro;
- O Serviço de Informações de Segurança, cuja orgânica e competências se encontram previstas no Decreto-Lei n.º 225/85, de 4 de Julho, alterado pelos Decreto-Lei n.º 369/91, de 7 de Outubro, e Decreto-Lei n.º 245/95, de 14 de Setembro;
- O Sistema da Autoridade Marítima, estruturado de acordo com os Decreto-Lei n.º 43/2002 e Decreto-Lei n.º 44/2002, ambos de 2 de Março;
- O Sistema da Autoridade Aeronáutica encontra-se regulado no Decreto-Lei n.º 133/98, de 15 de Maio, alterado pelo Decreto-Lei n.º 145/2002, de 21 de Maio, que aprovou os Estatutos do Instituto Nacional da Aviação Civil.

As forças e serviços de segurança são organismos públicos que se encontram ao serviço do interesse público e cuja a actividade se encontra rigorosamente subordinada ao princípio da legalidade. Além do princípio da legalidade, estruturante de toda a actividade das forças e serviços de segurança, destacam-se ainda outros princípios de actuação igualmente importantes[77]:

---

[77] Cf. artigo 272.º da CRP.

- O **princípio da proporcionalidade**[78], também designado "princípio da proibição do excesso", o qual se desdobra em três princípios:

  a) **Princípio da adequação**, isto é, as medidas restritivas legalmente previstas, devem revelar-se como meio adequado para a prossecução dos fins visados pela lei;
  b) **Princípio da exigibilidade**, ou seja, as medidas restritivas previstas na lei devem revelar-se necessárias (exigíveis), porque os fins visados pela lei não poderiam ser obtidos por outros meios menos onerosos para os direitos, liberdades e garantias;
  c) **Princípio da proporcionalidade**, em sentido restrito, que significa que os meios legais restritivos e os fins obtidos devem situar-se numa justa medida, impedindo-se a adopção de medidas legais restritivas desproporcionadas, excessivas, em relação aos fins obtidos.

- O **princípio da tipicidade legal,** sendo que os actos de polícia, além de terem um fundamento necessário na lei, devem conter medidas ou procedimentos individualizados, com conteúdo suficientemente definido na lei (quer sejam *regulamentos gerais,* emanados das autoridades de polícia; *decisões* concretas e particulares, como determinadas autorizações e proibições; *medidas de coerção*, como a utilização da força, com o eventual emprego de armas; e *operações de vigilância*).

O quadro institucional formado pelo conjunto das entidades, órgãos e serviços, que acabamos de analisar pode ser representado graficamente conforme a figura 1.

---

[78] Cf. artigo 272.º da CRP e artigo 8.º do Código Deontológico do Serviço Policial (Resolução do Conselho de Ministros n.º 37/2002).

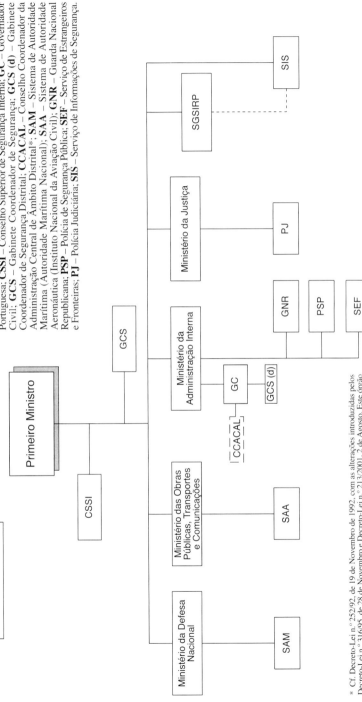

FIGURA 1 — **Sistema de Segurança Interna**

LEGENDA

SGSIRP – Secretário-Geral dos Serviços de Informações da República Portuguesa; **CSSI** – Conselho Superior de Segurança Interna; **GC** – Governador Civil; **GCS** – Gabinete Coordenador de Segurança; **GCS (d)** – Gabinete Coordenador de Segurança Distrital; **CCACAL** – Conselho Coordenador da Administração Central de Âmbito Distrital*; **SAM** – Sistema de Autoridade Marítima (Autoridade Marítima Nacional); **SAA** – Sistema de Autoridade Aeronáutica (Instituto Nacional da Aviação Civil); **GNR** – Guarda Nacional Republicana; **PSP** – Polícia de Segurança Pública; **SEF** – Serviço de Estrangeiros e Fronteiras; **PJ** – Polícia Judiciária; **SIS** – Serviço de Informações de Segurança.

* Cf. Decreto-Lei n.º 252/92, de 19 de Novembro de 1992, com as alterações introduzidas pelos Decreto-Lei n.º 316/95, de 28 de Novembro e Decreto-Lei n.º 213/2001, 2 de Agosto. Este órgão de consulta do Governo Civil tem na sua composição, para além do Governador Civil, que preside, os responsáveis máximos das forças de segurança da área do distrito. No âmbito das suas competências, o Governador Civil pode promover, após parecer do conselho coordenador e com fundamento em política definida pelo Ministro da Administração Interna, a articulação das actividades em matéria de segurança interna.

2.3 O Relatório de Segurança Interna

O artigo 7.º, n.º 3 da LSI, com a redacção que lhe foi dada pela Lei n.º 8/91, de 1 de Abril, estabelece que a Assembleia da República apreciará anualmente um relatório, a apresentar pelo Governo até 31 de Março, sobre a situação do País no que toca à segurança interna e às actividades das forças e serviços de segurança desenvolvidas durante o ano anterior. No âmbito das suas competências, o GCS elabora anualmente o Relatório de Segurança Interna (RASI) com o contributo de todas as forças e serviços de segurança. Este relatório, depois de apreciado pelo Conselho Superior de Segurança Interna, é posteriormente enviado à Assembleia da Republica. A Comissão de Assuntos Constitucionais, Direitos, Liberdades e Garantias aprecia e dá parecer sobre o relatório, o qual, se reunir condições legais e regimentais, sobe a plenário para debate, sendo posteriormente publicado no Diário da Assembleia da República (II Série – C).

As principais fontes de informação do relatório são as forças e serviços de segurança que compõe o Gabinete, bem como o Gabinete de Política Legislativa e Planeamento do Ministério da Justiça (relativamente aos dados estatísticos relacionados com a criminalidade registada), a Direcção Geral de Viação, o Gabinete de Estudos e Planeamento do MAI e, até à sua extinção, o Conselho Consultivo para a Formação das Forças e Serviços de Segurança[79]. Em termos gerais, o RASI apresenta um número variável de capítulos, apesar de obedecer a um padrão quanto às matérias abordadas. Normalmente, o capítulo inicial faz uma descrição e análise das principais medidas legislativas aprovadas com impacto no sistema de segurança interna. Nos capítulos seguintes são abordadas as principais actividades desenvolvidas no âmbito da prevenção da criminalidade. A actividade das forças e serviços de segurança e os dados relativos aos seus recursos materiais e humanos são também objecto de análise no relatório, a par da sua actividade de âmbito internacional.

Em capítulo próprio, a criminalidade registada e a sua evolução são analisadas, quer globalmente, quer desagregada por força e serviço de

---

[79] Cf. Relatório Anual de Segurança Interna 2003.

segurança. A análise também incide sobre a distribuição geográfica (distrito) da criminalidade e por tipos específicos de criminalidade (violenta, grupal ou juvenil).

Como última nota, é interessante verificar que em relatórios mais recentes, para além da actividade das forças e serviços de segurança, também é analisada a actividade, por exemplo, do Serviço Nacional de Bombeiros e Protecção Civil e do Conselho Consultivo para a Formação das Forças e Serviços de Segurança, organismos que, à luz da actual LSI, não exercem funções de segurança interna.

§3.º CONSIDERAÇÕES FINAIS

A crescente interdependência e integração global reduz o alcance prático da ideia de segurança *interna* enquanto realidade autónoma e circunscrita ao interior das fronteiras geopolíticas dos Estados. A transnacionalização das ameaças e dos riscos – como a criminalidade organizada e o terrorismo – atenuam quaisquer esforços independentes de segurança. No actual contexto, o Estado é cada vez menos capaz de, isolado, garantir a sua segurança. A realidade demonstra que os Estados são obrigados a reagir a acontecimentos internos que têm a sua génese no exterior, fora do seu controlo. Deste modo, a garantia da segurança interna depende, cada vez mais, da dimensão internacional[80], baseada em complexos sistemas de acordos e convenções internacionais[81]. Este quadro é real para Portugal, como para qualquer outro Estado.

Ao abordarmos a actual LSI não poderemos deixar de reconhecer que a dificuldade doutrinária e legislativa na delimitação do conteúdo do conceito "segurança interna" poderá explicar algumas das suas insuficiências. A Constituição remeteu a definição do conceito de

---

[80] Como afirma BECK "*o único caminho para a segurança nacional é a cooperação internacional. (...) Os Estados têm de se desnacionalizar e transnacionalizar para o seu próprio interesse nacional, isto é, abdicar da sua soberania, para que, num mundo globalizado, possam tratar dos seus problemas nacionais.*" Cf. BECK, Ulrich, *o Estado cosmopolita. Para uma utopia realista*, em www.eurozine.com/ /article/2002-1-30-beck-pt.html, página consultada em 31-10-2003.

[81] Adaptado de FERNANDES, Luís Fiães, *op. cit.*

"segurança interna" para o legislador ordinário e este, ao defini-la, reproduziu, no essencial, parte do conteúdo do n.º 1 do artigo 272.º da CRP. Assim, a actual definição de segurança interna subsume a legalidade democrática e a garantia dos direitos dos cidadãos ao conceito de segurança interna. Esta constatação leva-nos a questionar se tal definição não é redutora do conteúdo do conceito de segurança interna, na medida em que o legislador ao afirmar no n.º 1 do artigo 272.º da CRP que são funções da polícia a *defesa da legalidade*, a *garantia da segurança interna* e *dos direitos dos cidadãos* terá tido a intenção de distinguir os três conceitos e não de subsumir dois deles (legalidade democrática e a garantia dos direitos) a um outro (segurança interna).

Para além da questão relacionada com a delimitação do conteúdo do conceito "segurança interna", os quase 20 anos da vigência da actual da LSI leva-nos a questionar a sua, ainda, eventual adequação à prossecução dos fins para que foi criada. Esta Lei foi concebida e votada num quadro de consolidação do Estado democrático e num contexto de acentuada actividade terrorista, quer a nível internacional, quer a nível nacional. A evolução entretanto ocorrida ao longo dos últimos anos, nomeadamente quanto às ameaças e riscos à segurança interna, impõe um aperfeiçoamento e aprofundamento da LSI em aspectos como, por exemplo, os mecanismos e formas de articulação e coordenação entre as FSS, como forma de quebrar uma certa lógica concorrencial que parece verificar-se entre elas. Aliás, no que respeita às forças e serviços de segurança com funções de segurança interna, parece-nos que a sua enumeração é limitada, pois hoje é possível identificar outros serviços que, apesar de legalmente não desenvolverem funções de segurança interna, na prática, desenvolvem actividades que integram o actual conceito de segurança interna. Estas e outras questões, aliadas à pressão das ameaças e dos riscos que impedem sobre o território nacional, acabarão por provocar a revisão da LSI e, consequentemente, do próprio SSI.

Luís Fiães Fernandes

Mestre em Estratégia e Assistente do Instituto
Superior de Ciências Policiais e de Segurança Interna

PARTE II
LEGISLAÇÃO

Título I

SISTEMA DE SEGURANÇA INTERNA

LEI DE SEGURANÇA INTERNA

(APROVADA PELA LEI N.º 20/87, DE 12 DE JUNHO, ALTERADA PELA LEI N.º 8/91, DE 1 DE ABRIL)

Capítulo I
Princípios gerais

Artigo 1.º
Definição e fins de segurança interna

1 – A segurança interna é a actividade desenvolvida pelo Estado para garantir a ordem, a segurança e a tranquilidade públicas, proteger pessoas e bens, prevenir a criminalidade e contribuir para assegurar o normal funcionamento das instituições democráticas, o regular exercício dos direitos e liberdades fundamentais dos cidadãos e o respeito pela legalidade democrática.

2 – A actividade de segurança interna exerce-se nos termos da lei penal e processual penal, das leis orgânicas das polícias e serviços de segurança.

3 – As medidas previstas na presente lei visam especialmente proteger a vida e a integridade das pessoas, a paz pública e a ordem democrática contra a criminalidade violenta ou altamente organizada, designadamente sabotagem, espionagem ou terrorismo.

ARTIGO 2.º
Princípios fundamentais

1 – A actividade de segurança interna pautar-se-á pela observância das regras gerais de polícia e com respeito pelos direitos, liberdades e garantias e pelos demais princípios do Estado de Direito democrático.

2 – As medidas de polícia são as previstas nas leis, não devendo ser utilizadas para além do estritamente necessário.

3 – A prevenção dos crimes, incluindo a dos crimes contra a segurança do Estado, só pode fazer-se com observância das regras gerais sobre polícia e com respeito pelos direitos, liberdades e garantias dos cidadãos.

4 – A lei fixa o regime das forças e serviços de segurança, sendo a organização de cada uma delas única para todo o território nacional.

ARTIGO 3.º
Política de segurança interna

A política de segurança interna consiste no conjunto de princípios, orientações e medidas tendentes à prossecução permanente dos fins definidos no artigo 1.º.

ARTIGO 4.º
Âmbito territorial

1 – A segurança interna desenvolve-se em todo o espaço sujeito a poderes de jurisdição do Estado Português.

2 – No quadro dos compromissos internacionais e das normas aplicáveis do direito internacionais e das normas aplicáveis do direito internacional, as forças e serviços de segurança interna podem actuar fora do espaço referido no número anterior em cooperação com organismos e serviços de Estados estrangeiros ou com organizações internacionais de que Portugal faça parte.

Artigo 5.º
Deveres gerais e especiais de colaboração

1 – Os cidadãos têm o dever de colaborar na prossecução dos fins de segurança interna, observando as disposições preventivas estabelecidas na lei, acatando as ordens e mandados legítimos das autoridades e não obstruindo o normal exercício das competências dos funcionários e agentes das forças e serviços de segurança.

2 – Os funcionários e agentes do Estado ou das pessoas colectivas de direito público, bem como os membros dos órgãos de gestão das empresas públicas, têm o dever especial de colaboração com as forças e serviços de segurança, nos termos da lei.

3 – Os indivíduos investidos nas funções de direcção, chefia, inspecção ou fiscalização em qualquer órgão ou serviço da Administração Pública têm o dever de comunicar prontamente às forças e serviços de segurança competentes os factos de que tenham conhecimento no exercício das funções, ou por causa delas, e que constituam preparação, tentativa ou execução de crimes de espionagem, sabotagem ou terrorismo.

4 – A violação do disposto nos n.ºs 2 e 3 implica responsabilidade disciplinar e criminal, nos termos da lei.

Artigo 6.º
Coordenação e cooperação das forças de segurança

1 – As forças e serviços de segurança exercem a sua actividade de acordo com os objectivos e finalidades da política de segurança interna e dentro dos limites do respectivo enquadramento orgânico, o qual respeitará o disposto na presente lei.

2 – Sem prejuízo do disposto no número anterior, as forças e serviços de segurança cooperam entre si, designadamente através da comunicação recíproca de dados não sujeitos a regime especial de reserva ou protecção que, não interessando apenas à prossecução dos objectivos específicos de cada força ou serviço, sejam necessários à realização das finalidades de cada um dos outros.

Capítulo II
Política de segurança interna e coordenação da sua execução

Secção I
Competência da Assembleia da República e do Governo

Artigo 7.º
Competência da Assembleia da República

1 – A Assembleia da República contribui, pelo exercício da sua competência política, legislativa e financeira, para enquadrar a política de segurança interna e para fiscalizar a sua execução.

2 – Os partidos da oposição representados na Assembleia da República serão ouvidos e informados com regularidade pelo Governo sobre o andamento dos principais assuntos da política de segurança.

3 – A Assembleia da República apreciará anualmente um relatório, a apresentar pelo Governo até 31 de Março, sobre a situação do País no que toca à segurança interna, bem como sobre a actividade das forças e dos serviços de segurança desenvolvida no ano anterior.

Nota: *O n.º 3 do art.º 7.º tem redacção da Lei n.º 8/91, de 1 de Abril.*

Artigo 8.º
Competência do Governo

1 – A condução da política de segurança interna é da competência do Governo.

2 – Compete ao Conselho de Ministros:

a) Definir as linhas gerais da política governamental de segurança interna, bem como a sua execução;

Título I – *Sistema de segurança interna* 65

b) Programar e assegurar os meios destinados à execução da política de segurança interna;
c) Aprovar o plano de coordenação e cooperação das forças e serviços legalmente incumbidos da segurança interna e garantir o regular funcionamento dos respectivos sistemas;
d) Fixar, nos termos da lei, as regras de classificação e o controle de circulação dos documentos oficiais e, bem assim, de credenciação das pessoas que devem ter acesso aos documentos classificados.

> **Notas:** *Quanto às instruções sobre a Segurança de Matérias Classificadas (SEGNAC 1), cfr. Resolução do Conselho de Ministros n.º 50/88, de 3 de Dezembro (rectificada por declaração publicada no DR,I, 3.º supl., de 31-1-89, pág. 406 (14). Já Quanto às normas para a Segurança Nacional, Salvaguarda e Defesa das Matérias Classificadas, Segurança Industrial, Tecnologia e de Investigação (SEGNAC 2), cfr. Resolução do Conselho de Ministros n.º 37/89, de 24 de Outubro. Relativamente às instruções para a segurança das telecomunicações (SEGNAC 3), cfr. Resolução do Conselho de Ministros n.º 16/94 de 22 de Março e às instruções sobre a Segurança Informática (SEGNAC 4), cfr. a Resolução do Conselho de Ministros n.º 5/90, de 28 de Fevereiro.*

Artigo 9.º
Competência do Primeiro-Ministro

1 – O Primeiro-Ministro é politicamente responsável pela direcção da política de segurança interna, competindo-lhe, designadamente:

a) Coordenar e orientar a acção dos membros do Governo nos assuntos relacionados com a segurança interna;
b) Convocar o Conselho Superior de Segurança Interna e presidir às respectivas reuniões;
c) Propor ao Conselho de Ministros o plano de coordenação e cooperação das forças e serviços de segurança;
d) Dirigir a actividade interministerial tendente à adopção, em caso de grave ameaça da segurança interna, das providências

julgadas adequadas, incluindo, se necessário, o emprego operacional combinado de pessoal, equipamento, instalações e outros meios atribuídos a cada uma das forças e serviços de segurança;

e) Informar o Presidente da República acerca dos assuntos respeitantes à condução da política de segurança interna.

2 – O Primeiro-Ministro pode delegar, no todo ou em parte, as competências referidas nas alíneas b) e d) do número anterior no Ministro da Administração Interna.

3 – Quando não dimanarem do Primeiro-Ministro, nos termos do n.º 1, as medidas de carácter operacional destinadas à coordenação e à cooperação das forças e serviços de segurança dependentes de vários ministérios são acordadas entre o Ministro da Administração Interna e os ministros competentes.

4 – Nos casos em que a adopção das medidas previstas no número anterior tenham lugar em região autónoma, devem as mesmas ser executadas sem prejuízo das competências do ministro da República e sem afectar o normal exercício das competências constitucionais e estatutárias dos órgãos de governo próprio da região.

SECÇÃO II
Conselho Superior de Segurança Interna

ARTIGO 10.º
Definição de funções

1 – O Conselho Superior de Segurança Interna é o orgão interministerial de auscultação e consulta em matéria de segurança interna.

2 – Cabe ao Conselho, enquanto orgão de consulta, emitir parecer, nomeadamente, sobre:

a) A definição das linhas gerais da política de segurança interna;

b) As bases gerais da organização, funcionamento e disciplina das forças e serviços de segurança e da delimitação das respectivas missões e competências;
c) Os projectos de diplomas que contenham providências de carácter geral respeitantes às atribuições e competências das forças e serviços de segurança;
d) As grandes linhas de orientação a que deve obedecer a formação, especialização, actualização e aperfeiçoamento do pessoal das forças e serviços de segurança.

3 – O Conselho assiste ao Primeiro-Ministro no exercício das suas competências em matéria de segurança interna, nomeadamente na adopção das providências necessárias em situações de grave ameaça da segurança interna.

Artigo 11.º
Composição

1 – O Conselho Superior de Segurança Interna é presidido pelo Primeiro-Ministro e dele fazem parte:

a) Os vice-primeiros-ministros e os ministros de Estado, se os houver;
b) Os ministros responsáveis pelos sectores da administração interna, da justiça e das finanças;
c) Os comandantes-gerais da Guarda Nacional Republicana, da Guarda Fiscal e da Polícia de Segurança Pública, o director-geral da Polícia Judiciária e os directores do Serviço de Estrangeiros e Fronteiras e do Serviço de Informações de Segurança;
d) Os responsáveis pelos sistemas de autoridade marítima e aeronáutica;
e) O secretário-geral do Gabinete Coordenador de Segurança.

2 – Os ministros da República e os presidentes de governo regional participam nas reuniões do Conselho que tratem de assuntos de interesse para a respectiva região.

3 – O procurador-geral da República tem assento no Conselho para efeitos do disposto no artigo 224.º da Constituição.

4 – O presidente, quando o considerar conveniente, pode convidar a participar nas reuniões outras entidades com especiais responsabilidades na prevenção e repressão da criminalidade ou na pesquisa e produção de informações relevantes para a segurança interna.

5 – O Conselho elaborará o seu regimento e submetê-lo-á à aprovação do Conselho de Ministros.

> **Nota:** *Quanto ao Regimento do Conselho Superior de Segurança Interna veja-se a Resolução do Conselho de Ministros n.º 12/88, de 14 de Abril.*

Secção III
Gabinete Coordenador de Segurança

Artigo 12.º
Definição e composição

1 – O Gabinete Coordenador de Segurança é o órgão especializado de assessoria e consulta para a coordenação técnica e operacional da actividade das forças e serviços de segurança e funciona na directa dependência do Primeiro-Ministro ou, por sua delegação, do Ministro da Administração Interna.

2 – O Gabinete Coordenador de Segurança é composto pelas entidades referidas nas alíneas c) e d) do n.º 1 do artigo 11.º e por um secretário-geral, a designar pelo Primeiro-Ministro.

3 – As normas de funcionamento do Gabinete Coordenador de Segurança e do Secretariado permanente são fixadas por decreto-lei.

> **Nota:** *O n.º 3 do art.º 12.º foi rectificado pela Declaração publicada no DR I Série n.º 185, de 13-8-87. Quanto às funções e competências do Gabinete Coordenador de Segurança, cfr. DL n.º 61/88, de 27 de Fevereiro.*

ARTIGO 13.º
Funções

Compete ao Gabinete Coordenador de Segurança assistir de modo regular e permanente às entidades governamentais responsáveis pela execução da política de segurança interna e, designadamente, estudar e propor:

a) Os esquemas de cooperação das forças e serviços de segurança, bem como de aperfeiçoamento do seu dispositivo, com vista à articulação do seu funcionamento, sem prejuízo da especificidade das missões estatutárias de cada um;
b) O eventual emprego combinado do pessoal das diversas forças e serviços de segurança e dos seus equipamentos, instalações e demais meios para fazer face às situações de grave ameaça que o exijam;
d) As normas de actuação e os procedimentos a adoptar em situações de grave ameaça da segurança interna;
c) As formas de coordenação da cooperação externa que as forças e serviços de segurança desenvolvam nos domínios das suas competências específicas;
e) Os planos de actuação conjunta das forças e serviços especialmente encarregados da prevenção da criminalidade.

CAPÍTULO III
Das forças e serviços de segurança

ARTIGO 14.º
Forças e serviços de segurança

1 – As forças e serviços de segurança são organismos públicos, estão exclusivamente ao serviço do povo português, são rigorosamente apartidários e concorrem para garantir a segurança interna.

2 – Exercem funções de segurança interna:

a) A Guarda Nacional Republicana;
b) A *Guarda Fiscal;*
c) A Polícia de Segurança Pública;
d) A Polícia Judiciária;
e) O Serviço de Estrangeiros e Fronteiras;
f) Os órgãos dos sistemas de autoridade marítima e aeronáutica;
g) O Serviço de Informações de Segurança.

3 – A organização, as atribuições e as competências das forças e dos serviços de segurança constam das respectivas leis orgânicas e demais legislação complementar.

> **Nota:** *A Guarda Fiscal foi extinta pelo DL n.º 230/93, de 26 de Junho, sendo integrada na GNR, que contou com uma nova Unidade denominada Brigada Fiscal. Cfr. ainda o DL n.º 231/93, de 26 de Junho que aprova a Lei Orgânica da GNR.*

Artigo 15.º
Autoridades de polícia

Para os efeitos da presente lei, e dentro da esfera das respectivas competências organicamente definidas, consideram-se autoridade de polícia:

a) O comandante-geral, o 2.º comandante-geral, o chefe do estado-maior e os comandantes de unidade, de companhia e de secção ou equivalentes da Guarda Nacional Republicana;
b) *O comandante-geral, o 2.º comandante-geral, o chefe do estado-maior e os comandantes de batalhão e companhia da Guarda Fiscal;*
c) O comandante-geral, o 2.º comandante-geral, o superintendente-geral e os comandantes regionais, distritais, das unidades especiais e de divisão da Polícia de Segurança Pública;

d) Os chefes dos departamentos marítimos e os capitães dos portos, como órgãos do sistema de autoridade marítima, e as entidades correspondentes do sistema de autoridade aeronáutica;
e) Os funcionários superiores da Polícia Judiciária referidos no respectivo diploma orgânico;
f) Os funcionários superiores do Serviço de Estrangeiros e Fronteiras referidos no respectivo diploma orgânico.

Nota: *Cfr. nota ao artigo anterior.*

Capítulo IV
Medidas de Polícia

Artigo 16.º
Medidas de Polícia

1 – No desenvolvimento da actividade de segurança interna, as autoridades de polícia referidas no artigo 15.º podem, de harmonia com as respectivas competências específicas organicamente definidas, determinar a aplicação de medidas de polícia.

2 – Os estatutos e diplomas orgânicos das forças e serviços de segurança tipificam as medidas de polícia aplicáveis nos termos e condições previstos na Constituição e na lei, designadamente:

a) Vigilância policial de pessoas, edifícios e estabelecimentos por período de tempo determinado;
b) Exigência de identificação de qualquer pessoa que se encontre ou circule em lugar público ou sujeito a vigilância policial;
c) Apreensão temporária de armas, munições e explosivos;
d) Impedimento da entrada em Portugal de estrangeiros indesejáveis ou indocumentados;

e) Accionamento da expulsão de estrangeiros do território nacional.

3 – Consideram-se medidas especiais de polícia, a aplicar nos termos da lei:

a) Encerramento temporário de paióis, depósitos ou fábricas de armamento ou explosivos e respectivos componentes;
b) Revogação ou suspensão de autorizações aos titulares dos estabelecimentos referidos na alínea anterior;
c) Encerramento temporário de estabelecimentos destinados à venda de armas ou explosivos;
d) Cessação da actividade de empresas, grupos, organizações ou associações que se dediquem a acções de criminalidade altamente organizada, designadamente de sabotagem, espionagem ou terrorismo ou à preparação, treino ou recrutamento de pessoas para aqueles fins.

4 – As medidas previstas no número anterior são, sob pena de nulidade, imediatamente comunicadas ao tribunal competente e apreciadas pelo juiz em ordem à sua validação.

> **Nota:** *As medidas de polícia tipificadas neste artigo não se confundem com as medidas cautelares e de polícia tipificadas nos artigos 249.º e ss. do CPP.*

Artigo 17.º
Dever de identificação

Os agentes ou funcionários de polícia não uniformizados que, nos termos da lei, ordenarem a identificação de pessoas ou emitirem qualquer outra ordem ou mandado legítimo devem previamente exibir prova da sua qualidade.

> **Nota:** *Confrontar com o n.º 2 do art. 250.º do CPP.*

ARTIGO 18.º
Controle das comunicações

1 – O juiz de instrução criminal, para efeitos e nos termos do n.º 2 do artigo 187.º do Código de Processo Penal, a requerimento da Polícia Judiciária, pode autorizar o controlo das comunicações.

2 – A Polícia Judiciária requer a autorização por iniciativa própria ou a solicitação, devidamente fundamentada, dos órgãos de polícia criminal com competência no processo.

3 – A execução do controlo das comunicações mediante autorização judicial é da exclusiva competência da Polícia Judiciária.

4 – Quando o juiz considerar que os elementos recolhidos são relevantes para a prova ou detecção de casos de terrorismo, criminalidade violenta ou altamente organizada, nos termos do n.º 2 do artigo 1.º do Código de Processo Penal, pode ordenar o seu envio, em auto próprio e sigiloso, à força de segurança a cargo da qual corram as investigações.

Nota: *Confrontar com os artigos 187.º-190.º do CPP.*

Aprovado em 28 de Abril de 1987.

O Presidente da Assembleia da República, *Fernando Monteiro do Amaral.*

Promulgada em 28 de Maio de 1987.

Publique-se.

O Presidente da República, Mário Soares.

Referendada em 30 de Maio de 1987.

O Primeiro-Ministro, *Aníbal António Cavaco Silva.*

REGIMENTO DO CONSELHO SUPERIOR DE SEGURANÇA INTERNA

RESOLUÇÃO DO CONSELHO DE MINISTROS N.º 12/88, DE 14 DE ABRIL

A Lei n.º 20/87, de 12 de Junho, que estabelece as bases gerais da actividade de segurança interna, prevê, no seu artigo 10.º, a existência do Conselho Superior de Segurança Interna, como órgão interministerial de auscultação e consulta em matéria de segurança interna, cabendo-lhe, nomeadamente, assistir o Primeiro-Ministro no exercício das suas competências naquele domínio.

Em conformidade com o disposto no n.º 5 do seu artigo 11.º, o Conselho Superior de Segurança Interna elaborou o seu regimento, tendo-o oportunamente submetido a aprovação do Conselho de Ministros.

Assim:

O Conselho de Ministros, reunido em 24 de Março de 1988, resolveu, ao abrigo do disposto no n.º 5 do artigo 11.º da Lei n.º 20/87, de 12 de Junho, aprovar o Regimento do Conselho Superior de Segurança Interna, publicado em anexo a esta resolução e que dela faz parte integrante.

Presidência do Conselho de Ministros. – O Primeiro-Ministro, *Aníbal António Cavaco Silva.*

ANEXO

Regimento do Conselho Superior de Segurança Interna

Artigo 1.º
Definição

O Conselho Superior de Segurança Interna é o órgão interministerial de auscultação e consulta em matéria de segurança interna.

Artigo 2.º
Presidência e composição

1 – O Conselho Superior de Segurança Interna é presidido pelo Primeiro-Ministro.

2 – Integram o Conselho Superior de Segurança Interna:

a) Os vice-primeiros-ministros, se os houver;
b) Os ministros de Estado, se os houver;
c) Os Ministros da Administração Interna, da Justiça e das Finanças;
d) Os comandantes-gerais da Guarda Nacional Republicana, da Guarda Fiscal e da Polícia de Segurança Pública, o director-geral da Polícia Judiciária, o director do Serviço de Estrangeiros e Fronteiras e o director do Serviço de Informações de Segurança;
e) O responsável pelo sistema de autoridade marítima e o responsável pelo sistema de autoridade aeronáutica;
f) O secretário-geral do Gabinete Coordenador de Segurança.

3 – Os ministros da República para as regiões autónomas e os presidentes dos governos regionais participam nas reuniões do Conselho que tratem de assuntos de interesse para as respectivas regiões.

4 – O procurador-geral da República tem assento no Conselho, com vista ao eventual exercício da acção penal para defesa da legitimidade democrática e dos interesses que a lei determinar.

5 – O presidente, quando o considerar conveniente, pode convidar a participar nas reuniões, sem direito a voto, outras entidades com especiais responsabilidades na prevenção e repressão da criminalidade ou na pesquisa e produção de informações relevantes para a segurança interna.

Artigo 3.º
Substituição temporária

1 – Em caso de impedimento temporário, o Primeiro-Ministro será substituído nos termos previstos na Constituição.

2 – As entidades referidas nos n.ºs 2, 3 e 4 do artigo 2.º serão substituídas por quem, nas condições previstas na Constituição ou na lei, deva assegurar o desempenho do respectivo cargo.

Artigo 4.º
Competência

1 – Cabe ao Conselho, enquanto órgão de consulta, emitir parecer, nomeadamente, sobre:

a) A definição de linhas gerais da política de segurança interna;
b) As bases gerais de organização, funcionamento e disciplina das forças e serviços de segurança e da delimitação das respectivas missões e competências;
c) Os projectos de diplomas que contenham providências de carácter geral respeitantes às atribuições e competência das forças e serviços de segurança;
d) As grandes linhas de orientação a que deve obedecer a formação, especialização, actualização e aperfeiçoamento do pessoal das forças e serviços de segurança.

2 – Cabe ao Conselho, enquanto órgão de auscultação, informar e aconselhar o Primeiro-Ministro, nomeadamente, sobre:

a) Propostas de alteração das leis penais e processuais, bem como de quaisquer diplomas especificamente respeitantes à segurança interna;
b) A celebração de acordos internacionais que envolvam a actuação de forças e serviços de segurança fora do território nacional e a adopção de normas aplicáveis internacionalmente, em resultado de compromissos assumidos no âmbito de cooperação internacional, no domínio da segurança interna;
c) A forma e conteúdo do relatório a apresentar anualmente pelo Governo à Assembleia da República sobre as actividades das forças e serviços de segurança;
d) A fixação, nos termos da lei, das regras de classificação e controle da circulação de documentos oficiais classificados;
e) Estabelecimento de meios e processos de transmissão para facilitar a comunicação rápida, por parte das entidades referidas no n.º 3 do artigo 5.º da Lei n.º 20/87, de factos que constituam preparação, tentativa ou execução de crime de espionagem, sabotagem ou terrorismo.

3 – O Conselho assiste o Primeiro-Ministro no exercício das suas competências em matéria de segurança interna, nomeadamente na adopção das providências necessárias em situação de grave ameaça da segurança interna.

Artigo 5.º
Reuniões

1 – O Conselho reúne ordinariamente uma vez por semestre e extraordinariamente sempre que o presidente o entender necessário.
2 – O Conselho não pode iniciar e encerrar os seus trabalhos sem a presença do presidente.

Artigo 6.º
Convocatória

1 – Compete ao presidente ou, em caso de delegação, ao Ministro da Administração Interna convocar as reuniões do Conselho, bem como fixar a respectiva ordem de trabalhos.

2 – As reuniões devem ser convocadas, salvo caso de excepcional urgência, com a antecedência mínima de três dias.

3 – Salvo os casos de excepcional urgência, em que são admitidas todas as formas possíveis de comunicação, a convocatória constará de carta dirigida aos membros do Conselho, na qual serão indicados o local, o dia e a hora da reunião, bem como a respectiva ordem de trabalhos.

4 – Compete ao secretário-geral do Gabinete Coordenador de Segurança o envio das convocatórias.

Artigo 7.º
Local de reunião

As reuniões do Conselho terão lugar nas instalações da Presidência do Conselho de Ministros ou no local que for indicado pelo presidente.

Artigo 8.º
Funcionamento

1 – O Conselho funciona em reuniões plenárias.

2 – O Conselho só pode funcionar estando presente a maioria dos seus membros em funções, contando-se, se for caso disso, os membros referidos no n.º 3 do artigo 2.º.

3 – Em casos de excepcional urgência, pode o Conselho funcionar com qualquer número de membros.

Artigo 9.º
Pareceres

1 – Consoante as finalidades e os resultados da reunião, serão elaborados pareceres, que poderão destinar-se a apoiar eventuais orientações a emitir pelo presidente.

2 – Os pareceres terão a forma escrita quando o presidente assim o entender, competindo ao secretário-geral do Gabinete Coordenador de Segurança a respectiva elaboração.

Artigo 10.º
Execução

Compete aos membros do Governo, aos comandantes das forças de segurança e aos directores dos serviços membros do Conselho Superior de Segurança Interna a aplicação das orientações do presidente, assessorados pelo Gabinete Coordenador de Segurança, sempre que as linhas de orientação respeitem a esquemas de cooperação, ao aperfeiçoamento de dispositivos, ao eventual emprego combinado do pessoal das forças e serviços, às normas de actuação e procedimentos a adoptar em situações graves e a planos de actuação conjunta.

Artigo 11.º
Actas

1 – Será lavrada acta das reuniões do Conselho.

2 – Salvo se o Conselho deliberar a elaboração e aprovação da acta na própria reunião, os projectos de acta serão redigidos pelo secretário-geral do Gabinete Coordenador de Segurança e remetidos aos membros do Conselho, a fim de serem submetidos a aprovação no início da reunião seguinte.

3 – As actas, depois de aprovadas, serão subscritas pelo secretário-geral do Gabinete Coordenador de Segurança e assinadas pelo presidente.

Artigo 12.º
Secretário-Geral

O secretário-geral do Gabinete Coordenador de Segurança assegura o apoio necessário ao funcionamento do Conselho.

Artigo 13.º
Dever de sigilo

Os membros e participantes no Conselho têm o dever de sigilo quanto ao objecto e conteúdo das reuniões.

Artigo 14.º
Divulgação do conteúdo das reuniões

1 – O presidente poderá autorizar que seja dada publicidade aos pontos da ordem de trabalho a que não tenha sido atribuída classificação de segurança.

2 – O presidente poderá autorizar a publicação, após as reuniões, de uma nota informativa, na qual se indiquem, de forma sucinta, no todo ou em parte, o objecto da reunião e os seus resultados.

3 – Os pareceres e orientações não são publicados, salvo decisão em sentido contrário do presidente.

O Primeiro-Ministro, *Aníbal António Cavaco Silva.*

NORMAS DE FUNCIONAMENTO DO GABINETE COORDENADOR DE SEGURANÇA

DECRETO-LEI N.º 61/88, DE 27 DE FEVEREIRO, COM AS ALTERAÇÕES INTRODUZIDAS PELOS DECRETO-LEI N.º 51/96, DE 16 DE MAIO E PELO DECRETO-LEI N.º 149/2001, DE 7 DE MAIO

A Lei n.º 20/87, de 12 de Junho, que fixa o conteúdo e limites da actividade de segurança interna e define as entidades que a devem protagonizar, criou na directa dependência do Primeiro-Ministro, ou, por sua delegação, do Ministro da Administração Interna, o Gabinete Coordenador de Segurança.

Estando, na lógica do sistema de segurança interna instituído, reservado àquele órgão um relevante papel de assessoria e consulta para a coordenação técnica e operacional da actividade das forças e serviços de segurança, importa, em cumprimento do disposto no n.º 3 do artigo 12.º daquela lei, fixar as suas normas de funcionamento, bem como as do secretariado permanente que o apoia.

Assim:

O Governo decreta, nos termos das alíneas a) e c) do n.º 1 do artigo 201.º da Constituição, o seguinte:

ARTIGO 1.º
Definição e composição

1 – O Gabinete Coordenador de Segurança, adiante designado por Gabinete, é, nos termos da Lei n.º 20/87, de 12 de Junho, o órgão especializado de assessoria e consulta para a coordenação técnica e operacional da actividade das forças e serviços de segurança e funciona na directa dependência do Primeiro-Ministro, ou, por sua delegação, do Ministro da Administração Interna.

2 – Integram o Gabinete:

O comandante-geral da Guarda Nacional Republicana;
O director nacional da Polícia de Segurança Pública;
O director nacional da Polícia Judiciária;
O director-geral do Serviço de Estrangeiros e Fronteiras;
O director-geral do Serviço de Informações e Segurança;
O director-geral de Marinha;
O presidente do Instituto Nacional da Aviação Civil;
O secretário-geral;
O secretário-geral-adjunto.

3 – Em caso de impedimento, os membros do Gabinete serão substituídos por quem, nos termos da lei, deva assegurar o desempenho do respectivo cargo.

4 – O secretário-geral bem como o secretário-geral-adjunto são nomeados nos termos da Lei n.º 49/99, de 22 de Junho.

5 – Enquanto não forem nomeados o secretário-geral e o secretário-geral-adjunto, as correspondentes funções serão asseguradas por um dos membros do Gabinete a designar pelo Primeiro-Ministro, ou, por sua delegação, pelo Ministro da Administração Interna.

Nota: *Redacção do Decreto-Lei n.º 149/2001, de 7 de Maio.*

Título I – *Sistema de segurança interna*

ARTIGO 3.º
Poderes de orientação e coordenação

No exercício das competências previstas na Lei n.º 20/87, de 12 de Junho, compete ao Primeiro-Ministro, ou, por sua delegação, ao Ministro da Administração Interna:

a) Definir as medidas consideradas indispensáveis ao normal funcionamento do Gabinete;
b) Fixar directrizes e emitir instruções sobre as actividades a desenvolver.

ARTIGO 2.º
Funções

1 – Compete ao Gabinete assistir de modo regular e permanente às entidades governamentais responsáveis pela execução da política de segurança interna e, designadamente, estudar e propor:

a) Os esquemas de cooperação das forças e serviços de segurança, bem como de aperfeiçoamento do seu dispositivo, com vista à articulação do seu funcionamento, sem prejuízo da especificidade das missões estatutárias de cada um;
b) O eventual emprego combinado do pessoal das diversas forças e serviços de segurança e dos seus equipamentos, instalações e demais meios para fazer face às situações de grave ameaça que o exijam;
c) As formas de coordenação da cooperação externa que as forças e serviços de segurança desenvolvam nos domínios das suas competências específicas;
d) As normas de actuação e os procedimentos a adoptar em situações de grave ameaça da segurança interna;
e) Os planos de actuação conjunta das forças e serviços especialmente encarregados da prevenção da criminalidade;

f) Os procedimentos de avaliação e planos de aperfeiçoamento, coordenação e modernização dos processos de formação inicial e contínua realizados no âmbito das forças e serviços de segurança, quer de carácter geral, quer visando a actuação em situações específicas.

2 – Compete ainda ao Gabinete Coordenador de Segurança proceder à recolha, análise e divulgação dos elementos respeitantes aos crimes participados e de quaisquer outros elementos necessários à elaboração do relatório de segurança interna.

3 – O Gabinete reúne em plenário uma vez por trimestre e extraordinariamente sempre que o Primeiro-Ministro ou, por sua delegação, o Ministro da Administração Interna o convoque, por sua iniciativa ou a pedido de qualquer dos seus membros.

4 – O Gabinete Coordenador de Segurança dispõe de uma sala de situação para acompanhar em permanência as situações previstas na alínea d) do n.º 1 do presente artigo.

Nota: *Redacção do Decreto-Lei n.º 149/2001, de 7 de Maio.*

Artigo 4.º
Competência do secretário-geral e do secretário-geral-adjunto

1 – Compete especialmente ao secretário-geral:

a) Assegurar o desenvolvimento das actividades do Gabinete, de acordo com as orientações superiormente fixadas;
b) Coordenar os estudos a cargo do Gabinete, em ordem a assegurar a efectiva prossecução das suas finalidades;
c) Elaborar as agendas e secretariar as reuniões do Gabinete;
d) Elaborar as actas das reuniões e proceder à respectiva distribuição;
e) Coordenar o secretariado permanente;
f) Submeter à aprovação superior todos os actos que dela careçam;

g) Assegurar o apoio necessário ao funcionamento do Conselho Superior de Segurança Interna.

2 – Compete ao secretário-geral-adjunto auxiliar o secretário-geral no desempenho de todas as suas competências e substituí-lo em todas as suas faltas e impedimentos.

Nota: *Redacção do Decreto-Lei n.º 149/2001, de 7 de Maio.*

ARTIGO 5.º
Coordenação técnica

Para efeitos de coordenação técnica, realiza-se uma reunião quinzenal com um dirigente de cada força e serviço de segurança, mediante convocatória do secretário-geral.

Nota: *Redacção do Decreto-Lei n.º 149/2001, de 7 de Maio.*

ARTIGO 6.º
Secretariado permanente

1 – Sob a coordenação do secretário-geral funciona um secretariado permanente constituído por um representante qualificado de cada uma das entidades que compõem o Gabinete.

2 – Aos membros deste secretariado compete estabelecer, em permanência, o contacto com as entidades representadas e executar as tarefas necessárias ao exercício das competências legalmente cometidas ao Gabinete.

3 – Para apoiar o exercício das competências previstas na alínea f) do n.º 1 do artigo 2.º, funciona ainda um secretariado específico, constituído por um representante qualificado de cada um dos responsáveis por estabelecimentos de ensino das forças e serviços de segurança, a quem competirá o contacto com as entidades representadas e a execução das tarefas necessárias ao exercício daquelas competências.

4 – Os membros do secretariado desempenham as suas funções no Gabinete.

Nota: *Redacção do Decreto-Lei n.º 149/2001, de 7 de Maio.*

ARTIGO 7.º
Apoio administrativo

(Revogado pelo Decreto-Lei n.º 149/2001, de 7 de Maio)

ARTIGO 8.º
Núcleo de apoio técnico e administrativo

1 – Por despacho do Primeiro-Ministro ou, por sua delegação, do Ministro da Administração Interna, sob proposta do secretário-geral, deverá ser constituído um núcleo de apoio técnico, por recurso ao destacamento de funcionários do quadro único do Ministério da Administração Interna, dos quadros das forças e serviços de segurança e de outras entidades que prossigam actividades relevantes em matéria de segurança interna.

2 – Por despacho do Primeiro-Ministro ou, por sua delegação, do Ministro da Administração Interna, sob proposta do secretário-geral, deverá ser constituído um núcleo de apoio administrativo, por recurso ao destacamento de funcionários do quadro único do Ministério da Administração Interna e dos quadros das forças e serviços de segurança.

3 – Os destacamentos referidos no número anterior são efectuados nos termos da lei geral, sem prejuízo do fixado em regulamentação própria das forças de segurança.

Nota: *Aditado pelo Decreto-Lei n.º 149/2001, de 7 de Maio.*

Artigo 9.º
Gabinetes coordenadores de segurança distritais

1 – São instituídos gabinetes coordenadores de segurança ao nível distrital, presididos pelos governadores civis e integrando os responsáveis distritais pelas forças e serviços de segurança previstos no n.º 2 do artigo 1.º.

2 – Aos gabinetes coordenadores de segurança distritais cabe exercer as funções de aconselhamento referidas no n.º 1 do artigo 2.º, no âmbito das respectivas competências geográficas.»

Nota: *Aditado pelo Decreto-Lei n.º 149/2001, de 7 de Maio.*

Visto e aprovado em Conselho de Ministros de 21 de Janeiro de 1988. – *Aníbal António Cavaco Silva – Eurico Silva Teixeira de Melo – Miguel José Ribeiro Cadilhe – José António da Silveira Godinho – Joaquim Fernando Nogueira.*

Promulgado em 9 de Fevereiro de 1988.

Publique-se.

O Presidente da República, Mário Soares.

Referendado em 14 de Fevereiro de 1988.

O Primeiro-Ministro, *Aníbal António Cavaco Silva*

SISTEMA NACIONAL DE GESTÃO DE CRISES

DECRETO-LEI N.º 173/2004, DE 21 DE JULHO

O desenvolvimento tecnológico, industrial e urbano que caracteriza a sociedade moderna e que tem proporcionado maiores níveis de bem-estar no mundo actual coexiste com a proliferação de conflitos e de factores de desagregação das sociedades e dos Estados que fazem perigar os interesses nacionais, levantam novos problemas e constituem importantes desafios que terão de ser enfrentados.

Os actuais riscos e ameaças expressam-se sob novas formas, de onde se destacam as acções de natureza terrorista e a utilização de meios de destruição maciça.

O aumento de acidentes graves, de conflitos armados, de situações de fome, de doenças epidémicas, de catástrofes e de outras calamidades, abrangendo vastas áreas populacionais, constitui uma realidade marcante.

Estas realidades são acentuadas pela globalização, que permite que a difusão e o acesso à informação se façam em tempo real e que qualquer alteração que ocorra em determinado ponto do planeta seja passível de se repercutir, de imediato, em regiões bem distantes.

Estamos perante efeitos multiplicadores que podem propiciar e gerar situações de crise e, em casos extremos, de guerra, tornando cada vez mais notória a necessidade de um sistema de gestão de crises que permita, com elevada prontidão, fazer face a cenários, mais ou menos imprevisíveis, não raro difusos e de contornos pouco claros, que poderão afectar a comunidade nacional.

Situando-se a crise entre a normalidade e a guerra, a urgência de decisões e de acções imediatas e a aplicação de meios adequados de resposta, no sentido do restabelecimento da situação anterior, ou da salvaguarda dos interesses postos em causa, impõe a definição de uma estrutura que, de uma forma interdepartamental e transversal, abranja todas as componentes necessárias à gestão de crises, com adaptabilidade à sua natureza.

O Sistema Nacional de Gestão de Crises assim definido não pretende constituir-se como um novo organismo ou estrutura permanente, o que visa é organizar os meios existentes, por forma a apoiar o Primeiro-Ministro no processo de tomada de decisão, no quadro da acção governativa, na gestão de situações de crise.

Este Sistema estrutura-se em três níveis: o da decisão, constituído pelo Gabinete de Crise, de natureza eminentemente política; o da execução, ao nível dos ministérios envolvidos ou a envolver, e o de apoio, garantido pelo Gabinete de Apoio, de características exclusivamente técnicas.

Dá-se, assim, cumprimento a um objectivo inscrito no Conceito Estratégico de Defesa Nacional e a uma organização de meios que tem paralelo nos países aliados.

Assim:

Nos termos da alínea a) do n.º 1 do artigo 198.º da Constituição, o Governo decreta o seguinte:

Artigo 1.º

Objecto

1 – É criado o Sistema Nacional de Gestão de Crises (SNGC), destinado a apoiar o Primeiro-Ministro no processo da tomada de decisão e na sua execução em situações de crise.

2 – O SNGC é accionado mediante despacho do Primeiro-Ministro quando ocorra ou se preveja que possa ocorrer uma situação de crise.

Artigo 2.º
Estrutura

1 – O SNGC compreende:

a) O Gabinete de Crise;
b) O Grupo de Apoio;
c) As entidades de execução.

2 – O funcionamento do SNGC efectiva-se com recurso aos meios existentes em serviços e organismos públicos.

Artigo 3.º
Gabinete de Crise

1 – No âmbito do SNGC, cabe ao Gabinete de Crise tomar as decisões relativas à gestão da crise.

2 – O Gabinete de Crise é presidido pelo Primeiro-Ministro, com faculdade de delegação, e possui a seguinte composição:

a) O Ministro das Finanças;
b) O Ministro da Defesa Nacional;
c) O Ministro dos Negócios Estrangeiros;
d) O Ministro da Administração Interna;
e) O Ministro da Justiça;
f) Outros membros do Governo, por determinação do Primeiro--Ministro;
g) O membro do Governo que coordena o Grupo de Apoio;
h) Os Ministros da República para as Regiões Autónomas dos Açores e da Madeira, sempre que a situação de crise envolva, ou possa envolver, as respectivas Regiões Autónomas;
i) O Chefe do Estado-Maior-General das Forças Armadas;
j) Os Presidentes dos Governos Regionais dos Açores e da Madeira, sempre que a situação de crise envolva, ou possa envolver, as respectivas Regiões Autónomas;

k) Os directores dos serviços de informações que integram o Sistema de Informações da República Portuguesa;
l) O director nacional da Polícia Judiciária;
m) Outras entidades ou personalidades, designadas pelo Primeiro-Ministro, quando a situação o aconselhe.

> **Nota:** *Em momentos de crise, uma das áreas primordiais que cumpre ao Estado garantir é a ordem e tranquilidade públicas. Contudo, analisado o artigo, deparamo-nos com a estranha ausência do Director-Nacional da PSP e do Comandante-Geral da GNR como membros do Gabinete de Crise.*

Artigo 4.º
Grupo de Apoio

O Grupo de Apoio é coordenado pelo membro do Governo que para o efeito for designado pelo Primeiro-Ministro e integra:

a) As entidades que compõem o Conselho Nacional de Planeamento Civil de Emergência e as comissões de planeamento de emergência;
b) Os conselheiros e peritos de reconhecida competência técnica de áreas de actividade relevante para a gestão de crises, bem como outras entidades ou personalidades de qualquer sector de actividade nacional, designados pelo membro do Governo que coordena o Grupo de Apoio.

Artigo 5.º
Competências do Grupo de Apoio

Compete ao Grupo de Apoio:

a) Acompanhar a evolução da situação;
b) Tratar toda a informação fornecida pelos serviços competentes;

c) Elaborar estudos e propostas, por determinação do Gabinete de Crise ou por iniciativa própria, sobre assuntos e matérias relativos à gestão da crise;
d) Difundir às entidades de execução as orientações e decisões emanadas do Gabinete de Crise;
e) Aconselhar sobre os assuntos relacionados com sistemas da União Europeia, da Organização do Tratado do Atlântico Norte (OTAN), bem como com outros sistemas internacionais de resposta a crises.

Artigo 6.º
Execução e colaboração

1 – Os serviços e organismos públicos integrados na administração directa do Estado executam as decisões do Gabinete de Crise e têm um especial dever de colaboração com o SNGC.
2 – Sobre os serviços e organismos públicos que não se encontrem integrados na administração directa do Estado, bem como sobre as entidades privadas, impende um especial dever de colaboração com o SNGC.

Artigo 7.º
Funcionamento do SNGC

Compete à Presidência do Conselho de Ministros afectar os recursos materiais, financeiros e humanos que se revelem necessários ao funcionamento do SNGC, nomeadamente do Grupo de Apoio.

Artigo 8.º
Gabinete de Informação Pública

Junto do Gabinete de Crise pode funcionar um gabinete de informação pública, constituído por despacho do Primeiro-Ministro, que definirá a respectiva composição e funcionamento.

Artigo 9.º
Entrada em vigor

O presente diploma entra em vigor no dia seguinte ao da sua publicação.

Visto e aprovado em Conselho de Ministros de 27 de Maio de 2004. – *José Manuel Durão Barroso – Maria Manuela Dias Ferreira Leite – Paulo Sacadura Cabral Portas – Maria Teresa Pinto Basto Gouveia – António Jorge de Figueiredo Lopes – Maria Celeste Ferreira Lopes Cardona.*

Promulgado em 8 de Julho de 2004.

Publique-se.

O Presidente da República, Jorge Sampaio.

Referendado em 9 de Julho de 2004.

O Primeiro-Ministro, *José Manuel Durão Barroso.*

Título II

LEIS ORGÂNICAS DAS FORÇAS E SERVIÇOS DE SEGURANÇA QUE EXERCEM FUNÇÕES DE SEGURANÇA INTERNA

GUARDA NACIONAL REPUBLICANA

DECRETO-LEI N.º 231/93, DE 26 DE JUNHO,
RECTIFICADO PELA DECLARAÇÃO DE RECTIFICAÇÃO
N.º 138/93, DE 31 DE JULHO, ALTERADO PELO
DL N.º 298/94, DE 24 DE NOVEMBRO,
PELO DL N.º 188/99, DE 2 DE JUNHO E PELO
DL N.º 15/2002, DE 29 DE JANEIRO

A publicação da Lei de Segurança Interna e as alterações no âmbito do direito processual penal, entre outras disposições legislativas inovadoras, determinaram um posicionamento mais definido da Guarda Nacional Republicana no conjunto das forças militares e das forças e serviços de segurança, aconselhando a experiência entretanto colhida à substituição do Decreto-Lei n.º 333/83, de 14 de Julho, cujo contributo imprescindível se não despreza, por outro diploma mais elaborado que constitua um suporte jurídico adequado às funções de segurança e de fiscalização cometidas à Guarda Nacional Republicana.

A circunstância do novo enquadramento institucional da Guarda Fiscal, que se traduz na integração desta força de segurança na Guarda Nacional Republicana vem implicar ainda em termos orgânicos a criação, simultaneamente com a extinção da Guarda Fiscal, de uma nova unidade na Guarda Nacional Republicana denominada Brigada Fiscal.

Tendo em atenção que, nos termos do referido decreto-lei, a missão e competências anteriormente atribuídas à Guarda Fiscal e seus órgãos são cometidas com a necessária adaptação, à Guarda Nacional

Republicana, torna-se necessária a publicação de uma nova Lei Orgânica da Guarda Nacional Republicana que defina claramente a sua missão, organização e características.

Assim:

Nos termos da alínea a) do n.º 1 do artigo 201.º da Constituição, o Governo decreta o seguinte:

ARTIGO 1.º

É aprovada a Lei Orgânica da Guarda Nacional Republicana, anexa ao presente diploma e do qual faz parte integrante.

ARTIGO 2.º

É revogada a Lei Orgânica da Guarda Nacional Republicana, aprovada pelo Decreto-Lei n.º 333/83, de 14 de Julho, com as alterações previstas nos Decretos-Leis n.º 39/90, de 3 de Fevereiro, e 260/91, de 25 de Julho, sem prejuízo do disposto no artigo 99.º da Lei Orgânica anexa.

Visto e aprovado em Conselho de Ministros de 13 de Maio de 1993. – *Aníbal António Cavaco Silva – Joaquim Fernando Nogueira – Manuel Dias Loureiro – Jorge Braga de Macedo.*

Promulgado em 17 de Junho de 1993.

Publique-se.

O Presidente da República, MÁRIO SOARES.

Referendado em 18 de Junho de 1993.

O Primeiro-Ministro, *Aníbal António Cavaco Silva.*

Lei Orgânica da Guarda Nacional Republicana

Título I
Disposições gerais

Capítulo I
Natureza, atribuições e símbolos

Artigo 1.º
Definição

A Guarda Nacional Republicana, adiante designada por Guarda, é uma força de segurança constituída por militares organizados num corpo especial de tropas.

Artigo 2.º
Missão geral

A Guarda tem por missão geral:

a) Garantir, no âmbito da sua responsabilidade, a manutenção da ordem pública, assegurando o exercício dos direitos, liberdades e garantias;
b) Manter e restabelecer a segurança dos cidadãos e da propriedade pública, privada e cooperativa, prevenindo ou reprimindo os actos ilícitos contra eles cometidos;

c) Coadjuvar as autoridades judiciárias, realizando as acções que lhe são ordenadas como órgão de policia criminal;
d) Velar pelo cumprimento das leis e disposições em geral, nomeadamente as relativas à viação terrestre e aos transportes rodoviários;
e) Combater as infracções fiscais, designadamente as previstas na lei aduaneira;
f) Colaborar no controlo da entrada e saída de cidadãos nacionais e estrangeiros no território nacional;
g) Auxiliar e proteger os cidadãos e defender e preservar os bens que se encontrem em situações de perigo, por causas provenientes da acção humana ou da natureza;
h) Colaborar na prestação de honras de Estado;
i) Colaborar na execução da política de defesa nacional.

Artigo 3.º
Isenção política

1 – A Guarda está ao serviço do povo português e os militares que a constituem são rigorosamente apartidários.

2 – O pessoal da Guarda não pode servir-se, por qualquer modo, da arma que lhe estiver distribuída, da qualidade que possui, do cargo que exerce ou da função que desempenha para actuações ou intervenções de natureza política ou com objectivos políticos.

Artigo 4.º
Órgãos de polícia criminal

1 – São considerados órgãos de polícia criminal, nos termos do Código de Processo Penal, todos os militares da Guarda a quem caiba levar a cabo quaisquer actos ordenados por uma autoridade judiciária ou determinados por aquele Código.

2 – As acções solicitadas e os actos de processo penal delegados pela autoridade judiciária são realizados pelos militares da Guarda para o efeito designados.

Artigo 5.º
Autoridade de polícia

1 – São consideradas autoridades de polícia:

a) O comandante-geral;
b) O 2.º comandante-geral;
c) O chefe do estado-maior do Comando-Geral;
d) Os comandantes de unidade;
e) Os comandantes de agrupamento, grupo, companhia ou equivalente;
f) Os comandantes de destacamento ou equivalente.

2 – No exercício das suas funções de segurança interna, compete às autoridades de polícia referidas no número anterior determinar a aplicação das medidas de polícia previstas no artigo 29.º.

Artigo 6.º
Autoridade de polícia criminal

1 – Entidades referidas no artigo anterior e os oficiais da Guarda são autoridades de polícia criminal nos termos previstos no Código de Processo Penal.

2 – No exercício da função que lhe cabe como órgão de polícia criminal, a Guarda actua sob o poder de direcção da autoridade judiciária, em conformidade com as normas do Código de Processo Penal.

Artigo 7.º
Autoridade de polícia fiscal

1 – A Guarda compete, através da Brigada Fiscal, como autoridade de polícia fiscal aduaneira, a fiscalização, controlo e acompanhamento de mercadorias sujeitas à acção aduaneira, em conformidade com as disposições insertas na legislação aduaneira e demais legislação aplicável.

2 – A Guarda compete, através da Brigada Fiscal e nos termos do Regime Jurídico das Infracções Fiscais Aduaneiras, a instrução de processos contra-ordenacionais e respectiva aplicação de coimas, bem como a realização de outras diligências solicitadas pelos magistrados judiciais e pelo Ministério Público.

Artigo 8.º
Limites de competência

1 – A Guarda não poderá intervir em assuntos de natureza exclusivamente civil, limitando-se a sua acção, ainda que requisitada, à manutenção da ordem e tranquilidade públicas.

2 – Quando, porém, se tratar da restituição de direitos em virtude de execução de sentença com trânsito em julgado ou para assegurar a manutenção da ordem em actos processuais, a Guarda actuará em conformidade com as instruções da autoridade competente.

Artigo 9.º
Dependência

1 – A Guarda depende:

a) Do Ministro da Administração Interna, relativamente ao recrutamento, administração, disciplina e execução do serviço decorrente da sua missão geral;
b) Do Ministro da Defesa Nacional, no que respeita à uniformização e normalização da doutrina militar, do armamento e do equipamento.

2 – Em caso de guerra ou em situação de crise, as forças da Guarda podem, nos termos da lei, ser colocadas na dependência operacional do Chefe do Estado-Maior General das Forças Armadas, através do seu comandante-geral.

ARTIGO 10.º
Alojamento e instalações

A administração central poderá estabelecer protocolos com as autarquias locais para a execução das responsabilidades de construção, aquisição ou beneficiação de instalações e edifícios para a Guarda Nacional Republicana sempre que as razões de oportunidade e conveniência o aconselhem.

ARTIGO 11.º
Regime administrativo e financeiro

1 – A Guarda goza de autonomia administrativa e sua gestão é exercida de acordo com os preceitos gerais da contabilidade pública.
2 – Constituem receitas da Guarda Nacional Republicana:

a) As dotações atribuídas pelo Orçamento do Estado;
b) O produto da venda de publicações e as quantias cobradas por actividades ou serviços prestados;
c) Os juros dos depósitos bancários;
d) As receitas próprias consignadas à Guarda;
e) Os saldos anuais das receitas consignadas, nos termos do decreto-lei orçamental;
f) Quaisquer outras receitas que lhe sejam atribuídas por lei, contrato ou a outro título.

3 – É regulada por legislação própria a intervenção dos diversos órgãos da Guarda na administração dos meios financeiros que lhes forem afectados.

> **Notas:** *O n.º 2 do art. 11.º tem redacção do Dec.-Lei n.º 15/2002, de 29-1.*
> *O n.º 3 é o anterior n.º 2 (Dec.-Lei n.º 15/2002, de 29-1).*

Artigo 12.º
Estandarte Nacional

A Guarda e as suas unidades têm direito ao uso do Estandarte Nacional.

Artigo 13.º
Símbolos

1 – A Guarda tem direito a brasão de armas, bandeira heráldica, hino e selo branco.
2 – As unidades da Guarda têm direito a brasão de armas, selo branco e bandeiras heráldicas, que nas suas subunidades, tomarão as formas de guião de mérito e flâmula.
3 – O comandante-geral tem direito ao uso de galhardete.

Artigo 14.º
Datas comemorativas

1 – O Dia da Guarda Nacional Republicana é o dia 3 de Maio, em evocação da lei que criou a actual instituição nacional, em 1911.
2 – É também, consagrado o dia 16 de Julho à padroeira da Guarda Nacional Republicana, Nossa Senhora do Carmo.
3 – As unidades da Guarda têm direito a um dia festivo para a consagração da respectiva memória histórica.

Capítulo II
Relacionamento com entidades públicas e privadas

Artigo 15.º
Prestação de colaboração a entidades públicas e privadas

1 – Sem prejuízo do cumprimento das suas missões, a Guarda, no quadro legal das suas competências, pode prestar colaboração a entida-

des públicas ou privadas que lha solicitem, para garantir a segurança de pessoas e bens.

2 – Pode, igualmente, haver lugar a colaboração noutros serviços, mediante pedidos concretos que lhe sejam formulados, os quais são sujeitos a decisão caso a caso e de acordo com os encargos que tais serviços possam envolver.

ARTIGO 16.º
Requisição de forças

1 – Nas zonas que lhe são afectas, as autoridades judiciárias e administrativas podem requisitar à Guarda, através dos comandos locais, a actuação de forcas para manter a ordem púbica.

2 – As alfândegas, nas zonas que lhes são afectas, podem também requisitar à Guarda, através dos comandos locais, as forças necessárias para o cumprimento da missão fiscal-aduaneira ou para a protecção e segurança dos edifícios aduaneiros.

3 – As forças requisitadas nos termos dos números anteriores actuam unicamente no quadro das suas competências e por forma a cumprir a sua missão, mantendo total subordinação aos comandos de que dependem.

ARTIGO 17.º
Processo de requisição

1 – As autoridades que necessitem de auxílio das forças da Guarda dirigem as respectivas requisições aos comandos de subunidade ou de unidade ou ao comando-geral, conforme o grau hierárquico da entidade requisitante e a área para onde o serviço é requisitado.

2 – As requisições são escritas e devem indicar a natureza do serviço a desempenhar, bem como as particularidades de que o mesmo se reveste, podendo, excepcionalmente e em casos urgentes, ser verbais ou telecomunicadas, sem prejuízo da sua obrigatória confirmação por escrito.

3 – As autoridades requisitantes são responsáveis peia legitimidade dos serviços que requisitarem nos termos do presente artigo, mas a adopção das medidas e a utilização dos meios são da exclusiva responsabilidade da Guarda.

4 – As requisições efectuadas ao abrigo do disposto no presente artigo devem ser acompanhadas de uma cópia da acta ou despacho administrativo que as determinou.

5 – É reconhecido à Guarda o direito de recusar, mediante despacho fundamentado, a satisfação de requisições ou pedidos que não caibam no âmbito legal da sua missão ou não emanem de autoridades legalmente competentes para o efeito.

6 – As decisões tomadas pelos comandos locais devem ser comunicadas de imediato ao escalão superior.

Nota: *Os n.ᵒˢ 4, 5 e 6 do art.º 17.º têm redacção do Dec.-Lei n.º 298/94, de 24 de Novembro.*

Artigo 17.º-A
Prestação de serviços especiais

1 – A Guarda pode manter pessoal militar em organismos de interesse público, em condições definidas por portaria do Ministro da Administração Interna, sendo da responsabilidade dos referidos organismos o pagamento da remuneração base, prestações sociais, subsídio de refeição e suplemento de forças de segurança.

2 – Poderá ser nomeado em comissão de serviço até ao limite de três anos, prorrogável, por despacho conjunto dos Ministros da Administração Interna e dos Negócios Estrangeiros, pessoal militar da Guarda para organismos internacionais ou países estrangeiros, em função dos interesses nacionais e dos compromissos assumidos no âmbito da cooperação internacional, nos termos legalmente estabelecidos.

3 – A articulação funcional decorrente da colocação referida no número anterior é objecto de despacho conjunto dos Ministros da Administração Interna e dos Negócios Estrangeiros.

4 – O pessoal referido no n.º 1 cumpre, para efeitos de ordem pública, as directivas do comando com jurisdição na respectiva área.

5 – Os serviços especiais prestados mediante requisição de particulares, precedendo designação do comandante-geral, são remunerados pelos respectivos requisitantes nos termos que forem regulamentados.

> **Nota:** *O art.º 17.º-A foi aditado pelo Dec.-Lei n.º 298/94, de 24 de Novembro.*

Artigo 17.º-B

Prestação de serviços a outras entidades

1 – Sem prejuízo da missão que constitucionalmente lhe está confiada e do seu dever de coadjuvação dos tribunais, a Guarda pode destacar pessoal militar para a realização das actividades de comunicação dos actos processuais previstos no Código de Processo Penal.

2 – A Guarda pode ainda destacar pessoal militar para prestar serviço a órgãos e entidades da administração central, regional e local.

3 – A prestação e o pagamento das acções previstas nos números anteriores serão objecto de portaria conjunta dos Ministros da Administração Interna, da Justiça e das Finanças.

> **Nota:** *O art.º 17.º-B foi aditado pelo Dec.-Lei n.º 298/94, de 24 de Novembro.*

Artigo 18.º

Relacionamento com as Forças Armadas

1 – A Guarda colabora com as Forças Armadas em missões que por estas lhe sejam solicitadas, recebendo das mesmas a cooperação necessária, para a qual podem ser estabelecidos, quando conveniente, protocolos que a regulem.

2 – A cooperação referida no número anterior traduz-se, designadamente na cedência de pessoal e na frequência de institutos, escolas ou unidades dos ramos das Forças Armadas para a formação dos quadros da Guarda ou de cursos de especialização.

Artigo 19.º
Relacionamento com autoridades civis, judiciárias e aduaneiras

1 – As ordens relativas ao serviço da Guarda são dadas pelo Ministro da Administração Interna ao Comandante-Geral.

2 – A coordenação relativa aos serviços que importem a outros ministérios faz-se, em regra, por intermédio do Gabinete do Ministro da Administração Interna.

3 – A ligação entre a Guarda e as autoridades judiciárias e aduaneiras faz-se, preferencialmente, através dos comandantes de destacamento, sem prejuízo de situações de reconhecida urgência ou conveniência que aconselhem outros níveis de contactos.

4 – Os militares da Guarda individualmente notificados para comparência em actos processuais devem informar imediatamente o comando de que dependem e apresentar-lhe o documento comprovativo, para efeitos de controlo funcional e administrativo.

Capítulo III
Direitos e deveres gerais

Artigo 20.º
Direito de acesso e livre trânsito

1 – Os militares da Guarda, quando em acto ou missão de serviço, têm a faculdade de entrar livremente em todos os lugares onde se realizem reuniões públicas ou onde o acesso do público dependa do pagamento de uma entrada ou da realização de certa despesa, da qual se encontram dispensados.

2 – O regime de utilização dos transportes públicos colectivos pelos militares da Guarda será objecto de portaria conjunta dos Ministros da Administração Interna e das Obras Públicas, Transportes e Comunicações, nos termos definidos no Decreto-Lei n.º 106/87, de 6 de Março.

ARTIGO 21.º
Armamento e uniformes

1 – Os militares da Guarda, no cumprimento das suas missões utilizam o armamento que lhes for distribuído.

2 – Os militares da Guarda têm direito ao uso de uniformes e insígnias próprios, de acordo com os regulamentos sobre a matéria.

ARTIGO 22.º
Detenção, uso e porte de armas

Os militares da Guarda tem direito à detenção, uso e porte de armas de quaisquer natureza, sendo, no entanto, obrigados ao seu manifesto quando sejam de sua propriedade.

ARTIGO 23.º
Direitos, liberdades e garantias

O militar da Guarda goza de todos os direitos, liberdades e garantias reconhecidos aos demais cidadãos, estando o exercício de alguns desses direitos e liberdades sujeitos às restrições constitucionalmente previstas, como o âmbito pessoal e material que consta da Lei n.º 29/82, de 11 de Dezembro, por força do seu artigo 69.º.

ARTIGO 24.º
Dever funcional

1 – As categorias e competências a que se referem os artigos 4.º, 5.º, 6.º, 7.º, 26.º, 27.º e 28.º são inseparáveis dos militares da Guarda a quem são atribuídas, os quais têm o dever permanente do exercício dos actos inerentes, independentemente de se encontrarem ou não uniformizados ou nomeados para o serviço.

2 – Os militares da Guarda que, nos termos da lei, ordenarem a identificação de pessoas ou emitirem qualquer outra ordem ou mandato

legitimo sem se encontrarem uniformizados devem exibir previamente prova da sua qualidade.

Artigo 25.º
Dever de cooperação

1 – A Guarda, sem prejuízo das prioridades legais da sua actuação, coopera com as demais forças e serviços de segurança, bem como com as autoridades públicas, designadamente com os órgãos autárquicos e outros organismos, nos termos da lei.

2 – As autoridades da administração central, regional e local e os serviços públicos devem prestar à Guarda a colaboração que legitimamente lhes for solicitada para o exercício das suas funções.

Artigo 26.º
Competência dos órgãos de polícia criminal

1 – Aos órgãos de policia criminal referidos no artigo 4.º compete o exercício das funções que lhes são cometidas pelo Código de Processo Penal, podendo, designadamente, ordenar a identificação de qualquer pessoa ou a sua detenção nos termos do mesmo Código.

2 – Qualquer pessoa, quando devidamente notificada, tem o dever de comparecer no respectivo departamento da Guarda, nos termos da lei processual penal.

3 – As acções de investigação criminal e de coadjuvação das autoridades judiciárias estão sujeitas a segredo de justiça nos termos da lei de processo.

Artigo 27.º
Comandantes e agentes da força pública

1 – Os militares da Guarda no exercício do comando de forças têm as categorias e competências de comandantes de força pública.

2 – Os militares da Guarda são considerados agentes da força pública e de autoridade quando lhes não deva ser atribuída outra qualidade superior.

Artigo 28.º
Competência em matéria fiscal

1 – Aos militares da Guarda no comando de forças compete o exercício das funções que lhe são cometidas pela legislação fiscal aduaneira.

2 – Qualquer pessoa, quando devidamente notificada, tem o dever de comparecer no respectivo departamento a Guarda, nos termos da lei aplicável.

3 – As acções de investigação da prática de ilícitos criminais ou contra-ordenacionais e de coadjuvação das autoridades judiciárias e administrativas estão sujeitas ao segredo de justiça, nos termos da lei de processo.

Artigo 29.º
Medidas de polícia

1 – Constituem medidas de polícia aplicáveis nos termos e condições previstos na Constituição e na lei:

a) A vigilância policial de pessoas, edifícios e estabelecimentos por períodos de tempo determinados;
b) A exigência de identificação de qualquer pessoa que se encontre ou circule em lugar público ou sujeito a vigilância policial;
c) A apreensão temporária de armas, munições e explosivos;
d) As restrições à liberdade de circulação, determinada por motivos de ordem pública ou tendo em vista garantir a segurança de pessoas e bens.

2 – Consideram-se medidas especiais de polícia, que, sob pena de nulidade, devem ser imediatamente comunicadas à autoridade judiciária competente para a sua apreciação e confirmação, as seguintes:

a) O encerramento temporário de paióis, depósitos ou fábricas de armamento ou explosivos e respectivos componentes;
b) O encerramento temporário de estabelecimentos de venda de armas ou explosivos;
c) A cessação da actividade de empresas, grupos, organizações ou associações que se dediquem a acções de criminalidade altamente organizada, designadamente de sabotagem, espionagem ou terrorismo ou a preparação, treino ou recrutamento de pessoas para aqueles fins.

Artigo 30.º
Meios coercivos

1 – Nos termos e limites da lei, os militares da Guarda podem fazer uso dos meios coercivos de que dispõem nas circunstâncias seguintes:

a) Para repelir uma agressão iminente ou em execução, em defesa própria ou de terceiros;
b) Para vencer a resistência violenta à execução de um serviço no exercício das suas funções e manter o princípio da autoridade, depois de ter feito aos resistentes intimação de obediência e após esgotados outros meios para o conseguir;
c) Para efectuar a captura de indivíduos evadidos de estabelecimentos prisionais ou que sejam destinatários de mandatos de detenção pela prática de crime a que corresponda pena de prisão superior a três anos ou impedir a fuga de qualquer indivíduo legalmente preso ou detido.

2 – A resistência e desobediência aos militares da Guarda, de qualquer graduação, no exercício das suas funções sujeita o infractor as penas previstas na lei para os que resistem e desobedecem aos mandatos legítimos da autoridade.

Título II
Organização geral e hierárquica

Capítulo I
Quadros, hierarquia e áreas territoriais

Artigo 31.º
Quadros de armas e serviços

1 – Na Guarda existem as seguintes armas e serviços:

a) Armas: de infantaria e de cavalaria;
b) Serviços: de pessoal, de assistência religiosa, de justiça, de transmissões, de finanças de obras, de saúde, veterinário, de material, de intendência de assistência na doença e de informática.

2 – A Guarda tem os quadros constantes do respectivo Estatuto.
3 – A competência e as atribuições a prosseguir pelos serviços a que não correspondem quadros próprios são exercidas por pessoal dos quadros previstos no Estatuto referido no número anterior.

Artigo 32.º
Hierarquia

As categorias, subcategorias e postos em que se agrupam hierarquicamente os militares da Guarda são os seguintes:

a) Oficiais, abrangendo os oficiais generais com os postos de general e brigadeiro; oficiais superiores, abrangendo os postos de coronel, tenente-coronel e major, capitães, e oficiais subalternos, abrangendo os postos de tenente e alferes;

b) Sargentos, abrangendo os postos de sargento-mor sargento-chefe, sargento-ajudante, primeiro-sargento, segundo-sargento e furriel;
c) Praças, abrangendo os postos de cabo-chefe, cabo e soldado.

ARTIGO 33.º
Número de efectivos e de lugares

1 – Os efectivos globais a atingir progressivamente são os seguintes:

a) Da Guarda Nacional Republicana:
Tenente-general – 1;
Major-general – 10;
Coronel – 37;
Tenente-coronel – 92;
Major – 195;
Capitão – 391;
Subalterno – 223;
Sargento-mor – 56;
Sargento-chefe – 335;
Sargento-ajudante – 735;
Primeiro-sargento/segundo-sargento – 1440;
Cabo-chefe – 934;
Cabo – 10 711;
Soldado – 12664;
b) Dos Serviços Sociais da Guarda Nacional Republicana:
Coronel – 1;
Tenente-coronel – 2;
Major – 2;
Capitão – 12;
Subalterno – 1;
Sargento-mor – 1;
Sargento-chefe – 5;
Sargento-ajudante – 10;
Primeiro-sargento/segundo-sargento – 16;

Cabo-chefe – 6;
Cabo – 28;
Soldado – 96.

2 – Os lugares e os correspondentes postos, agrupados em categorias, que integram os quadros previstos no Estatuto dos Militares da GNR, aprovado pelo Decreto-Lei n.º 265/93, de 31 de Julho, são fixados por portaria do Ministro da Administração Interna, atentas as necessidades específicas de cada quadro.

3 – Os efectivos constantes da portaria referida no número anterior sob a designação «qualquer quadro» ou «qualquer arma» são atribuídos às armas e serviços por despacho do comandante-geral, tendo em conta as necessidades do serviço e o princípio da igualdade de oportunidades estabelecido na alínea d) do artigo 47.º do Estatuto dos Militares da GNR.

4 – A distribuição dos efectivos pelas unidades e demais órgãos e serviços da Guarda Nacional Republicana é fixada por despacho do comandante-geral.

5 – Os efectivos do pessoal militar a ingressar anualmente nos quadros da Guarda serão fixados por despacho conjunto dos Ministros das Finanças e da Administração Interna.

> **Notas:** *A alínea a) do n.º 1 do art. 33.º foi alterada a sua dotação nos postos de brigadeiro e tenente-coronel pelo Dec.-Lei n.º 188/99, de 2-6.*
> *O art. 33.º tem redacção do Dec.-Lei n.º 15/2002, de 29-1.*
> *De acordo com o art. 4.º do Dec.-Lei n.º 15/2002, de 29-1, o disposto no art. 33.º produz efeitos, no quadro geral de distribuição de lugares por armas e serviços, da seguinte forma:*
> *a) 40% na data da publicação do presente diploma;*
> *b) 30% seis meses após a sua entrada em vigor;*
> *c) 30% seis meses após a data prevista na alínea anterior.*

ARTIGO 34.º
Áreas de responsabilidade

1 – As atribuições da Guarda são prosseguidas em todo o território nacional e na zona marítima de respeito, com exclusão das zonas

legalmente cometidas a outras forças ou serviços de segurança, nas quais a sua intervenção depende:

a) Do pedido destas autoridades ou da sua ausência na zona;
b) De ordem especial;
c) De imposição legal relativa à fiscalização rodoviária.

2 – A área de intervenção de cada um dos escalões subordinados é a seguinte:

a) Brigada de Trânsito, no território continental;
b) Brigada Fiscal, no território nacional e na zona marítima de respeito;
c) Brigada Territorial, no conjunto das áreas de intervenção dos agrupamentos e grupos territoriais que o compõem;
d) Agrupamento territorial, no conjunto das áreas de intervenção dos grupos que o integram;
e) Grupo territorial, na circunscrição do distrito administrativo a que corresponde ou na que lhe for expressamente fixada, quando num mesmo distrito haja mais de um destacamento territorial;
f) Destacamento territorial, no conjunto das áreas de intervenção dos postos que a integram;
g) Postos, na circunscrição concelhia ou na que lhe for expressamente fixada.

3 – As alterações permanentes ao dispositivo da Guarda são aprovadas por despacho do Ministro da Administração Interna, sob proposta do Comando-Geral, sendo da responsabilidade deste as alterações temporárias.

Capítulo II
Organização e atribuições do comando

Artigo 35.º
Composição do comando da Guarda

A organização do comando da Guarda e a correspondente ao quadro I anexo ao presente diploma, que dele faz parte integrante, e compreende:

a) O comandante-geral;
b) O 2.º comandante-geral;
c) Os órgãos de assessoria e de inspecção;
d) O Comando-Geral;
e) As unidades;
f) Os serviços.

Artigo 36.º
Comandante-geral

1 – O comandante-geral é um general nomeado pelos Ministros da Administração Interna e da Defesa Nacional, ouvido o Conselho de Chefes de Estado-Maior.

2 – O comandante-geral é o responsável pelo cumprimento das missões gerais da Guarda, bem como de outras que lhe sejam cometidas por lei.

3 – Compete especialmente ao comandante-geral:

a) Exercer o comando completo sobre todas as forças e elementos da Guarda;
b) Requisitar aos ramos das Forças Armadas o pessoal necessário a Guarda;
c) Mandar executar as operações de recrutamento do pessoal necessário aos quadros da Guarda;

d) Decidir e mandar executar toda a actividade respeitante à organização, meios e dispositivos, operações, instrução, serviços técnicos, logísticos e administrativos da Guarda;
e) Dirigir a administração financeira da Guarda, de acordo com as competências legais que lhe são conferidas;
f) Firmar contratos para aquisição de bens e serviços dentro da sua competência e das autorizações que lhe forem conferidas;
g) Relacionar-se com os comandantes e directores-gerais das demais forças e serviços de segurança, directores-gerais das Alfândegas, das Contribuições e Impostos e de Viação e Trânsito, bem como com outras entidades afins, para, no quadro legal da respectiva competência, assegurar a coordenação da actuação da Guarda nos assuntos com interesse para o cumprimento das respectivas missões;
h) Aplicar coimas;
i) Dirigir e administrar os Serviços Sociais da Guarda;
j) Inspeccionar ou mandar inspeccionar as unidades e órgãos da Guarda.

Artigo 37.º
2.º comandante-geral

1 – O 2.º comandante-geral e um brigadeiro, nomeado pelo Ministro da Administração Interna, com o acordo do Ministro da Defesa Nacional, sob proposta do comandante-geral da Guarda.

2 – Ao 2.º comandante-geral compete:

a) Coadjuvar o comandante-geral no exercício das suas funções;
b) Presidir à Junta Superior de Saúde (JSS);
c) Presidir à Comissão para os Assuntos Equestres (CAE);
d) Substituir o comandante-geral nas suas ausências ou impedimentos.

Artigo 38.º
Órgãos de assessoria e de inspecção

Os órgãos de assessoria e de inspecção são:

a) O Conselho Superior da Guarda (CSG);
b) A Junta Superior de Saúde (JSS);
c) A Comissão para os Assuntos Equestres (CAE);
d) O Gabinete de Assessores e Inspectores (GAI);
e) O Gabinete Técnico-Jurídico (GTJ).

Artigo 39.º
Conselho Superior da Guarda

1 – O Conselho Superior da Guarda (CSG) é um órgão de carácter consultivo do comandante-geral.

2 – O CSG é constituído pelo comandante-geral, que preside, pelo 2.º comandante-geral, pelo chefe do Estado-Maior da Guarda, por todos os comandantes de unidade e por representantes dos oficiais, sargentos e praças.

3 – As normas de designação dos representantes referidos no número anterior são definidas por despacho do comandante-geral.

4 – Por determinação do comandante-geral, podem participar nas sessões do CSG outras entidades cujos pareces seja conveniente obter, devido às suas funções, especialidades ou aptidões próprias.

5 – O CSG reúne por convocação do comandante-geral, devendo as sessões ficar registadas em acta.

6 – O secretariado do CSG e assegurado por um oficial do Comando-Geral nomeado pelo chefe do Estado-Maior da Guarda.

7 – Compete ao CSG estudar e dar parecer sobre todos os assuntos que o comandante-geral entenda submeter à sua apreciação e, obrigatoriamente, sobre as seguintes matérias:

a) Processos disciplinares passíveis de aplicação das penas de reforma compulsiva ou separação do serviço;

b) Processos passíveis de aplicação da medida estatutária de dispensa do serviço;
c) Recursos disciplinares de revisão;
d) Listas e outros assuntos relativos a promoções, avaliações e nomeações para cursos, nos termos do Estatuto do Militar da Guarda Nacional Republicana e demais diplomas legais;
e) Aspectos relevantes do âmbito da organização, planos e programas.

8 – A decisão dos recursos referidos na alínea c) do número anterior é da competência do Ministro da Administração Interna.

9 – O regimento do CSC é aprovado por despacho do Ministro da Administração Interna.

Artigo 40.º
Junta Superior de Saúde

1 – A Junta Superior de Saúde (JSS) é um órgão encarregado de julgar o grau de capacidade para o serviço de oficiais, sargentos e praças que, por ordem do comandante-geral, lhe forem presentes.

2 – A JSS é constituída pelo 2.º comandante-geral, que preside, pelo chefe do Serviço de Saúde e por um médico nomeado pelo comandante-geral.

3 – O presidente da JSS é substituído, na sua ausência ou impedimento, por um oficial superior nomeado pelo comandante-geral.

4 – A JSS aprecia os recursos interpostos das decisões das demais juntas médicas da Guarda.

Artigo 41.º
Comissão para os Assuntos Equestres

1 – A Comissão para os Assuntos Equestres (CAE) é um órgão consultivo constituído pelo 2.º comandante-geral, que preside, pelo

comandante do Regimento de Cavalaria pelo chefe do Serviço Veterinário, sendo secretariado por um oficial a nomear pelo comandante--geral.

2 – Por determinação do presidente, podem participar nas suas reuniões outros especialistas sempre que seja considerado conveniente.

3 – A CAE compete ajudar e propor a política de aquisição de solípedes a reclassificação das montadas de desporto e a sua reclassificação distribuição, bem como a escolha de cavaleiros e montadas para representarem a Guarda em provas públicas.

4 – O presidente da CAE é substituído, na sua ausência ou impedimento. por um oficial superior a nomear pelo comandante-geral.

Artigo 42.º
Gabinete de Assessor e Inspectores

1 – Ao Gabinete de Assessores e Inspectores (GAI) compete:

a) Estudar e propor medidas relativas aos assuntos que o comandante-geral determinar;
b) Efectuar inspecções às unidades e serviços, nomeadamente no que se refere à segurança, instrução, actividade operacional, administrativo-logística e financeira.

2 – O GAI depende directamente do comandante-geral.

Artigo 43.º
Gabinete Técnico-Jurídico

O Gabinete Técnico-Jurídico (GTJ) tem por funções o apoio técnico-jurídico do comandante-geral e dos comandantes de unidade, competindo-lhe ainda o estudo, informação e pareceres dos assuntos que lhe sejam solicitado, bem como a prestação de assistência jurídica nas relações externas da Guarda.

Artigo 44.º
Composição do Comando-Geral

1 – O Comando-Geral da Guarda abrange o conjunto dos meios postos à disposição do comandante-geral para o exercício da sua acção de comando.

2 – O Comando-Geral corresponde ao quadro II anexo ao presente diploma, que dele faz parte integrante, e compreende:

    a) O chefe do Estado-Maior da Guarda;
    b) O subchefe do Estado-Maior da Guarda;
    c) O Estado-Maior Geral ou Coordenadora;
    d) O Estado-Maior Especial ou Técnico;
    e) O Gabinete do Comandante-Geral;
    f) O Laboratório Metrológico;
    g) A Secretaria-Geral;
    h) O Conselho Administrativo;
    i) A Formação do Comando;
    j) A Banda de Música;
    l) A Biblioteca;
    m) O Museu;
    n) O Centro Gráfico.

Artigo 45.º
Chefe do Estado-Maior da Guarda

1 – O chefe do Estado-Maior da Guarda é um brigadeiro, nomeado pelo Ministro da Administração Interna, com o acordo do Ministro da Defesa Nacional, sob proposta do comandante-geral da Guarda.

2 – Ao chefe do Estado-Maior da Guarda compete dirigir o trabalho do Estado-Maior Geral ou Coordenador e coordenar o do Estado--Maior Técnico.

3 – O chefe do Estado-Maior da Guarda é o comandante do quartel do Comando-Geral.

ARTIGO 46.º
Subchefe do Estado-Maior

1 – O subchefe do Estado-Maior da Guarda é um coronel, nomeado Pelo comandante-geral.

2 – O subchefe do Estado-Maior da Guarda coadjduva o chefe do Estado-Maior, substituindo-o nas suas ausências ou impedimentos, e, eventualmente, acumula com a chefia de uma repartição.

ARTIGO 47.º
Estado-Maior Geral ou Coordenador

1 – O Estado-Maior Geral ou Coordenador é composto pelas repartições seguintes:

a) 1.ª Repartição (Pessoal);
b) 2.ª Repartição (Informações);
c) 3.ª Repartição (Operações);
d) 4.ª Repartição (Logística);
e) 5.ª Repartição (Informação Interna e Relações Públicas).

2 – O Estado-Maior Geral ou Coordenador tem por funções:

a) Apresentar informações, estudos, planos e propostas com vista à tomada de decisões nos âmbitos operacional, administrativo--logístico e de informação interna e pública;
b) Elaborar e difundir as ordens, planos, pedidos e instruções decorrentes das decisões do comandante-geral;
c) Supervisionar a execução das ordens e instruções difundidas.

3 – O Estado-Maior Geral ou Coordenador está directamente subordinados ao chefe do Estado-Maior da Guarda, o qual responde perante o comandante-geral.

ARTIGO 48.º
1.ª Repartição

1 – Compete à 1.ª Repartição o estudo, o planeamento, a coordenação e o controlo dos assuntos relativos à administração dos recursos humanos.
2 – Compete-lhe ainda a remonta e o controlo do efectivo animal.

ARTIGO 49.º
2.ª Repartição

Compete a 2.ª Repartição o estudo, o planeamento, a coordenação e relacionamento das actividades de informação e contra-informação de interesse para a missão da guarda.

ARTIGO 50.º
3.ª Repartição

Compete à 3.ª Repartição o estudo, o planeamento, a coordenação e o controlo dos assuntos relativos a operações, organização, instrução e accionamento dos serviços de prevenção, de guarnição e honoríficos pedidos à Guarda.

ARTIGO 51.º
4.ª Repartição

Compete à 4.ª Repartição o estudo, o planeamento, a coordenação e o controlo das actividades de apoio logístico, nomeadamente o reabastecimento, manutenção, evacuação e hospitalização, transporte e serviços.

ARTIGO 52.º

5.ª Repartição

Compete à 5.ª Repartição o estudo, o planeamento, a coordenação e o accionamento dos processos respeitantes à informação interna, relações públicas e assuntos civis, bem como a organização e execução das normas de protocolo nas cerimónias da Guarda.

ARTIGO 53.º

Estado-Maior Especial ou Técnico

1 – O Estado-Maior Especial ou Técnico é composto pelos chefes dos serviços administrativos e logísticos e coordenado pelas repartições do Estado-Maior.

2 – Compete ao Estado-Maior Especial ou Técnico:

a) Apresentar informações, estudos e propostas com vista as decisões, nos aspectos específicos dos serviços;
b) Elaborar e difundir instruções técnicas decorrentes das decisões do comandante-geral e fiscalizar a sua execução.

ARTIGO 54.º

Gabinete do Comandante-Geral

Compete ao Gabinete do Comandante-Geral:

a) Desempenhar as tarefas de ajudante-de-campo do comandante-geral;
b) Secretariar o comandante-geral nas actividades de representação e outras de carácter pessoal inerente ao cargo.

ARTIGO 55.º

Laboratório Metrológico

Compete ao Laboratório Metrológico empreender, promover e coordenar as acções necessárias à verificação periódica de instrumentos de medição utilizáveis na fiscalização da circulação rodoviária.

ARTIGO 56.º
Secretaria-Geral

A Secretaria-Geral e responsável pela elaboração e publicação da Ordem ò Guarda e da Ordem de Serviço do Comando-Geral, pela escrituração dos documentos de matrícula organização dos processos individuais do pessoal daquele Comando e pelo processamento da correspondência.

ARTIGO 57.º
Conselho Administrativo

O Conselho Administrativo é responsável pela administração financeira do Comando-Geral e pela obtenção e processamento de bens e serviços, com observância das normas existentes para o efeito na Administração Pública.

ARTIGO 58.º
Formação do Comando

Compete à Formação do Comando:

a) Assegurar ao Comando-Geral os meios de pessoal e material necessários ao desempenho das suas atribuições;
b) Garantir a segurança do aquartelamento e o seu apoio administrativo e logístico.

ARTIGO 59.º
Banda de Música

1 – Compete à Banda de Música participar em cerimónias militares ou outras, em honras de Estado, em todas as actividades orientadas

para a conservação do moral das tropas da Guarda e em acções de divulgação cultural.

2 – O pessoal da Banda de Música pode ser chamado a reforçar os órgãos do Comando-Geral ou outros a designar pelo comandante-geral.

Artigo 60.º
Biblioteca

A Biblioteca destina-se a facultar aos utentes as obras que possam contribuir para a elevação do nível cultural e profissional do pessoal da Guarda e para elaboração de estudos e outros trabalhos do Estado-Maior.

Artigo 61.º
Museu

O Museu destina-se a guardar e manter convenientemente expostos os objectos e documentos que tenham interesse histórico e que contribuam para o culto das tradições e da história da Guarda, incluindo a da extinta Guarda Fiscal.

Artigo 62.º
Centro Gráfico

O Centro Gráfico é o órgão responsável pela produção das publicações e impressos necessários ao serviço da Guarda.

Capítulo III
Organização e atribuições das unidades

Artigo 63.º
Unidades

1 – São as seguintes as unidades da Guarda:

a) De instrução, a Escola Prática da Guarda (EPG);
b) Territoriais, a Brigada n.º 2 (BTer2), a Brigada n.º 3 (BTer3) a Brigada n.º 4 (BTer4) e a Brigada n.º 5 (BTer5);
c) Especial de Trânsito, a Brigada de Trânsito (BT);
d) Especial fiscal, a Brigada Fiscal (BF);
e) De reserva, o Regimento de Cavalaria (RC) e o Regimento de Infantaria (RI).

2 – A Escola Prática articula-se em subunidade de comando e serviços direcção de instrução e grupos de instrução que integram subunidades de formação de pessoal, de formação de condutores e de formação cinotécnica.

3 – As unidades territoriais são unidades mistas de infantaria e cavalaria que, para além das subunidades de comando e serviços e de subunidades de intervenção, se articulam em agrupamentos, grupos, destacamentos, subdestacamentos e postos.

4 – A Brigada de Trânsito, para além de uma subunidade de comando e serviços e de um grupo de acção conjunta, articula-se em grupos, destacamentos e subdestacamentos de trânsito.

5 – A Brigada Fiscal, para além de uma subunidade de comando e serviços, articula-se em agrupamentos grupos, destacamentos, subdestacamentos e postos fiscais.

6 – O Regimento de Cavalaria articula-se em subunidade de comando e serviços, grupos de esquadrões a cavalo e moto-blindado, grupo de ensino e desbaste de solípedes e esquadrão de guarda presidencial.

7 – O Regimento de Infantaria articula-se em subunidade de comando e serviços, batalhão operacional, que integra subunidades de intervenção e manutenção de ordem pública, e ainda subunidades de guarnição.

Artigo 64.º
Escola Prática

1 – A Escola Prática da Guarda é uma unidade especialmente vocacionada para a formação moral, cultural, física, militar e técnico-profissional dos oficiais, sargentos e praças e ainda para a actualização e valorização dos seus conhecimentos.

2 – É responsável pela instrução cinotécnica e pela aquisição de cães, em colaboração com a chefia do Serviço Veterinário.

Artigo 65.º
Brigada n.º 2

A Brigada n.º 2 é a unidade responsável pelo cumprimento da missão da Guarda na sua área de acção, que compreende os distritos de Leira, Lisboa, Santarém e Setúbal.

Artigo 66.º
Brigada n.º 3

A Brigada n.º 3 e a unidade responsável pelo cumprimento da missão da Guarda na sua área de acção, que compreende os distritos de Beja, Évora, Faro e Portalegre.

Artigo 67.º
Brigada n.º 4

A Brigada n.º 4 e a unidade responsável pelo cumprimento da missão da Guarda na sua área de acção, que compreende os distritos de Braga, Bragança, Porto, Viana do Castelo e Vila Real.

Artigo 68.º
Brigada n.º 5

A Brigada n.º 5 é a unidade responsável pelo cumprimento da missão da Guarda na sua área de acção que compreende os distritos de Aveiro, Castelo Branco, Coimbra Guarda e Viseu.

Artigo 69.º
Brigada de Trânsito

A Brigada de Trânsito é uma unidade especial de trânsito responsável pelo cumprimento da missão da Guarda em todo o território continental, competindo-lhe prioritariamente a fiscalização do cumprimento das disposições legais e regulamentares sobre viação terrestre e transportes rodoviários e o apoio aos utentes das estradas.

Artigo 70.º
Brigada Fiscal

1 – A Brigada Fiscal é uma unidade especial responsável pelo cumprimento da missão da Guarda no âmbito da prevenção, descoberta e repressão das infracções fiscais.

2 – Compete especialmente à Brigada Fiscal:

a) Fiscalizar o cumprimento das disposições legais e regulamentares relativas às infracções fiscais, designadamente à lei aduaneira, em toda a extensão da fronteira marítima e zona marítima de respeito, com excepção das zonas fiscais;
b) Colaborar com a Direcção-Geral das Contribuições e Impostos em toda a extensão do interior do território nacional e com a Direcção-Geral das Alfândegas;
c) Exercer a vigilância, segurança e protecção das zonas fiscais e dos edifícios aduaneiros.

Artigo 71.º
Regimento de Cavalaria

1 – O Regimento de Cavalaria constitui uma unidade de reserva em condições de intervir em qualquer área da responsabilidade da Guarda e de executar serviços de guarnição, honoríficos e de representação.

2 – Tem a seu cargo a remonta de solípedes, em colaboração com a chefia do Serviço Veterinário.

Artigo 72.º
Regimento de Infantaria

O Regimento de Infantaria constitui uma unidade de reserva, em condições de intervir na área da responsabilidade da Guarda e de executar serviços de guarnição, honoríficos e de representação.

Capítulo IV
Organização e atribuições dos serviços

Artigo 73.º
Finalidade e âmbito dos serviços

1 – São serviços da Guarda os serviços administrativos e logísticos.

2 – Compete aos serviços da Guarda:

a) Prever as necessidades das tropas e prover a sua satisfação bem como emitir as normas e instruções de natureza técnica indispensáveis à eficiência das funções administrativas e logísticas e fiscalizar a sua execução;

b) Ministrar os cursos necessários para a qualificação do pessoal técnico, preparação dos operadores e utilizadores e actualização dos seus conhecimentos;
c) Coordenar e receber o apoio das Forças Armadas, por forma a optimizar a rentabilidade das infra-estruturas existentes.

Artigo 74.º
Órgãos dos serviços

1 – São órgãos de direcção dos serviços administrativos e logísticos as chefias dos seguintes serviços:

a) Pessoal (CSPes);
b) Assistência Religiosa (CSAR);
c) Justiça (CSJ);
d) Saúde (CSS);
e) Veterinário (CSVet);
f) Transmissões (CSTm);
g) Material (CSMat);
h) Intendência (CSlnt);
i) Obras (CSO);
j) Finanças (CSF);
l) Assistência na Doença (CSAD);
m) Informática (CSInfmt).

2 – São órgãos de execução:

a) O Centro Clínico (CC);
b) A Companhia de Transmissões (CTm);
c) A Companhia de Manutenção e Depósito (CManDep);
d) A Companhia de Transportes (CTpt);
e) A Companhia de Intendência (CInt).

Artigo 75.º
Chefia do Serviço de Pessoal

Compete a chefia do Serviço de Pessoal (CSPes) executar todas as funções operativas inerentes à administração dos recursos humanos e do controlo do efectivo animal.

Artigo 76.º
Chefia do Serviço de Assistência Religiosa

Compete à chefia do Serviço de Assistência Religiosa (CSAR) assegurar a assistência religiosa ao pessoal, bem como aos seus familiares, e colaborar na acção formativa dos militares, especialmente o aspecto moral, cultural e social.

Artigo 77.º
Chefia do Serviço de Justiça

Compete à chefia do Serviço de Justiça (CSJ) estudar, informar e accionar todos os processos relativos à administração da justiça e disciplina, bem como propor formas de colaboração e relacionamento com os tribunais e o Ministério Público e com os serviços responsáveis pela administração da justiça e disciplina nas Forças Armadas.

Artigo 78.º
Chefia do Serviço de Saúde

Compete à chefia do Serviço de Saúde (CSS):

a) Estudar, propor e promover medidas tendentes à manutenção e recuperação da saúde do pessoal;
b) Assegurar o funcionamento dos seus órgãos e promover e aperfeiçoar a instrução dos seus especialistas;

c) Administrar os meios colocados à sua responsabilidade e organizar o controlo das existências.

ARTIGO 79.º
Chefia do Serviço Veterinário

Compete à chefia do Serviço Veterinário (CSVet):

a) Estudar, propor e promover medidas tendentes à preservação e controlo sanitário do efectivo animal, a inspecção dos alimentos e à instrução dos seus especialistas;
b) Colaborar na remonta dos solípedes com o RC e na aquisição de cães com a EPG;
c) Administrar os meios colocados à sua responsabilidade e organizar o controlo das existências.

ARTIGO 80.º
Chefia do Serviço de Transmissões

Compete à chefia do Serviço de Transmissões (CSTm):

a) Assegurar as comunicações necessárias à actividade operacional e administrativo-logística;
b) Promova e aperfeiçoar a instrução dos especialistas de transmissões, nomeadamente nos aspectos de manutenção, exploração e cifra;
c) Administrar os meios colocados a sua responsabilidade e organizar o controlo das existências.

ARTIGO 81.º
Chefia do Serviço de Material

Compete à chefia do Serviço de Material (CSMat):

a) Assegurar a guarda do material automóvel, armamento, munições, explosivos, equipamentos e outro material a sua cargo;
b) Manter o material referido em boas condições de funcionamento;
c) Promover e aperfeiçoar a instrução dos seus especialistas;
d) Administrar os meios colocados à sua responsabilidade e organizar o controlo das existências.

ARTIGO 82.º
Chefia do Serviço de Intendência

Compete à chefia do Serviço de Intendência (CSInt) obter os artigos de cantina, combustíveis e lubrificantes e promover a guarda de todo o material e equipamento de intendência, de instrução e outro que lhe seja atribuído, administrar os meios colocados sob a sua responsabilidade e organizar o controlo das existências.

ARTIGO 83.º
Chefia do Serviço de Obras

Compete à chefia do Serviço de Obras (CSO):

a) Accionar todos os processos relativos à obtenção, construção, adaptação e conservação de quartéis e moradias destinados às unidades, órgãos e pessoal;
b) Organizar e manter actualizado o tombo das propriedades afectas à Guarda;
c) Administrar os meios colocados à sua responsabilidade e organizar o controlo das existências.

ARTIGO 84.º
Chefia do Serviço de Finanças

Compete à chefia do Serviço de Finanças (CSF) elaborar as propostas orçamentais, dirigir e fiscalizar a execução dos orçamentos estudar e informar todos os assuntos de contencioso administrativo e orientar e apoiar tecnicamente todos os órgãos administrativo-financeiros.

Artigo 85.º
Chefia do Serviço de Assistência na Doença

Compete à chefia do Serviço de Assistência na Doença (CSAD):

a) Estabelecer as formas de apoio ao pessoal militar e civil da Guarda e suas famílias;
b) Promover, no exterior, a obtenção dos meios inexistentes;
c) Organizar os processos de contratação de bens e serviços ao exterior e controlar as despesas daí resultantes.

Artigo 86.º
Chefia do Serviço de Informática

Compete à chefia do Serviço de Informática (CSInfmt):

a) Colaborar na definição, controlo e gestão dos sistemas de informação e na elaboração dos planos de informática, de harmonia com as orientações estabelecidas;
b) Promover a implantação dos meios necessários aos apoios informáticos, nomeadamente nas propostas de aquisição de bens e serviços e no recrutamento, selecção e formação do pessoal técnico;
c) Promover continuamente a rentabilização dos sistemas informáticos implantados, coordenar as suas actividades e planear e orientar as acções de racionalização das estruturas administrativas, propondo métodos e procedimentos consentâneos com os sistemas criados;
d) Representar a Guarda nas actividades externas de âmbito informático.

ARTIGO 87.º
Centro Clínico

Compete ao Centro Clínico (CC) a protecção da saúde do pessoal militar e civil da Guarda e seus familiares, nos sectores da medicina preventiva, medicina curativa e reabilitação medica.

ARTIGO 88.º
Companhia de Transmissões

Compete à Companhia de Transmissões (CTm) garantir o funcionamento das redes de transmissões, o reabastecimento e a manutenção do material de transmissões e cripto.

ARTIGO 89.º
Companhia de Manutenção e Depósito

Compete à Companhia de Manutenção e Depósito (CManDep) a manutenção, depósito e reabastecimento do material automóvel e naval, do armamento, do equipamento, das munições e dos explosivos e assegurar o funcionamento das oficinas respectivas.

ARTIGO 90.º
Companhia de Transportes

Compete à Companhia de Transportes (CTpt) assegurar os transportes administrativos, o reforço dos operacionais e outros que lhe sejam determinados.

ARTIGO 91.º
Companhia de Intendência

Compete à Companhia de Intendência (CInt) armazenar e distribuir às unidades, órgãos e serviços da Guarda todos os artigos de material de intendência, viveres e artigos de cantina, fardamento, combustíveis e lubrificantes, aquartelamento e outros que lhe sejam atribuídos.

Capítulo V
Regime penal, disciplinar e estatutário

Artigo 92.º
Regime penal e disciplinar

1 – O Código de Justiça Militar, o Regulamento de Disciplina Militar, o Regulamento de Continências e Honras Militares e o Regulamento da Medalha Militar são aplicáveis aos militares da Guarda, com os ajustamentos adequados às características estruturais deste corpo de tropas.

2 – Consideram-se violações do dever militar os crimes praticados por militares da Guarda no cumprimento das missões referidas no artigo 2.º do presente diploma ou que lhes sejam legitimamente impostas.

3 – Os autos ou processos que revelem indícios de culpabilidade criminal do âmbito do Código de Justiça Militar são remetidos ao órgão do Serviço de Polícia Judiciária Militar territorialmente competente pelo comandante-geral.

4 – Salvo decisão judicial em contrário, os militares da Guarda que sejam arguidos em processos crime por actos resultantes do exercício das suas funções ou praticados para evitar ou reprimir uma agressão iminente ou de facto aguardarão julgamento em liberdade, podendo desempenhar o serviço que lhes competir, desde que seja assegurada a sua comparência aos actos judiciais.

5 – Os militares da Guarda detidos preventivamente mantêm-se à ordem do Comando.

6 – Aos militares da Guarda sujeitos a procedimento criminal a quem tenha sido determinada prisão preventiva é assegurado o seu cumprimento pelo Comando em instalações próprias.

Artigo 93.º
Competência disciplinar

1 – Para efeitos da aplicação das disposições do Regulamento de Disciplina Militar, são atribuídas as seguintes competências:

a) O Ministro da Administração Interna tem a competência definida na coluna I do quadro a que se refere o artigo 37.º do Regulamento de Disciplina Militar;
b) O comandante-geral tem a competência definida na coluna III do quadro a que se refere o artigo 37.º do Regulamento de Disciplina Militar;
c) O 2.º comandante-geral e o chefe do Estado-Maior da Guarda têm a competência definida na coluna IV do quadro a que se refere o artigo 37.º do Regulamento de Disciplina Militar;
d) O comandante de unidade e o vice-presidente dos Serviços Sociais têm a competência definida na coluna V do quadro a que se refere o artigo 37.º do Regulamento de Disciplina Militar;
e) O director do Centro Clínico, o 2.º comandante de unidade, o director de instrução da Escola Prática e o comandante de agrupamento têm a competência definida na coluna VI do quadro a que se refere o artigo 37.º do Regulamento de Disciplina Militar;
f) O comandante de batalhão, de grupo e de companhia e esquadrão destacados têm a competência definida na coluna VII do quadro a que se refere o artigo 37.º do Regula mento de Disciplina Militar;
g) O comandante de companhia e esquadrão enquadrados e o comandante de destacamento têm a competência definida na coluna VIII do quadro a que se refere o artigo 37.º do Regulamento de Disciplina Militar.

2 – Além da competência referida no n.º 1, é da iniciativa do comandante-geral a aplicação das penas de reforma compulsiva e de separação do serviço, relativamente ao pessoal dos quadros permanentes da Guarda, cabendo a decisão final ao Ministro da Administração Interna.

> **Nota:** *A alínea e) do n.º 1 do art. 93.º foi rectificada pela Declaração de rectificação n.º 138/93 , de 31-7.*

Artigo 94.º
Dispensa do serviço

1 – A dispensa do serviço dos militares dos quadros permanentes da Guarda ocorre a pedido dos próprios ou por iniciativa do comandante-geral.

2 – A dispensa do serviço, quando da iniciativa do comandante-geral, pode ter lugar sempre que o comportamento do militar indicie notórios desvios dos requisitos morais, éticos técnico-profissionais ou militares que lhe são exigidos pela sua qualidade e função, implicando tal medida a instauração de processo próprio com observância de todas as garantias de defesa e com a pensão de reforma que lhe couber.

3 – A dispensa do serviço a pedido do militar é da competência do comandante-geral.

4 – A adopção da medida prevista no n.º 2 deste artigo é da iniciativa do comandante-geral, ouvido o Conselho Superior da Guarda, competindo a decisão final ao Ministro da Administração Interna.

5 – Da decisão do Ministro da Administração Interna cabe recurso nos termos da lei.

Capítulo VI
Disposições diversas

Artigo 95.º
Pessoal civil

O pessoal civil que presta serviço na Guarda está sujeito ao regime previsto na lei geral para o pessoal da Administração Pública.

ARTIGO 96.º
Serviços Sociais

A acção social da Guarda é exercida pelos seus Serviços Sociais, que se regem por legislação própria.

ARTIGO 97.º
Transferências de competências

1 – Para todos os efeitos, as competências atribuídas e as referências feitas à Guarda Fiscal e seus órgãos por diploma legal são transferidas, com as adaptações necessárias, para a Guarda Nacional Republicana.

2 – Para efeitos de competência, a equivalência de unidades e subunidades referidas em anteriores diplomas é, respectivamente, brigada a batalhão, agrupamento e grupo a companhia e destacamento a secção.

ARTIGO 98.º
Transição do pessoal da extinta Guarda Fiscal

Ao pessoal da extinta Guarda Fiscal integrado na Guarda Nacional Republicana e dada a mesma equivalência, categoria e posto que possuía naquela instituição, com os inerentes direitos.

ARTIGO 99.º
Ingresso e promoção de militares da Guarda

1 – Atentas as necessidades imperiosas de pessoal militar e seu enquadramento, os ingressos e promoções efectuados no período compreendido entre 1 de Julho de 1984 e 1 de Julho de 1991 nos quadros permanentes da Guarda são havidos como efectuados ao abrigo do quadro geral definido no anexo IV ao Decreto-Lei n.º 333/83, de 14 de Julho.

2 – O pessoal referido no número anterior ocupa os lugares criados pelo Decreto-Lei n.º 260/91, de 25 de Julho, de acordo com a respectiva antiguidade e posto.

ARTIGO 100.º
Competência disciplinar transitória

O comandante da Brigada Fiscal, enquanto brigadeiro, para efeitos de aplicação das disposições do Regulamento de Disciplina Militar, tem a competência definida na coluna IV do quadro a que se refere o artigo 37.º daquele Regulamento, e não a definida na alínea d) do n.º 1 do artigo 93.º do presente diploma.

ARTIGO 101.º
Solípedes e cães

A remonta de solípedes e a aquisição de cães são regulamentadas por portaria do Ministro da Administração Interna.

ARTIGO 102.º
Regulamentação

Por portaria conjunta dos Ministros da Defesa Nacional e da Administração Interna são aprovados o regulamento do serviço geral e os demais regulamentos necessários ao funcionamento dos órgãos que integram a estrutura da Guarda Nacional Republicana.

QUADRO I
Guarda Nacional Republicana

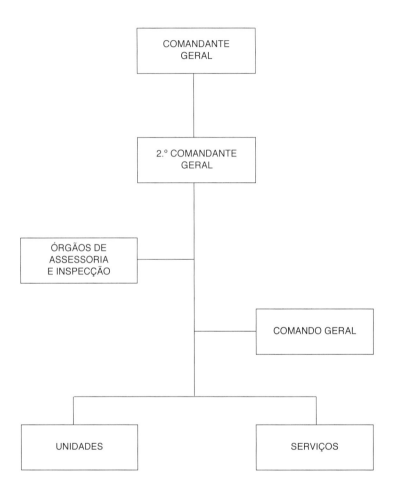

QUADRO II
Guarda Nacional Republicana

CHEFE DO ESTADO-MAIOR

CHEFE DO COMANDANTE-GERAL

SUBCHEFE DO ESTADO-MAIOR

ESTADO-MAIOR ESPECIAL OU TÉCNICO
- CSPES
- CSAR
- CSJ
- CSS
- CSVET
- CSTM
- CSMOT
- CSIMT
- CSO
- CSF
- CSAD
- CS Infrmt

ESTADO-MAIOR GERAL OU COORDENADOR
- 1.ª Repartição
- 2.ª Repartição
- 3.ª Repartição
- 4.ª Repartição
- 5.ª Repartição

- Laboratório Metrológico
- Secretaria Geral
- Conselho Administrativo
- Formação Comando Geral
- Banda de Música
- Biblioteca
- Museu
- Centro Gráfico

LEGENDA
—— Comando
- - - Coordenador

POLÍCIA DE SEGURANÇA PÚBLICA

LEI N.º 5/99, DE 27 DE JANEIRO[82],
ALTERADA PELO DL N.º 137/2002, DE 16 DE MAIO

A Assembleia da República decreta, nos termos da alínea c) do artigo 161.º, da Constituição, para valer como lei geral da República, o seguinte:

Título I
Natureza, atribuições e símbolos

Capítulo I
Natureza e atribuições

Artigo 1.º
Natureza

1 – A Polícia de Segurança Pública, designada abreviadamente pela sigla PSP, é uma força de segurança com a natureza de serviço público dotado de autonomia administrativa, que tem por funções defender a legalidade democrática, garantir a segurança interna e os direitos dos cidadãos, nos termos do disposto na Constituição e na lei.

---

[82] Rectificada pelo Decreto-Rectificativo n.º 6/99, de 16 de Fevereiro.

2 – A PSP depende do membro do Governo responsável pela Administração Interna e a sua organização é única para todo o território nacional.

3 – A PSP está organizada hierarquicamente em todos os níveis da sua estrutura com respeito pela diferenciação entre funções policiais e funções gerais de gestão e administração públicas, obedecendo quanto às primeiras à hierarquia de comando e quanto às segundas às regras gerais de hierarquia da função pública.

4 – No uso da competência que lhes seja delegada pelo Governo nos termos da Constituição, os Ministros da República para as Regiões Autónomas dos Açores e da Madeira podem emanar directivas relativas ao serviço da PSP nas respectivas regiões, a veicular através do director nacional, podendo ser dadas directamente aos comandantes regionais, em caso de urgência.

Artigo 2.º

Competências

1 – Em situações de normalidade institucional, as atribuições da PSP são as decorrentes da legislação de segurança interna e, em situações de excepção, as resultantes da legislação sobre defesa nacional e sobre estado de sítio e estado de emergência[83].

2 – No quadro da política de segurança interna, são objectivos fundamentais da PSP, sem prejuízo das atribuições legais de outras entidades, com observância das regras gerais sobre polícia e com respeito pelos direitos, liberdades e garantias dos cidadãos:

    a) Promover as condições de segurança que assegurem o normal funcionamento das instituições democráticas, bem como o exercício dos direitos e liberdades e o respeito pelas garantias fundamentais dos cidadãos;

    b) Garantir a manutenção da ordem, segurança e tranquilidade públicas;

---

[83] Quanto ao *estado sítio* e *estado de emergência*, cfr. a Lci n.º 44/86, de 30 de Setembro, que aprova o Regime do Estado de Sítio e do Estado de Emergência.

c) Prevenir a criminalidade e a prática dos demais actos contrários à lei e aos regulamentos;
d) Prevenir a criminalidade organizada e o terrorismo, em coordenação com as demais forças e serviços de segurança;
e) Garantir a execução dos actos administrativos emanados da autoridade competente que visem impedir o incumprimento da lei ou a sua violação continuada;
f) Garantir a segurança das pessoas e dos seus bens;
g) Prosseguir as atribuições que lhe forem cometidas por lei em matéria de processo penal;
h) Garantir a segurança rodoviária, nomeadamente através do ordenamento, fiscalização e regularização do trânsito;
i) Garantir a segurança nos espectáculos desportivos e equiparados;
j) Prosseguir as atribuições que lhe forem cometidas por lei em matéria de licenciamento administrativo;
l) Participar na segurança portuária e das orlas fluvial e marítima, nos termos definidos por lei;
m) Garantir a segurança das áreas ferroviárias;
n) Prestar ajuda às populações e socorro aos sinistrados e apoiar em especial os grupos de risco;
o) Participar em missões internacionais, nos termos definidos pelo Governo;
p) Cooperar com outras entidades que prossigam idênticos fins;
q) Colher as notícias dos crimes, descobrir os seus agentes, impedir as consequências dos crimes e praticar os demais actos conexos;
r) Contribuir para a formação e informação em matéria de segurança dos cidadãos;
s) Prosseguir as demais atribuições fixadas na lei.

3 – É atribuição exclusiva da PSP, em todo o território nacional, o controlo do fabrico, armazenamento, comercialização, uso e transporte de armas, munições e substâncias explosivas e equiparadas que não pertençam às Forças Armadas e demais forças e serviços de segurança.

4 – É atribuição exclusiva da PSP, em todo o território nacional, garantir a segurança pessoal dos membros dos órgãos de soberania e de

altas entidades nacionais ou estrangeiras, bem como de outros cidadãos quando sujeitos a situação de ameaça relevante.

5 – É atribuição especial da PSP, no âmbito da segurança aeroportuária, adoptar as medidas de prevenção e repressão dos actos ilícitos contra a aviação civil.

Artigo 3.º
Âmbito territorial

1 – As atribuições da PSP são prosseguidas em todo o território nacional, com exclusão das áreas legalmente cometidas a outras forças e serviços de segurança, nas quais a sua intervenção depende:

a) Do pedido destas autoridades ou da sua ausência;
b) De ordem especial;
c) De imposição legal.

2 – As atribuições previstas no artigo anterior são prosseguidas pela PSP, com carácter de exclusividade, nas Regiões Autónomas dos Açores e da Madeira.

3 – Sem prejuízo do disposto nos números anteriores, as áreas de responsabilidade dos comandos metropolitanos, regionais e de polícia, bem como as das suas subunidades, são fixadas por portaria do Ministro da Administração Interna, sob proposta do director nacional.

Artigo 4.º
Medidas de polícia

1 – No âmbito das suas atribuições, a PSP utiliza as medidas de polícia legalmente previstas, e aplicáveis nas condições e termos da Constituição e da lei, não podendo impor restrições ou fazer uso dos meios de coerção para além do estritamente necessário, designadamente:

a) Vigilância organizada de pessoas, edifícios e estabelecimentos por período de tempo determinado;

b) Exigência de prova de identificação de qualquer pessoa que se encontre ou circule em lugar público ou aberto ao público ou sujeita a vigilância policial, nos termos do Código de Processo Penal;
c) Apreensão temporária de armas, munições e explosivos;
d) Encerramento temporário de paióis, depósitos ou fábricas de armamento ou explosivos e respectivos componentes;
e) Revogação ou suspensão de autorizações aos titulares dos estabelecimentos referidos na alínea anterior;
f) Encerramento temporário de estabelecimentos destinados à venda de armas ou explosivos.

2 – As medidas previstas nas alíneas d), e) e f) do número anterior são, sob pena de nulidade, imediatamente comunicadas ao tribunal competente e apreciadas pelo juiz, em ordem à sua validação.

3 – Os meios coercivos só poderão ser utilizados nos seguintes casos:

a) Para repelir uma agressão actual e ilícita de interesses juridicamente protegidos, em defesa própria ou de terceiros;
b) Para vencer resistência à execução de um serviço no exercício das suas funções, depois de ter feito aos resistentes intimação formal de obediência e esgotados que tenham sido quaisquer outros meios para o conseguir.

4 – A PSP pode utilizar armas de qualquer modelo e calibre.

5 – O recurso à utilização de armas de fogo é regulado em diploma específico[84].

Artigo 5.º
Limite de competência

A PSP não pode dirimir conflitos de natureza privada, devendo limitar a sua acção, ainda que requisitada, à manutenção da ordem pública.

---

[84] Cfr. o DL n.º 457/99, de 5 de Novembro, que aprova o Regime de utilização de armas de fogo e explosivos pelas forças e serviços de segurança.

ARTIGO 6.º
Dever de comparência

Qualquer pessoa, quando devidamente notificada ou por outra forma convocada pela PSP, tem o dever de comparecer no dia, hora e local designados dentro dos limites legais.

CAPÍTULO II
Autoridades e órgãos de polícia

ARTIGO 7.º
Autoridades de polícia

1 – Dentro da sua esfera legal de competências, são autoridades de polícia:

a) O director nacional;
b) Os directores nacionais-adjuntos;
c) O inspector-geral;
d) Os comandantes metropolitanos, regionais e dos comandos de polícia;
e) Os comandantes do Corpo de Intervenção, do Grupo de Operações Especiais e Corpo de Segurança Pessoal;
f) Os comandantes de divisão, de secção e de esquadra.

2 – Sem prejuízo do disposto no número anterior, são considerados agentes de autoridade todos os elementos da PSP com funções policiais.

ARTIGO 8.º
Autoridades e órgãos de polícia criminal

1 – Para efeitos do disposto no Código de Processo Penal:

a) Consideram-se autoridades de polícia criminal, além do director nacional, elementos com funções policiais que exerçam funções de comando;
b) Consideram-se órgãos de polícia criminal todos os elementos da PSP com funções policiais.

2 – Enquanto órgão de polícia criminal, a PSP actua sob a direcção e na dependência funcional da autoridade judiciária competente, em conformidade com as normas do Código de Processo Penal.

3 – A dependência funcional referida no número anterior realiza-se sem prejuízo da organização hierárquica da PSP.

4 – Os actos determinados pelas autoridades judiciárias são realizados pelos elementos designados pelas entidades da PSP para o efeito competentes.

> **Nota:** *Cfr. als. c) e d) do n.º 1 do art. 1.º, artigos 55.º e 54.º, 263.º, 288.º, n.º 1 e 290.º, n.º 1 do CPP e artigos 2.º e 3.º da Lei de Organização da Investigação Criminal.*

Capítulo III
Estandarte Nacional e símbolos

Artigo 9.º
Estandarte Nacional

Têm direito ao uso de estandarte nacional:

a) A Direcção Nacional;
b) Os comandos metropolitanos, regionais e de polícia;
c) O Corpo de Intervenção, o Grupo de Operações Especiais e o Corpo de Segurança Pessoal;
d) O Instituto Superior de Ciências Policiais e Segurança Interna;
e) A Escola Prática de Polícia.

ARTIGO 10.º
Símbolos

1 – A PSP tem direito a brasão de armas, bandeira heráldica, hino e selo branco.
2 – Os comandos, as unidades especiais e os estabelecimentos de ensino têm direito a brasão de armas, bandeiras heráldicas e selo branco.
3 – O director nacional tem direito ao uso de galhardete.
4 – Os símbolos previstos nos números anteriores são aprovados por portaria do Ministro da Administração Interna.

Nota: *Brasão de Armas do CSP, cfr. Portaria 427/2005, de 18 de Abril.*

TÍTULO II
Órgãos, serviços e suas competências

CAPÍTULO I
Organização geral

ARTIGO 11.º
Organização

1 – A PSP compreende:

a) A Direcção Nacional;
b) Os comandos metropolitanos, regionais e de polícia;
c) O Corpo de Intervenção;
d) O Grupo de Operações Especiais;
e) O Corpo de Segurança Pessoal;
f) O Instituto Superior de Ciências Policiais e Segurança Interna;
g) A Escola Prática de Polícia.

2 – Na dependência directa do director nacional funcionam os Serviços Sociais e o Cofre de Previdência.

CAPÍTULO II
Direcção Nacional

ARTIGO 12.º
Sede e composição

1 – A Direcção Nacional tem sede em Lisboa e compreende:

a) O director nacional;
b) O Conselho Superior de Polícia, o Conselho Superior de Deontologia e Disciplina e a Comissão de Explosivos, como órgãos de consulta;
c) A Inspecção-Geral, os Gabinetes de Estudos e Planeamento, de Consultadoria Jurídica, de Deontologia e Disciplina, de Informática, de Comunicação e Relações Públicas, de Relações Exteriores e Cooperação e de Assistência Religiosa, que dependem directamente do director nacional;
d) Os Departamentos de Operações, de Informações Policiais, de Armas e Explosivos e de Comunicações, que integram a área de operações e segurança;
e) Os Departamentos de Recursos Humanos, de Formação, de Saúde e Assistência na Doença e de Apoio Geral, que integram a área de recursos humanos;
f) Os Departamentos de Equipamento e Fardamento, de Obras e Infra-Estruturas, de Material e Transportes e de Gestão Financeira e Patrimonial, que integram a área de logística e finanças;

2 – No âmbito da gestão financeira, a PSP, através da Direcção Nacional, dispõe de um Conselho Superior de Administração Financeira.

3 – O director nacional é apoiado por um gabinete constituído pelo chefe de gabinete, um adjunto e um secretário pessoal.

Secção I
Director nacional

Artigo 13.º
Competência

1 – Ao director nacional compete, em geral, comandar, dirigir, coordenar, gerir, controlar e fiscalizar todos os órgãos, comandos e serviços da PSP.

2 – Além das competências próprias de director-geral, compete ao director nacional:

a) Representar a PSP;
b) Presidir ao Conselho Superior de Polícia;
c) Presidir ao Conselho Superior de Deontologia e Disciplina;
d) Presidir ao Conselho Superior de Administração Financeira;
e) Presidir à Junta Superior de Saúde;
f) Fazer executar toda a actividade respeitante à organização, meios e dispositivos, operações, instrução e serviços técnicos, logísticos e administrativos da PSP;
g) Colocar e transferir o pessoal com funções policiais e não policiais, de acordo com as necessidades do serviço;
h) Exercer o poder disciplinar;
i) Autorizar a substituição do pessoal que se encontra a prestar serviço noutros órgãos ou entidades da Administração Pública;
j) Autorizar o desempenho pela PSP de serviços de carácter especial a pedido de outras entidades;
l) Determinar a realização de inspecções aos órgãos e serviços da PSP em todos os aspectos da sua actividade;

m) Superintender nos Serviços Sociais e em todos os montepios e serviços de previdência da PSP;
n) Sancionar as licenças arbitradas pelas juntas de saúde;
o) Conceder licenças e autorizações de uso e porte de arma, bem como a emissão de livretes de manifesto de armas, nos termos da lei;
p) Executar e fazer executar as determinações do Ministro da Administração Interna;
q) Exercer as competências delegadas pelo Ministro da Administração Interna.

3 – O director nacional pode delegar em todos os níveis de pessoal dirigente as suas competências próprias, salvo se a lei expressamente o impedir.

4 – A competência referida na alínea a) do n.º 2 é delegável em qualquer elemento do pessoal dirigente dos quadros de pessoal da PSP.

5 – O director nacional é coadjuvado por três directores nacionais-adjuntos, que superintendem, respectivamente, nas áreas de operações e segurança, de recursos humanos e de logística e finanças.

6 – O director nacional é substituído, nas suas faltas ou impedimentos, pelo director nacional adjunto que superintender na área de operações e segurança.

Artigo 14.º
Directores nacionais-adjuntos

1 – Compete aos directores nacionais-adjuntos:

a) Coadjuvar o director nacional no exercício das suas funções;
b) Exercer a direcção e coordenação dos departamentos integrantes da área para que cada um for designado por despacho do director nacional;
c) Exercer as competências delegadas ou subdelegadas pelo director nacional.

2 – A coordenação da área de operações e segurança incumbe ao director nacional-adjunto provido nos termos do artigo 84.º, n.º 2.

Secção II
Órgãos de consulta

Artigo 15.º
Órgãos de consulta

São órgãos de consulta do director nacional o Conselho Superior de Polícia, o Conselho Superior de Deontologia e Disciplina e a Comissão de Explosivos.

Subsecção I
Conselho Superior de Polícia

Artigo 16.º
Competência

Compete ao Conselho Superior de Polícia:

a) Pronunciar-se, a solicitação do Ministro da Administração Interna, sobre quaisquer assuntos que digam respeito à PSP;
b) Pronunciar-se sobre as condições de exercício da actividade policial no tocante à prestação de serviço às populações;
c) Emitir parecer sobre assuntos relativos às condições da prestação do serviço e relativos ao pessoal, designadamente as respeitantes à definição do estatuto profissional e ao sistema retributivo;
d) Emitir parecer sobre os objectivos, necessidades e planos de formação;

e) Pronunciar-se sobre as providências legais ou regulamentares que digam respeito à PSP, quando para tal for solicitado pelo director nacional;
f) Elaborar a proposta do seu regimento interno, a homologar pelo Ministro da Administração Interna.

ARTIGO 17.º
Composição

1 – O Conselho Superior de Polícia é um órgão consultivo do director nacional e é composto por membros natos, membros nomeados e membros eleitos.

2 – São membros natos:

a) O director nacional, que preside;
b) Os directores nacionais-adjuntos;
c) O inspector-geral;
d) Os directores dos Departamentos de Operações e de Recursos Humanos;
e) Os comandantes metropolitanos de Lisboa e Porto;
f) Os comandantes regionais das Regiões Autónomas dos Açores e da Madeira;
g) O director do Instituto Superior de Ciências Policiais e Segurança Interna;
h) O director da Escola Prática de Polícia.

3 – São membros nomeados dois directores de departamento e três comandantes de comandos de polícia, a nomear pelo Ministro da Administração Interna, sob proposta do director nacional.

4 – São membros eleitos:

a) Quatro vogais eleitos de entre os candidatos apresentados pelas associações profissionais, nos termos da lei;
b) Dois vogais eleitos de entre os oficiais superiores;
c) Dois vogais eleitos de entre os comissários, subcomissários e chefes de esquadra;

d) Quatro vogais eleitos de entre os *subchefes*;
e) Cinco vogais eleitos de entre os *guardas*;
f) Um vogal eleito de entre os funcionários pertencentes ao quadro de pessoal com funções não policiais.

> **Nota:** *A carreira de subchefes passou a designar-se por carreira de chefes, que integra os postos de chefe e de subchefe [Decreto-Lei n.º 155/2001, de 11 de Maio]; a carreira de guardas passou a designar-se por carreira de agentes de polícia, que integra os postos de agente principal e de agente [artigo 23.º, n.º 3, do Estatuto do Pessoal da PSP].*

ARTIGO 18.º

Forma de eleição

1 – A eleição dos membros referidos nas alíneas b) a f) do n.º 4 do artigo anterior faz-se por sufrágio secreto e universal.

2 – São eleitores e elegíveis para cada universo os elementos a ele pertencentes em exercício efectivo de funções.

3 – Os vogais referidos nos números anteriores são eleitos mediante listas subscritas por um número de 20, 30, 60, 100 e 30 dos elementos referidos, respectivamente, nas alíneas b), c), d), e) e f) do n.º 4 do artigo anterior.

4 – São membros os elementos mais votados e suplentes os que se lhes seguirem por ordem decrescente de votos.

5 – Em caso de empate, haverá nova eleição restrita aos elementos em relação aos quais se tiver verificado.

6 – Na falta de apuramento para qualquer dos vogais a eleger nos termos das alíneas b) a f) do n.º 4 do artigo anterior, compete ao director nacional designar os elementos em falta.

7 – Os demais aspectos do processo eleitoral constam de diploma próprio.

ARTIGO 19.º
Mandato dos membros eleitos

1 – A duração do mandato de qualquer dos membros eleitos é de três anos.

2 – Sem prejuízo do disposto no número anterior, os membros eleitos só cessam as suas funções na data da publicação dos novos resultados eleitorais.

3 – O mandato é renunciável, mediante declaração escrita apresentada ao presidente do Conselho Superior de Polícia.

4 – Os membros eleitos perdem o mandato sempre que:

a) Deixem de pertencer à categoria profissional pela qual foram eleitos;
b) Tenham sido definitivamente condenados pela prática de crime doloso ou punidos disciplinarmente por infracção a que corresponda pena superior à de multa;
c) Se encontrem inabilitados ou fisicamente incapazes por período superior a seis meses;
d) Faltem injustificadamente às reuniões por duas vezes consecutivas ou quatro interpoladas.

5 – Em caso de renúncia ou perda de mandato, é chamado o membro suplente mais votado, e se tal for inviável, proceder-se-á a eleição intercalar.

6 – O mandato dos membros eleitos é renovável por uma só vez no período imediatamente subsequente.

7 – Aos membros eleitos para os lugares reservados às candidaturas apresentadas pelas associações profissionais aplica-se o disposto no respectivo diploma.

ARTIGO 20.º
Funcionamento

1 – Sem prejuízo do constante do presente diploma, o funcionamento do Conselho Superior de Polícia rege-se pelo disposto no Código do Procedimento Administrativo.

2 – O presidente do Conselho Superior de Polícia pode convidar a colaborar nos trabalhos, sem direito a voto, entidades especialmente qualificadas em função das matérias a abordar em cada sessão.

3 – As reuniões do Conselho Superior de Polícia têm lugar, ordinariamente de seis em seis meses, e, extraordinariamente sempre que convocadas pelo director nacional, por iniciativa deste, ou a pedido da maioria absoluta dos seus membros.

4 – Nas suas faltas e impedimentos, o presidente é substituído pelo seu substituto legal, nos termos do artigo 13.º, n.º 6, do presente diploma.

5 – O Conselho Superior de Polícia só pode deliberar quando estejam presentes, pelo menos, dois terços dos seus membros, sendo as suas deliberações tomadas por maioria simples de votos dos membros presentes, cabendo ao presidente voto de qualidade.

6 – Secretaria o Conselho Superior de Polícia, sem direito a voto, um funcionário de um dos gabinetes directamente dependentes do director nacional e por este designado.

7 – O expediente do Conselho Superior de Polícia é assegurado pelo gabinete do director nacional.

SUBSECÇÃO II

Conselho Superior de Deontologia e Disciplina

ARTIGO 21.º

Competência

Compete ao Conselho Superior de Deontologia e Disciplina apreciar e emitir parecer sobre:

a) Efeitos disciplinares das sentenças condenatórias proferidas por tribunais contra funcionário ou agente da PSP;
b) Propostas para aplicação das penas de aposentação compulsiva e de demissão;

c) Processos para promoção por escolha e distinção;
d) Propostas para a concessão de condecorações;
e) Quaisquer outros assuntos do âmbito da disciplina.

ARTIGO 22.º
Composição

O Conselho Superior de Deontologia e Disciplina é um órgão de carácter consultivo do director nacional em matéria de disciplina e é composto pelos seguintes elementos:

a) O director nacional, que preside;
b) O director nacional-adjunto para a área de operações e segurança;
c) O director nacional-adjunto para a área de recursos humanos;
d) O inspector-geral;
e) Um comandante metropolitano a designar pelo director nacional;
f) Um comandante regional a designar pelo director nacional;
g) Um comandante de polícia a designar pelo director nacional;
h) O director do Gabinete de Deontologia e Disciplina;
i) Três vogais eleitos de entre os candidatos apresentados pelas associações profissionais, nos termos da lei.

ARTIGO 23.º
Mandato dos membros eleitos

Aos membros eleitos para os lugares reservados às candidaturas apresentadas pelas associações profissionais aplica-se o disposto no respectivo diploma.

ARTIGO 24.º
Funcionamento

1 – Sem prejuízo do constante do presente diploma, o funcionamento do Conselho Superior de Deontologia e Disciplina rege-se pelo disposto no Código do Procedimento Administrativo.

2 – Nas suas faltas e impedimentos, o presidente é substituído pelo substituto legal.

3 – As reuniões do Conselho Superior de Deontologia e Disciplina têm lugar sempre que convocadas pelo director nacional, por iniciativa deste.

4 – O Conselho Superior de Deontologia e Disciplina só pode deliberar quando estejam presentes, pelo menos, dois terços dos seus membros.

5 – As deliberações do Conselho Superior de Deontologia e Disciplina são tomadas por maioria simples de votos dos membros presentes, cabendo ao presidente voto de qualidade.

6 – Se o presidente assim o entender podem ser convidadas a participar nos seus trabalhos, sem direito a voto, funcionários ou entidades especialmente qualificadas em função das matérias a abordar em cada sessão.

7 – Secretaria o Conselho Superior de Deontologia e Disciplina, sem direito a voto, um funcionário do Gabinete de Deontologia e Disciplina, designado pelo director nacional.

8 – O expediente do Conselho Superior de Deontologia e Disciplina é assegurado pelo Gabinete de Deontologia e Disciplina.

SUBSECÇÃO III
Comissão de Explosivos

ARTIGO 25.º
Competência

A Comissão de Explosivos é o órgão consultivo do director nacional para a área de explosivos, competindo-lhe emitir parecer em maté-

ria de licenciamento, fiscalização e inspecção de explosivos no âmbito das atribuições da PSP.

> **Nota:** *O art. 25.º foi revogado pelo Decreto-Lei n.º 137/2002, de 16 de Maio.*

ARTIGO 26.º
Composição

1 – *A Comissão de Explosivos é constituída por um presidente e dez vogais, sendo o presidente o director nacional-adjunto para a área das operações e segurança.*
2 – *Os vogais são entidades de reconhecida competência sobre a matéria, nomeados e exonerados por despacho do Ministro da Administração Interna ou deste e do membro do Governo competente consoante, respectivamente, recair sobre funcionários do Ministério da Administração Interna ou doutros departamentos ministeriais.*
3 – *A Comissão de Explosivos reúne por convocação do seu presidente e será secretariada pelo chefe da Repartição de Armas e Explosivos da Direcção Nacional.*
4 – *Os vogais da Comissão de Explosivos têm direito a uma gratificação por presença por cada sessão, que será fixada e actualizada por despacho conjunto do Ministro das Finanças, do membro do Governo competente e do membro do Governo que tutela a Administração Pública.*

> **Nota:** *O art. 26.º foi revogado pelo Decreto-Lei n.º 137/2002, de 16 de Maio.*

Secção III
Serviços dependentes do director nacional

Subsecção I
Inspecção-Geral

Artigo 27.º
Competência

1 – A Inspecção-Geral é o serviço, directamente dependente do director nacional, que exerce o controlo interno nos domínios operacional, administrativo, financeiro e técnico, competindo-lhe verificar, acompanhar, avaliar e informar sobre a actuação de todos os serviços da PSP, tendo em vista promover:

a) A qualidade do serviço prestado à população;
b) A legalidade, a regularidade, a eficácia e a eficiência da actividade operacional;
c) A legalidade, a regularidade, a eficácia, a eficiência e a economicidade da gestão orçamental e patrimonial;
d) A legalidade e a regularidade administrativa da gestão de pessoal;
e) O cumprimento dos planos de actividades e das decisões e instruções internas.

2 – A Inspecção-Geral é dirigida pelo inspector-geral.

Artigo 28.º
Inspector-geral

Compete, em especial, ao inspector-geral:

a) Dirigir, coordenar e fiscalizar as actividades de auditoria e inspecção interna;

b) Propor a instauração de processos de averiguações, de inquérito e disciplinares, nos termos dos estatutos disciplinares aplicáveis ao pessoal da PSP;
c) Submeter ao director nacional os planos e os relatórios das acções de fiscalização.

Artigo 29.º
Equipas de inspecção

1 – A Inspecção-Geral é dotada de um corpo de inspectores, organizado em equipas de inspecção.

2 – Compete às equipas referidas no número anterior realizar as auditorias e outras acções de fiscalização que forem determinadas pelo inspector-geral.

3 – A Inspecção-Geral pode socorrer-se do parecer de entidades públicas especializadas, sempre que tal se mostre necessário ao cabal desempenho das suas funções, nomeadamente das funções das equipas de inspecção.

4 – O regulamento interno da Inspecção-Geral é aprovado por despacho do Ministro da Administração Interna, sob proposta do director nacional.

Subsecção II
Gabinetes

Artigo 30.º
Gabinete de Estudos e Planeamento

1 – Ao Gabinete de Estudos e Planeamento compete:

a) Coordenar a elaboração do plano anual de actividades da PSP em articulação com os demais serviços;

b) Coordenar a elaboração do relatório anual de actividades, igualmente em articulação com os demais serviços, de onde conste a avaliação da produtividade e eficácia dos serviços, tendo em conta os meios utilizados;
c) Acompanhar a execução do plano de actividades;
d) Elaborar planos estratégicos;
e) Estudar e propor medidas de organização e de gestão que visem o aumento da eficácia e eficiência dos serviços;
f) Proceder a estudos de racionalização dos métodos de trabalho, promovendo, de forma sistemática e permanente, o aperfeiçoamento da organização administrativa e o aumento de produtividade dos diferentes serviços;
g) Estudar e elaborar regulamentos e instruções e difundi-los, assim como normas para a sua execução;
h) Assegurar a recolha, estudo e difusão de elementos estatísticos e de indicadores de apoio à gestão.

2 – O Gabinete de Estudos e Planeamento é dirigido por um director, equiparado para efeitos de regime de provimento e remuneratório a director de departamento.

Artigo 31.º
Gabinete de Consultadoria Jurídica

1 – O Gabinete de Consultadoria Jurídica é o serviço de consulta e de apoio jurídico da Direcção Nacional e dos comandos subordinados, directamente dependente do director nacional, ao qual compete:

a) Emitir pareceres, prestar informações e proceder a estudos sobre matérias de natureza jurídica;
b) Acompanhar processos e acções de natureza judicial em que a PSP tenha intervenção e patrocinar, nos termos da lei, os correspondentes actos processuais;
c) Preparar a intervenção dos membros da Direcção Nacional em processos de recurso administrativo e contencioso;

d) Elaborar ou apreciar projectos de diplomas respeitantes à PSP;
e) Colaborar com os restantes serviços da PSP assegurando o adequado suporte à gestão nos aspectos técnico-jurídicos.

2 – O Gabinete de Consultadoria Jurídica é dirigido por um director, equiparado para efeitos de regime de provimento e remuneratório a director de departamento.

ARTIGO 32.º
Gabinete de Deontologia e Disciplina

1 – Ao Gabinete de Deontologia e Disciplina compete:

a) Estudar, propor e coordenar as medidas respeitantes à administração da disciplina e os assuntos respeitantes a condecorações e louvores visando a uniformização de procedimentos;
b) Organizar e informar os processos relativos a condecorações e louvores nos termos dos respectivos regulamentos;
c) Apoiar o director nacional no que respeita a matéria de deontologia e disciplina;
d) Apreciar e submeter a despacho do director nacional os processos relativos a infracções disciplinares a que correspondam sanções cuja aplicação não caiba nas competências dos comandantes das unidades ou dos chefes de serviços e outros que lhe sejam remetidos, bem como os referentes a acidentes em serviço;
e) Apoiar e fornecer ao Conselho Superior de Deontologia e Disciplina os elementos indispensáveis ao seu regular funcionamento, no âmbito das suas competências;
f) Apoiar a Inspecção-Geral, no âmbito das suas competências.

2 – O Gabinete de Deontologia e Disciplina é dirigido por um director, equiparado para efeitos de regime de provimento e remuneratório a chefe de divisão.

ARTIGO 33.º
Gabinete de Informática

1 – Ao Gabinete de Informática compete, em geral, garantir o funcionamento e disponibilidade dos meios informáticos e telemáticos necessários à PSP, bem como a sua articulação com outras instituições com que permute ou partilhe informação.

2 – Ao Gabinete de Informática compete, em especial:

a) Elaborar planos de informática e realizar estudos com vista ao apetrechamento da PSP em material e suportes lógicos, bem como os necessários à implantação e optimização da comunicação de dados e os que visem adopção de metodologias, normas de procedimentos e programas-produto;
b) Estabelecer ligação com os fornecedores dos equipamentos instalados, com vista à obtenção de informações técnicas, correcção de anomalias e apoio especializado no domínio dos suportes lógicos;
c) Exercer consultadoria técnica e planear e efectuar auditorias técnicas na área de informática;
d) Garantir o funcionamento e administrar as infra-estruturas do sistema informático, telemático e de comunicações;
e) Garantir os aspectos de segurança do sistema;
f) Administrar as bases de dados, ferramentas e aplicações informáticas;
g) Prestar apoio aos serviços utilizadores, na utilização das infra-estruturas informáticas, telemáticas e de comunicações;
h) Colaborar na definição dos sistemas de informação e em estudos e análise de custos informáticos;
i) Garantir a disponibilidade, coerência e qualidade dos dados necessários ao sistema de informação;
j) Assegurar a integração dos diversos sistemas de informação;
l) Prestar apoio aos serviços utilizadores, na exploração de dados, produtos aplicacionais e aplicações existentes;
m) Executar e promover a execução de projectos de desenvolvimento de aplicações;

n) Promover as acções de formação necessárias, junto dos utilizadores.

3 – O Gabinete de Informática compreende:

a) A Divisão de Sistemas e Comunicações, que exerce as competências previstas nas alíneas a) a c) do número anterior;
b) A Divisão de Infra-Estruturas Informáticas, que exerce as competências previstas nas alíneas d) a g) do número anterior;
c) A Divisão de Aplicações, que exerce as competências previstas nas alíneas h) a n) do número anterior.

4 – O Gabinete de Informática é dirigido por um director, equiparado para efeitos de regime de provimento e remuneratório a director de departamento.

Artigo 34.º
Gabinete de Comunicação e Relações Públicas

1 – Ao Gabinete Comunicação e Relações Públicas compete:

a) Conceber e desenvolver a imagem institucional da PSP;
b) Assegurar a informação e relações públicas, nomeadamente com a comunicação social;
c) Promover a realização de campanhas informativas internas e externas e estudos de opinião;
d) Organizar e dar apoio aos actos sociais e protocolares da PSP;
e) Assegurar a informação interna;
f) Promover a difusão interna de toda a informação relevante para o desempenho das funções policiais;
g) Promover a edição, publicação e divulgação da revista Polícia Portuguesa.

2 – O Gabinete de Comunicação e Relações Públicas é dirigido por um director, equiparado para efeitos de regime de provimento e remuneratório a chefe de divisão.

ARTIGO 35.º
Gabinete de Relações Exteriores e Cooperação

1 – Ao Gabinete de Relações Exteriores e Cooperação compete:

a) Assegurar o intercâmbio com forças, serviços de segurança ou organizações de segurança estrangeiras que desenvolvam actividades na área da segurança pública, nomeadamente nas áreas de segurança urbana, vitimização e prevenção da toxicodependência;
b) Garantir os mecanismos de cooperação policial com outros Estados;
c) Garantir os mecanismos de cooperação da PSP com as organizações homólogas de outro Estado de acordo com orientações superiores;
d) Planear, programar e acompanhar as missões no plano internacional;
e) Desenvolver e acompanhar projectos de cooperação com os países de língua oficial portuguesa, de acordo com as orientações superiores;
f) Proceder à gestão relativa à colocação de elementos de ligação portugueses no estrangeiro ou destes em Portugal;
g) Assegurar o serviço de documentação, tradução e interpretação.

2 – O Gabinete de Relações Exteriores e Cooperação é dirigido por um director, equiparado para efeitos de regime de provimento e remuneratório a director de departamento.

ARTIGO 36.º
Gabinete de Assistência Religiosa

1 – Ao Gabinete de Assistência Religiosa compete assegurar a assistência religiosa ao pessoal da PSP e aos seus familiares, na prática do culto religioso, bem como promover a assistência moral e espiritual ao pessoal da PSP que o deseje.

2 – O Gabinete de Assistência Religiosa é dirigido por um director, equiparado para efeitos remuneratórios a chefe de divisão, sendo a sua nomeação precedida de audição das entidades religiosas competentes.

3 – A assistência religiosa da PSP rege-se por regulamento próprio a aprovar por despacho do Ministro da Administração Interna, tendo em conta os princípios constitucionais da liberdade religiosa.

4 – O recrutamento de pessoal para o Gabinete de Assistência Religiosa será objecto de protocolo a estabelecer com as entidades competentes.

Secção IV
Área de operações e segurança

Artigo 37.º
Departamentos da área de operações e segurança

Integram a área de operações e segurança:

a) O Departamento de Operações;
b) O Departamento de Informações Policiais;
c) O Departamento de Armas e Explosivos;
d) O Departamento de Comunicações.

Artigo 38.º
Departamento de Operações

1 – Ao Departamento de Operações compete:

a) Propor a doutrina de emprego dos meios da PSP em matéria de segurança pública;
b) Propor as instruções gerais e especiais relativas à execução das tarefas policiais e aos métodos de trabalho e funcionamento dos serviços operacionais da PSP;

c) Propor o funcionamento e emprego dos comandos e unidades da PSP;
d) Propor as instruções gerais e especiais com vista à execução das tarefas de policiamento e segurança relacionadas com pessoas e bens nas áreas aeroportuárias, portuárias e ferroviárias;
e) Coordenar com os serviços competentes o estudo e propostas de medidas de execução das normas de segurança nas áreas aeroportuárias, portuárias e ferroviárias;
f) Emitir pareceres sobre assuntos de segurança pública que lhe sejam cometidos;
g) Gerir as necessidades de reforço sazonais de meios policiais;
h) Elaborar a doutrina de emprego dos meios necessários à prevenção rodoviária;
i) Propor o sistema de funcionamento do emprego das unidades de trânsito;
j) Propor as instruções gerais e especiais com vista à execução das tarefas de policiamento e segurança relacionadas com o trânsito rodoviário;
l) Coordenar com os serviços competentes o estudo e propostas de medidas de execução das normas de circulação e prevenção rodoviária;
m) Definir e propor os métodos de segurança pública no domínio da prevenção;
n) Propor medidas de prevenção da vitimização e violência doméstica;
o) Propor medidas de apoio a programas de segurança de pessoas e bens;
p) Propor medidas de protecção social de menores e grupos de risco e de prevenção da toxicodependência;
q) Estudar e propor medidas de segurança de estabelecimentos de ensino no âmbito do apoio escolar;
r) Proceder ao estudo e organização do dispositivo territorial da PSP;
s) Elaborar os dados estatísticos relativos à actividade operacional e outros que lhe sejam cometidos;

t) Propor as necessidades de formação em matéria técnico-policial;
u) Proceder aos estudos técnicos relevantes para a actuação policial.

2 – O Departamento de Operações compreende:

a) A Divisão de Policiamento e Ordem Pública, que exerce as competências referidas nas alíneas a) a g) do número anterior;
b) A Divisão de Trânsito e Segurança Rodoviária, que exerce as competências referidas nas alíneas h) a l) do número anterior;
c) A Divisão de Prevenção da Criminalidade e Delinquência, que exerce as competências referidas nas alíneas m) a q) do número anterior;
d) A Divisão de Estudos e Planeamento Operacional, que exerce as competências referidas nas alíneas r) a u) do número anterior.

Artigo 39.º
Departamento de Informações Policiais

1 – Ao Departamento de Informações Policiais compete:

a) Definir as normas técnicas relativas à pesquisa de notícias com interesse para a PSP;
b) Proceder ao estudo, selecção e arquivo de notícias com interesse policial;
c) Proceder à difusão das notícias e de elementos de informação às forças e serviços de segurança, a quem, nos termos da lei, lhes devam ser comunicadas;
d) Elaborar estudos e relatórios sobre criminalidade e delinquência nas áreas da PSP;
e) Reunir, centralizar, coordenar e accionar os pedidos de realização de actos processuais solicitados pelas autoridades judiciárias ou outras entidades competentes;

f) Conceber e assegurar o desenvolvimento e manutenção do sistema de informações operacionais de polícia;
g) Participar na cooperação internacional em matéria de informações policiais;
h) Cooperar com as demais forças e serviços de segurança, no âmbito das suas competências;
i) Propor e coordenar a execução de medidas de segurança sobre matérias classificadas no âmbito da respectiva área;
j) Promover a credenciação de segurança dos elementos da PSP;
l) Exercer o controlo da recepção e distribuição de correspondência classificada.

2 – O Departamento de Informações Policiais compreende:

a) A Divisão de Análise de Informações Policiais, que exerce as competências previstas nas alíneas a) a d) do número anterior;
b) A Divisão de Coordenação de Informações Policiais, que exerce as competências previstas nas alíneas e) a h) do número anterior;
c) A Divisão de Gestão de Matérias Classificadas, que exerce as competências previstas nas alíneas i) a l) do número anterior.

Artigo 40.º
Departamento de Armas e Explosivos

1 – Ao Departamento de Armas e Explosivos compete:

a) Efectuar vistorias nos termos legais, no âmbito das armas, munições, produtos explosivos e matérias perigosas, bem como, sempre que necessário, realizar exames de confrontação de características relativas a materiais transferidos de países da União Europeia ou importados de países terceiros;
b) Promover os estudos relativos aos processos de licenciamento das empresas dos sectores das armas e dos explosivos bem como vistoriar os veículos destinados ao transporte de produtos explosivos e matérias perigosas;

c) Realizar exames periciais a estabelecimentos, veículos ou outros locais, em que tenham ocorrido sinistros ou outras ocorrências anormais e elaborar o respectivo expediente;
d) Emitir pareceres sobre os recursos relacionados com armas, munições, produtos explosivos e matérias perigosas e, bem assim, sobre os processos de contra-ordenação;
e) Elaborar estudos, relatórios, informações, ou propostas tendo como objectivos primários não só a segurança das pessoas e bens mas também a segurança em termos de ordem pública, e ainda, o efectivo controlo das armas, munições, produtos explosivos e matérias perigosas;
f) Fiscalizar os estabelecimentos de fabrico, armazenagem e comércio de armas, munições, produtos explosivos e matérias perigosas, bem como os locais e condições de utilização e ainda os veículos destinados ao seu transporte, verificando se tudo decorre de acordo com a legislação em vigor;
g) Elaborar os autos e efectuar as diligências necessárias para a organização dos processos de contra-ordenação;
h) Definir as normas técnicas de actuação das equipas de fiscalização dos diferentes comandos;
i) Organizar e manter o serviço de atendimento ao público;
j) Elaborar todo o expediente relativo ao licenciamento para fabrico, armazenagem, comercialização, importação, exportação, transferência, uso e transporte de armas, munições, produtos explosivos e matérias perigosas;
l) Controlar administrativamente o fabrico, comércio, importação, exportação e transferência de armas, munições, produtos explosivos e matérias perigosas;
m) Organizar e manter permanentemente actualizado o sistema de cadastro de armas;
n) Calcular as taxas e emolumentos destinados ao Fundo de Fiscalização de Armas e Explosivos e ao Fundo de Substâncias Explosivas, promovendo a elaboração dos documentos necessários à sua cobrança;

o) Controlar, arrecadar e manter as armas, munições, produtos explosivos, matérias perigosas ou outros materiais apreendidos ou à ordem dos tribunais.

2 – O Departamento de Armas e Explosivos compreende:

a) A Divisão Técnica de Armas e Explosivos, que exerce as competências previstas nas alíneas a) a e) do número anterior;
b) A Divisão de Fiscalização de Armas e Explosivos, que exerce as competências previstas nas alíneas f) a h) do número anterior;
c) A Repartição de Armas e Explosivos, que exerce as competências previstas nas alíneas i) a o) do número anterior através da Secção de Licenciamento de Armas, da Secção de Licenciamento de Explosivos, da Secção de Cadastro de Armas, da Secção Administrativa e do Depósito de Armas.

Artigo 41.º
Departamento de Comunicações

1 – Ao Departamento de Comunicações compete:

a) Projectar a arquitectura dos sistemas de comunicações;
b) Elaborar pareceres necessários à selecção de equipamentos e sistemas de suporte ao desenvolvimento e exploração da rede de comunicações, transmissão e rádio e comutação telefónica;
c) Definir, coordenar a execução, ou executar os procedimentos de segurança, confidencialidade e integridade da informação transportada através das redes de comunicações da PSP ou outras que lhe sejam cometidas;
d) Apoiar os utilizadores na exploração dos equipamentos e das redes em exploração;
e) Promover acções de formação e treino dos operadores e colaborar na formação dos utilizadores;
f) Gerir o Centro de Comunicações da Direcção Nacional;

g) Garantir a manutenção dos equipamentos e redes de comunicações;
h) Garantir a manutenção dos equipamentos eléctricos e electrónicos;
i) Promover o depósito e distribuição de material de comunicações.

2 – O Departamento de Comunicações compreende:

a) A Divisão de Planeamento de Comunicações, que exerce as competências previstas nas alíneas a) e b) do número anterior;
b) A Divisão de Exploração de Comunicações, que exerce as competências previstas nas alíneas c) a f) do número anterior e compreende o Centro de Comunicações da Direcção Nacional;
c) A Divisão de Manutenção de Comunicações, que exerce as competências previstas nas alíneas g) a i) do número anterior.

SECÇÃO V
Área de recursos humanos

ARTIGO 42.º
Departamentos da área de recursos humanos

Integram a área de recursos humanos:

a) O Departamento de Recursos Humanos;
b) O Departamento de Formação;
c) O Departamento de Saúde e Assistência na Doença;
d) O Departamento de Apoio Geral.

Artigo 43.º
Departamento de Recursos Humanos

1 – Ao Departamento de Recursos Humanos compete:

a) Detectar as necessidades de pessoal;
b) Propor as normas relativas à colocação, rotação e transferência de pessoal;
c) Propor normas respeitantes à organização dos registos de pessoal pelos diversos serviços da PSP;
d) Elaborar estudos, inquéritos e outros trabalhos tendentes à definição da política de pessoal e de emprego e à implementação das correspondentes medidas de gestão e desenvolvimento de recursos humanos;
e) Colaborar com o Departamento de Formação na elaboração de planos de formação;
f) Assegurar o expediente relativo à movimentação de pessoal, designadamente à admissão, colocação, progressão, promoção, transferência, aposentação, exoneração e demissão do pessoal;
g) Recolher os elementos necessários ao registo de assiduidade do pessoal;
h) Organizar e manter actualizado o registo biográfico do pessoal;
i) Instruir os processos relativos a férias, faltas e licenças do pessoal;
j) Elaborar as listas anuais de antiguidade do pessoal;
l) Emitir bilhetes de identidade e cartões de identificação do pessoal;
m) Emitir as certidões que lhe forem requeridas pelo pessoal respeitantes à sua situação funcional;
n) Instruir os processos relativos à atribuição de suplementos, prestações sociais e ajudas de custo;
o) Promover o expediente relativo à classificação de serviço do pessoal;
p) Elaborar o balanço social;

q) Elaborar as folhas de vencimentos do pessoal e manter actualizado o ficheiro dos registos necessários à sua elaboração.

2 – O Departamento de Pessoal compreende:

a) A Divisão de Gestão de Recursos Humanos, que exerce as competências previstas nas alíneas a) a e) do número anterior;
b) A Repartição de Pessoal, que exerce as competências previstas nas alíneas f) a q) do número anterior e compreende a Secção de Pessoal Policial, a Secção de Pessoal Não Policial, a Secção de Vencimentos e Abonos e a Secção de Concursos.

ARTIGO 44.º
Departamento de Formação

1 – Ao Departamento de Formação compete:

a) Preparar e propor o plano anual de formação, tendo em atenção objectivos de modernização administrativa e as necessidades gerais e específicas dos diversos serviços e unidades orgânicas;
b) Proceder a estudos, inquéritos e outros trabalhos conducentes à identificação das carências no domínio da formação profissional;
c) Estudar o conteúdo programático, a duração e o sistema de funcionamento das acções a realizar no domínio da formação profissional;
d) Estudar, planear e programar as acções de formação e reciclagem de especialistas;
e) Coordenar a formação contínua na PSP;
f) Diagnosticar as necessidades de aperfeiçoamento profissional e propor as medidas adequadas à sua satisfação;
g) Promover a melhor definição e aproveitamento das aptidões profissionais do pessoal;

h) Estudar, propor e aplicar técnicas de recrutamento e selecção de recursos humanos;
i) Realizar ou promover a avaliação dos candidatos ao ingresso na PSP, mediante testes psicotécnicos, bem como estudar e propor os modelos de testes;
j) Promover as acções de recrutamento e selecção de pessoal, bem como prestar apoio técnico às que são promovidas por outros serviços.

2 – O Departamento de Formação compreende:

a) A Divisão de Formação, Aperfeiçoamento e Especialização, que exerce as competências previstas nas alíneas a) a g) do número anterior;
b) A Divisão de Métodos de Recrutamento e Selecção, que exerce as competências previstas nas alíneas h) a j) do número anterior.

Artigo 45.º
Departamento de Saúde e Assistência na Doença

1 – Ao Departamento de Saúde e Assistência na Doença compete:

a) Planear e propor acções para garantir a assistência clínica e a manutenção da saúde;
b) Planear e propor acções de inspecção sanitária;
c) Dar pareceres e informações técnicas no âmbito da saúde, quando solicitadas;
d) Estudar as modalidades de prestação de serviço dos técnicos de saúde e propor a sua contratação;
e) Planear e coordenar a instrução para pessoal da área de saúde, através de meios próprios ou em colaboração com outras entidades segundo protocolos a estabelecer;
f) Informar os serviços competentes sobre as especificações e requisitos técnicos dos equipamentos mais adequados, com vista à aquisição dos equipamentos, materiais e medicamentos;

g) Dar apoio técnico e administrativo à Junta Superior de Saúde;
h) Propor a adopção de medidas adequadas à melhoria da prestação dos serviços e das condições preventivas da doença e de acidentes de trabalho;
i) Propor e implementar medidas de rastreio e prevenção das doenças infecto-contagiosas potencialmente resultantes da actividade policial e de dissuasão da toxicodependência e alcoolismo;
j) Colaborar tecnicamente em estudos relativos à classificação e selecção de pessoal, educação física e desportos, alimentação, fardamento e instalações;
l) Promover a celebração dos acordos necessários à prestação da assistência sanitária nas suas diversas modalidades, com as entidades prestadoras de serviços de saúde;
m) Promover a actualização e divulgação das condições e tabelas de comparticipação devidas a beneficiários;
n) Elaborar estatísticas relativas à assistência na doença prestada, bem como relatórios das acções desenvolvidas e respectivos encargos;
o) Promover as autorizações de realização de despesas assumidas por força dos direitos consignados nas tabelas de comparticipação;
p) Fiscalizar o cumprimento das normas legais e regulamentares relativas à assistência sanitária;
q) Promover a admissão e abate de beneficiários e proceder à emissão e recepção dos respectivos cartões, mantendo actualizados os respectivos ficheiros.

2 – O Departamento de Saúde e Assistência na Doença compreende:

a) A Divisão de Medicina, que exerce as competências previstas nas alíneas a) a g) do número anterior;
b) A Divisão de Saúde Ocupacional, que exerce as competências previstas nas alíneas h) a j) do número anterior;
c) A Divisão de Planeamento e Estatística, que exerce as competências previstas nas alíneas l) a n) do número anterior;

d) A Repartição de Controlo e Beneficiários, que exerce as competências previstas nas alíneas o) a q) do número anterior e compreende a Secção de Hospitais, a Secção de Farmácias e a Secção de Beneficiários.

Artigo 46.º
Departamento de Apoio Geral

1 – Ao Departamento de Apoio Geral compete:

a) O enquadramento administrativo, para efeitos operacionais e de disciplina, de todo o pessoal em serviço na Direcção Nacional, bem como a administração e o controlo das instalações, dos equipamentos e demais material;
b) A segurança das instalações da Direcção Nacional;
c) A elaboração e difusão da ordem de serviço da Direcção Nacional;
d) A recepção e expedição de toda a correspondência, a microfilmagem de documentos e o seu arquivo;
e) A execução de trabalhos gráficos e a preparação, a execução e a impressão dos impressos necessários às várias actividades dos serviços;
f) A execução dos trabalhos de reprografia;
g) A gestão do parque gráfico e de reprografia.

2 – O Departamento de Apoio Geral compreende:

a) O Serviço de Apoio Geral, que exerce as competências previstas nas alíneas a) a c) do número anterior;
b) O Centro de Correspondência e Microfilmagem que exerce a competência prevista na alínea d) do número anterior;
c) O Centro Gráfico, que exerce a competência prevista nas alíneas e) a g) do número anterior.

3 – Integram ainda o Departamento de Apoio Geral:

a) A Banda de Música da PSP;
b) A Biblioteca;
c) O Museu.

Artigo 47.º
Banda de Música da PSP

1 – À Banda de Música da PSP compete:

a) Contribuir para a divulgação da imagem da PSP na sua componente cultural e artística e para a valorização cultural e recreativa do pessoal da PSP;
b) Assegurar o enquadramento musical dos actos policiais solenes;
c) Assegurar a representação da PSP em concertos, cerimónias ou festivais de âmbito nacional ou internacional;
d) Assegurar a execução de concertos ou outras intervenções musicais de carácter recreativo, em ligação com as comunidades locais que serve.

2 – A Banda de Música da PSP rege-se por diploma próprio.
3 – A Banda de Música da PSP é dirigida por um subintendente habilitado com o curso superior de direcção de orquestra ou equiparado.

Artigo 48.º
Biblioteca

1 – À Biblioteca da PSP compete:

a) Assegurar o tratamento bibliográfico, arquivístico e documental, de forma a manter actualizadas as bases de dados bibliográficas relacionadas com a actividade de segurança pública relevantes para o desempenho das atribuições da PSP;
b) Promover a edição e difusão de estudos e ou informação de interesse relevante produzida no âmbito das atribuições da

PSP, quer através de suporte documental, quer utilizando novas tecnologias;
c) Prestar apoio à leitura e investigação de carácter técnico, científico e cultural que contribua para a elevação do nível profissional dos utentes ou se torne necessária à elaboração de estudos solicitados.

2 – A biblioteca é o serviço técnico em matéria de biblioeconomia, arquivística e documentalística (BAD) da PSP.

Artigo 49.º
Museu

Ao museu da PSP compete:

a) Assegurar a catalogação, conservação e exposição de objectos de valor histórico, artístico e documental do património da PSP ou confiados à sua guarda, que contribuam para a manutenção das tradições e do espírito de corpo da PSP;
b) Assegurar a organização e manutenção do registo geral de peças de interesse histórico existentes em todos os comandos, unidades e serviços da PSP;
c) Cooperar com museus congéneres, nacionais ou estrangeiros, tendo em vista a realização de exposições de carácter temporário com temáticas de relevo ou que contribuam para o prestígio da PSP.

Secção VI
Área de logística e finanças

Artigo 50.º
Departamentos da área de logística e finanças

Integram a área de logística e finanças:

a) O Departamento de Equipamentos e Fardamento;
b) O Departamento de Obras e Infra-Estruturas;
c) O Departamento de Material e Transportes;
d) O Departamento de Gestão Financeira e Patrimonial.

Artigo 51.º
Departamento de Equipamentos e Fardamento

1 – Ao Departamento de Equipamentos e Fardamento compete:

a) Planear as necessidades de equipamentos diversos da PSP;
b) Elaborar propostas e pareceres sobre os tipos e características de equipamentos;
c) Colaborar com os serviços competentes para a aquisição de equipamentos e fardamento;
d) Promover o depósito e distribuição de equipamentos;
e) Planear as necessidades de fardamento;
f) Elaborar propostas e pareceres sobre os tipos e características do fardamento da PSP;
g) Promover o depósito e distribuição de fardamento.

2 – O Departamento de Equipamentos e Fardamento compreende:

a) A Divisão de Equipamentos, que exerce as competências previstas nas alíneas a) a d) do número anterior;
b) A Divisão de Fardamento, que exerce as competências previstas nas alíneas c) e e) a g) do número anterior.

Artigo 52.º
Departamento de Obras e Infra-estruturas

1 – Ao Departamento de Obras e Infra-estruturas compete:

a) Elaborar os estudos e propor as medidas e normas relativas às características e funcionalidades de instalações e à segurança

dos edifícios onde estão instalados os comandos e serviços da PSP;
b) Elaborar os estudos preliminares necessários à elaboração de projectos de obras para instalações da PSP;
c) Emitir pareceres e colaborar no planeamento e execução de obras e instalações a realizar por outros organismos para a PSP.

2 – O Departamento de Obras e Infra-Estruturas compreende:

a) A Divisão de Estudos e Projectos, que exerce as competências previstas nas alíneas a) e b) do número anterior;
b) A Divisão de Acompanhamento e Fiscalização de Obras, que exerce a competência prevista na alínea c) do número anterior.

ARTIGO 53.º
Departamento de Material e Transportes

1 – Ao Departamento de Material e Transportes compete:

a) Planear as necessidades de material auto da PSP, incluindo sobressalentes, combustíveis e lubrificantes;
b) Planear as necessidades de material técnico da PSP, nomeadamente equipamentos para investigação, de medida e utilização técnica especial, de sinalização e alarme e outros equipamentos especiais de polícia;
c) Planear as necessidades de armamento e material de ordem pública da PSP;
d) Elaborar propostas e pareceres sobre os tipos e características do material auto da PSP;
e) Elaborar propostas e pareceres sobre os tipos e características do material técnico da PSP;
f) Elaborar propostas e pareceres sobre os tipos e características de armamento e equipamentos de ordem pública da PSP;

g) Colaborar com os serviços competentes para a aquisição de material auto, técnico e armamento;
h) Promover o depósito e distribuição de material auto, incluindo sobressalentes, combustíveis e lubrificantes;
i) Promover a aferição de material técnico, nos termos de regulamentação própria;
j) Promover o depósito e distribuição de material técnico;
l) Promover o depósito e distribuição de armamento e material de ordem pública.

2 – O Departamento de Material e Transportes compreende:

a) A Divisão de Planeamento Logístico, que exerce as competências previstas nas alíneas a) a g) do número anterior;
b) A Divisão de Material Auto, que exerce as competências previstas nas alíneas g) e h) do número anterior;
c) A Divisão de Material Técnico e Armamento, que exerce as competências previstas nas alíneas g) e i) a l) do número anterior.

Artigo 54.º
Departamento de Gestão Financeira e Patrimonial

1 – Ao Departamento de Gestão Financeira e Patrimonial compete:

a) Assegurar a gestão orçamental da PSP, elaborando as propostas de orçamento e controlando a respectiva execução;
b) Assegurar a normalização de procedimentos de âmbito financeiro em todas as unidades orgânicas da PSP, designadamente elaborando e propondo instruções adequadas;
c) Elaborar mapas e relatórios de execução e avaliação orçamental necessários ao adequado controlo da gestão orçamental;
d) Promover a difusão de documentação e informação técnica no âmbito das suas competências;

e) Verificar a classificação e cobertura orçamental nos processos de realização da despesa, informando os processos de pessoal e material no que respeita à legalidade e cabimento da verba;
f) Verificar as despesas e as requisições de fundos do orçamento de receitas próprias;
g) Organizar e manter actualizada a contabilidade, efectuando a escrituração e os registos contabilísticos obrigatórios;
h) Emitir as guias de receitas e as ordens de pagamento para a Tesouraria;
i) Assegurar a arrecadação das receitas e o pagamento das despesas, controlando o movimento de Tesouraria, efectuando mensalmente o seu balanço;
j) Verificar as contas das despesas realizadas por conta dos fundos postos à disposição dos comandos e unidades, procedendo à sua consolidação;
l) Elaborar a conta de gerência, a submeter à apreciação do Conselho Superior de Administração Financeira;
m) Promover e organizar os concursos e a celebração dos contratos necessários com vista às aquisições de bens e serviços e empreitadas de obras públicas;
n) Organizar e assegurar, em colaboração com os demais serviços, a actualização do inventário dos bens patrimoniais;
o) Assegurar o cumprimento dos procedimentos de informação relativos ao património afecto à PSP, nos termos da lei.

2 – O Departamento de Gestão Financeira e Patrimonial compreende:

a) A Divisão de Gestão Financeira e Orçamental, que exerce as competências previstas nas alíneas a) a d) do número anterior;
b) A Repartição de Administração Financeira, que exerce as competências previstas nas alíneas e) a i) do número anterior e compreende a Secção de Orçamento e Tesouraria e a Secção de Contabilidade;
c) A Repartição de Verificação e Prestação de Contas, que exerce as competências previstas nas alíneas j) e l) do número anterior

e compreende a Secção de Verificação de Contas e a Secção de Prestação de Contas;
d) A Repartição de Contratos, Aquisições e Património, que exerce as competências previstas nas alíneas m) a o) do número anterior e compreende a Secção de Contratos e Aquisições e a Secção de Património.

Secção VII
Conselho Superior de Administração Financeira

Artigo 55.º
Competência

O Conselho Superior de Administração Financeira é um órgão de gestão financeira a quem incumbe:

a) Propor o planeamento anual de investimentos e de aquisições de equipamento;
b) Promover a elaboração dos projectos de orçamento sobre receitas e despesas;
c) Apreciar a situação administrativa e financeira da PSP;
d) Verificar e controlar a arrecadação de receitas e o processamento das despesas e fiscalizar a escrituração da contabilidade;
e) Apreciar os encargos decorrentes dos acordos ou contratos a celebrar com entidades públicas ou particulares e os contratos de fornecimento;
f) Promover a análise da conta de gerência.

Artigo 56.º
Composição e funcionamento

1 – O Conselho Superior de Administração Financeira é constituído pelo director nacional, que preside, pelos directores nacionais-adjuntos e pelo director do Departamento de Gestão Financeira e Patrimonial.

2 – O Conselho Superior de Administração Financeira reúne uma vez em cada semestre e, extraordinariamente, sempre que o director nacional o convoque, sendo lavradas actas das reuniões.

3 – Secretaria as reuniões do Conselho, sem direito a voto, o chefe da Repartição de Administração Financeira.

Capítulo III
Comandos metropolitanos, regionais e de polícia

Secção I
Disposições comuns

Artigo 57.º
Caracterização

1 – Os comandos são unidades territoriais que prosseguem as atribuições da PSP na respectiva área de responsabilidade.

2 – Os comandos classificam-se em:

a) Comandos metropolitanos;
b) Comandos regionais;
c) Comandos de polícia.

Artigo 58.º
Organização geral

Os comandos metropolitanos, regionais e de polícia compreendem:

a) O comando;

b) Os serviços;
c) As subunidades.

SUBSECÇÃO I
Comando

ARTIGO 59.º
Comando

1 – O comando compreende:

a) O comandante;
b) O segundo-comandante.

2 – O comandante é substituído, nas suas faltas ou impedimentos, pelo segundo-comandante e, nas faltas ou impedimentos deste, pelo oficial mais graduado ou, se houver vários de igual graduação, pelo mais antigo.

ARTIGO 60.º
Comandantes metropolitanos, regionais e de polícia

1 – Aos comandantes metropolitanos, regionais e de polícia, na sua área de responsabilidade, compete:

a) Representar a PSP;
b) Exercer o comando das respectivas unidades orgânicas, através da administração, preparação, manutenção e emprego dos meios humanos e materiais que lhe são atribuídos;
c) Nomear os comandantes das subunidades;
d) Colocar e transferir pessoal com funções policiais e não policiais de acordo com as necessidades do serviço;
e) Exercer o poder disciplinar;

f) Fazer executar toda a actividade respeitante aos serviços técnicos, logísticos e administrativos na sua área de responsabilidade, nomeadamente no que respeita ao planeamento e gestão dos meios financeiros colocados à sua disposição, de acordo com as directivas, ordens ou instruções do director nacional;
g) Inspeccionar todas as actividades do comando e determinar inspecções à actividade operacional em todas as subunidades;
h) Elaborar os planos de segurança aeroportuária, em coordenação e cooperação com as autoridades aeroportuárias, serviços de segurança e outras entidades, bem como comandar e supervisionar no âmbito das suas competências, o conjunto das acções respeitantes às várias situações de contingência;
i) Cooperar, no âmbito das atribuições da PSP, com as autoridades administrativas, designadamente com os órgãos das autarquias locais, na realização dos respectivos objectivos;
j) Prestar, no âmbito das atribuições da PSP, a colaboração que lhe for solicitada pelas autoridades judiciárias, administrativas, policiais e militares;
l) Colaborar na dinamização, promoção e realização dos conselhos locais de segurança pública, nas respectivas áreas de responsabilidade, envolvendo, nomeadamente, a representação autárquica e das instituições representativas da sociedade civil;
m) Executar e fazer executar as determinações do director nacional;
n) Presidir à junta de saúde do comando;
o) Exercer as competências delegadas, ou subdelegadas, pelo director nacional.

2 – Os comandantes metropolitanos, regionais e de polícia podem delegar as suas competências nos respectivos segundos-comandantes, salvo se a lei expressamente o impedir.

3 – Sem prejuízo do disposto no número anterior, o comandante regional dos Açores pode delegar as suas competências nos comandantes dos comandos equiparados.

4 – A competência referida na alínea a) do n.º 1 é delegável em qualquer elemento dos quadros da PSP do respectivo comando.

Artigo 61.º
Segundos-comandantes metropolitanos, regionais e de polícia

Aos segundos-comandantes metropolitanos, regionais e de polícia compete:

a) Coadjuvar o comandante;
b) Exercer as competências delegadas ou subdelegadas pelo respectivo comandante.

Artigo 62.º
**Recrutamento e provimento de comandantes
e segundos-comandantes**

1 – O recrutamento para os cargos de comandante é feito, por escolha, de entre:

a) Superintendentes-chefes, para os cargos de comandante metropolitano e regional;
b) Superintendentes, intendentes ou subintendentes para os cargos de comandante dos comandos de polícia de Aveiro, Beja, Braga, Bragança, Castelo Branco, Coimbra, Évora, Faro, Guarda, Leiria, Portalegre, Santarém, Setúbal, Viana do Castelo, Vila Real e Viseu;
c) Subintendentes, para os cargos de comandante dos comandos equiparados de Angra do Heroísmo e Horta.

2 – O recrutamento para os cargos de segundo-comandante é feito, por escolha, de entre:

a) Superintendentes, para os cargos de segundo-comandante metropolitano e regional;

b) Intendentes, subintendentes ou comissários para os cargos de segundo-comandante dos comandos de polícia referidos na alínea b) do número anterior;
c) Comissários, para os cargos de segundo-comandante dos comandos referidos na alínea c) do número anterior.

3 – O provimento dos cargos de comando metropolitano, regional, de polícia ou equiparado, referidos no n.º 1, é feito em comissão de serviço por um período de três anos, renovável, mediante despacho do Ministro da Administração Interna, sob proposta do director nacional.

4 – O provimento dos cargos do segundo-comandante metropolitano, regional, de polícia ou equiparado, referidos n.º 2, é feito em comissão de serviço por um período de três anos, renovável, mediante despacho do director nacional, sob proposta dos respectivos comandantes.

5 – A renovação da comissão de serviço deverá ser comunicada ao interessado até 30 dias antes do seu termo, cessando a mesma automaticamente no final do respectivo período se, consoante os casos mencionados no número antecedente, o Ministro da Administração Interna, sob proposta do director nacional, ou do director nacional, sob proposta dos respectivos comandantes, não tiver manifestado expressamente a intenção de a renovar, caso em que o dirigente se manterá no exercício de funções de gestão corrente até à nomeação do novo titular do cargo.

6 – Para efeitos de eventual renovação da comissão de serviço, deve a entidade competente ser informada, com a antecedência mínima de 90 dias, do termo de cada comissão, cessando esta automaticamente no fim do respectivo período sempre que não seja dado cumprimento àquela formalidade.

7 – Em qualquer momento, as comissões de serviço dos comandantes metropolitanos, regionais e de polícia ou equiparados podem ser dadas por findas por despacho do Ministro da Administração Interna, por iniciativa deste ou por proposta do director nacional, ou ainda a requerimento do interessado.

8 – Em qualquer momento, as comissões de serviço dos segundos--comandantes metropolitanos, regionais e de polícia ou equiparados

podem ser dadas por findas por despacho do director nacional, por iniciativa deste ou por proposta dos respectivos comandantes, ou ainda a requerimento do interessado.

9 – O comandante do comando equiparado a comando de polícia de Ponta Delgada é, por acumulação, o segundo-comandante regional dos Açores.

SUBSECÇÃO II
Serviços

ARTIGO 63.º
Serviços

Os serviços dos comandos metropolitanos, regionais e de polícia compreendem as seguintes áreas:

a) Operações e segurança;
b) Administração e apoio geral;
c) Logística e finanças;
d) Deontologia e disciplina;
e) Estudos, planeamento e relações públicas.

SUBSECÇÃO III
Subunidades

ARTIGO 64.º
Subunidades

1 – As subunidades dos comandos metropolitanos, regionais e de polícia são:

a) A divisão policial;
b) A secção policial;
c) A esquadra.

2 – As subunidades referidas no número anterior ficam na dependência directa do comando hierárquico superior, consoante a sua localização territorial.

3 – As divisões e secções compreendem as seguintes áreas:

a) Operacional;
b) Administrativa.

4 – O comando das subunidades é exercido por um comandante, coadjuvado por um adjunto.

5 – A criação e extinção das subunidades são efectuadas por portaria do Ministro da Administração Interna, salvo o disposto no número seguinte.

6 – A criação de subunidades, quando envolva aumento de efectivos, é efectuada por portaria dos Ministros das Finanças, da Administração Interna e do Ministro que tiver a seu cargo a Administração Pública.

SECÇÃO II
Comandos metropolitanos

ARTIGO 65.º
Definição e localização

Os comandos metropolitanos são unidades territoriais na dependência directa do director nacional e têm sede em Lisboa e no Porto.

ARTIGO 66.º
Organização dos serviços

1 – Os serviços dos comandos metropolitanos têm a seguinte constituição:

a) A área de operações e segurança, compreendendo o Núcleo de Operações, o Núcleo de Informações, o Núcleo de Investi-

gação Policial, o Núcleo de Armas e Explosivos e o Núcleo de Comunicações;
b) A área de administração e apoio geral, compreendendo o Núcleo de Pessoal, o Núcleo de Saúde, o Núcleo de Instrução e o Núcleo de Apoio Geral;
c) A área de logística e finanças, compreendendo o Núcleo de Logística e o Núcleo de Finanças;

2 – Na dependência directa do comandante metropolitano, funcionam:

a) O Núcleo de Deontologia e Disciplina;
b) O Núcleo de Estudos, Planeamento e Relações Públicas;
c) O Núcleo de Informática.

3 – O Núcleo de Pessoal do Comando Metropolitano de Lisboa é chefiado por um chefe de repartição e compreende duas secções.
4 – O Núcleo de Pessoal do Comando Metropolitano do Porto é chefiado por um chefe de secção.
5 – O Núcleo de Logística e o Núcleo de Finanças são chefiados por chefes de secção.

SECÇÃO III
Comandos regionais

ARTIGO 67.º
Definição e localização

1 – Em cada uma das Regiões Autónomas dos Açores e da Madeira existe um comando regional na dependência directa do director nacional.
2 – Na Região Autónoma dos Açores, o Comando Regional tem sede em Ponta Delgada e tem na sua dependência três comandos equiparados a comandos de polícia com sede em:

a) Ponta Delgada, abrangendo as ilhas de S. Miguel e Santa Maria;

b) Horta, abrangendo as ilhas do Faial, Pico, Flores e Corvo;
c) Angra do Heroísmo, abrangendo as ilhas da Terceira, Graciosa e São Jorge.

3 – Na Região Autónoma da Madeira o Comando Regional tem sede no Funchal.

Artigo 68.º
Competência especial dos comandantes regionais

Sem prejuízo do disposto no n.º 1 do artigo 60.º, compete em especial aos comandantes regionais:

a) O comando de todas as forças da PSP na área da respectiva Região Autónoma;
b) Promover as acções de fiscalização do cumprimento das disposições legais e regulamentares sobre viação terrestre e transportes rodoviários em todas as vias públicas;
c) Manter informado o Ministro da República de tudo o que disser respeito à segurança pública no território da respectiva região;
d) Cooperar com os órgãos da região em matérias do âmbito das atribuições da PSP e na resolução dos problemas relacionados com as funções policiais que desempenham.

Artigo 69.º
Organização dos serviços

1 – Os serviços dos comandos regionais estruturam-se, com as devidas adaptações, dentro do regime previsto para os comandos metropolitanos, no artigo 66.º do presente diploma, compreendendo um núcleo de pessoal chefiado por um chefe de secção.

2 – Aos serviços dos comandos equiparados a comandos de polícia dependentes do Comando Regional dos Açores, aplica-se o regime de organização previsto no artigo 71.º do presente diploma.

Secção IV
Comandos de polícia

Artigo 70.º
Definição e localização

Os comandos de polícia são unidades territoriais na directa dependência do director nacional e têm sede em Aveiro, Beja, Braga, Bragança, Castelo Branco, Coimbra, Évora, Faro, Guarda, Leiria, Portalegre, Santarém, Setúbal, Viana do Castelo, Vila Real e Viseu, enquanto se mantiver a actual divisão distrital.

Artigo 71.º
Organização dos serviços

1 – Os serviços dos comandos de polícia têm a seguinte constituição:

a) A área de operações e segurança, compreendendo o Núcleo de Operações e Informações, o Núcleo de Armas e Explosivos e o Núcleo de Comunicações;
b) A área de administração e finanças, compreendendo a Secção de Pessoal e Finanças;
c) A área de logística e apoio geral, compreendendo o Núcleo de Logística e Apoio Geral;

2 – Na dependência directa do comandante de polícia, funcionam:

a) O Núcleo de Deontologia e Disciplina;
b) O Núcleo de Estudos, Planeamento e Relações Públicas;
c) O Núcleo de Informática.

3 – A Secção de Pessoal e Finanças é chefiada por um chefe de secção.

Capítulo IV
Corpo de Intervenção

Artigo 72.º
Missão

O Corpo de Intervenção é uma unidade de reserva da PSP, na directa dependência do director nacional, especialmente preparada e destinada a ser utilizada em:

a) Acções de manutenção e reposição de ordem pública;
b) Combate a situações de violência concertada;
c) Colaboração com outras forças policiais na manutenção da ordem, na acção contra a criminalidade violenta e organizada, na protecção de instalações importantes e na segurança de altas entidades;
d) Colaboração com os comandos no patrulhamento, em condições a definir por despacho do director nacional.

Artigo 73.º
Organização

1 – O Corpo de Intervenção tem sede em Lisboa e tem a seguinte organização:

a) O Comando;
b) Os Grupos Operacionais;
c) Os serviços de apoio.

2 – O disposto nos artigos 59.º, 60.º e 61.º é aplicável ao Corpo de Intervenção.

3 – O comandante e o segundo-comandante são providos, respectivamente, de entre superintendentes e intendentes, nos termos do artigo 62.º.

4 – Os serviços de apoio estruturam-se à semelhança dos comandos de polícia, com as necessárias adaptações.

5 – Por despacho do Ministro da Administração Interna, sob proposta do director nacional, podem ser destacadas ou colocadas com carácter permanente forças operacionais nos comandos metropolitanos, regionais ou de polícia, ficando estas forças na dependência operacional, logística e administrativa dos respectivos comandos.

Nota: *Cfr. Despacho n.º 10784/2004, in DR, II Série, de 31 de Maio.*

CAPÍTULO V
Grupo de Operações Especiais

ARTIGO 74.º
Missão

1 – O Grupo de Operações Especiais é uma unidade de reserva da PSP, na directa dependência do director nacional, destinada, fundamentalmente, a combater situações de violência declarada, cuja resolução ultrapasse os meios normais de actuação.

2 – O Grupo de Operações Especiais pode ainda colaborar com outras forças policiais na manutenção da ordem, na acção contra outras actividades criminais, na protecção de instalações e na segurança de altas entidades.

ARTIGO 75.º
Organização

1 – Grupo de Operações Especiais tem sede em Lisboa e tem a seguinte organização:

a) O Comando;

b) Os Grupos Operacionais;
c) Os serviços de apoio.

2 – O disposto nos artigos 59.º, 60.º e 61.º é aplicável ao Grupo de Operações Especiais.

3 – O comandante e o segundo-comandante são providos, respectivamente, de entre superintendentes e intendentes, nos termos do artigo 62.º.

4 – Os serviços de apoio estruturam-se à semelhança dos comandos de polícia, com as necessárias adaptações.

CAPÍTULO VI

Corpo de Segurança Pessoal

ARTIGO 76.º

Missão

O Corpo de Segurança Pessoal, na directa dependência do director nacional, é uma unidade especialmente preparada e vocacionada para a segurança pessoal, no âmbito das atribuições da PSP.

ARTIGO 77.º

Organização

1 – O Corpo de Segurança Pessoal tem sede em Lisboa e tem a seguinte organização:

a) O Comando;
b) As equipas de segurança pessoal;
c) Os serviços de apoio.

2 – O disposto nos artigos 59.º, 60.º e 61.º é aplicável ao Corpo de Segurança Pessoal.

3 – O comandante e o segundo-comandante são providos, respectivamente, de entre superintendentes e intendentes, nos termos do artigo 62.º.

4 – Os serviços de apoio estruturam-se à semelhança dos comandos de polícia, com as necessárias adaptações.

5 – Por despacho do Ministro da Administração Interna, sob proposta do director nacional, podem ser destacadas ou colocadas com carácter permanente equipas de segurança pessoal operacionais nos comandos metropolitanos, regionais ou de polícia, ficando estas equipas na dependência operacional, logística e administrativa dos respectivos comandos.

CAPÍTULO VII
Instituto Superior de Ciências Policiais e Segurança Interna

ARTIGO 78.º
Instituto Superior de Ciências Policiais e Segurança Interna

1 – O Instituto Superior de Ciências Policiais e Segurança Interna é um instituto policial de ensino superior que tem por missão formar oficiais de polícia, promover o seu aperfeiçoamento permanente e realizar, coordenar ou colaborar em projectos de investigação e desenvolvimento no domínio da segurança interna.

2 – O Instituto Superior de Ciências Policiais e Segurança Interna confere, nos termos da lei, graus académicos em áreas científicas relevantes para a segurança interna.

Artigo 79.º
Organização e funcionamento

1 – A organização e funcionamento do Instituto Superior de Ciências Policiais e Segurança Interna constam de diploma próprio, a aprovar no prazo de 180 dias.

2 – Enquanto não for publicado o diploma previsto no número anterior, as referências feitas à Escola Superior de Polícia devem entender-se como reportadas ao Instituto Superior de Ciências Policiais e Segurança Interna.

3 – Sem prejuízo do disposto no n.º 1, é criado no Instituto Superior de Ciências Policiais e Segurança Interna um gabinete de investigação e pesquisa nos domínios previstos no artigo anterior integrado por superintendentes-chefes ou superintendentes, por despacho do Ministro da Administração Interna, sob proposta do director nacional.

Nota: *Cfr. o Estatuto da Escola Superior de Polícia, aprovado pelo Decreto-Lei n.º 402/93, de 7 de Dezembro.*

Capítulo VIII
Escola Prática de Polícia

Artigo 80.º
Escola Prática de Polícia

1 – A Escola Prática de Polícia depende directamente do director nacional e destina-se a formar guardas, a organizar e ministrar estágios e cursos de promoção de subchefes e guardas, e a preparar ou aperfeiçoar especialistas.

2 – Na dependência da Escola Prática de Polícia funciona:

a) O Centro de Formação de Subchefes;
b) O Centro de Formação de Guardas.

ARTIGO 81.º
Organização e funcionamento da Escola Prática de Polícia

A organização e funcionamento da Escola Prática de Polícia consta de diploma próprio.

CAPÍTULO IX
Serviços Sociais

ARTIGO 82.º
Serviços Sociais e Cofre de Previdência

1 – Os Serviços Sociais da PSP, dependentes do director nacional, têm por finalidade orientar as actividades que visem o apoio dos elementos da PSP e do respectivo agregado familiar, no domínio sócio-económico.

2 – O Cofre de Previdência da PSP, dependente do director nacional, tem por finalidade essencial assegurar, por morte dos seus subscritores, um subsídio pecuniário e colaborar na construção ou aquisição de casas destinadas ao pessoal, pelo acesso à propriedade ou arrendamento.

3 – Os Serviços Sociais e o Cofre de Previdência da PSP regem-se por diplomas próprios.

4 – As acções desenvolvidas pelo Cofre de Previdência realizam-se no âmbito dos Serviços Sociais da PSP.

5 – O Secretário-Geral dos Serviços Sociais é provido, por escolha, de entre superintendentes, nos termos dos n.ºs 3, 4, 5 e 6 do artigo 62.º.

Título III
Regime de pessoal e de prestação de serviços

Capítulo I
Regime de provimento de pessoal

Secção I
Recrutamento e provimento de pessoal

Artigo 83.º
Director nacional

1 – O recrutamento para o cargo de director nacional é feito, por escolha, de entre superintendentes-chefes, ou indivíduos licenciados de reconhecida idoneidade e experiência profissional, vinculados ou não à Administração.

2 – O provimento do cargo de director nacional é feito mediante despacho conjunto do Primeiro-Ministro e do Ministro da Administração Interna.

3 – O cargo de director nacional é provido em comissão de serviço por um período de três anos, renovável por iguais períodos.

4 – A renovação da comissão de serviço deverá ser comunicada ao interessado até 30 dias antes do seu termo, cessando a mesma automaticamente no final do respectivo período se o Ministro da Administração Interna não tiver manifestado expressamente a intenção de a renovar, caso em que o dirigente se manterá no exercício de funções de gestão corrente até à nomeação do novo titular do cargo.

5 – Para efeitos de eventual renovação da comissão de serviço, deve a entidade competente ser informada, com a antecedência mínima de 90 dias, do termo de cada comissão, cessando esta automaticamente no fim do respectivo período sempre que não seja dado cumprimento àquela formalidade.

6 – Em qualquer momento, a comissão de serviço referida no número anterior pode ser dada por finda por despacho do Ministro da Administração Interna, por iniciativa deste ou a requerimento do interessado.

Artigo 84.º
Director nacional-adjunto

1 – O recrutamento para o cargo de director nacional-adjunto é feito, por escolha, de entre superintendentes-chefes, ou de entre indivíduos licenciados de reconhecida idoneidade e experiência profissional, vinculados ou não à Administração.

2 – Excepciona-se do disposto no número anterior o recrutamento para o cargo de director nacional-adjunto que superintender na área de operações e segurança, o qual só pode recair em superintendentes-chefes.

3 – Ao provimento do cargo de director nacional-adjunto é aplicável o disposto nos n.os 2, 3, 4 e 5 do artigo anterior.

4 – Em qualquer momento, a comissão de serviço referida no número anterior pode ser dada por finda por despacho do Ministro da Administração Interna, por iniciativa deste, por proposta do director nacional ou a requerimento do interessado.

Artigo 85.º
Inspector-geral

1 – O recrutamento para o cargo de inspector-geral é feito, por escolha, de entre superintendentes-chefes.

2 – O provimento do cargo referido no número anterior é feito em comissão de serviço por um período de três anos, renovável em iguais períodos, mediante despacho do Ministro da Administração Interna, sob proposta do director nacional.

3 – É aplicável à renovação das comissões de serviço o regime previsto nos n.os 3, 4 e 5 do artigo 83.º do presente diploma, com as devidas adaptações.

4 – Em qualquer momento, a comissão de serviço referida no número anterior pode ser dada por finda por despacho do Ministro da Administração Interna, por iniciativa deste, por proposta do director nacional ou a requerimento do interessado.

Artigo 86.º
Director de departamento

1 – O recrutamento para o cargo de director de departamento é feito, por escolha, de entre superintendentes ou de funcionários que, nos termos do estatuto próprio do pessoal dirigente, possam ser recrutados para o cargo de director de serviços.

2 – O recrutamento para os cargos de director dos departamentos com atribuições exclusiva ou predominantemente técnico-policiais será feito exclusivamente de entre superintendentes.

3 – Os departamentos com atribuições exclusiva ou predominantemente policiais são determinados por portaria do Ministro da Administração Interna, sob proposta do director nacional.

4 – O provimento do cargo de director de departamento é feito em comissão de serviço por um período de três anos, renovável em iguais períodos, mediante despacho do Ministro da Administração Interna, sob proposta do director nacional.

5 – É aplicável à renovação das comissões de serviço o regime previsto nos n.ºs 3, 4 e 5 do artigo 83.º do presente diploma, com as devidas adaptações.

6 – Em qualquer momento, a comissão de serviço referida no número anterior pode ser dada por finda por despacho do Ministro da Administração Interna, por iniciativa deste, por proposta do director nacional ou a requerimento do interessado.

Artigo 87.º
Chefe de divisão

1 – O recrutamento para o cargo de chefe de divisão é feito, por escolha, de entre intendentes ou de funcionários que, nos termos do regime geral do pessoal dirigente da função pública, possam ser recrutados para o cargo de chefe de divisão.

2 – O recrutamento para os cargos de chefe das divisões com atribuições exclusiva ou predominantemente técnico-policiais será feito exclusivamente de entre intendentes.

3 – As divisões com atribuições exclusiva ou predominantemente policiais são definidas por portaria do Ministro da Administração Interna, sob proposta do director nacional.

4 – O provimento do cargo de chefe de divisão é feito em comissão de serviço por um período de três anos, renovável em iguais períodos, mediante despacho do Ministro da Administração Interna, sob proposta do director nacional.

5 – É aplicável à renovação das comissões de serviço o regime previsto nos n.ºˢ 3, 4 e 5 do artigo 83.º do presente diploma, com as devidas adaptações.

6 – Em qualquer momento, a comissão de serviço referida no número anterior pode ser dada por finda por despacho do Ministro da Administração Interna, por iniciativa deste, por proposta do director nacional ou a requerimento do interessado.

ARTIGO 88.º
Equiparações

1 – O director nacional aufere o vencimento correspondente ao índice 665, da tabela retributiva da PSP.

2 – O director nacional e os directores nacionais-adjuntos têm direito a despesas de representação nos termos legalmente previstos.

3 – Os cargos de director nacional-adjunto e inspector-geral são equiparados, para efeitos retributivos, a director-geral.

4 – Os cargos de director de departamento e de chefe de divisão são equiparados, para os mesmos efeitos, a director de serviços e chefe de divisão, respectivamente.

Artigo 89.º
Carreiras comuns à Função Pública

O recrutamento e provimento dos lugares das carreiras e categorias comuns à Administração Pública é feito nos termos da legislação aplicável à Função Pública, em geral.

Secção II
Disposições gerais sobre pessoal

Artigo 90.º
Segredo profissional

1 – As acções de prevenção, de investigação criminal e as de coadjuvação das autoridades judiciárias, estão sujeitas a segredo, nos termos do Código de Processo Penal.

2 – Estão também sujeitas a segredo, nos termos das respectivas leis, a realização de diligências no âmbito de processos de contra-ordenações e de processos disciplinares.

3 – Os elementos em serviço na PSP não podem:

a) Fazer declarações que afectem a subordinação da polícia à legalidade democrática, a sua isenção política e partidária, a coesão e o prestígio da instituição, a dependência da instituição perante os órgãos de governo ou que violem o princípio da disciplina e da hierarquia;

b) Fazer declarações sobre matérias de que tomem conhecimento no exercício das suas funções e constituam segredo de Estado ou de justiça ou respeitem a assuntos relativos ao dispositivo ou actividade operacional da polícia classificados de reservado ou superior, salvo, quanto a estes, mediante autorização da entidade hierarquicamente competente.

4 – Sem prejuízo do disposto nos números anteriores, a PSP pode proceder a declarações exigidas pela necessidade de informação

pública e a acções de natureza preventiva junto da população com respeito dos limites legais de segredo.

Artigo 91.º
Serviço permanente

1 – O serviço da PSP é de carácter permanente e obrigatório.

2 – Sem prejuízo do disposto no número anterior, será definido por despacho do Ministro da Administração Interna o horário normal de serviço.

3 – Sem prejuízo do regime normal de trabalho, o pessoal com funções policiais não pode recusar-se, sem motivo justificado, a comparecer no seu posto de trabalho ou a nele permanecer para além desse período, nem eximir-se a desempenhar qualquer missão de serviço, desde que compatível com a sua categoria funcional.

4 – O pessoal com funções não policiais está, em todas as circunstâncias, obrigado a assegurar a prestação dos serviços mínimos necessários ao funcionamento operacional da instituição, considerando-se incluídos nesta categoria os serviços indispensáveis de socorro, comunicações, informática e transportes, bem como aqueles que respeitem à segurança e manutenção dos equipamentos e instalações.

5 – Sempre que o estado de segurança ou circunstâncias especiais o exigirem, poderão ser formados, para além do horário normal de serviço, piquetes em número e dimensão adequados às situações.

6 – O patrulhamento da via pública é executado por pessoal com funções policiais em regime de serviço por turnos.

7 – O desempenho dos serviços de piquete e de turno confere o direito aos suplementos correspondentes.

Artigo 92.º
Uso de uniforme e armamento

1 – Os elementos da PSP com funções policiais exercem as suas missões devidamente uniformizados e armados.

2 – Sem prejuízo do disposto no número anterior, determinadas missões poderão ser exercidas em traje civil, desde que a sua natureza ou as necessidades o exijam, nas condições fixadas por disposições especiais ou mediante determinação superior.

3 – O modelo de uniforme mencionado no n.º 1 consta de portaria do Ministro da Administração Interna.

Artigo 93.º
Identificação do pessoal da PSP

1 – O pessoal da PSP com funções policiais considera-se identificado quando devidamente uniformizado.

2 – Sem prejuízo do número anterior, o pessoal nele referido deve exibir prontamente carteira de identificação, sempre que isso lhe seja solicitado ou as circunstâncias do serviço o exijam, para certificar a sua qualidade.

3 – Os elementos com funções policiais, quando não uniformizados, que ordenarem a identificação de pessoas ou emitirem qualquer outra ordem ou mandado legítimo, devem previamente exibir carteira de identificação.

Artigo 94.º
Equiparação a acto de serviço

1 – Considera-se para todos os efeitos como efectuada em serviço a deslocação entre a residência e o local de trabalho do pessoal da PSP.

2 – É igualmente considerada como em serviço a deslocação de pessoal para realização de quaisquer diligências no âmbito do exercício das suas funções.

Capítulo II
Prestação e requisição de serviços

Artigo 95.º
Prestação de serviços

1 – A PSP poderá manter pessoal com funções policiais em regime de requisição ou de destacamento para prestar serviço em instituições judiciárias e em órgãos da administração central, regional e local.

2 – A PSP poderá ainda manter pessoal com funções policiais em organismos de interesse público, em condições a definir por portaria do Ministro da Administração Interna, sendo da responsabilidade dos referidos organismos o pagamento da remuneração base, prestações familiares e outras prestações sociais, e demais suplementos a que o pessoal tenha direito.

3 – Pode ser nomeado em comissão de serviço, por despacho conjunto dos Ministros da Administração Interna e dos Negócios Estrangeiros, até ao limite de três anos, prorrogável, pessoal com funções policiais, para organismos internacionais ou países estrangeiros, em função dos interesses nacionais e dos compromissos assumidos no âmbito da cooperação internacional, nos termos legalmente estabelecidos.

4 – A articulação funcional decorrente da colocação referida no número anterior é objecto de despacho conjunto dos Ministros da Administração Interna e dos Negócios Estrangeiros.

5 – O pessoal nas condições referidas nos números anteriores fica na situação de adido ao quadro, não pode ser empenhado em serviços estranhos ao âmbito da PSP e mantém todos os direitos inerentes à sua situação no quadro a que pertence.

6 – O pessoal referido nos n.ºs 1 e 2, para efeitos de ordem pública, cumpre as directivas do comando da PSP com jurisdição na respectiva área.

7 – Os serviços especiais prestados pela PSP são remunerados nos termos da regulamentação própria.

ARTIGO 96.º
Requisição de forças e serviços

1 – As autoridades judiciárias e administrativas que necessitem da actuação da PSP devem dirigir os seus pedidos ou requisições à autoridade policial da área.

2 – As requisições devem ser escritas e comunicadas por ofício, no qual se indicará a natureza do serviço a desempenhar e o motivo ou a ordem que as justifica e, em casos graves e de reconhecida urgência, poderão ser transmitidas por qualquer outro meio de telecomunicação adequado, ou ainda verbalmente, devendo, neste último caso, ser confirmadas por escrito.

3 – A autoridade requisitante é responsável pela legitimidade do serviço requisitado, mas a adopção das medidas e a utilização dos meios para o seu desempenho são determinadas pela PSP.

4 – O comandante investido de autoridade policial na área só pode recusar, mediante despacho fundamentado, a satisfação de pedidos ou requisições que não caibam na âmbito das atribuições da PSP ou não emanem de entidades legalmente competentes para o efeito.

5 – Quando o pedido ou requisição respeitar a área que não esteja compreendida no âmbito territorial da PSP, deve a autoridade requisitante ser de imediato informada desta situação e, em caso de reconhecida urgência, será igualmente informada a força de segurança com competência na área.

6 – As decisões tomadas pelos comandantes de divisão, de secção e de esquadra devem ser comunicadas, de imediato, ao escalão superior.

Título IV
Disposições transitórias e finais

Artigo 97.º
Receitas

Constituem receitas da PSP:

a) As dotações atribuídas pelo Orçamento do Estado;
b) O produto da venda de publicações e as quantias cobradas por actividades ou serviços prestados;
c) Os juros dos depósitos bancários;
d) As receitas próprias consignadas à PSP;
e) Os saldos das receitas consignadas;
f) Quaisquer outras receitas que lhe sejam atribuídas por lei, contrato ou a outro título.

Artigo 98.º
Objectos que revertem a favor da PSP

1 – Os objectos apreendidos pela PSP que venham a ser declarados perdidos a favor do Estado ser-lhe-ão afectos quando:

a) Possuam interesse criminalístico, histórico, documental ou museológico;
b) Se trate de armas, munições, viaturas, equipamentos de telecomunicações e informática, ou outros com interesse para a PSP.

2 – A utilidade dos objectos a que se refere o número anterior deve ser proposta pelos comandantes metropolitanos, regionais e de polícia no respectivo processo, com a concordância do director nacional, ou do director nacional-adjunto, por delegação.

Artigo 99.º
Contratação de serviços

1 – As actividades actualmente desenvolvidas no âmbito da PSP que não decorram directamente das atribuições fixadas no artigo 2.º do presente diploma deixarão de ser exercidas pelo respectivo pessoal.

2 – A PSP celebrará para o efeito contratos de prestação de serviços para execução de trabalhos de carácter não subordinado ou contratará com empresas, nos termos da lei, a prestação daquelas actividades e, ou serviços.

3 – O pessoal policial afecto a estas actividades e serviços será objecto de acções de formação e reciclagem com vista ao desempenho efectivo de funções técnico-policiais.

4 – A PSP assegurará que a prestação dos serviços abrangidos pelo presente artigo, através de empresas a contratar, não implicará aumento de encargos para o respectivo pessoal utente.

5 – A execução do disposto neste preceito obedecerá a planeamento a aprovar por despacho do Ministro da Administração Interna, sob proposta do director nacional.

6 – O planeamento a que se refere o número anterior será aprovado até 31 de Dezembro de 1998 e não deverá exceder, para a sua execução, o prazo de cinco anos.

Artigo 100.º
Conselhos administrativos

1 – Em 31 de Dezembro de 1999 são extintos os conselhos administrativos e conselhos eventuais actualmente existentes, devendo para o efeito proceder-se à regularização de todas as receitas, à liquidação de todas as despesas e ao encerramento do exercício económico e subsequente prestação de contas, para julgamento do Tribunal de Contas, de acordo com as instruções de carácter técnico a fixar pelo director nacional.

2 – As actas e a restante documentação dos conselhos administrativos e conselhos eventuais transitam para os competentes serviços de administração financeira, criados pelo presente diploma.

3 – A transição para as novas regras de gestão financeira criadas pelo presente diploma deve operar-se no início do ano económico.

Nota: *O regime dos conselhos administrativos e eventuais da PSP constava da Portaria n.º 202/75, de 24 de Março.*

ARTIGO 101.º
**Conselho Superior de Polícia
e Conselho Superior de Justiça e Disciplina**

O Conselho Superior de Polícia e Conselho Superior de Justiça e Disciplina mantêm a competência, composição e funcionamento previstas no Decreto-Lei n.º 321/94, de 29 de Dezembro, até à eleição ou nomeação de todos os membros previstos nos n.ºˢ 3 e 4 do artigo 17.º e do artigo 22.º, respectivamente.

ARTIGO 102.º
Recrutamento excepcional

1 – Por despacho do Ministro da Administração Interna, sob proposta do director nacional, podem os oficiais de polícia possuidores de formação e experiência adequadas, desempenhar funções correspondentes aos postos imediatos.

2 – O pessoal provido nos termos do número anterior tem os direitos e deveres inerentes à função desempenhada.

3 – O pessoal provido nos termos do n.º 1 retoma a remuneração devida no posto de origem, quando cessar as funções que desempenhava, sendo-lhe contado o tempo de permanência no posto em que tiver sido provido, para efeitos de mudança de escalão e antiguidade.

4 – Se, durante o tempo em que estiver provido nos termos do n.º 1, ocorrer a sua promoção, o elemento manterá o escalão em que se encontrar até que, pelo normal desenvolvimento da progressão esse escalão lhe competir, devendo, para efeitos de antiguidade, ser colocado na posição que lhe competiria no normal desenvolvimento da carreira.

ARTIGO 103.º

Equivalências

1 – As referências feitas em qualquer diploma ao comandante-geral e ao segundo-comandante-geral consideram-se como reportadas ao director nacional e aos directores nacionais-adjuntos, respectivamente.

2 – As referências feitas em qualquer diploma ao superintendente-geral consideram-se reportadas ao director nacional-adjunto para a área das operações.

3 – Os quadros A e B anexos ao Regulamento Disciplinar da PSP, aprovado pela Lei n.º 7/90, de 20 de Fevereiro, com a redacção conferida pelo Decreto-Lei n.º 255/95, de 30 de Setembro, são substituídos pelo anexo I ao presente diploma, do qual faz parte integrante.

ARTIGO 104.º

Normas supletivas

Ao pessoal dirigente da PSP aplica-se, em tudo o que não contrarie o disposto no presente diploma, o correspondente regime geral vigente para a função pública.

ARTIGO 105.º

Pessoal dirigente

O quadro de pessoal dirigente é o constante do mapa anexo II ao presente diploma do qual faz parte integrante.

Nota: Cfr. Decreto Rectificativo n.º 6/99, de 16 de Fevereiro.

ARTIGO 106.º

Prevalência

O disposto na presente lei prevalece sobre quaisquer disposições gerais ou especiais relativas às matérias nele reguladas.

ARTIGO 107.º
Norma revogatória

Com a entrada em vigor do presente diploma é revogada toda a legislação respeitante a atribuições, organização e funcionamento da PSP, mantendo-se em vigor, em tudo o que não o contrariar, quanto ao estatuto do respectivo pessoal, o Decreto-Lei n.º 321/94, de 29 de Dezembro.

ARTIGO 108.º
Entrada em vigor

O presente diploma entra em vigor 30 dias após a sua publicação. Aprovado em 17 de Dezembro de 1998. O Presidente da Assembleia da República, António de Almeida Santos.

ANEXO I
(a que se refere o artigo 103.º)

Quadro Anexo A
Escalões de competência disciplinar

Recompensas	Entidades				
	Ministro da Administração Interna (I)	Director nacional e directores nacionais-adjuntos (II)	Inspector-geral, director da ESP, director da EPP, comandante metropolitano, e comandante regional. (III)	Comandante do CI, comandante do GOE, comandante do Corpo de Segurança Pessoal, director do Departamento de Apoio Geral da Direcção Nacional, secretário-geral dos Serviços Sociais, comandante de comando de polícia e comandante da polícia municipal. (III)	Comandante de divisão e comandante de secção. (IV)
Elogio	(a)	(a)	(a)	(a)	(a)
Louvor	(a)	(a)	(a)	(a)	Propõe
Promoção por distinção.........	(a)	Propõe	–	–	–

(a) Competência para recompensar ou para propor ao escalão superior.

Quadro Anexo B
Escalões de competência disciplinar

Recompensas	Entidades				
	Ministro da Administração Interna	Director nacional e directores nacionais-adjuntos	Inspector-geral, director da ESP, director da EPP, comandante metropolitano, e comandante regional.	Comandante do CI, comandante do GOE, comandante do Corpo de Segurança Pessoal, director do Departamento de Apoio Geral da Direcção Nacional, secretário-geral dos Serviços Sociais, comandante de comando de polícia e comandante da polícia municipal.	Comandante de divisão e comandante de secção.
	(I)	(II)	(III)	(III)	(IV)
Repreensão verbal ou escrita............	(a)	(a)	(a)	(a)	(a)
Multa........................	(a)	(a)	Até 20 dias	Até 15 dias	Até 10 dias
Suspensão	(a)	(a)	Até 90 dias	Até 60 dias	Até 30 dias
Aposentação compulsiva	(a)	-	-	-	-
Demissão.....................	(a)	-	-	-	-
Cessação da comissão de serviço (b)	(a)	-	-	-	-
Transferência dentro do mesmo comando ou serviço (c)	(a)	a)	(a)	(a)	-
Transferência para outro comando (c)	(a)	(a)	-	-	-

(a) Competência plena.
(b) Pena principal e pena acessória.
(c) Pena acessória.

Nota: *O Anexo I consta da Declaração de Rectificação n.º 6/99, de 16 de Fevereiro – cfr. DR, I Série – A, n.º 39.*

Anexo II
(a que se refere o artigo 105.º)

Pessoal dirigente

Director nacional	1
Director nacional-adjunto	3
Inspector-geral	1
Comandante metropolitano	2
Comandante regional	2
Director do Instituto Superior de Ciências Policiais e Segurança Interna	1
Comandante da Escola Prática de Polícia	1
Director de departamento (a)	16
Comandante do Corpo de Intervenção	1
Comandante do Grupo de Operações Especiais	1
Comandante do Corpo de Segurança Pessoal	1
Secretário-geral dos Serviços Sociais	1
Comandante do comando de polícia (b)	18
2.º comandante metropolitano	2
2.º comandante regional	2
Subdirector do Instituto Superior de Ciências Policiais e Segurança Interna	1
2.º comandante da Escola Prática de Polícia	1
2.º comandante do Corpo de Intervenção	1
2.º comandante do Grupo de Operações Especiais	1
2.º comandante do Corpo de Segurança Pessoal	1
2.º comandante de comando de polícia	19
Chefe de divisão (c)	32

(a) Inclui quatro directores de gabinete equiparados a director de departamento.
(b) Inclui dois comandantes equiparados a comandante de comando de polícia.
(c) Inclui três directores de gabinete equiparados a chefe de divisão.

Nota: *O Anexo II consta da Declaração de Rectificação n.º 6/99, de 16 de Fevereiro – cfr. DR, I Série – A, n.º 39.*

POLÍCIA JUDICIÁRIA

DECRETO-LEI N.º 275-A/2000, DE 9 DE NOVEMBRO,
RECTIFICADO PELA DECLARAÇÃO DE RECTIFICAÇÃO
N.º 16-D/2000, DE 30 DE NOVEMBRO, ALTERADO
PELA LEI N.º 103/2001, DE 25 DE AGOSTO, PELO
DL N.º 323/2001, DE 17 DE DEZEMBRO, PELO
DL N.º 304/2002, DE 13 DE DEZEMBRO, E PELO
DL N.º 43/2003, DE 13 DE MARÇO

As profundas alterações sociais e económicas verificadas nas últimas décadas determinaram mudanças significativas das características da criminalidade. A supressão das barreiras fronteiriças no quadro europeu, a evolução tecnológica bem como a intensificação dos fenómenos mediáticos têm vindo a contribuir para a aceleração da globalização dos comportamentos individuais a todos os níveis, donde resulta o aparecimento e a generalização de novas formas de criminalidade, cada vez mais sofisticadas, opacas e imunes aos métodos tradicionais de investigação.

É, assim, crescente a convicção de que, perante os desafios que a evolução apontada coloca, a sociedade portuguesa não pode prescindir de uma polícia criminal especialmente preparada, científica e tecnicamente apetrechada e dotada de uma estrutura orgânica que lhe permita, com elevado grau de eficácia, prosseguir a sua função decisiva no âmbito da prevenção da criminalidade, da investigação criminal e da coadjuvação das autoridades judiciárias.

Deste modo, decorridos 20 anos sobre a primeira das grandes alterações operadas na orgânica da Polícia Judiciária e 10 sobre a sua última reestruturação, importa consubstanciar o processo de modernização que se encontra em curso e reforçar a dinâmica da organização, sabendo manter o que se encontra sedimentado por largos anos de prática, objectivos cuja prossecução a presente lei orgânica visa garantir.

No que se refere a natureza e atribuições, estabelecem-se regras de aperfeiçoamento e clarificação do modelo mais apto a combater, em especial, a criminalidade organizada e a que lhe está associada, bem como a altamente complexa e violenta, cujas características exigem a gestão de um sistema de informação a nível nacional, afirmando-se que a Polícia Judiciária constitui um corpo superior de polícia criminal com estatuto próprio, que a distingue das demais forças policiais e de segurança.

Define-se, assim, em desenvolvimento do sistema estabelecido na Lei da Organização da Investigação Criminal, um quadro normativo que associa as funções de investigação e prevenção à centralização nacional da informação criminal e respectiva coordenação operacional.

Deste modo, procede-se ao enquadramento do apoio técnico ao Sistema Integrado de Informação Criminal, cujas regras próprias serão definidas em diploma próprio, no âmbito da estrutura orgânica da Polícia Judiciária, cometendo-se a competência para a prestação do mesmo ao Departamento Central de Informação Criminal e Polícia Técnica. Tendo, porém, presente o carácter nacional desta competência no que respeita à centralização da informação criminal, prevê-se a definição das competências e a organização funcional deste departamento, para efeitos de centralização, tratamento, análise e difusão, a nível nacional, de informação relativa à criminalidade participada e conhecida pelos órgãos de polícia criminal e pelos serviços aduaneiros e de segurança, bem como a articulação com as autoridades judiciárias e estas entidades por portaria conjunta do Primeiro-Ministro, do Ministro da Justiça e dos demais ministros responsáveis pelos referidos órgãos e serviços.

Em matéria de organização, introduzem-se alterações que visam aperfeiçoar, nas vertentes da direcção, supervisão, coordenação e comando, um modelo que, na vertente operacional, tem permitido alcançar bons resultados, reforçando o carácter nacional da sua intervenção e a disponibilidade de intervenção rápida e eficaz em todo o território nacional.

A Directoria Nacional substitui assim a Directoria-Geral, evidenciando a sua estrutura e competência nacionais.

É redefinida a implantação geográfica das directorias e dos departamentos de investigação criminal, adequando-a às realidades criminológicas constatadas, à melhoria dos acessos e em obediência ao princípio da não dispersão de departamentos, com significativos ganhos em matéria de eficiência económica e eficácia da investigação de mais elevado nível.

São suprimidas as subinspecções, prevendo-se a existência, na dependência da Directoria Nacional, das directorias e dos departamentos de investigação criminal, de extensões ou instalações de apoio fora do local das respectivas sedes.

A dimensão nacional da estrutura e organização da Polícia Judiciária impõe ainda que a respectiva organização funcional seja cometida ao director nacional, visando a adequação dos meios bem como a flexibilização e aceleração das respostas às ameaças colocadas pela criminalidade.

Aperfeiçoa-se igualmente a estrutura de gestão administrativa e financeira, cometendo-se a um conselho administrativo único os poderes deliberativos nesta matéria, apoiado por um departamento com competências específicas no âmbito da gestão financeira e do controlo orçamental.

Como órgãos de consulta do director nacional, mantém-se o Conselho Superior de Polícia, agora denominado Conselho Superior da Polícia Judiciária, conferindo-se-lhe garantias acrescidas de operacionalidade, criando-se o Conselho de Coordenação Operacional, visando o planeamento e a concepção dos necessários mecanismos de coordenação interna e externa, bem como a avaliação periódica da relação e articulação com os demais órgãos de polícia criminal, os serviços aduaneiros e de segurança.

Aperfeiçoam-se ainda os mecanismos de funcionamento e articulação das direcções centrais, órgãos por excelência do combate nacional à criminalidade organizada e mais complexa, referindo-se expressamente que aos respectivos dirigentes compete orientar e coordenar, a nível nacional, o exercício das competências do órgão que dirigem, bem como das unidades orgânicas e funcionais que do mesmo dependem.

As novas formas que assume a cooperação internacional determinam a criação do Departamento de Cooperação Internacional, dando unidade às várias vertentes da intervenção neste domínio, designadamente face aos compromissos de Portugal no âmbito da União Europeia e da Organização Internacional de Polícia Criminal (OIPC/INTERPOL).

Desenvolvem-se as competências dos departamentos de apoio, clarificando-se que a respectiva gestão estratégica compete ao director nacional, da qual o novo Departamento de Planeamento e Assessoria Técnica é um instrumento privilegiado.

Tendo em conta a crescente interpenetração das áreas de informática e telecomunicações decorrente dos mais recentes avanços tecnológicos, cria-se o Departamento de Telecomunicações e Informática, visando assegurar a gestão integrada dos recursos bem como a optimização das políticas a desenvolver nesses domínios. O Departamento de Apoio Geral passa a denominar-se Departamento de Administração Financeira e Patrimonial, formulação mais consentânea com o conjunto de atribuições no domínio da administração do património mobiliário e imobiliário e o reforço das suas competências no âmbito da gestão financeira e controlo orçamental.

A composição das directorias e departamentos de investigação criminal obedece a um novo modelo estrutural, cometendo-se a definição da sua estrutura organizacional ao director nacional, procurando-se garantir maior flexibilidade e coerência.

Em matéria de estatuto de pessoal, clarifica-se a definição das áreas específicas de investigação ou de polícia e as áreas de apoio à investigação ou técnicas, reformulando-se as respectivas designações. No que respeita à primeira destas áreas, determina-se a exigência de licenciatura para o ingresso na carreira de investigação criminal e comete-se aos níveis superiores da respectiva carreira um papel decisivo no domínio da valoração das instruções ou directivas das autoridades judiciárias na perspectiva do desenvolvimento da autonomia da investigação criminal consagrada na Lei da Organização da Investigação Criminal.

Em matéria de provimento, adopta-se um sistema próprio de recrutamento que procura compatibilizar as exigências de uma gestão previsional flexível com o princípio da igualdade de oportunidades.

Aproveita-se a oportunidade para realizar uma ambiciosa reestruturação de carreiras, de forma a adaptar a estrutura da Polícia aos desafios que lhe são colocados por uma desejada modernização administrativa. Em complemento, revalorizam-se as estruturas indiciárias, o que é feito, atentas as limitações orçamentais actuais, em duas fases.

O Instituto Nacional de Polícia e Ciências Criminais, instituição responsável pela formação e pesquisa técnica e científica, é convertido em Instituto Superior de Polícia Judiciária e Ciências Criminais, visando a sua dotação de capacidade e dimensão adequadas à prossecução das novas responsabilidades nacionais no domínio da qualificação da polícia criminal decorrentes do Decreto-Lei n.º 81/95, de 22 de Abril, e de acordo com as «Recomendações do Grupo de Avaliação do Ensino e dos Processos de Formação no Domínio das Forças e Serviços de Segurança», constituído pela Resolução do Conselho de Ministros n.º 33/96, de 29 de Maio.

Foi ouvida a Comissão Nacional de Protecção de Dados.

Foram observados os procedimentos da Lei n.º 23/98, de 26 de Maio.

Assim, nos termos da alínea a) do n.º 1 do artigo 198.º da Constituição, o Governo decreta o seguinte:

Capítulo I

Natureza

Artigo 1.º

Natureza

A Polícia Judiciária é um corpo superior de polícia criminal auxiliar da administração da justiça, organizado hierarquicamente na dependência do Ministro da Justiça e fiscalizado nos termos da lei.

ARTIGO 2.º

Competência

Compete à Polícia Judiciária:

a) Coadjuvar as autoridades judiciárias na investigação;
b) Desenvolver e promover as acções de prevenção e investigação da sua competência ou que lhe sejam cometidas pelas autoridades judiciárias competentes.

ARTIGO 3.º

**Competência em matéria de coadjuvação
das autoridades judiciárias**

1 – A Polícia Judiciária coadjuva as autoridades judiciárias em processos relativos a crimes cuja investigação lhe incumba realizar ou quando se afigure necessária a prática de actos que antecedem o julgamento e que requerem conhecimentos ou meios técnicos especiais.

2 – Para efeitos do disposto no número anterior, a Polícia Judiciária actua no processo sob a direcção das autoridades judiciárias e na sua dependência funcional, sem prejuízo da respectiva organização hierárquica.

ARTIGO 4.º

Competência em matéria de prevenção criminal

1 – Em matéria de prevenção criminal, compete à Polícia Judiciária efectuar a detecção e dissuasão de situações propícias à prática de crimes, nomeadamente:

a) Vigiar e fiscalizar lugares e estabelecimentos em que se proceda à exposição, guarda, fabrico, transformação, restauração e comercialização de antiguidades, arte sacra, livros e mobiliário usados, ferro-velho, sucata, veículos e acessórios, artigos

penhorados, de joalharia e de ourivesaria, eléctricos e electrónicos e quaisquer outros que possam ocultar actividades de receptação ou comercialização ilícita de bens;
b) Vigiar e fiscalizar estabelecimentos que proporcionem ao público a pernoita, acolhimento ou estada, refeições ou bebidas, parques de campismo e outros acampamentos e outros locais, sempre que exista fundada suspeita de prática de prostituição, proxenetismo, tráfico de pessoas, jogo clandestino, tráfico de armas, tráfico de estupefacientes e fabrico ou passagem de moeda falsa;
c) Vigiar e fiscalizar os estabelecimentos de venda ao público de aparelhos electrónicos e informáticos ou que prestem serviços do mesmo tipo, sempre que, pela sua natureza, permitam, através de utilização ilícita, a prática de crimes de contrafacção de moeda, falsificação de documentos ou crimes informáticos;
d) Vigiar e fiscalizar locais de embarque ou de desembarque de pessoas ou de mercadorias, fronteiras, meios de transporte, locais públicos onde se efectuem operações comerciais, de bolsa ou bancárias, estabelecimentos de venda de valores selados, casas ou recintos de reunião, de espectáculos ou de diversões, casinos e salas de jogo e quaisquer locais que possam favorecer a delinquência;
e) Vigiar e fiscalizar actividades susceptíveis de propiciarem actos de devassa ou violência sobre as pessoas, ou de manipulação da credulidade popular, designadamente anúncios fraudulentos, mediação de informações, cobranças e angariações ou prestações de serviços pessoais;
f) Promover e realizar acções destinadas a fomentar a prevenção geral e a reduzir o número de vítimas da prática de crimes, motivando os cidadãos a adoptarem precauções e a reduzirem os actos e as situações que facilitem ou precipitem a ocorrência de condutas criminosas.

2 – No exercício das acções a que se refere o número anterior, a Polícia Judiciária tem acesso à informação necessária à caracterização, identificação e localização das actividades ali referidas, podendo

proceder à identificação de pessoas e realizar vigilâncias, se necessário, com recurso a todos os meios e técnicas de registo de som e de imagem, bem como a revistas e buscas, nos termos do disposto no Código de Processo Penal e legislação complementar.

3 – Os proprietários, administradores, gerentes, directores ou quaisquer outros responsáveis dos estabelecimentos mencionados na alínea a) do n.º 1 constituem-se na obrigação de entregar no departamento da Polícia Judiciária com jurisdição na área em que se situam, até quarta-feira da semana seguinte àquela a que respeitam, relações completas, conforme modelo exclusivo cuja cópia lhes é facultada em suporte digital ou de papel, das transacções efectuadas, com identificação dos respectivos intervenientes e objectos transaccionados, incluindo os que lhes tenham sido entregues para venda ou permuta, a pedido ou por ordem de outrem.

4 – A Polícia Judiciária pode determinar que a obrigação referida no número anterior seja estendida a quem tiver a exploração de simples locais nos quais se proceda às transacções aí mencionadas.

5 – As companhias de seguros devem comunicar ao departamento da Polícia Judiciária com jurisdição na área em que se situam, até ao dia 5 do mês seguinte àquele em que a regularização ou transacção se tenha efectuado, as existências ou as vendas de salvados de veículos automóveis, com indicação, conforme os casos, da identidade do comprador, do preço da venda e dos elementos identificadores do veículo a que respeitam.

6 – Os objectos adquiridos pelos estabelecimentos e locais mencionados na alínea a) do n.º 1, com excepção dos veículos e acessórios, não podem ser modificados ou alienados antes de decorridos 20 dias contados a partir da entrega das relações a que se referem os n.ºs 3 e 5.

7 – A violação do disposto nos n.ºs 3 a 6 constitui contra-ordenação punida com coima de € 9,40 a € 2 493,99, cuja aplicação é da competência do director nacional, que determina a entidade da Polícia Judiciária a quem compete a respectiva investigação. A negligência é punível.

8 – As acções a que se referem as alíneas b) a e) do n.º 1 são realizadas sem prejuízo das atribuições dos restantes órgãos de polícia criminal.

9 – As acções realizadas no âmbito da prevenção criminal podem ser extractadas em expediente próprio.

Nota: *Cfr. o n.º 7 do art. 4.º tem redacção do DL n.º 323/2001, de 17-12, e o n.º 6 do art. 4.º tem redacção do DL n.º 304/2002, de 13-12.*

ARTIGO 5.º
Competências em matéria de investigação criminal

1 – Constitui competência específica da Polícia Judiciária:

a) A investigação dos crimes cuja competência reservada lhe é conferida pela presente lei e dos crimes cuja investigação lhe seja cometida pela autoridade judiciária competente para a direcção do processo, nos termos do n.º 3;
b) Assegurar a ligação dos órgãos e autoridades de polícia criminal portugueses e de outros serviços públicos nacionais com as organizações internacionais de cooperação de polícia criminal, designadamente a INTERPOL e a EUROPOL;
c) Assegurar os recursos nos domínios da centralização, tratamento, análise e difusão, a nível nacional, da informação relativa à criminalidade participada e conhecida, da perícia técnico-científica e da formação específica adequada às atribuições de prevenção e investigação criminais, necessários à sua actividade e que apoiem a acção dos demais órgãos de polícia criminal.

2 – É da competência reservada da Polícia Judiciária a investigação dos seguintes crimes:

a) Homicídio doloroso e ofensas dolosas à integridade física de que venha a resultar a morte;
b) Contra a liberdade e contra a autodeterminação sexual a que corresponda, em abstracto, pena superior a 5 anos de prisão, desde que o agente não seja conhecido, ou sempre que sejam

expressamente referidos ofendidos menores de 16 anos ou outros incapazes;
c) Incêndio, explosão, exposição de pessoas a substâncias radioactivas e libertação de gases tóxicos ou asfixiantes, desde que, em qualquer caso, o facto seja imputável a título de dolo;
d) Poluição com perigo comum;
e) Furto, roubo, dano, contrafacção ou receptação de coisa móvel que tenha valor científico, artístico ou histórico ou para o património cultural que se encontre em colecções públicas ou privadas ou em local acessível ao público, que possua elevada significação no desenvolvimento tecnológico ou económico ou que, pela sua natureza, seja substância altamente perigosa;
f) Falsificação de cartas de condução, livretes e títulos de propriedade de veículos automóveis de certificados de habilitações literárias, de passaportes e de bilhetes de identidade;
g) Tráfico e viciação de veículos furtados ou roubados;
h) Contra a paz e a humanidade;
i) Escravidão, sequestro e rapto ou tomada de reféns;
j) Organizações terroristas e terrorismo;
k) Contra a segurança do Estado, com excepção dos que respeitem ao processo eleitoral;
l) Participação em motim armado;
m) Captura ou atentado à segurança de transporte por ar, água, caminho de ferro ou rodovia a que corresponda, em abstracto, pena igual ou superior a 8 anos de prisão;
n) Executados com bombas, granadas, matérias ou engenhos explosivos, armas de fogo e objectos armadilhados, armas nucleares, químicas ou radioactivas;
o) Roubo em instituições de crédito, repartições da Fazenda Pública e correios;
p) Associações criminosas;
q) Relativos ao trafico de estupefacientes e de substâncias psicotrópicas, tipificados nos artigos 21.º, 22.º, 23.º, 27.º e 28.º do Decreto-Lei n.º 15/93, de 22 de Janeiro, e dos demais previstos neste diploma que lhe sejam participados ou de que colha notícia;

r) Branqueamento de capitais, outros bens ou produtos;
s) Corrupção, peculato e participação económica em negócio e tráfico de influências;
t) Administração danosa em unidade económica do sector público e cooperativo;
u) Fraude na obtenção ou desvio de subsídio ou subvenção e ainda fraude na obtenção de crédito bonificado;
v) Infracções económico-financeiras cometidas de forma organizada ou com recurso à tecnologia informática;
w) Infracções económico-financeiras de dimensão internacional ou transnacional;
x) Informáticos;
y) Contrafacção de moeda, títulos de crédito, valores selados, selos e outros valores equiparados ou a respectiva passagem;
z) Relativos ao mercado de valores mobiliários;
aa) Insolvência dolosa;
bb) Abuso de liberdade de imprensa, quando cometida através de órgão de comunicação social de difusão nacional;
cc) Conexos com os crimes referidos nas alíneas s) a z);
dd) Ofensas, nas suas funções ou por causa delas, ao Presidente da República, ao Presidente da Assembleia da República, ao Primeiro-Ministro, aos presidentes dos tribunais superiores e ao Procurador-Geral da República.
ee) Crimes tributários de valor superior a € 500 000, quando assumam especial complexidade, forma organizada ou carácter transnacional;
ff) Tráfico de armas quando praticado de forma organizada.

3 – Compete ainda à Polícia Judiciária, sem prejuízo das competências do Serviço de Estrangeiros e Fronteiras, a investigação dos seguintes crimes:

a) Auxílio à imigração ilegal;
b) Tráfico de pessoas, com o emprego de coacção grave, extorsão ou burla relativa a trabalho;

c) Falsidade de testemunho, perícia, interpretação ou tradução, conexos com os crimes referidos nas alíneas a) e b).

4 – A Polícia Judiciária pode ainda ter competência deferida nos termos do artigo 5.º da Lei n.º 21/2000, de 10 de Agosto.

5 – Na investigação dos crimes a que se refere a alínea ee) do n.º 2, a Polícia Judiciária será assistida por um funcionário designado pela administração tributária, em função do tipo de crime em causa, nomeadamente para efeito do cumprimento do disposto no n.º 4 do artigo 42.º da Lei n.º 15/2001, de 5 de Junho.

> **Nota:** *A alínea a) do n.º 2 do art. 5.º tem redacção do DL n.º 304/2002, de 13-12. As alíneas ee) e ff) do art. 5.º foram aditadas pelo DL n.º 304/2002, de 13-12. O n.º 4 do art. 5.º corresponde ao anterior n.º 3 do mesmo preceito. O n.º 5 do art. 5.º foi aditado pela DL n.º 304/2002, de 13-12. A interpretação da alínea n), n.º 2 do art. 5.º – Ver Directiva 2/2004 da PGR.*

Artigo 6.º
Dever de cooperação

1 – A Polícia Judiciária está sujeita ao dever de cooperação nos termos da lei.

2 – As entidades públicas e privadas, nas pessoas dos respectivos representantes, devem prestar à Polícia Judiciária a cooperação que justificadamente lhes for solicitada.

3 – As pessoas e entidades que exerçam funções de vigilância, protecção e segurança a pessoas, bens e instalações públicos ou privados têm o especial dever de colaborar com a Polícia Judiciária.

Artigo 7.º
Cooperação internacional

No âmbito dos instrumentos de cooperação policial internacional em vigor, a Polícia Judiciária pode estabelecer relações de cooperação nos diferentes domínios da sua actividade.

ARTIGO 8.º
Sistema Integrado de Informação Criminal

1 – A Polícia Judiciária dispõe no seu âmbito de um sistema integrado de informação criminal, exclusivo e de âmbito nacional, visando a centralização, tratamento e difusão da informação, a regular em diploma próprio.

2 – O sistema referido no número anterior articula-se com o Sistema Integrado de Informação Criminal a que se refere o n.º 3 do artigo 8.º da Lei n.º 21/2000, de 10 de Agosto, nos termos do diploma aí previsto.

ARTIGO 9.º
Direito de acesso à informação

1 – A Polícia Judiciária acede directamente à informação relativa à identificação civil e criminal constante dos ficheiros magnéticos dos serviços de identificação civil e criminal e presta obrigatoriamente colaboração na análise de aplicações de tratamento automático da informação com interesse para a prevenção e investigação criminal, quando efectuada pelo Instituto das Tecnologias de Informação na Justiça.

2 – A Polícia Judiciária pode aceder, nos termos das normas e procedimentos aplicáveis, a informação de interesse criminal contida nos ficheiros de outros organismos nacionais e internacionais.

ARTIGO 10.º
Dever de comparência

1 – Qualquer pessoa, quando devidamente notificada ou convocada pela Polícia Judiciária, tem o dever de comparecer no dia, hora e local designados, sob pena das sanções previstas na lei processual penal, com excepção das situações previstas na lei ou tratado internacional.

2 – Em caso de urgência, a notificação ou convocação referidas no número anterior podem ser feitas por qualquer meio destinado a dar conhecimento do facto, inclusivamente por via telefónica; neste último caso, a entidade que faz a notificação ou a convocação identifica-se e dá conta do cargo que desempenha, bem como dos elementos que permitam ao chamado inteirar-se do acto para que é convocado e efectuar, caso queira, a contraprova de que se trata de um telefonema oficial e verdadeiro, devendo lavrar-se cota no auto quanto ao meio utilizado.

3 – Quando o notificando ou a pessoa convocada tiver de se deslocar a um local que se situe fora da comarca da sua residência, local de trabalho ou do lugar onde se encontrar, a Polícia Judiciária deve assegurar os meios de transporte necessários e a assistência devida, desde que tal lhe tenha sido solicitado.

Capítulo II
Direitos e deveres

Artigo 11.º
Autoridades de polícia criminal

1 – São autoridades de polícia criminal, nos termos e para os efeitos do Código de Processo Penal, os seguintes funcionários da Polícia Judiciária:

a) Director nacional;
b) Directores nacionais-adjuntos;
c) Subdirectores nacionais-adjuntos;
d) Directores dos departamentos centrais;
e) Assessores de investigação criminal;
f) Coordenadores superiores de investigação criminal;
g) Coordenadores de investigação criminal;
h) Inspectores-chefes.

2 – O demais pessoal de investigação criminal pode, com observância das disposições legais, proceder à identificação de qualquer pessoa.

Artigo 11.º-A
Competências processuais

1 – As autoridades de polícia criminal referidas no n.º 1 do artigo anterior têm ainda especial competência para, no âmbito de despacho de delegação genérica de competência de investigação criminal, ordenar:

a) A realização de perícias a efectuar por organismos oficiais, salvaguardadas as perícias relativas a questões psiquiátricas, sobre a personalidade e de autópsia médico-legal;
b) A realização de revistas e buscas, com excepção das domiciliárias e das realizadas em escritório de advogado, em consultório médico ou em estabelecimento hospitalar ou bancário;
c) Apreensões, excepto de correspondência, ou as que tenham lugar em escritório de advogado, em consultório médico ou em estabelecimento hospitalar ou bancário;
d) A detenção fora do flagrante delito nos casos em que seja admissível a prisão preventiva e:
   Existam elementos que tornam fundado o receio de fuga ou não for possível, dada a situação de urgência e de perigo de demora, esperar pela intervenção da autoridade judiciária; ou
   No decurso de revistas ou de buscas sejam apreendidos ao suspeito objectos que tiverem servido ou estivessem destinados a servir a prática de um crime ou constituam seu produto, lucro, preço ou recompensa.

2 – A realização de qualquer dos actos previstos no número anterior obedece, subsidiariamente, à tramitação do Código de Processo Penal, tem de ser de imediato comunicada à autoridade judiciária titular da direcção do processo para os efeitos e sob as comunicações da lei

processual penal e, no caso da alínea d), o detido tem de ser apresentado no prazo legalmente previsto à autoridade judiciária competente, sem prejuízo de esta, se assim o entender, determinar a apresentação imediata.

3 – A todo o tempo, a autoridade judiciária titular da direcção do processo pode condicionar o exercício ou avocar as competências previstas no n.º 1, nos termos do n.º 7 do artigo 2.º da Lei n.º 21/2000, de 10 de Agosto.

> **Nota:** *O art. 11.º-A foi aditado pela Lei n.º 103/2001, de 25 de Agosto. Quanto a uma crítica a este artigo e à sua susceptibilidade de inconstitucionalidade,* MANUEL MONTEIRO GUEDES VALENTE, *Regime Jurídico da Investigação Criminal Anotado e Comentado, 2.ª Edição, Almedina, 2004, pp. 76-78.*

ARTIGO 12.º
Segredo de justiça e profissional

1 – Os actos processuais de investigação criminal e de coadjuvação das autoridades judiciárias estão sujeitos ao segredo de justiça nos termos da lei.

2 – Os funcionários em serviço na Polícia Judiciária não podem fazer revelações públicas relativas a processos ou sobre matérias de índole reservada, salvo o que se encontra previsto neste diploma sobre informação pública e acções de natureza preventiva junto da população e ainda o disposto nas leis de processo penal.

3 – As declarações a que alude o número anterior, quando admissíveis, dependem de prévia autorização do director nacional ou dos directores nacionais-adjuntos, sob pena de procedimento disciplinar, sem prejuízo da responsabilidade penal a que houver lugar.

4 – As acções de prevenção e os processos contra-ordenacionais, disciplinares, de inquérito, de sindicância, de averiguações bem como de inspecção estão sujeitos ao segredo profissional, nos termos da lei geral.

Artigo 13.º
Deveres especiais

São deveres especiais do pessoal da Polícia Judiciária:

a) Garantir a vida e a integridade física dos detidos ou das pessoas que se achem sob a sua custódia ou protecção no estrito respeito da honra e dignidade da pessoa humana;
b) Actuar sem discriminação em razão de ascendência, sexo, raça, língua, território de origem, religião, convicções políticas ou ideológicas, instrução, situação económica ou condição social;
c) Identificar-se como funcionário da Polícia Judiciária no momento em que devam proceder à identificação ou detenção;
d) Observar estritamente, e com a diligência devida, a tramitação, os prazos e requisitos exigidos pela lei, sempre que devam proceder à detenção de alguém;
e) Actuar com a decisão e a prontidão necessárias, quando da sua actuação dependa impedir a prática de um dano grave, imediato e irreparável, observando os princípios da adequação, da oportunidade e da proporcionalidade na utilização dos meios disponíveis;
f) Agir com a determinação necessária, mas sem recorrer à força mais do que o estritamente razoável para cumprir uma tarefa legalmente exigida ou autorizada.

Artigo 14.º
Identificação

1 – A identificação das autoridades de polícia criminal e do pessoal de investigação criminal faz-se por intermédio de crachá e cartão de livre trânsito.

2 – Em acções públicas, os funcionários referidos no número anterior identificam-se através de quaisquer meios que revelem inequivocamente a sua qualidade.

3 – A identificação dos funcionários referidos nos n.ºs 2 e 3 do artigo 16.º faz-se por intermédio de cartão de livre acesso.

4 – A identificação dos funcionários não incluídos nos números anteriores faz-se por intermédio de cartão de modelo próprio.

5 – Os modelos e meios de identificação referidos nos números anteriores são aprovados por portaria do Ministro da Justiça.

ARTIGO 15.º
Dispensa temporária de identificação

1 – A Polícia Judiciária pode dispensar temporariamente a necessidade de revelação da identidade e da qualidade dos seus funcionários de investigação, dos meios materiais e dos equipamentos utilizados.

2 – A Polícia Judiciária pode determinar o uso de um sistema de codificação da identidade e categoria dos funcionários de investigação envolvidos na formalização de actos processuais, sem prejuízo da respectiva descodificação para fins processuais, por determinação da autoridade judiciária competente.

3 – A dispensa temporária de identificação e a codificação a que se referem os números anteriores são reguladas por portaria do Ministro da Justiça.

4 – A autorização da dispensa temporária de identificação e da codificação referida nos números anteriores é da competência do director nacional.

ARTIGO 16.º
Livre trânsito e direito de acesso

1 – Aos funcionários mencionados no artigo 11.º, quando devidamente identificados e em missão de serviço, é facultada a entrada livre nos estabelecimentos e locais a que se refere o n.º 1 do artigo 4.º e naqueles onde se realizem acções de prevenção ou investigação criminal e de coadjuvação judiciária.

2 – Para a realização de diligências de investigação ou de coadjuvação judiciária, os funcionários mencionados no número anterior, bem como o director do Laboratório de Polícia Científica e o pessoal de criminalística, de perícia médico-psicológica, de perícia financeiro-contabilística, de identificação judiciária e de telecomunicações e de informática, quando devidamente identificados e em missão de serviço, têm direito de acesso a quaisquer repartições ou serviços públicos, empresas comerciais e industriais, escritórios e outras instalações públicas ou privadas.

3 – O pessoal da carreira de segurança, quando devidamente identificado e em missão de serviço, tem o acesso referido nos números anteriores.

4 – O director nacional, quando as circunstâncias e o tipo de funções o justifiquem, pode emitir, fora dos casos previstos nos números anteriores, credenciais que sirvam de livre acesso aos locais e durante o período que nelas sejam fixados, nunca superior a 60 dias, prorrogáveis por despacho fundamentado.

Artigo 17.º
Uso de arma de fogo

1 – As autoridades de polícia criminal, o pessoal de investigação criminal, o pessoal de polícia técnica a exercer funções nos serviços de lofoscopia e o pessoal de segurança têm direito ao uso e porte de arma de calibre e tipo aprovado por portaria dos Ministros da Defesa Nacional e da Justiça, independentemente de licença, ficando obrigados ao seu manifesto quando as mesmas sejam de sua propriedade.

2 – A Polícia Judiciária pode utilizar armas de qualquer modelo e calibre.

3 – O recurso a armas de fogo por funcionários da Polícia Judiciária é regulado pelo Decreto-Lei n.º 457/99, de 5 de Novembro.

Artigo 18.º
Objectos que revertem a favor da Polícia Judiciária

1 – Os objectos apreendidos pela Polícia Judiciária que venham a ser declarados perdidos a favor do Estado são-lhe afectos quando:

a) Possuam interesse criminalístico, histórico, documental ou museológico;
b) Se trate de armas, munições, viaturas, equipamentos de telecomunicações e de informática ou outro com interesse para a instituição.

2 – A utilidade dos objectos referidos no número anterior deve ser proposta pelo coordenador superior de investigação criminal ou pelo coordenador de investigação criminal no relatório final do respectivo processo, com a concordância do director nacional ou do director nacional-adjunto em caso de delegação.

3 – Os objectos referidos no n.º 1 podem ser utilizados provisoriamente pela Polícia Judiciária desde a sua apreensão e até à declaração de perda ou de restituição, mediante despacho do director nacional a transmitir à autoridade que superintende no processo.

4 – São subsidiariamente aplicáveis à utilização prevista no número anterior, na parte que não se encontre prejudicada pelo regime nele constante, as disposições adequadas do Decreto-Lei n.º 31/85, de 25 de Janeiro.

Nota: *O n.º 3 do art. 18.º foi rectificado pela Declaração de Rectificação n.º 16-D/2000, de 30 de Novembro.*

Artigo 19.º
Impedimentos, recusas e escusas

1 – O regime de impedimentos, recusas e escusas previsto no Código de Processo Penal é aplicável, com as devidas adaptações, aos funcionários de investigação criminal, peritos e intérpretes da Polícia Judiciária.

2 – A declaração de impedimento e o seu requerimento, bem como o requerimento de recusa e o pedido de escusa, são dirigidos ao director nacional-adjunto de quem depende o funcionário em causa e por aquele apreciados e definitivamente decididos.

Capítulo III
Organização

Secção I
Disposições gerais

Artigo 20.º
Estrutura

1 – A Polícia Judiciária estrutura-se verticalmente e compreende:

a) A Directoria Nacional;
b) As directorias;
c) Os departamentos de investigação criminal.

2 – Na dependência da Directoria Nacional funciona o Instituto Superior de Polícia Judiciária e Ciências Criminais

Artigo 21.º
Sede e área territorial de intervenção

1 – A Directoria Nacional tem sede em Lisboa.
2 – As directorias têm sede em Lisboa, Porto, Coimbra e Faro.
3 – Os departamentos de investigação criminal têm sede em Aveiro, Braga, Funchal, Guarda, Leiria, Ponta Delgada, Portimão e Setúbal.

4 – A área territorial e de acção das directorias e departamentos de investigação criminal é definida por portaria do Ministro da Justiça.

5 – A Polícia Judiciária pode dispor, na dependência da Directoria Nacional, das directorias e dos departamentos de investigação criminal, de extensões ou instalações de apoio fora do local das respectivas sedes.

Artigo 22.º
Organização dos serviços

1 – Os serviços operacionais são constituídos por:

a) Direcções centrais;
b) Directorias;
c) Departamentos centrais;
d) Departamentos de investigação criminal.

2 – Os serviços referidos no número anterior dispõem de:

a) Secções;
b) Brigadas.

3 – Os serviços de apoio são constituídos por:

a) Departamentos;
b) Áreas;
c) Sectores;
d) Núcleos.

Artigo 23.º
Criação e instalação de directorias e departamentos de investigação criminal

A criação e a instalação de directorias e de departamentos de investigação criminal é precedida de estudo de factores criminológicos e da dotação dos adequados meios humanos, logísticos e materiais.

Artigo 24.º
Autonomia administrativa

1 – A Polícia Judiciária goza de autonomia administrativa.

2 – A organização da estrutura de gestão administrativa e financeira da Polícia Judiciária é regulada por portaria dos Ministros das Finanças e da Justiça.

Artigo 24.º-A
Despesas classificadas

1 – A Polícia Judiciária pode realizar despesas sujeitas ao regime de despesas classificadas, definido no presente artigo, nos casos em que o conhecimento ou a divulgação da identidade dos prestadores de serviços possa colocar em risco a sua vida ou integridade física, ou o conhecimento do circunstancialismo da realização da despesa possa comprometer quer a eficácia quer a segurança das actividades de investigação e apoio à investigação.

2 – As despesas classificadas são justificadas por documento do conselho administrativo, assinado obrigatoriamente pelo director nacional e por um director nacional-adjunto.

3 – As demais regras de gestão orçamental deste tipo de despesas são fixadas por despacho conjunto dos Ministros das Finanças e da Justiça.

> **Nota:** *O art. 24.º-A foi aditado pelo Dec.-Lei n.º 43/2003, de 13 de Março.*

SECÇÃO II
Directoria Nacional

SUBSECÇÃO I
Composição e direcção

ARTIGO 25.º
Composição

1 – A Directoria Nacional compreende os seguintes órgãos e serviços:

a) O director nacional;
b) A Direcção Central de Combate ao Banditismo;
c) A Direcção Central de Investigação de Tráfico de Estupefacientes;
d) A Direcção Central de Investigação da Corrupção e Criminalidade Económica e Financeira;
e) O Departamento Central de Informação Criminal e Polícia Técnica;
f) O Departamento Central de Cooperação Internacional;
g) A Unidade de Informação Financeira;
h) O Departamento Central de Prevenção e Apoio Tecnológico;
i) O Laboratório de Polícia Científica;
j) O Departamento Disciplinar e de Inspecção;
l) O Departamento de Perícia Financeira e Contabilística;
m) O Departamento de Telecomunicações e Informática;
n) O Departamento de Relações Públicas e Documentação;
o) O Departamento de Recursos Humanos;
p) O Departamento de Administração Financeira e Patrimonial;
q) O Departamento de Planeamento e Assessoria Técnica;
r) O Departamento de Armamento e Segurança;
s) O Conselho Administrativo.

2 – Funciona ainda na dependência da Directoria Nacional a Unidade de Informação Financeira.
3 – Junto do director nacional funcionam:

a) O Conselho Superior de Polícia Judiciária;
b) O Conselho de Coordenação Operacional.

> **Nota:** *As alíneas g) a q) do art. 25.º e o n.º 2 do art. 25.º têm redacção do Dec.-Lei n.º 304/2002, de 13 de Dezembro.*
> *As alíneas r) e s) do art. 25.º e o n.º 3 do art. 25.º foram aditados pelo Dec.-Lei n.º 304/2002, de 13 de Dezembro.*

Artigo 26.º
Director nacional

1 – Ao director nacional compete, em geral, orientar e coordenar superiormente a Polícia Judiciária e dirigir a Directoria Nacional.
2 – Compete, em especial, ao director nacional:

a) Representar a Polícia Judiciária;
b) Presidir ao Conselho Superior da Polícia Judiciária;
c) Presidir ao Conselho de Coordenação Operacional;
d) Presidir ao conselho administrativo;
e) Presidir aos órgãos que a Lei Orgânica do Instituto Superior de Polícia Judiciária e Ciências Criminais estabelecer;
f) Emitir e expedir directivas, ordens e instruções de serviço que julgar convenientes;
g) Orientar e coordenar os serviços de inspecção e auditoria técnica;
h) Colocar os directores e subdirectores nacionais-adjuntos;
i) Estabelecer o regime de substituição pelos directores nacionais-adjuntos nas suas faltas e impedimentos;
j) Definir a estrutura organizacional e as dotações de pessoal da Directoria Nacional, das directorias e dos departamentos de investigação criminal;

l) Colocar o restante pessoal nos diversos serviços, sem prejuízo das competências dos directores nacionais-adjuntos;
m) Decidir sobre a colocação e informar sobre a requisição e o destacamento do pessoal para outros organismos;
n) Dar posse aos funcionários;
o) Exercer o poder disciplinar, mediante processos de averiguações, inquéritos e processos disciplinares;
p) Fixar o modo de dependência e articulação entre direcções centrais, directorias e departamentos de investigação criminal;
q) Orientar a elaboração do plano e orçamento;
m) Emitir a directiva para a elaboração e apresentação do plano anual de investimento e aquisição de equipamentos;
n) Emitir informações e pareceres que lhe forem solicitados pelo Ministro da Justiça;
o) Apresentar ao Ministro da Justiça, até 15 de Abril, o relatório anual e o plano plurianual de efectivos para aprovação;
p) Aplicar coimas em processos de contra-ordenação cuja instrução caiba à Polícia Judiciária;
q) Exercer as competências que lhe sejam delegadas ou conferidas por lei ou regulamento.

3 – O director nacional pode delegar as competências referidas no número anterior nos directores nacionais-adjuntos que directamente o coadjuvem.

4 – As competências referidas nas alíneas a) e n) podem ser delegadas em qualquer funcionário, sendo que, no caso da última, a delegação só pode recair em pessoal dirigente.

> **Nota:** *A alínea b) do n.º 2 e o n.º 4 do art. 26.º foram rectificados pela Declaração de Rectificação n.º 16-D/2000, de 30 de Novembro.*

Artigo 27.º
Directores nacionais-adjuntos

1 – Compete aos directores nacionais-adjuntos:

a) Quando colocados na Directoria Nacional, coadjuvar directamente o director nacional no exercício das suas funções ou dirigir as direcções centrais;
b) Quando colocados nas directorias, dirigir as mesmas.

2 – Compete, em especial, aos directores nacionais-adjuntos nas direcções centrais:

a) Representar o órgão que dirijam;
b) Orientar e coordenar, a nível nacional, as acções de prevenção, de investigação e coadjuvação das autoridades judiciárias relativamente a crimes da sua competência e das unidades orgânicas e funcionais que dela dependem, nos termos do n.º 3 do artigo 29.º;
c) Emitir e expedir directivas, ordens e instruções de serviço que julguem convenientes;
d) Colocar o pessoal nos respectivos serviços;
e) Exercer o poder disciplinar mediante processos de averiguações, inquéritos e processos disciplinares;
f) Propor ao director nacional as medidas adequadas à eficiência dos serviços;
g) Emitir informações e pareceres que lhes sejam solicitados pelo director nacional;
h) Apresentar ao director nacional, até 15 de Março, o relatório anual;
i) Exercer as competências delegadas e subdelegadas pelo director nacional, designadamente para despachar assuntos de administração geral;
j) Delegar ou subdelegar as competências referidas nas alíneas anteriores nos directores nacionais-adjuntos, sempre que o entendam conveniente e sejam delegáveis;
l) Exercer as demais competências que lhes sejam conferidas.

3 – Compete, em especial, aos directores nacionais-adjuntos nas directorias:

a) Representar o órgão que dirijam;

b) Orientar e coordenar superiormente os departamentos de investigação criminal, nos termos fixados pelo director nacional;
c) Emitir e expedir directivas, ordens e instruções de serviço que julguem convenientes;
d) Colocar o pessoal nos respectivos serviços;
e) Exercer o poder disciplinar mediante processos de averiguações, inquéritos e processos disciplinares;
f) Propor ao director nacional as medidas adequadas à eficiência dos serviços;
g) Emitir informações e pareceres que lhes sejam solicitados pelo director nacional;
h) Apresentar ao director nacional, até 15 de Março, o relatório anual;
i) Exercer as competências delegadas e subdelegadas pelo director nacional, designadamente para despachar assuntos de administração geral;
j) Delegar ou subdelegar as competências referidas nas alíneas anteriores nos subdirectores nacionais-adjuntos, sempre que o entendam conveniente e sejam delegáveis;
l) Exercer as demais competências que lhes sejam conferidas.

4 – Nas faltas e impedimentos e em caso de vacatura do lugar, o director nacional-adjunto é substituído por um dos subdirectores nacionais-adjuntos que directamente o coadjuvem e, na falta destes, por aquele designado pelo director nacional.

> **Nota:** *A alínea j) do n.º 2 do art. 27.º foi rectificado pela Declaração de Rectificação n.º 16-D/2000, de 30 de Novembro.*

Artigo 28.º
Subdirectores nacionais-adjuntos

1 – Compete aos subdirectores nacionais-adjuntos coadjuvar os directores nacionais-adjuntos.

2 – Nas faltas e impedimentos e em caso de vacatura do lugar, os subdirectores nacionais-adjuntos substituem-se reciprocamente ou são substituídos por coordenadores superiores de investigação criminal e, na falta destes, pelo coordenador de investigação criminal designado pelo respectivo director nacional-adjunto.

SUBSECÇÃO II
Direcções centrais

ARTIGO 29.º
Direcção e composição

1 – As direcções centrais são dirigidas por directores nacionais--adjuntos.

2 – As direcções centrais são constituídas por secções e brigadas centrais e por um núcleo de expediente e arquivo.

3 – A estrutura organizativa e a dotação de pessoal das direcções centrais é aprovada por despacho do director nacional.

ARTIGO 30.º
Direcção Central de Combate ao Banditismo

Compete à Direcção Central de Combate ao Banditismo a prevenção, a investigação criminal e a coadjuvação das autoridades judiciárias. relativamente aos seguintes crimes:

a) Contra a paz e a humanidade;
b) Escravidão, sequestro e rapto ou tomada de reféns;
c) Organizações terroristas e terrorismo;
d) Contra a segurança do Estado, com excepção dos que respeitem ao processo eleitoral;
e) Participação em motim armado;

f) Captura ou atentado à segurança de transporte por ar, água, caminho de ferro ou rodovia a que corresponda, em abstracto, pena igual ou superior a oito anos de prisão;
g) Executados com bombas, granadas, matérias ou engenhos explosivos, armas de fogo proibidas e objectos armadilhados, armas nucleares, químicas ou radioactivas;
h) Roubo em instituições de credito, repartições da Fazenda Pública e correios.

Artigo 31.º
Direcção Central de Investigação do Tráfico de Estupefacientes

Compete à Direcção Central de Investigação do Tráfico de Estupefacientes a prevenção, a investigação criminal e a coadjuvação das autoridades judiciárias relativamente aos crimes de tráfico de estupefacientes e de substâncias psicotrópicas, tipificados nos artigos 21.º, 22.º, 23.º, 27.º e 28.º do Decreto-Lei n.º 15/93, de 22 de Janeiro, e dos demais previstos neste diploma que lhe sejam participados ou de que colha notícia.

Artigo 32.º
**Direcção Central de Investigação da Corrupção
e Criminalidade Económica e Financeira**

Compete à Direcção Central de Investigação da Corrupção e Criminalidade Económica a prevenção a investigação criminal e a coadjuvação das autoridades judiciárias relativamente aos seguintes crimes:

a) Corrupção, peculato e participação económica em negócio e tráfico de influências;
b) Administração danosa em unidade económica do sector público e cooperativo;
c) Fraude na obtenção ou desvio de subsídio ou subvenção e ainda fraude na obtenção de crédito bonificado;

d) Infracções económico-financeiras cometidas de forma organizada ou com recurso à tecnologia informática;
e) Infracções económico-financeiras de dimensão internacional ou transnacional;
f) Contrafacção de moeda, títulos de crédito, valores selados, selos e outros valores equiparados ou a respectiva passagem;
g) Relativos ao mercado de valores mobiliários;
h) Insolvência dolosa;
i) Conexos com os crimes referidos nas alíneas anteriores

> **Nota:** *A epígrafe do art. 32.º foi rectificada pela Declaração de Rectificação n.º 16-D/2000, de 30 de Novembro.*

Artigo 33.º
Extensão de competências

1 – A investigação dos crimes de branqueamento e de associação criminosa é efectuada pela Direcção Central com competência para investigar as infracções subjacentes, sem prejuízo dos planos de actuação aprovados.

2 – Pode ainda, por despacho do director nacional, ser atribuída competência às direcções centrais para investigar outros crimes.

Artigo 33.º – A
Unidade de Informação Financeira

1 – Compete à Unidade de Informação Financeira recolher, centralizar, tratar e difundir, a nível nacional, a informação respeitante à investigação dos crimes de branqueamento de capitais e dos crimes tributários, assegurando, no plano interno, a cooperação e articulação com a autoridade judiciária, com as autoridades de supervisão e com os operadores económico-financeiros referidos no Decreto-Lei n.º 313/93, de 15 de Setembro, e no Decreto-Lei n.º 325/95, de 2 de Dezembro, e, no plano internacional, a cooperação com as unidades de informação financeira ou estruturas congéneres.

2 – A competência a que se refere o número anterior não prejudica as atribuições, nesta área, dos órgãos da administração tributária.

3 – Podem integrar a Unidade de Informação Financeira, em regime a definir pelos Ministros das Finanças, da Economia e da Justiça, funcionários das autoridades de supervisão ou de outros serviços e estruturas governamentais sob sua tutela.

> **Nota:** *O art. 33.º-A foi aditado pelo Dec.-Lei n.º 304/2002, de 13 de Dezembro.*

SUBSECÇÃO III
Departamentos centrais

ARTIGO 34.º
Direcção e composição

1 – Os departamentos centrais são dirigidos por directores de departamento central.

2 – Os departamentos centrais têm competência a nível nacional e são constituídos por:

a) Secções e brigadas;
b) Sectores e núcleos.

ARTIGO 35.º
Director de departamento central

Ao director de departamento central compete:

a) Representar a unidade orgânica que dirige;
b) Coadjuvar directamente o director nacional;
c) Dirigir, orientar e coordenar a unidade orgânica nos domínios da respectiva competência;

d) Emitir ordens e instruções tendentes à execução das directivas, despachos e instruções permanentes de serviço cuja aplicação deva assegurar;
e) Distribuir o pessoal pelas unidades;
f) Emitir informações e pareceres que lhe forem solicitados pelo director nacional;
g) Apresentar superiormente, até 1 de Março, o relatório anual;
h) Exercer as demais competências que lhe sejam conferidas ou delegadas.

Artigo 36.º
Departamento Central de Informação Criminal e Polícia Técnica

1 – Ao Departamento Central de Informação Criminal e Polícia Técnica compete:

a) Centralizar, manter e assegurar a gestão nacional da informação criminal;
b) Recolher, tratar, registar, analisar e difundir a informação relativa à criminalidade conhecida e participada pelos órgãos de polícia criminal, pelos serviços aduaneiros e de segurança;
c) Realizar acções de prevenção criminal;
d) Recolher, tratar e registar vestígios identificadores.

2 – As competências e a organização funcional do Departamento Central de Informação Criminal e Polícia Técnica, para efeitos de centralização, tratamento, análise e difusão, a nível nacional, de informação relativa à criminalidade participada e conhecida pelos órgãos de polícia criminal e pelos serviços aduaneiros e de segurança, são de carácter nacional, a regulamentar por portaria conjunta do Primeiro-Ministro e do Ministro da Justiça e demais ministros responsáveis pelos referidos órgãos e serviços.

3 – A regulamentação a que alude o número anterior integra ainda o conteúdo, funcionalidades, deveres de cooperação e articulação com as autoridades judiciárias e os diversos serviços de polícia criminal, aduaneiros e de segurança.

Artigo 37.º
Departamento Central de Cooperação Internacional

1 – Ao Departamento Central de Cooperação Internacional compete assegurar a ligação dos órgãos e autoridades de polícia criminal portugueses e de outros serviços públicos nacionais com as organizações internacionais de cooperação de polícia criminal, designadamente a INTERPOL e a EUROPOL.

2 – Ao Departamento Central de Cooperação Internacional compete, designadamente:

a) Receber e encaminhar os pedidos de detenção provisória que devam ser executados em processo de extradição;
b) Garantir a operacionalidade dos mecanismos de cooperação policial, no âmbito da Organização Internacional de Polícia Criminal (OIPC/ INTERPOL), da EUROPOL e de outros organismos internacionais da mesma natureza;
c) Desenvolver, acompanhar e analisar processos, projectos e missões no plano internacional e da cooperação institucional com outros Estados, em especial com os de língua oficial portuguesa;
d) Coordenar a participação da Polícia Judiciária nas instâncias competentes no quadro da cooperação policial da União Europeia;
e) Proceder à gestão relativa à colocação de oficiais de ligação portugueses no estrangeiro ou estrangeiros em Portugal.

3 – O Gabinete Nacional da INTERPOL e a Unidade Nacional da EUROPOL funcionam na dependência do Departamento Central de Cooperação Internacional.

4 – O Ministério Publico promove o envio ao Departamento Central de Cooperação Internacional das certidões das sentenças proferidas contra cidadãos estrangeiros condenados em foro criminal.

5 – A Direcção-Geral dos Serviços Prisionais e o Serviço de Estrangeiros e Fronteiras comunicam ao Departamento Central de Cooperação Internacional os factos relevantes relativos ao cumprimento das penas aplicadas a cidadãos estrangeiros.

ARTIGO 37.º-A

Departamento Central de Prevenção e Apoio Tecnológico

1 – Ao Departamento Central de Prevenção e Apoio Tecnológico compete:

a) Desenvolver acções de pesquisa e vigilância a actividades, pessoas e locais suspeitos, em apoio às secções de investigação criminal, nos termos do artigo 4.o do presente diploma e do artigo 190.o do Código de Processo Penal;
b) Desenvolver as actuações previstas na Lei n.º 101/2001, de 25 de Agosto, em colaboração com as secções de investigação criminal;
c) Desenvolver as actuações previstas no artigo 160.o-A da Lei n.º 144/99, de 31 de Agosto, na redacção que lhe foi dada pelo artigo 2.º da Lei n.º 104/2001, de 25 de Agosto, em colaboração com as secções de investigação criminal.

2 – Compete ainda ao Departamento Central de Prevenção e Apoio Tecnológico gerir os equipamentos e recursos necessários ao seu funcionamento e promover o desenvolvimento de projectos tecnológicos adequados.

> **Nota:** *O art. 37.º-A foi aditado pelo Dec.-Lei n.º 304/2002, de 13 de Dezembro.*

SUBSECÇÃO IV

Departamentos de apoio

ARTIGO 38.º

Direcção e composição

1 – Os departamentos de apoio são dirigidos por directores de departamento.

2 – São departamentos de apoio os serviços referidos nas alíneas i) a r) do n.º 1 do artigo 25.º.

3 – Os departamentos de apoio podem ser constituídos por:

a) Áreas;
b) Sectores;
c) Núcleos.

> **Nota:** *O n.º 2 do art. 38.º tem redacção do Decreto-Lei n.º 43/2003, de 13 de Março.*

ARTIGO 39.º
Director de departamento

Ao director de departamento compete:

a) Representar a unidade orgânica que dirige;
b) Coadjuvar directamente o director nacional ou respectivo director nacional-adjunto, na respectiva área de competência;
c) Dirigir, orientar e coordenar a unidade orgânica nos domínios da respectiva competência;
d) Emitir ordens e instruções tendentes à execução das directivas, despachos e instruções permanentes de serviço cuja aplicação deva assegurar;
e) Distribuir o pessoal pelas unidades;
f) Emitir informações e pareceres que lhe forem solicitados pelo director nacional ou pelo respectivo director nacional-adjunto;
g) Apresentar superiormente, até 1 de Março, o relatório anual;
h) Exercer as demais competências que lhe sejam conferidas ou delegadas.

ARTIGO 40.º
Laboratório de Polícia Científica

1 – Ao Laboratório de Polícia Científica compete a realização de perícias, nomeadamente nos domínios. Da biologia, toxicologia, físico-química, balística, documentoscopia e criminalística.

2 – A competência do Laboratório de Polícia Científica é cumulativa com a dos serviços médico-legais.

3 – O Laboratório de Polícia Científica goza de autonomia técnica e científica,

4 – O Laboratório de Polícia Científica pode recorrer à colaboração de outros estabelecimentos, laboratórios ou serviços oficiais de especialidade.

5 – O director do Laboratório de Polícia Científica submete ao director nacional, para aprovação, e em cada período de dois anos, os processos e mecanismos de acreditação e controlo de qualidade.

6 – O director do Laboratório de Polícia Científica pode propor ao director nacional que, em casos excepcionais, os exames sejam realizados em estabelecimento da especialidade acreditados nos termos do número anterior.

7 – Sem prejuízo do serviço da Polícia Judiciária e demais órgãos de polícia criminal a que deve apoio, a colaboração do Laboratório de Polícia Científica pode ser extensiva a qualquer entidade ou serviços oficiais.

Artigo 41.º
Departamento Disciplinar e de Inspecção

1 – Ao Departamento Disciplinar e de Inspecção compete actuar nos seguintes âmbitos:

a) Disciplina;
b) Inspecção e auditoria.

2 – Ao Departamento Disciplinar e de Inspecção compete, designadamente:

a) Proceder à instrução de processos de inquérito, disciplinares e de averiguações decorrentes do exercício do poder disciplinar;
b) Proceder à inspecção dos serviços, propondo as medidas adequadas no domínio da organização do trabalho, do desempenho e qualificação profissional.

3 – O director do Departamento Disciplinar e de Inspecção dispõe de livre acesso a todos os locais e serviços conexos com as concretas actividades disciplinares, de auditoria ou de inspecção a seu cargo.

Artigo 42.º
Departamento de Perícia Financeira e Contabilística

1 – Ao Departamento de Perícia Financeira e Contabilística compete actuar nos seguintes âmbitos:

a) Perícia e pareceres financeiros e contabilísticos;
b) Coadjuvação das autoridades judiciárias.

2 – Ao Departamento de Perícia Financeira e Contabilística compete, designadamente:

a) Realizar perícias contabilísticas, financeiras, económicas e bancárias e elaborar pareceres;
b) Coadjuvar as autoridades judiciárias, prestando assessoria técnica nas fases de inquérito, de instrução e de julgamento.

3 – O Departamento de Perícia Financeira e Contabilística goza de autonomia técnica e científica.

Artigo 43.º
Departamento de Telecomunicações e Informática

1 – Ao Departamento de Telecomunicações e Informática compete actuar nos seguintes âmbitos:

a) Instalação, exploração, manutenção e segurança criptográfica dos sistemas de telecomunicações da Polícia Judiciária, bem como a sua interligação à rede internacional da Organização Internacional de Polícia Criminal;

b) Aplicações informáticas e arquitectura da rede de comunicações;
c) Gestão e funcionamento dos equipamentos informáticos e de telecomunicações, bem como das respectivas redes;
d) Transmissão, rádio e comutação telefónica;
e) Apoio técnico a prevenção e investigação criminal.

2 – Ao Departamento de Telecomunicações e Informática compete, designadamente:

a) Conceber a arquitectura dos equipamentos e das redes;
b) Garantir a operacionalidade, manutenção, actualização e segurança dos equipamentos e dos seus suportes;
c) Elaborar os pareceres necessários à selecção de equipamentos e sistemas de suporte ao desenvolvimento e exploração dos sistemas aplicacionais e da rede de comunicações, transmissão, rádio e comutação telefónica;
d) Definir, executar ou coordenar a execução de procedimentos de segurança, confidencialidade e integridade da informação armazenada no sistema informático e transportada através das redes de comunicações;
e) Apoiar os utentes na exploração, gestão e manutenção dos equipamentos e das redes em exploração;
f) Prestar apoio técnico à exploração dos sistemas de utilização pessoal;
g) Formar e treinar os operadores;
h) Colaborar na formação dos utentes das aplicações e dos sistemas de comunicação em exploração.

ARTIGO 44.º
Departamento de Relações Públicas e Documentação

1 – Ao Departamento de Relações Públicas e Documentação compete actuar nos seguintes âmbitos:

a) Concepção e desenvolvimento da imagem institucional da Polícia Judiciária;

b) Informação, relações públicas e comunicação social;
c) Documentação, tradução e interpretação.

2 – Ao Departamento de Relações Públicas e Documentação compete, designadamente:

a) Organizar e gerir a divulgação da informação sobre a Polícia Judiciária, disponibilizando-a em meios, redes e formatos adequados aos diferentes públicos, interno e externo;
b) Promover e coordenar o relacionamento com os órgãos de comunicação social;
c) Planear e dinamizar a representação da Polícia Judiciária, organizando eventos e apoiando iniciativas relevantes;
d) Conceber, manter e desenvolver os sistemas de documentação;
e) Garantir a operacionalidade, manutenção, actualização e promover e coordenar o acesso às aplicações e ficheiros informáticos de natureza documental de acordo com as normas de segurança aplicáveis;
f) Garantir o acolhimento e acompanhamento das entidades de polícia congéneres que se deslocam em serviço ao território nacional.

Artigo 45.º
Departamento de Recursos Humanos

1 – Ao Departamento de Recursos Humanos compete actuar nos seguintes âmbitos:

a) Recrutamento e selecção;
b) Gestão de pessoal.

2 – Ao Departamento de Recursos Humanos compete, designadamente:

a) Assegurar a gestão previsional dos efectivos;

b) Proceder ao recrutamento e selecção de pessoal;
c) Assegurar a gestão das carreiras, nomeadamente a colocação, promoção, aposentação, disponibilidade e avaliação de desempenho;
d) Estabelecer e informar o Instituto Superior de Polícia Judiciária e Ciências Criminais das necessidades de formação inicial para ingresso, promoção e progressão, formação especializada e em estágio, até 31 de Março de cada ano;
e) Assegurar apoio psicossocial e médico aos funcionários e garantir o acompanhamento dos casos de absentismo;
f) Organizar e manter actualizados os processos individuais dos funcionários;
g) Elaborar o balanço social;
h) Acompanhar os processos administrativos, graciosos e contenciosos e organizar processos de acidente em serviço;
i) Elaborar pareceres jurídicos relativos à gestão de recursos humanos e de pessoal.

Artigo 46.º
Departamento de Administração Financeira e Patrimonial

1 – Ao Departamento de Administração Financeira e Patrimonial compete actuar nos seguintes âmbitos:

a) Gestão financeira e controlo orçamental;
b) Administração patrimonial, compreendendo o património imobiliário e mobiliário e a frota automóvel;
c) Registo, expediente e arquivo.

2 – Ao Departamento de Administração Financeira e Patrimonial compete, designadamente:

a) Preparar e propor, em articulação com as direcções centrais, directorias e departamentos de investigação criminal, o orçamento e o plano de investimentos;

b) Realizar estudos e análises relativos à gestão financeira e patrimonial;
c) Assegurar a normalização de procedimentos no âmbito financeiro em todas as unidades orgânicas, elaborando instruções adequadas;
d) Promover e organizar os procedimentos necessários à realização de aquisições de bens e serviços e de empreitadas de obras públicas;
e) Verificar e controlar a legalidade da despesa;
f) Elaborar mapas e relatórios de execução necessários ao adequado controlo e avaliação orçamental;
g) Assegurar a administração das dotações orçamentais, designadamente a requisição de fundos, a realização de pagamentos e o controlo do movimento de tesouraria;
h) Organizar a contabilidade e manter actualizada a escrituração e os registos contabilísticos obrigatórios;
i) Elaborar a conta de gerência a submeter à aprovação do conselho administrativo;
j) Assegurar a actualização do inventário dos bens patrimoniais;
l) Assegurar, em colaboração com as demais unidades orgânicas, a administração e o controlo das instalações e equipamentos que lhes estão afectos;
m) Gerir e fiscalizar a execução de obras em articulação com as demais unidades orgânicas.

Artigo 47.º
Departamento de Planeamento e Assessoria Técnica

1 – Ao Departamento de Planeamento e Assessoria Técnica compete actuar nos seguintes âmbitos:

a) Planeamento da gestão global da Polícia Judiciária;
b) Análise e avaliação de procedimentos;
c) Assessoria técnica, jurídica e financeira.

2 – Ao Departamento de Planeamento e Assessoria Técnica compete, designadamente:

a) Conceber e elaborar planos de desenvolvimento coordenado da Polícia Judiciária;
b) Analisar e avaliar a actividade das unidades orgânicas em função do cumprimento das políticas, planos, procedimentos, leis e regulamentos e na perspectiva de assegurar uma maior eficácia e eficiência do funcionamento dos serviços;
c) Elaborar pareceres e informações de natureza técnico-jurídica sobre quaisquer assuntos submetidos à sua apreciação pelo director nacional ou pelos directores nacionais-adjuntos;
d) Elaborar relatórios e análises estatísticas sobre o estado e a evolução da criminalidade;
e) Preparar, em articulação com as unidades orgânicas envolvidas, a elaboração de directivas, de instruções permanentes de serviço ou de regulamentos que forem determinados pelo director nacional;
f) Dinamizar a realização de acções e de estudos de direito e polícia comparada nos domínios da polícia judiciária e criminal, da informação criminal, da polícia técnica, da polícia científica, da perícia e da cooperação.

ARTIGO 48.º
Departamento de Armamento e Segurança

1 – Ao Departamento de Armamento e Segurança compete actuar nos seguintes âmbitos:

a) Segurança de pessoas, instalações e equipamentos;
b) Armamento.

2 – Ao Departamento de Armamento e Segurança compete, designadamente:

a) Proceder a estudos, análises e testes dos equipamentos em geral e dos de segurança e armamento em especial, com vista à respectiva aquisição;

b) Guardar, conservar e distribuir os equipamentos, armamento e respectivas munições;
c) Proceder ao controlo e verificação anual individual do armamento e munições distribuídos, mantendo actualizados os respectivos processos individuais dos funcionários;
d) Proceder em colaboração com o Instituto Superior de Polícia Judiciária e Ciências Criminais à definição de padrões e parâmetros de avaliação do treino de tiro a observar obrigatoriamente a nível nacional;
e) Proceder à verificação anual dos níveis de apuro e destreza individual na utilização do armamento;
f) Remeter as informações individuais, nos termos da alínea anterior, ao Departamento de Recursos Humanos para inclusão nos respectivos processos individuais;
g) Definir as normas e procedimentos na área da prevenção e segurança das instalações, em colaboração com o Departamento de Administração Financeira e Patrimonial;
h) Garantir a segurança do pessoal, das instalações e das matérias classificadas.

SUBSECÇÃO V

Órgãos colegiais

DIVISÃO I

Conselho Superior da Polícia Judiciária

ARTIGO 49.º

Composição

1 – O Conselho Superior da Polícia Judiciária é composto por membros natos e membros eleitos.
2 – São membros natos:

a) O director nacional, que preside;
b) Dois dos directores nacionais-adjuntos que coadjuvam directamente o director nacional;
c) Os directores nacionais-adjuntos nas directorias;
d) Dois dos directores nacionais-adjuntos nas direcções centrais;
e) O director do Instituto Superior de Polícia Judiciária e Ciências Criminais.

3 – São membros eleitos:

a) Um coordenador superior de investigação criminal;
b) Um coordenador de investigação criminal;
c) Dois inspectores-chefes;
d) Cinco inspectores;
e) Seis representantes do restante pessoal da Polícia Judiciária.

4 – Os directores nacionais-adjuntos referidos nas alíneas b) e d) do n.º 2 são designados pelo director nacional.

5 – Os directores nacionais-adjuntos, nas suas faltas ou impedimentos, são substituídos pelos respectivos subdirectores nacionais-adjuntos.

Artigo 50.º
Competência

Compete ao Conselho Superior da Polícia Judiciária:

a) Elaborar os projectos do seu regimento interno e do seu regulamento eleitoral, a homologar pelo Ministro da Justiça;
b) Dar parecer, quando tal for solicitado pelo director nacional, sobre os assuntos de interesse para a Polícia Judiciária, designadamente em matéria e aperfeiçoamento das suas condições de funcionamento;
c) Pronunciar-se, com carácter consultivo, sobre os projectos legislativos que digam respeito à Polícia Judiciária, quando para tal for solicitado pelo director nacional;

d) Emitir parecer sobre propostas de atribuição de menção de mérito excepcional, insígnias ou títulos e concessão de outros agraciamentos;
e) Emitir parecer quando proposta a aplicação de pena disciplinar de aposentação compulsiva ou de demissão;
f) Apresentar ao director nacional sugestões sobre medidas relativas à dignificação dos serviços e à melhoria das condições sociais e de trabalho do pessoal da Polícia Judiciária.

Artigo 51.º
Sistema eleitoral

1 – Os membros efectivos e suplentes do Conselho são eleitos por voto secreto e nominal de entre os elementos de cada uma das categorias e grupos funcionais dos quadros respectivos.
2 – Os membros referidos nas alíneas d) e e) do n.º 3 do artigo 49.º são eleitos por e de entre elementos colocados nas áreas dos seguintes departamentos:

a) Dois e três respectiva e conjuntamente na Directoria Nacional e Directoria de Lisboa;
b) Um em cada uma das demais directorias, englobando os departamentos de investigação criminal que, para este efeito, lhes vierem a ser associados.

3 – São membros efectivos os elementos mais votados e suplentes os que se lhes seguirem por ordem decrescente de votos.
4 – Em caso de empate, haverá nova eleição restrita aos elementos em relação aos quais se tiver verificado.

Artigo 52.º
Mandato dos membros eleitos

1 – A duração do mandato dos membros eleitos é de três anos.

2 – O mandato é renunciável, mediante declaração escrita apresentada ao presidente do Conselho.

3 – Os membros eleitos perdem o mandato quando:

a) Deixem de pertencer à categoria funcional pela qual foram eleitos;
b) Tenham sido definitivamente condenados pela prática de crime doloso, desde que no exercício de funções ou por causa delas, ou por infracção disciplinar a que corresponda pena superior à de multa;
c) Se encontrem inabilitados ou fisicamente incapazes por período superior a seis meses;
d) Faltem injustificadamente às reuniões por duas vezes consecutivas ou quatro interpoladas.

4 – Em caso de renúncia ou perda de mandato, é chamado o suplente mais votado e, se tal for inviável, procede-se a eleição intercalar.

Artigo 53.º
Funcionamento

1 – O Conselho reúne por convocação do respectivo presidente, por sua iniciativa ou acolhendo sugestão de qualquer um dos seus membros.

2 – O Conselho reúne ordinariamente uma vez em cada semestre, sem prejuízo das reuniões extraordinárias.

3 – O Conselho funciona em sessões plenárias ou restritas.

4 – O Conselho funciona obrigatoriamente em sessão restrita através de uma Secção de Disciplina e Louvores composta por três membros natos e seis eleitos designados pelo presidente, ouvido o Conselho em sessão plenária, nos termos do regimento, e é presidida pelo membro nato mais antigo, competindo-lhe emitir os pareceres que forem solicitados pelo director nacional.

5 – As convocatórias indicam a data e a hora da reunião e a ordem de trabalhos e anexam, quando haja, cópia do expediente relevante para as deliberações.

6 – O Conselho só pode deliberar quando estejam presentes, pelo menos, dois terços do número total de membros.

7 – As deliberações do Conselho são tomadas à pluralidade de votos dos membros presentes, cabendo ao presidente voto de qualidade.

8 – Atenta a matéria em apreciação, o presidente do Conselho pode convocar para participar nas reuniões, sem direito a voto, os funcionários que julgar conveniente, podendo ainda convidar outras entidades se tal se revelar de especial interesse para o desempenho das atribuições da Polícia Judiciária.

9 – Os elementos eleitos para o Conselho têm livre acesso aos vários serviços da área que representem, com vista ao acolhimento de sugestões que visem o bom funcionamento desses departamentos ou serviços.

10 – O Conselho é apoiado administrativamente pelo Departamento de Planeamento e Assessoria Técnica.

Divisão II
Conselho de Coordenação Operacional

Artigo 54.º
Composição

1 – O Conselho de Coordenação Operacional é composto pelo director nacional, que preside, e pelos directores nacionais-adjuntos.

2 – Os directores nacionais-adjuntos são substituídos, nas suas faltas e impedimentos, pelos subdirectores nacionais-adjuntos que os coadjuvam.

ARTIGO 55.º
Competência

Compete ao Conselho de Coordenação Operacional:

a) Assistir e aconselhar o director nacional;
b) Elaborar e propor planos anuais de coordenação em matéria de criminalidade organizada e da criminalidade comum de maior repercussão social;
c) Propor orientações e directivas de carácter geral;
d) Avaliar periodicamente a relação e articulação recíproca entre a Polícia Judiciária e os órgãos de polícia criminal, os serviços aduaneiros e de segurança e propor as medidas tendentes a reforçar a eficácia no combate à criminalidade;
e) Elaborar e propor mecanismos de coordenação interna e externa;
f) Propor protocolos de cooperação;
g) Elaborar e propor planos de actuação conjunta e coordenada.

ARTIGO 56.
Funcionamento

1 – O Conselho de Coordenação Operacional reúne por convocação do director nacional.

2 – O Conselho reúne uma vez em cada semestre, sem prejuízo das reuniões extraordinárias.

3 – O Conselho reúne em sessões plenárias e restritas, nos termos do regimento.

4 – O director nacional pode convocar para participar nas reuniões qualquer responsável ou funcionário da Polícia Judiciária, sempre que o julgue conveniente.

5 – O Conselho é apoiado administrativamente pelo Departamento de Planeamento e Assessoria Técnica.

DIVISÃO III
Conselho administrativo

ARTIGO 57.º
Conselho administrativo

1 – O conselho administrativo é o órgão deliberativo em matéria de gestão financeira e patrimonial da Polícia Judiciária e tem a seguinte composição:

a) O director nacional, que preside;
b) Um dos directores nacionais-adjuntos;
c) O director do Departamento de Administração Financeira e Patrimonial.

2 – Compete ao conselho administrativo, designadamente, a aprovação do orçamento, a administração das dotações orçamentais e a aprovação do relatório e da conta de gerência a submeter a julgamento, nos termos legais.

3 – O conselho administrativo reúne ordinariamente uma vez por mês e extraordinariamente sempre que convocado pelo respectivo presidente, por sua iniciativa ou a solicitação de qualquer dos seus membros.

4 – As reuniões do conselho administrativo são secretariadas por um funcionário do Departamento de Administração Financeira e Patrimonial a designar pelo conselho, que elabora as respectivas actas.

SECÇÃO III
Directorias

ARTIGO 58.º
Direcção e composição

1 – As directorias são dirigidas por directores nacionais-adjuntos.

2 – As directorias são constituídas por:

a) Secções e brigadas;
b) Áreas, sectores e núcleos.

3 – A estrutura organizativa e a dotação de pessoal das directorias é aprovada por despacho do director nacional.

Artigo 59.º
Competência e articulação funcional

1 – Às directorias compete a prevenção, investigação criminal e coadjuvação das autoridades judiciárias na respectiva área territorial de intervenção ou, excepcionalmente, em resultado de despacho do director nacional.

2 – As competências previstas nos artigos 30.º a 33.º que funcionalmente devam ser desenvolvidas na área territorial de intervenção das directorias são orientadas e coordenadas pelo director nacional-adjunto da direcção central respectiva, em articulação com o director nacional-adjunto na directoria, observando-se a disciplina fixada pelo director nacional.

Secção IV
Departamentos de investigação criminal

Artigo 60.º
Direcção e composição

1 – Os departamentos de investigação criminal são dirigidos por coordenadores superiores de investigação criminal ou por coordenadores de investigação criminal com pelo menos três anos de serviço na categoria.

2 – Os departamentos de investigação criminal são constituídos por:

a) Secções e brigadas;
b) Sectores e núcleos.

3 – A estrutura organizativa e a dotação de pessoal dos departamentos de investigação criminal é aprovada por despacho do director nacional.

Artigo 61.º
Competência e articulação funcional

1 – Aos departamentos de investigação criminal compete a prevenção, investigação criminal e coadjuvação das autoridades judiciárias na respectiva área territorial de intervenção ou excepcionalmente em resultado de despacho do director nacional.
2 – As competências previstas nos artigos 30.º a 33.º que funcionalmente devam ser desenvolvidas na área territorial de intervenção dos departamentos de investigação criminal são orientadas e coordenadas pelos directores nacionais-adjuntos da direcção central respectiva, em articulação com o coordenador superior de investigação criminal ou o coordenador de investigação criminal do Departamento de Investigação Criminal, observando-se a disciplina fixada pelo director nacional.
3 – Os coordenadores que chefiam departamentos de investigação criminal têm a competência conferida aos directores nacionais-adjuntos nas directorias.

Capítulo IV
Corpo Especial da Polícia Judiciária

Secção I
Estatuto e competências

Subsecção I
Disposições gerais

Artigo 62.º
Grupos de pessoal e carreiras

1 – O pessoal da Polícia Judiciária constitui um corpo superior e especial, está integrado no quadro único, constante do anexo I ao presente diploma, do qual faz parte integrante, e é constituído pelos seguintes grupos de pessoal:

a) Dirigente;
b) De investigação criminal;
c) De chefia de apoio à investigação criminal;
d) De apoio à investigação criminal.

2 – O grupo de pessoal dirigente compreende os seguintes cargos:

a) Director nacional;
b) Director nacional-adjunto;
c) Subdirector nacional-adjunto;
d) Director de departamento central;
e) Director de departamento.

3 – A carreira de investigação criminal compreende as seguintes categorias:

a) Coordenador superior de investigação criminal;

b) Coordenador de investigação criminal;
c) Inspector-chefe;
d) Inspector;
e) Agente motorista.

4 – O grupo de pessoal de chefia de apoio à investigação criminal compreende os seguintes cargos:

a) Chefe de área;
b) Chefe de sector;
c) Chefe de núcleo.

5 – O grupo de pessoal de apoio à investigação criminal compreende as seguintes carreiras:

a) Especialista superior;
b) Especialista;
c) Especialista-adjunto;
d) Especialista auxiliar;
e) Segurança.

6 – O pessoal operário e auxiliar, não fazendo parte do corpo superior e especial, integra o quadro único.

7 – O quadro de pessoal da Polícia Judiciária pode ser alterado por portaria conjunta dos Ministros das Finanças, da Justiça e do membro do Governo responsável pela área da Administração Pública.

Artigo 63.º
Direcção de unidades orgânicas de investigação criminal

1 – As secções são dirigidas por coordenadores de investigação criminal.
2 – As brigadas são dirigidas por inspectores-chefes.
3 – Quando não seja possível prover a direcção das unidades orgânicas referidas nos números anteriores nos termos aí definidos, a

mesma pode, por despacho fundamentado do director nacional, ser assegurada por funcionário de categoria imediatamente inferior, por um período improrrogável de um ano.

Artigo 64.º
Coadjuvação

1 – O pessoal de investigação criminal é coadjuvado pelos restantes funcionários, no âmbito das actividades que legalmente forem cometidas à Polícia Judiciária.

2 – Os funcionários designados pela respectiva chefia para coadjuvar, nos termos do número anterior, actuam na dependência dos funcionários de investigação criminal pelo tempo que for determinado pelo responsável pela respectiva unidade orgânica ou funcional de prevenção ou investigação, sem prejuízo do regime que decorra das directivas e instruções permanentes de serviço aplicáveis.

Subsecção II
Pessoal de investigação criminal

Artigo 65.º
Coordenador superior de investigação criminal

1 – Compete, em geral, ao coordenador superior de investigação criminal:

a) Representar a unidade orgânica que dirige;
b) Coadjuvar directamente os directores e os subdirectores nacionais-adjuntos;
c) Dirigir departamentos de investigação criminal ou outras unidades orgânicas equivalentes;
d) Coordenar secções de investigação.

2 – Compete, designadamente, ao coordenador superior de investigação criminal:

a) Orientar e coordenar superiormente os respectivos serviços;
b) Garantir superiormente o cumprimento das obrigações previstas nos n.ᵒˢ 3 a 6 do artigo 4.º;
c) Emitir ordens e instruções de serviço tendentes à execução das directivas, despachos e instruções cuja aplicação deva assegurar;
d) Distribuir os funcionários pelas unidades orgânicas;
e) Emitir informações e pareceres que lhe forem solicitados pelo respectivo director nacional-adjunto;
f) Apresentar superiormente, até 1 de Março, o relatório anual.

3 – Compete, ainda, ao coordenador superior de investigação criminal:

a) Prestar assessoria técnica de investigação criminal de elevado grau de qualificação e responsabilidade, designadamente da área de análise de tendências de criminalidade, elaborando estudos, relatórios e pareceres, representando os respectivos departamentos em reuniões, comissões e grupos de trabalho que exijam conhecimentos altamente especializados ou uma visão global da organização;
b) Colaborar em acções de formação;
c) Colaborar nas inspecções aos serviços.

ARTIGO 66.º
Coordenador de investigação criminal

1 – Compete, em geral, ao coordenador de investigação criminal:

a) Representar a unidade orgânica que dirige ou chefia;
b) Coadjuvar directamente os directores e os subdirectores nacionais-adjuntos;

c) Dirigir departamentos de investigação criminal;
d) Chefiar secções ou unidades orgânicas equivalentes.

2 – Compete, designadamente, ao coordenador de investigação criminal:

a) Garantir a supervisão, controlo e disciplina quanto à observância do disposto na alínea b) do n.º 2 do artigo anterior;
b) Elaborar o planeamento da investigação criminal e assegurar o respectivo controlo operacional;
c) Emitir ordens e instruções de serviço tendentes à execução das directivas, despachos e instruções cuja aplicação deva assegurar;
d) Distribuir os funcionários pelas unidades orgânicas;
e) Apresentar superiormente, até 1 de Março, o relatório anual.

3 – Compete, ainda, ao coordenador de investigação criminal:

a) Controlar a legalidade e a adequação das operações, acções, diligências e actos de prevenção e investigação criminal;
b) Elaborar despachos, relatórios e pareceres;
c) Participar em reuniões, comissões e grupos de trabalho, tendo em vista preparar a tomada de decisão superior sobre medidas de prevenção e investigação criminal ou de gestão que interessem à organização e funcionamento da Polícia Judiciária;
d) Colaborar em acções de formação.

Artigo 67.º
Inspector-chefe

1 – Compete, em geral, ao inspector-chefe:

a) Representar a unidade orgânica que chefia;
b) Coadjuvar directamente os coordenadores superiores de investigação criminal ou coordenadores de investigação criminal;
c) Chefiar brigadas ou unidades orgânicas equivalentes.

2 – Compete, designadamente, ao inspector-chefe:

a) Chefiar e orientar directamente o pessoal que lhe seja adstrito;
b) Elaborar o planeamento operacional e assegurar o respectivo controlo de execução, sem prejuízo do disposto no artigo anterior;
c) Chefiar pessoalmente as diligências de investigação criminal, planeando, distribuindo e controlando as tarefas executadas pelos inspectores;
d) Controlar e garantir o cumprimento de prazos processuais e das operações, acções, diligências e actos de investigação criminal, elaborando o respectivo relatório ou o sumário especificado de concordância com o relatório detalhado elaborado pelo inspector;
e) Garantir a remessa da informação criminal e policial às respectivas unidades orgânicas;
f) Elaborar despachos, relatórios e pareceres, tendo em vista preparar a tomada de decisão superior sobre medidas de prevenção e investigação criminal.

3 – Compete, ainda, ao inspector-chefe:

a) Substituir o coordenador de investigação criminal nas suas faltas e impedimentos;
b) Executar outras tarefas de investigação criminal que lhe forem determinadas pelos superiores hierárquicos;
c) Colaborar em acções de formação.

Artigo 68.º
Inspector

Compete ao inspector executar, sob orientação superior, os serviços de prevenção e investigação criminal de que seja incumbido, nomeadamente:

a) Realizar operações, acções, diligências e actos de investigação criminal e os correspondentes actos processuais;
b) Proceder a vigilâncias ou capturas;
c) Pesquisar, recolher, compilar, tratar e remeter às respectivas unidades a informação criminal com menção expressa na investigação em curso;
d) Elaborar relatórios informações, mapas, gráficos e quadros;
e) Executar outras tarefas de investigação criminal que lhe forem superiormente determinadas;
f) Colaborar em acções de formação.

Artigo 69.º
Agente motorista

Compete ao agente motorista a execução de tarefas de investigação criminal superiormente determinadas bem como a condução de veículos automóveis afectos ao director nacional e aos directores nacionais-adjuntos.

Subsecção III
Pessoal de chefia de apoio à investigação criminal

Artigo 70.º
Chefe de área

Ao chefe de área compete, designadamente:
a) Coadjuvar directamente o respectivo director;
b) Chefiar e orientar a unidade orgânica nos domínios da respectiva competência;
c) Emitir informações e pareceres que lhe forem solicitados pelo respectivo director;
d) Apresentar superiormente, até 31 de Janeiro, o relatório anual.

Artigo 71.º
Chefe de sector

Ao chefe de sector compete, designadamente:

a) Chefiar e orientar o desenvolvimento das actividades da respectiva unidade orgânica;
b) Fazer executar as directivas, despachos e instruções permanentes de serviço cuja aplicação deva assegurar;
c) Emitir informações que lhe forem solicitadas superiormente.

Artigo 72.º
Chefe de núcleo

Ao chefe de núcleo compete, designadamente:

a) Chefiar e orientar directamente o pessoal que lhe seja adstrito;
b) Assegurar o controlo de execução das actividades, das tarefas e dos respectivos prazos;
c) Emitir informações que lhe forem solicitadas superiormente.

Subsecção IV
Pessoal de apoio à investigação criminal

Artigo 73.º
Especialista superior

Ao especialista superior compete, designadamente:

a) Prestar assessoria técnica ou pericial nos domínios jurídico, médico, psicológico, económico, financeiro, bancário, contabilístico ou de mercado de valores mobiliários, da criminalística, das telecomunicações, da informática, da informação

pública e dos estudos de prevenção, do planeamento e da organização, da documentação, da tradução técnica e interpretação e da gestão e administração dos recursos humanos e de apoio geral no âmbito das actividades de prevenção e investigação criminal e de coadjuvação judiciária;
b) Participar em reuniões, comissões e grupos de trabalho;
c) Elaborar estudos e pareceres;
d) Conceber, adaptar e ou aplicar métodos e processos técnico-científicos;
e) Recolher e tratar informação para divulgação nas áreas de interesse para a Polícia Judiciária;
f) Utilizar os equipamentos e os meios disponíveis necessários à execução das suas tarefas e zelar pela respectiva guarda, segurança e conservação;
g) Colaborar em acções de formação.

ARTIGO 74.º
Especialista

Ao especialista compete, designadamente, efectuar trabalhos que se destinam a apoiar os especialistas superiores na recolha e tratamento de dados, no levantamento de situações e na elaboração de relatórios e pareceres da área funcional em que se integram.

ARTIGO 75.º
Especialista-adjunto

Ao especialista-adjunto compete, designadamente, executar, a partir de instruções, trabalhos de apoio aos especialistas superiores e especialistas, nos domínios da polícia científica, da polícia técnica, da criminalística, das telecomunicações, da informática e da perícia financeira e contabilística.

Artigo 76.º
Especialista auxiliar

Ao especialista auxiliar compete, designadamente, executar, a partir de instruções superiores, todo o processamento de apoio relativo à unidade orgânica em que se encontra colocado.

Artigo 77.º
Segurança

Ao segurança compete, designadamente:

a) Assegurar a defesa das instalações e dos funcionários que nelas trabalham;
b) Prevenir atentados, roubos, incêndios e inundações;
c) Controlar o acesso de pessoas aos edifícios e proteger individualidades;
d) Apoiar a investigação criminal na protecção de testemunhas, no transporte e guarda de detidos, de material apreendido e valores;
e) Colaborar em acções de formação.

Secção II
Incompatibilidades, deveres e direitos

Artigo 78.º
Acumulação de funções

A acumulação de funções públicas ou privadas rege-se pelo disposto na lei geral.

Artigo 79.º
Serviço permanente

1 – O serviço na Polícia Judiciária é de carácter permanente e obrigatório.

2 – O horário normal de trabalho é definido por despacho do Ministro da Justiça.

3 – O serviço permanente é assegurado fora do horário normal, por piquetes de atendimento e unidades de prevenção, ou turnos de funcionários, tendo os funcionários direito a suplementos de piquete, de prevenção e de turno.

4 – A regulamentação de serviço de piquete e do serviço de unidades de prevenção ou turnos de funcionários é fixada por despacho do Ministro da Justiça.

5 – Mediante despacho do director nacional, sempre que tal se revele necessário, podem ser estabelecidos serviços, em regime de turno, destinados a acções de prevenção e de investigação de crimes, sem prejuízo do regime geral da função pública.

6 – Com excepção do disposto no número seguinte, 25% da remuneração base corresponde ao factor de disponibilidade funcional.

7 – Sem prejuízo do disposto no n.º 3 do presente artigo, o pessoal operário e auxiliar tem direito a um suplemento de prevenção, de modo a ser assegurado o carácter permanente e obrigatório do serviço da Polícia Judiciária, de montante a fixar por portaria conjunta dos Ministros das Finanças e da Justiça, sendo devido a partir da data de entrada em vigor do presente diploma.

Artigo 80.º
Providências urgentes

1 – Os funcionários, ainda que se encontrem fora do horário normal de funcionamento dos serviços e da área de jurisdição do departamento onde exerçam funções, devem tomar, até à intervenção da autoridade de polícia criminal competente, as providências urgentes, dentro da sua esfera de competência, para evitar a prática ou para descobrir e capturar os agentes de qualquer crime de cuja preparação ou execução tenham conhecimento.

2 – Os funcionários que tenham conhecimento de factos relativos a crimes devem imediatamente comunicá-los ao responsável competente para a investigação ou ao funcionário encarregado desta.

ARTIGO 81.º
Utilização de equipamentos e meios

Os funcionários devem utilizar os equipamentos e os meios disponíveis necessários à execução das tarefas de que estão incumbidos e zelar pela respectiva guarda, segurança e conservação.

ARTIGO 82.º
Residência

1 – Os funcionários devem residir na localidade onde habitualmente exercem funções ou em outra situada num limite de 50 km, desde que eficazmente servida por transporte público regular.

2 – Os funcionários podem ser autorizados pelo director nacional a residir em localidade diferente, quando as circunstâncias o justifiquem e não haja prejuízo para a total disponibilidade para o exercício de funções.

ARTIGO 83.º
Frequência de cursos de formação profissional

1 – Os funcionários são obrigados a frequentar os cursos de formação permanente que lhe sejam destinados.

2 – Em caso de motivo ponderoso, devidamente justificado, pode o director nacional conceder dispensa da frequência dos cursos a que se refere o número anterior, sem prejuízo da obrigação de frequência de tais cursos para efeitos de acesso na categoria.

3 – Sempre que, por ponderosas razões de serviço ou motivos alheios ao funcionário, a frequência dos cursos de formação permanente não possa ocorrer no período anterior ao momento em que deva ter lugar a promoção ou progressão, uma vez obtido aproveitamento, aquela retroage à data em que devia ter ocorrido.

4 – A inexistência de acções de formação por inércia da Administração não pode prejudicar a promoção ou progressão do funcionário.

ARTIGO 84.º
Utilização de meios de transporte

1 – As autoridades de polícia criminal, o demais pessoal de investigação criminal e os membros do Conselho Superior da Polícia Judiciária têm direito à utilização, em todo o território nacional, dos transportes colectivos, terrestres, fluviais e marítimos.

2 – Os restantes funcionários da Polícia Judiciária, quando em serviço, gozam do direito de utilização dos referidos transportes, dentro da área de circunscrição em que exercem funções.

3 – Para efeitos do disposto no número anterior, considera-se em serviço a deslocação entre a residência e o local normal de trabalho.

4 – Por despacho conjunto do Ministro da Justiça e do membro do Governo que tutela a área dos transportes, é fixado anualmente o encargo decorrente da atribuição do direito previsto nos n.ºs 1 e 2, a suportar pelo Cofre dos Conservadores, Notários e Funcionários de Justiça.

ARTIGO 85.º
Menção de mérito excepcional

1 – O Ministro da Justiça pode, nos termos de regulamento por si aprovado, sob proposta do director nacional e ouvido o Conselho Superior da Polícia Judiciária, atribuir aos funcionários da Polícia Judiciária menção de mérito excepcional em situações de relevante desempenho de funções, em acções perigosas, ou por conduta e actos que revelem coragem física e moral.

2 – A menção de mérito excepcional tem como efeito a redução do tempo de serviço para efeitos de promoção ou progressão ou a promoção na respectiva carreira independentemente de concurso.

Nota: *O n.º 1 do art. 85.º foi rectificado pela Declaração de Rectificação n.º 16-D/2000, de 30 de Novembro.*

ARTIGO 86.º

Agraciamentos e prémios

O Ministro da Justiça, sob proposta do director nacional e ouvido o Conselho Superior da Polícia Judiciária, pode atribuir aos funcionários da Polícia Judiciária insígnias, louvores, menções e prémios pecuniários, nos termos do regulamento a que se refere o artigo anterior.

Nota: *O art. 86.º foi rectificado pela Declaração de Rectificação n.º 16-D/2000, de 30 de Novemro.*

ARTIGO 87.º

Direitos especiais

1 – O pessoal de investigação criminal, bem como o pessoal de apoio a investigação criminal, goza do direito ao acréscimo de 20% de tempo de serviço para efeitos de aposentação, contado desde a data de posse nas funções respectivas.

2 – Os coordenadores que chefiam departamentos de investigação criminal têm direito, para efeitos de acesso na carreira, ao acréscimo de 25% de tempo de serviço prestado em tais funções e a um acréscimo remuneratório correspondente a 30 pontos indiciários da escala salarial do pessoal da carreira de investigação criminal até ao limite da remuneração base de assessor de investigação criminal.

3 – Os funcionários de investigação criminal que desempenhem funções nos termos do n.º 3 do artigo 63.º têm direito a remuneração correspondente ao primeiro escalão da categoria imediatamente superior.

ARTIGO 88.º

Funcionário arguido

1 – Em casos devidamente justificados, pode o director nacional providenciar pela contratação de advogado para assumir o patrocínio de funcionários demandados criminalmente por actos praticados em serviço.

2 – A detenção de funcionários da Polícia Judiciária, ainda que nas situações de disponibilidade ou de aposentação, decorre em regime de separação dos restantes detidos ou presos, o mesmo sucedendo relativamente à sua remoção ou transporte.

3 – A prisão preventiva e o cumprimento de penas privativas de liberdade pelos funcionários referidos no número anterior decorrem em estabelecimento prisional especial.

ARTIGO 89.º
Incapacidade física

1 – O regime legal em vigor para os deficientes das Forças Armadas e das forças de segurança é aplicável ao pessoal dirigente e demais funcionários da Polícia Judiciária, com as devidas adaptações.

2 – O estatuto de equiparado a deficiente das Forças Armadas (DFA) é reconhecido pelo Ministro da Justiça, competência esta delegável, nos termos gerais, podendo ser ouvida a Procuradoria-Geral da República quanto à qualificação e caracterização dos casos e das circunstâncias que causaram a deficiência.

3 – A incapacidade para o serviço ou a percentagem de desvalorização é fixada pela junta médica da Caixa Geral de Aposentações.

4 – O pessoal dirigente e demais funcionários da Polícia Judiciária a quem tenha sido reconhecido o estatuto de equiparado a DFA nos termos dos números anteriores têm direito ao uso do cartão de identificação de características e condições de utilização idênticas às do DFA, cujo modelo será aprovado por portaria do Ministro da Justiça.

5 – O pessoal referido no número anterior pode ser admitido à frequência de cursos de formação ministrados pelo Instituto Superior de Polícia Judiciária e Ciências Criminais, em igualdade de circunstâncias com os demais candidatos, beneficiando, contudo, da dispensa de algumas ou de todas as provas físicas a que houver lugar, de acordo com as condições a estabelecer pelo director nacional.

6 – Só pode beneficiar do disposto no número anterior o funcionário que for considerado clinicamente curado e que possa efectuar todas as funções que não dependam da sua capacidade física.

7 – O funcionário a quem tenha sido reconhecido o estatuto de equiparado a DFA e que seja promovido não ocupa vaga no quadro respectivo e fica na situação de supranumerário permanente, sendo a sua colocação determinada pelo director nacional, de harmonia com a sua capacidade física e as conveniências de serviço.

8 – Sem prejuízo do disposto nos números precedentes e no artigo 147.º, são regulamentados por portaria do Ministro da Justiça os pressupostos, as condições e a periodicidade a observar no regime do controlo aleatório da situação individual dos funcionários relativamente à saúde física e psíquica ou em função de ocorrências funcionais do comportamento ou de eventos que devam suscitar apoio e que determinem o seu afastamento temporário das funções de investigação, do contacto com o público e a recolha das armas distribuídas.

Artigo 90.º

Remuneração

1 – O estatuto remuneratório do pessoal integrado no corpo especial da Polícia Judiciária constitui um estatuto próprio e autónomo, que prevalece e exclui a aplicação de normas gerais da mesma natureza.

2 – A remuneração base mensal do director nacional é igual à remuneração de juiz desembargador e de procurador-geral-adjunto com mais de cinco anos.

3 – A estrutura indiciária das escalas salariais do pessoal dirigente, de investigação criminal, de chefia e de apoio à investigação criminal consta do anexo II ao presente diploma, do qual é parte integrante.

4 – Os valores correspondentes aos índices 100 das escalas salariais previstas nos mapas referidos no número anterior constam do anexo III ao presente diploma, do qual faz parte integrante, que pode ser alterado por portaria dos Ministros das Finanças e da Justiça e do membro do Governo responsável pela área da Administração Pública.

5 – A remuneração base mensal do pessoal operário e auxiliar é a fixada na lei geral.

6 – Para efeitos remuneratórios, os directores do Laboratório de Polícia Científica e do Departamento Disciplinar e de Inspecção são equiparados a director de departamento central.

Artigo 91.º
Suplemento de risco

O suplemento de risco dos funcionários ao serviço da Polícia Judiciária, graduado de acordo com o ónus da função dos diferentes grupos de pessoal, será definido e regulamentado em diploma próprio, sem prejuízo do disposto no artigo 161.º.

Artigo 92.º
Outros suplementos

1 – Os suplementos de piquete e de prevenção a conferir ao pessoal que preste serviço nessas modalidades de trabalho são fixados em portaria dos Ministros das Finanças e da Justiça e do membro do Governo responsável pela área da Administração Pública.

2 – O suplemento de turno a conferir ao pessoal que preste serviço nessa modalidade de trabalho é regulado nos termos da lei geral.

3 – Ao pessoal referido no n.º 2 do artigo 62.º são abonadas despesas de representação nos termos da lei e de acordo com a mapa de equiparações constante do anexo IV ao presente diploma, do qual faz parte integrante.

Artigo 93.º
Seguro de acidentes em serviço

O pessoal dirigente e os funcionários da Polícia Judiciária têm direito a seguro de acidentes em serviço, a regulamentar por portaria do Ministro da Justiça.

ARTIGO 94.º
Opção de remuneração e outros direitos

1 – Os magistrados e os funcionários requisitados ou nomeados em comissão de serviço na Polícia Judiciária podem optar pela remuneração correspondente ao lugar de origem.

2 – O pessoal referido no número anterior tem direito ao suplemento fixado no artigo 91.º.

3 – Os magistrados em comissão de serviço na Polícia Judiciária conservam todos os direitos consagrados nos respectivos estatutos, considerando-se os serviços prestados como se o fossem nas categorias e funções próprias dos cargos de origem e não determinando abertura de vaga no lugar de origem ou naquele para o qual, entretanto, o titular tenha sido nomeado.

ARTIGO 95.º
Movimentos de pessoal de investigação criminal

1 – Os movimentos de pessoal de investigação criminal revestem as seguintes formas:

a) Rotação, quando ocorre entre serviços de um mesmo departamento ou departamentos situados na mesma localidade;
b) Transferência, quando se verificam entre departamentos situados em localidades diferentes, a seu pedido, caso em que adquirem no departamento de destino o estatuto de funcionário residente;
c) Comissão de serviço, quando se trata de um movimento temporário entre departamentos situados em localidades diferentes, adquirindo no departamento de destino o estatuto de funcionário deslocado.

2 – Consideram-se departamentos, para efeitos do número anterior, as direcções centrais, as directorias e os departamentos de investigação criminal.

ARTIGO 96.º
Compensação pela deslocação entre serviços

1 – Os funcionários que, por iniciativa da Administração, sejam deslocados por mais de 100 km dentro do continente em regime de comissão de serviço, por período superior a um ano, têm direito:

a) A um período não superior a 15 dias, contados da notificação, para apresentação e instalação se outro não for fixado;
b) A um subsídio de instalação de montante líquido correspondente a 45 dias de ajudas de custo;
c) Ao pagamento de despesas de transporte dos membros do seu agregado familiar.

2 – O previsto no número anterior é aplicável aos casos de deslocação por mais de 50 km, desde que tal determine a alteração da residência habitual.

3 – Os funcionários que, por iniciativa da Administração, sejam deslocados do continente para as Regiões Autónomas, entre estas, ou destas para o continente, em regime de comissão de serviço, por período superior a um ano, têm direito:

a) A um período não superior a 30 dias contados da notificação para apresentação e instalação, se outro não for fixado;
b) A um subsídio de instalação de montante líquido correspondente a 80 dias de ajudas de custo;
c) Ao pagamento uma vez por ano das despesas de deslocação para si e respectivo agregado familiar, para gozo de férias, quando exerçam funções nas Regiões Autónomas ou no continente há mais de um ano e aí regressem ao exercício de funções.

4 – Os funcionários referidos no número anterior que prestem serviço nas Regiões Autónomas têm direito a um subsídio de fixação de montante a fixar por portaria dos Ministros das Finanças e da Justiça e do membro do Governo responsável pela área da Administração

Pública, actualizável anualmente nos termos do aumento geral para a função pública.

5 – O direito referido na alínea c) do n.º 3 não é cumulável com outro da mesma natureza.

> **Nota:** *O n.º 5 do art. 96.º foi rectificado pela Declaração de Rectificação n.º 16-D/2000, de 30 de Novembro.*

ARTIGO 97.º

Colocação nas Regiões Autónomas

1 – Os funcionários colocados nas Regiões Autónomas adquirem o direito a serem transferidos para o continente decorridos dois anos de serviço efectivo a contar do início de funções naquelas Regiões, devendo a transferência consumar-se no prazo máximo de três meses a contar da data da apresentação do respectivo pedido.

2 – A transferência referida no número anterior pode, contudo, ser antecipada, desde que tenham decorrido dois terços do período de serviço efectivo a que alude o número anterior e se verifique motivo ponderoso e dela não resulte prejuízo para o serviço.

3 – Os funcionários transferidos ao abrigo dos números anteriores são preferencialmente colocados em órgão ou unidade orgânica da localidade que requererem e se não houver inconveniente para o serviço.

SECÇÃO III

Classificações

ARTIGO 98.º

Classificação de serviço

Os funcionários da Polícia Judiciária que não se encontrem em comissão de serviço em lugares dirigentes ou de chefia de apoio à investigação criminal são classificados nos termos de regulamento a aprovar por portaria do Ministro da Justiça e do membro do Governo responsável pela área da Administração Pública.

Artigo 99.º
Classificações e efeitos

1 – Os funcionários da Polícia Judiciária são classificados, de acordo com o seu mérito, de Muito bom, Bom com distinção, Bom, Suficiente e Medíocre.

2 – A classificação de Medíocre implica a instauração de inquérito disciplinar por inaptidão para o exercício das funções.

Capítulo V
Provimentos

Secção I
Disposições gerais

Artigo 100.º
Concursos

1 – O recrutamento para os lugares do quadro de pessoal da Polícia Judiciária efectua-se nos termos do presente diploma e da lei geral.

2 – Nos concursos de ingresso para lugares de inspector, além da aplicação dos métodos de selecção previstos na lei geral, realizam-se ainda exame médico e provas físicas, de acordo com regulamento aprovado por despacho do Ministro da Justiça.

3 – Quando o provimento de lugares depender de aprovação em curso de formação, treino profissional ou estágio ministrados e organizados pelo Instituto Superior de Polícia Judiciária e Ciências Crimi-

nais, os candidatos são graduados de acordo com o aproveitamento que neles tenham obtido.

4 – No provimento dos lugares do quadro, e em igualdade de circunstâncias, é concedida preferência ao pessoal em serviço na Polícia Judiciária.

Artigo 101.º

Estágio

1 – O estágio tem a duração de um ano, sem prejuízo de, por despacho do Ministro da Justiça, sob proposta do director nacional, atentas razões de conveniência para o serviço, poder ser reduzido em três meses.

2 – Findo o período de estágio, o estagiário é nomeado definitivamente, quando tenha sido considerado apto.

Artigo 102.º

Provisoriedade do provimento

1 – O provimento dos lugares do quadro, quando não precedido de estágio, tem carácter provisório durante um ano, período após o qual o funcionário é provido definitivamente se houver revelado aptidão.

2 – Se, durante o período referido no número anterior, o funcionário não revelar aptidão, pode ser exonerado a qualquer momento.

Artigo 103.º

Promoção e progressão

1 – Constitui requisito indispensável para promoção e progressão a classificação de serviço mínima de Bom, salvo disposição em contrário.

2 – A mudança de escalão, em cada categoria, opera-se logo que verificado o requisito de três anos de bom e efectivo serviço no escalão em que funcionário se encontra posicionado, vencendo-se o direito à remuneração no 1.º dia do mês imediato.

ARTIGO 104.º
Antiguidade

A antiguidade do pessoal da Polícia Judiciária nas respectivas categorias, em caso de acesso, conta-se a partir da data do respectivo despacho de nomeação, observando-se a ordem de graduação em concurso ou no curso, se for caso disso.

ARTIGO 105.º
Transferência de pessoal

1 – Em casos excepcionais e de comprovada dificuldade de recrutamento de pessoal qualificado, pode haver lugar a transferência para o quadro de pessoal da Polícia Judiciária de funcionários de outros serviços e organismos.

2 – A transferência faz-se para carreira com identidade ou afinidade de conteúdo funcional e idênticos requisitos habilitacionais.

3 – Os funcionários transferidos são integrados no escalão e índice a que corresponde igual remuneração ou imediatamente superior na estrutura indiciária da nova carreira, no caso de não haver coincidência.

4 – A transferência referida nos números anteriores pode ser precedida de requisição nos termos da lei.

ARTIGO 106.º
Autorização excepcional

1 – Sob proposta do director nacional, o recrutamento e a selecção de funcionários para a Polícia Judiciária podem ser excepcionalmente autorizados pelos Ministros das Finanças e da Justiça e pelo membro do Governo responsável pela área da Administração Pública, segundo critérios a definir em despacho.

2 – O recrutamento do pessoal de perícia pode ser efectuado em comissão de serviço, requisição, destacamento ou contrato, nos termos

da lei, de entre funcionários da administração pública central, regional e local, institutos, empresas públicas e peritos independentes ou de empresas privadas.

3 – O exercício de funções nos termos do número anterior é de reconhecido interesse público para o efeito da alínea c) do n.º 1 e do n.º 4 do artigo 19.º da Lei n.º 49/99, de 22 de Junho.

4 – A nomeação de peritos privados, em razão da complexidade ou urgência das matérias, faz-se por contrato, ao qual são aplicáveis as disposições do Decreto-Lei n.º 197/99, de 8 de Junho, nos seguintes termos:

a) Por ajuste directo, independentemente do valor e quando se trate de designação para uma investigação ou inquérito determinado;
b) Por concurso em função da estimativa do valor global dos serviços e quando se trate de prestação de serviços relativos a solicitações que venham a ocorrer durante certo período.

5 – Os planos curriculares de formação e treino dos candidatos seleccionados, quando devam ter lugar, são aprovados pelo Ministro da Justiça, sob proposta do Instituto Superior de Polícia Judiciária e Ciências Criminais, ouvidos os respectivos órgãos pedagógicos.

Artigo 107.º
Contrato de trabalho a termo certo

Para satisfação de necessidades específicas do grupo de pessoal de apoio à investigação criminal e mediante autorização dos Ministros das Finanças e da Justiça e do membro do Governo responsável pela área da Administração Pública, pode ser celebrado contrato de trabalho a termo certo, pelo período de um ano, visando a satisfação de necessidades em meios humanos que não revista carácter de permanência.

ARTIGO 108.º
Regime especial de requisição

1 – A requisição temporária de técnicos da Inspecção-Geral das Finanças e de outros serviços inspectivos pode ser determinada por despacho conjunto dos Ministros da Justiça e da tutela respectiva, sem dependência de outras formalidades.

2 – A requisição de funcionários de justiça, nos termos do artigo 54.º do Decreto-Lei n.º 343/99, de 26 de Agosto, e sempre que razões de serviço o aconselhem, designadamente de acumulação processual, pode ter lugar, por despacho do Ministro da Justiça, sem dependência de outras formalidades.

ARTIGO 109.º
Dispensa de publicação

A dispensa de publicação da nomeação do pessoal de investigação criminal pode ser autorizada por despacho fundamentado do Ministro da Justiça, quando razões excepcionais de segurança o aconselhem.

ARTIGO 110.º
Acesso na carreira de funcionário arguido

1 – O funcionário arguido, durante a pendência de processo criminal ou disciplinar, não é prejudicado em concursos de provimento de lugares de acesso ou na progressão na carreira, mas a sua nomeação, quando a ela tenha direito, é suspensa e o respectivo lugar, quando seja caso, é reservado até decisão final.

2 – O arquivamento do processo, a revogação da decisão condenatória ou a aplicação de sanção a que não corresponda uma pena superior à de multa determina a nomeação do funcionário, com efeitos retroactivos à data em que o seria se não se encontrasse pendente o processo criminal ou disciplinar.

3 – Quando o funcionário deva ser preterido na nomeação, esta não é efectuada e pode ser provido o lugar que tenha ficado reservado.

Artigo 111.º
Prestação de serviços e estágios académicos

1 – A Polícia Judiciária pode contratar em regime de prestação de serviços, bem como convidar entidades nacionais ou estrangeiras, para realizarem estudos, inquéritos e trabalhos de carácter eventual ou orientar estágios necessários ao bom desempenho das atribuições da Polícia Judiciária, em especial nos domínios da prevenção e da investigação criminal e do relacionamento da polícia com a comunidade.

2 – A Polícia Judiciária pode admitir, nos termos do número anterior, estagiários oriundos das universidades e das escolas e institutos universitários e politécnicos, no âmbito da sua formação académica ou de pós-graduação nos domínios que interessem à sua actividade e, designadamente, à perícia médico-legal, à perícia científica, à criminalística, à informática e à documentação.

3 – Os estagiários admitidos nos termos do número anterior desenvolvem as suas tarefas de forma científica e tecnicamente subordinada e ficam obrigados aos deveres de sigilo e segredo profissional.

4 – Os estagiários com mais de um ano de estágio e avaliados positivamente gozam do direito de preferência, em igualdade de circunstâncias, nos concursos a que se candidatem para ingresso no quadro único.

Secção II
Disposições especiais

Subsecção I
Pessoal dirigente

Artigo 112.º
Regra geral

1 – Os cargos dirigentes são providos, em comissão de serviço, por períodos de três anos, renováveis por iguais períodos.

2 – A renovação da comissão de serviço deve ser comunicada ao interessado até 30 dias antes do seu termo, cessando a mesma automaticamente no final do respectivo período se a entidade competente para a nomeação não tiver manifestado expressamente a intenção de a renovar, caso em que o titular se mantém no exercício de funções de gestão corrente até à nomeação do novo titular do cargo.

3 – Em qualquer momento a comissão de serviço pode ser dada por finda por despacho fundamentado da entidade competente para a nomeação, por sua iniciativa, sob proposta do director nacional ou a requerimento do interessado.

Artigo 113.º
Director nacional

1 – O director nacional é provido, por despacho conjunto do Primeiro-Ministro e do Ministro da Justiça, de entre licenciados em Direito de reconhecida competência, de preferência magistrados judiciais ou do Ministério Público, assessores de investigação criminal e coordenadores superiores de investigação criminal.

2 – Sem prejuízo do que se dispõe no presente diploma, o director nacional é equiparado a director-geral.

ARTIGO 114.º

Director nacional-adjunto

Os directores nacionais-adjuntos são providos por despacho do Ministro da Justiça, sob proposta do director nacional, de entre assessores de investigação criminal, coordenadores superiores de investigação criminal, magistrados judiciais ou do Ministério Publico e detentores de licenciatura adequada, de reconhecida competência profissional e experiência para o exercício de funções.

ARTIGO 115.º

Subdirectores nacionais-adjuntos

Os subdirectores nacionais-adjuntos são providos por despacho do Ministro da Justiça, sob proposta do director nacional, de entre assessores de investigação criminal, coordenadores superiores de investigação criminal e coordenadores de investigação criminal com, pelo menos, cinco anos de serviço na categoria e detentores de licenciatura adequada, de reconhecida competência profissional e experiência para o exercício de funções.

ARTIGO 116.º

Directores de departamento central

Os directores de departamento central são providos por despacho do Ministro da Justiça, sob proposta do director nacional, de entre assessores de investigação criminal, coordenadores superiores de investigação criminal e coordenadores de investigação criminal com, pelo menos, cinco anos de serviço na categoria.

ARTIGO 117.º

Directores de departamento

1 – Os directores de departamento são providos por despacho do Ministro da Justiça, sob proposta do director nacional, de entre especialistas superiores com, pelo menos, seis anos de serviço na carreira ou detentores de licenciatura adequada, de reconhecida competência profissional e experiência para o exercício de funções.

2 – O director do Laboratório de Polícia Científica é provido, preferencialmente, de entre especialistas superiores com, pelo menos, seis anos de serviço na carreira, que aí desempenhem ou tenham desempenhado funções.

3 – O director do Departamento Disciplinar e Inspecção é provido de entre licenciados em Direito de reconhecida competência profissional e experiência para o exercício de funções.

4 – O director do Departamento de Armamento e Segurança é provido de entre assessores de investigação criminal, coordenadores superiores de investigação criminal e coordenadores de investigação criminal com, pelo menos, seis anos de serviço na carreira.

SUBSECÇÃO II
Pessoal de investigação criminal

ARTIGO 118.º
Carreira

A carreira do pessoal de investigação criminal compreende as categorias referidas no n.º 3 do artigo 62.º que se desenvolvem por escalões.

ARTIGO 119.º
Coordenador superior de investigação criminal

1 – A categoria de coordenador superior de investigação criminal compreende seis escalões.

2 – Os escalões 5 e 6 só podem ser ocupados por coordenadores superiores de investigação criminal que transitem das anteriores categorias de inspector-coordenador e inspector.

3 – Os lugares de coordenador superior de investigação criminal de escalão 1 são providos de entre coordenadores de investigação criminal com, pelo menos, quatro anos de antiguidade na categoria, pelo menos dois terços dos quais licenciados em Direito, classificados no mínimo de Bom com distinção, mediante concurso de provas públicas, que consiste na apreciação e discussão:

a) Do currículo profissional do candidato, sendo factor preferencial a anterior chefia de um departamento de investigação criminal durante pelo menos um ano e a frequência de uma acção de formação específica para chefias superiores;
b) De um trabalho versando um tema que estabeleça uma clara e nítida correlação com a função de polícia criminal.

Artigo 120.º
Coordenador de investigação criminal

1 – A categoria de coordenador de investigação criminal compreende nove escalões.

2 – Os escalões 6 a 9 só podem ser ocupados por coordenadores de investigação criminal que transitem da anterior categoria de inspector.

3 – Os lugares de coordenador de investigação criminal de escalão 1 são providos de entre inspectores chefes com, pelo menos, quatro anos de antiguidade na categoria, com classificação de serviço não inferior a Bom com distinção, mediante concurso e habilitados com curso de formação ministrado no Instituto Superior de Polícia Judiciária e Ciências Criminais.

Artigo 121.º
Curso de formação para coordenador de investigação criminal

1 – O director nacional fixa o número de vagas, bem como o de candidatos a admitir ao curso, pelo menos 50% das quais destinadas a inspectores-chefes licenciados em Direito.

2 – Em caso de igualdade de classificação, são admitidos os candidatos com maior antiguidade na categoria.

Artigo 122.º
Inspector-chefe

1 – A categoria de inspector-chefe compreende seis escalões.

2 – Os lugares de inspector-chefe de escalão 1 são providos de entre inspectores com, pelo menos, sete anos de antiguidade na categoria, classificados no mínimo de Bom com distinção, mediante concurso e habilitados com curso de formação ministrado no Instituto Superior de Polícia Judiciária e Ciências Criminais.

Artigo 123.º
Curso de formação para inspector-chefe

1 – O director nacional fixa o número de vagas, bem como o de candidatos a admitir ao curso.

2 – Em caso de igualdade de classificação, são admitidos os candidatos com maior antiguidade na categoria.

Artigo 124.º
Inspector

1 – A categoria de inspector compreende nove escalões.

2 – Os lugares de inspector de escalão 1 são providos por inspectores estagiários considerados aptos.

3 – Os inspectores estagiários são providos de entre indivíduos de idade inferior a 30 anos, habilitados com licenciatura adequada, pelo menos 35% dos quais em Direito, com carta de condução de veículos ligeiros, aprovados em concurso e habilitados com o curso de formação ministrado no Instituto Superior de Polícia Judiciária e Ciências Criminais.

ARTIGO 125.º

Curso de formação para inspector

A abertura do concurso para a frequência do curso de formação para inspector e o número de vagas é fixado pelo Ministro da Justiça, sob proposta do director nacional.

ARTIGO 126.º

Ingresso

1 – O ingresso na carreira de investigação criminal faz-se na categoria de inspector estagiário.

2 – Os candidatos que sejam funcionários ou agentes da administração central, regional e local frequentam o curso de formação para ingresso na carreira e o estágio em regime de comissão de serviço extraordinária.

3 – No período de estágio é celebrado um contrato administrativo de provimento com os candidatos não vinculados à função pública, o qual confere a atribuição da remuneração constante do anexo V ao presente diploma, do qual faz parte integrante.

4 – O contrato a que se refere o número anterior pode ser rescindido quando o estagiário não revele aptidão para o exercício das funções.

5 – O estagiário a quem for aplicada a pena disciplinar de multa ou superior é excluído do estágio.

6 – Os candidatos admitidos ao curso e os estagiários vinculam-se a permanecer em funções na Polícia Judiciária por um período mínimo de cinco anos após a conclusão da formação ou do estágio ou, em caso de abandono ou desistência injustificada, a indemnizar o Estado dos custos de formação, remunerações e gratificações que lhes forem imputados relativamente ao período de formação e de estágio.

ARTIGO 127.º

Agente-motorista

A categoria de agente-motorista compreende nove escalões.

SUBSECÇÃO III
Pessoal de chefia de apoio à investigação criminal

ARTIGO 128.º
Regra geral1

1 – Os cargos de chefia do pessoal de apoio à investigação criminal são providos por escolha, mediante despacho do director nacional, em comissão de serviço, por períodos de três anos, renováveis por iguais períodos.

2 – A renovação da comissão de serviço deve ser comunicada ao interessado até 30 dias antes do seu termo, cessando a mesma automaticamente no final do respectivo período se o director nacional não tiver manifestado expressamente a intenção de a renovar, caso em que o titular se mantém no exercício de funções de gestão corrente até à nomeação do novo titular do cargo.

3 – Em qualquer momento a comissão de serviço pode ser dada por finda por despacho fundamentado do director nacional, por sua iniciativa ou a requerimento do interessado.

4 – O tempo de serviço prestado em cargo de chefia conta para todos os efeitos legais, designadamente para promoção e progressão na carreira em que cada funcionário se encontrar integrado.

ARTIGO 129.º
Chefe de área

O chefe de área é provido de entre especialistas superiores com, pelo menos, cinco anos de serviço na carreira.

ARTIGO 130.º
Chefe de sector

O chefe de sector é provido de entre:

a) Especialistas superiores com, pelo menos, três anos de serviço na carreira;

b) Especialistas com, pelo menos, cinco anos de serviço na carreira;
c) Especialistas-adjuntos com, pelo menos, sete anos de serviço na carreira;
d) Especialistas auxiliares com, pelo menos, nove anos de serviço na carreira.

Artigo 131.º
Chefe de núcleo

O chefe de núcleo é provido de entre:

a) Especialistas-adjuntos com, pelo menos, cinco anos de serviço na carreira;
b) Especialistas auxiliares com, pelo menos, sete anos de serviço na carreira;
c) Seguranças com, pelo menos, nove anos de serviço na carreira.

Subsecção IV
Pessoal de apoio à investigação criminal

Artigo 132.º
Regra geral

1 – O ingresso nas carreiras do pessoal de apoio à investigação criminal faz-se no escalão 1, precedido de um período de estágio.

2 – É condição de acesso a carreira de nível superior nas situações de mobilidade a classificação mínima de Bom nos anos relevantes para a mesma.

3 – Nos casos em que houver lugar a procedimento interno de selecção, a progressão faz-se no escalão em que o funcionário se encontra posicionado até que seja integrado no escalão seguinte, nos termos previstos no n.º 2 do artigo 103.º.

4 – O tempo de serviço prestado nos termos do número anterior conta como prestado no novo escalão sempre que a integração se efectue na sequência do primeiro procedimento interno de selecção ao qual se possa submeter.

5 – Nos casos em que a integração se faça para escalão com índice remuneratório inferior ao detido no escalão em que o funcionário se encontra posicionado, o funcionário vence pelo índice de origem.

Artigo 133.º
Especialista superior

1 – A carreira de especialista superior compreende nove escalões.

2 – Têm acesso ao escalão 9 os especialistas superiores do escalão 8 com três anos de permanência no escalão classificados de Muito bom e mediante realização de concurso de provas públicas, que consiste na apreciação e discussão:

a) Do currículo profissional do candidato;
b) De um trabalho versando um tema que estabeleça uma clara e nítida correlação com a função.

3 – Têm acesso ao escalão 6 os especialistas superiores do escalão 5 com três anos de permanência no escalão classificados de Bom com distinção e mediante procedimento interno de selecção, que consiste na apreciação do currículo profissional.

4 – O ingresso na carreira de especialista superior faz-se de entre indivíduos licenciados, aprovados em estágio, possuidores de carta de condução de veículos ligeiros, bem como de entre especialistas com, pelo menos, sete anos de serviço na carreira, habilitados com curso superior que não confira o grau de licenciatura, independentemente de realização de estágio, aprovados em acção de formação específica.

5 – Para os efeitos do disposto no número anterior, são fixadas, em relação aos lugares a prover, as seguintes percentagens:

a) Indivíduos habilitados com o grau de licenciatura – 75%;
b) Especialistas – 25%.

6 – Se, decorrido um concurso, o número de candidatos aprovados não preencher as percentagens fixadas no número anterior, os lugares sobrantes são distribuídos pelos outros candidatos aprovados.

Artigo 134.º
Especialista

1 – A carreira de especialista compreende nove escalões.

2 – Têm acesso ao escalão 9 os especialistas do escalão 8 com três anos de permanência no escalão classificados de Muito bom e mediante realização de concurso de provas públicas, que consiste na apreciação e discussão:

a) Do currículo profissional do candidato;
b) De um trabalho versando um tema que estabeleça uma clara e nítida correlação com a função.

3 – Têm acesso ao escalão 6 os especialistas do escalão 5 com três anos de permanência no escalão classificados de Bom com distinção e mediante procedimento interno de selecção, que consiste na apreciação do currículo profissional.

4 – O ingresso na carreira de especialista faz-se de entre indivíduos habilitados com curso superior que não confira o grau de licenciatura, aprovados em estágio, possuidores de carta de condução de veículos ligeiros, bem como de entre especialistas-adjuntos e especialistas auxiliares com, pelo menos, 7 e 15 anos de serviço na carreira, e em ambos os casos possuidores das adequadas habilitações para ingresso na correspondente carreira, independentemente de estágio, aprovados em acção de formação específica.

5 – Para os efeitos do disposto no número anterior, são fixadas, em relação aos lugares a prover, as seguintes percentagens:

a) Indivíduos habilitados com curso superior que não confira o grau de licenciatura – 75%;
b) Especialistas-adjuntos e auxiliares – 25%.

6 – Se, decorrido um concurso, o número de candidatos aprovados não preencher as percentagens fixadas no numero anterior, os lugares sobrantes são distribuídos pelos outros candidatos.

Artigo 135.º
Especialista-adjunto

1 – A carreira de especialista-adjunto compreende nove escalões.

2 – Têm acesso ao escalão 9 os especialistas-adjuntos do escalão 8 com três anos de permanência no escalão classificados de Muito bom e mediante realização de concurso de provas públicas, que consiste na apreciação e discussão:

a) Do currículo profissional do candidato;
b) De um trabalho versando um tema que estabeleça uma clara e nítida correlação com a função.

3 – Têm acesso ao escalão 6 os especialistas-adjuntos do escalão 5 com três anos de permanência no escalão classificados de Bom com distinção e mediante procedimento interno de selecção, que consiste na apreciação do currículo profissional.

4 – O ingresso na carreira de especialista-adjunto faz-se de entre indivíduos aprovados em estágio, possuidores de carta de condução de veículos ligeiros, habilitados com o 12.º ano ou equivalente, salvo quando se destinar às áreas funcionais de telecomunicações, informática ou de perícia financeira e contabilística, em que são admitidos titulares das seguintes habilitações:

a) Telecomunicações – curso de natureza técnica, técnico-profissional e tecnológica ou profissional, com formação específica em telecomunicações, que confira certificado de qualificação profissional de nível III e que atribua certificado ou diploma equivalente ao do ensino secundário regular ou 12.º ano ou equivalente e curso de formação profissional em telecomunicações ou electrónica oficialmente reconhecido;

b) Informática – curso de natureza técnica, técnico-profissional e tecnológica ou profissional, com formação específica em informática, que confira certificado de qualificação profissional de nível III e que atribua certificado ou diploma equivalente ao do ensino secundário regular ou 12.º ano ou equivalente e curso de formação profissional em informática oficialmente reconhecido;
c) Perícia financeira e contabilística – curso de natureza técnica, técnico-profissional e tecnológica ou profissional, com formação específica em contabilidade, que confira certificado de qualificação profissional de nível III e que atribua certificado ou diploma equivalente ao do ensino secundário regular ou 12.º ano ou equivalente e curso de formação profissional em contabilidade oficialmente reconhecido.

Artigo 136.º
Especialista auxiliar

1 – A carreira de especialista auxiliar compreende nove escalões.

2 – Têm acesso ao escalão 9 os especialistas auxiliares do escalão 8 com três anos de permanência no escalão classificados de Muito Bom, mediante realização de concurso de provas públicas, que consiste na apreciação e discussão:

a) Do currículo profissional do candidato;
b) De um trabalho versando um tema que estabeleça uma clara e nítida correlação com a função.

3 – Têm acesso ao escalão 6 os especialistas auxiliares do escalão 5 com três anos de permanência no escalão classificados de Bom com distinção e mediante procedimento interno de selecção, que consiste na apreciação do currículo profissional.

4 – O ingresso na carreira de especialista auxiliar faz-se de entre indivíduos aprovados em estágio habilitados com o 11.º ano ou equivalente e possuidores de carta de condução de veículos ligeiros.

Artigo 137.º
Seguranças

1 – A carreira de segurança compreende nove escalões.

2 – Têm acesso ao escalão 9 os seguranças do escalão 8 com três anos de permanência no escalão classificados de Muito Bom e mediante realização de concurso de provas públicas, que consiste na apreciação e discussão do currículo profissional do candidato.

3 – Têm acesso ao escalão 6 os seguranças do escalão 5 com três anos de permanência no escalão classificados de Bom com distinção e mediante procedimento interno de selecção, que consiste na apreciação do currículo profissional.

4 – O ingresso na carreira de segurança faz-se de entre indivíduos habilitados com o 11.º ano de escolaridade ou equivalente, com idade compreendida entre 21 e 30 anos, possuidores de carta de condução de veículos ligeiros, aprovados em estágio.

Artigo 138.º
Ingresso

1 – O estágio para ingresso nas carreiras do pessoal de apoio a investigação criminal obedece às seguintes regras:

a) A admissão ao estágio faz-se por concurso;
b) O estágio tem carácter probatório e deve integrar a frequência de cursos de formação directamente relacionados com as funções a exercer, sendo, no caso dos especialistas-adjuntos e dos seguranças, obrigatória a frequência de curso adequado ministrado no Instituto Superior de Polícia e Ciências Criminais no início do estágio;
c) O estágio tem a duração de um ano;
d) A frequência do estágio e feita em regime de contrato administrativo de provimento, no caso de indivíduos não vinculados a função pública, e em regime de comissão de serviço extraordinária, caso exista vínculo;

e) Os estagiários aprovados são providos a título definitivo na respectiva carreira e os não aprovados regressam ao lugar de origem ou vêem o contrato rescindido, sem direito a qualquer indemnização, consoante se trate de indivíduos vinculados ou não à função pública;
f) A não aprovação nos cursos de formação inicial previstos na parte final da alínea b) têm os efeitos previstos na alínea anterior.

2 – A avaliação e classificação do estágio é determinada:

a) Pela classificação de serviço, atribuída nos termos regulamentares, na qual se tem em consideração, sempre que possível, os resultados da formação profissional, considerando-se aprovados os estagiários com classificação igual ou superior a Bom;
b) Nos casos de frequência obrigatória de cursos de formação inicial, pela classificação de serviço e pela classificação obtida nos cursos.

3 – Os estagiários são remunerados nos termos da tabela indiciária constante do anexo V ao presente diploma, sendo reconhecido aos que já são funcionários a faculdade de optar, a todo o tempo, pela remuneração correspondente à categoria de origem.

4 – O tempo de estágio, quando seguido de provimento definitivo, é contado como prestado na carreira.

ARTIGO 139.º
Concursos e procedimentos internos de selecção

1 – Os concursos e os procedimentos internos de selecção referidos na presente subsecção são definidos por regulamento a aprovar por despacho do director nacional.

2 – Os concursos e os procedimentos internos de selecção têm periodicidade semestral.

ARTIGO 140.º
Mobilidade

1 – Nos casos de mobilidade para carreira superior, nos termos previstos na presente subsecção, a integração na nova carreira faz-se em escalão a que corresponda:

a) O mesmo índice remuneratório;
b) Na falta de coincidência, o índice superior mais aproximado na estrutura da carreira.

2 – Nas situações previstas na alínea a) do número anterior, o tempo de serviço no escalão de origem releva para progressão na nova carreira.

ARTIGO 141.º
Dispensa de concurso ou procedimento interno de selecção

Os funcionários integrados nas carreiras do pessoal de apoio à investigação criminal aprovados em concurso para o escalão mais elevado da carreira ficam dispensados da realização de concurso ou procedimento interno de selecção para integração nos diversos escalões da nova carreira.

SUBSECÇÃO V
Pessoal operário e auxiliar

ARTIGO 142.º
Pessoal operário e auxiliar

O recrutamento, o provimento, a promoção e a progressão nas carreiras de pessoal operário e auxiliar fazem-se nos termos da lei geral.

SECÇÃO III

Movimentos

ARTIGO 143.º

Colocação de pessoal

1 – A colocação do pessoal processa-se nos termos definidos em regulamento a aprovar por despacho do Ministro da Justiça.

2 – O exercício de funções em determinado departamento ou serviço não obsta à deslocação dos funcionários, sem perda de quaisquer direitos e regalias, para departamento ou serviço diverso sediado na mesma ou em diferente localidade.

ARTIGO 144.º

Colocação em organismos da Administração Pública e em empresas públicas

1 – O pessoal da Polícia Judiciária pode desempenhar funções em organismos da administração central, regional e local ou em empresas públicas, em regime de requisição, destacamento e comissão de serviço, nos termos da lei geral.

2 – O desempenho de funções do pessoal de investigação criminal, nos termos do número anterior, carece de autorização do Ministro da Justiça, podendo cessar a qualquer momento.

3 – O pessoal de investigação criminal referido no número anterior continua sujeito à disciplina das entidades competentes da Polícia Judiciária.

ARTIGO 145.º

Oficiais de ligação

1 – Os Ministros dos Negócios Estrangeiros e da Justiça podem, nos termos dos acordos internacionais celebrados pelo Governo

Português, nomear oficiais de ligação, de entre pessoal de investigação criminal da Polícia Judiciária, para acreditação junto de Estados estrangeiros ou organismos internacionais.

2 – A nomeação de oficiais de ligação é feita em regime de comissão de serviço, por três anos, prorrogáveis, por urgente conveniência de serviço, salvo se o contrário for expressamente declarado na portaria conjunta de nomeação.

3 – Os oficiais de ligação mantêm o direito à remuneração correspondente ao lugar de origem, tendo igualmente direito a remunerações adicionais fixadas em despacho conjunto dos Ministros dos Negócios Estrangeiros, das Finanças e da Justiça, as quais são estabelecidas com base no critério e subordinadas ao regime em uso para o pessoal equiparável do Ministério dos Negócios Estrangeiros em serviço no estrangeiro.

4 – Por despacho conjunto dos Ministros dos Negócios Estrangeiros, das Finanças e da Justiça, são ainda fixados os quantitativos respeitantes a abonos para despesas de instalação individual, transporte, seguro e embalagem de móveis e bagagens e despesas eventuais e outros abonos para despesas quando chamados a Portugal ou mandados deslocar em serviço extraordinário dentro do Estado em que estão acreditados ou fora dele.

5 – Na determinação dos abonos referidos no número anterior deve atender-se aos quantitativos em uso para o pessoal equiparável do Ministério dos Negócios Estrangeiros em serviço no estrangeiro.

6 – Os encargos com a assistência médica e medicamentosa dos oficiais de ligação em serviço no estrangeiro, bem como dos familiares beneficiários dos Serviços Sociais do Ministério da Justiça, são comparticipados por estes Serviços, de acordo com os limites a fixar em despacho do Ministro da Justiça.

7 – O número de oficiais de ligação é fixado por despacho conjunto dos Ministros dos Negócios Estrangeiros, das Finanças e da Justiça.

8 – Quando tal se revelar apropriado, sob proposta do Ministro da Justiça, os oficiais de ligação poderão ser acreditados pelo Ministro dos Negócios Estrangeiros como adidos junto das embaixadas de Portugal no estrangeiro e utilizar a mala diplomática, com observância das regras em vigor para o uso da mesma.

Capítulo VI
Disponibilidade e aposentação

Secção I
Disponibilidade

Artigo 146.º
Passagem à situação de disponibilidade

1 – O pessoal de investigação criminal que não se encontre provido em comissão de serviço em cargos dirigentes passa à disponibilidade:

a) Obrigatoriamente, quando atinge 60 anos de idade;
b) Por despacho do Ministro da Justiça, ouvido o director nacional, a requerimento do funcionário, quando tenha completado 55 anos de idade, independentemente do tempo de serviço, ou 36 anos de serviço, independentemente da idade.

2 – Os funcionários nas condições previstas na alínea a) do número anterior podem renunciar expressamente à passagem à disponibilidade, passando à situação de aposentação.

3 – As remunerações do pessoal na situação de disponibilidade é igual à 36.ª parte da remuneração do nível e escalão da categoria em que os funcionários se encontravam na data da passagem àquela situação, multiplicada pela expressão em anos do número de meses de serviço contados para a aposentação, o qual não pode ser superior a 36.

Artigo 147.º
Estatuto de disponibilidade

1 – Na situação de disponibilidade o funcionário conserva os direitos e regalias respectivos e continua vinculado aos deveres e incompatibilidades, com excepção:

a) Do direito de ocupação de lugar no quadro de pessoal;
b) Do direito de acesso e progressão.

2 – Na situação de disponibilidade o funcionário pode excepcionalmente ser chamado a prestar serviço compatível com o seu estado físico e intelectual, em conformidade com os respectivos conhecimentos e experiência e com as necessidades e conveniências dos serviços, salvo o exercício de funções de chefia.

3 – Sempre que chamado a prestar serviço nos termos do número anterior, o funcionário usufrui remuneração igual àquela a que teria direito se estivesse no activo.

4 – O tempo de serviço prestado na situação a que se referem os números anteriores é levado em conta, no fim de cada ano, para efeitos de melhoria da remuneração até ao limite de 36 anos e contado para efeitos de aposentação.

SECÇÃO II
Aposentação

ARTIGO 148.º
Passagem à situação de aposentação

1 – O pessoal de investigação criminal que não se encontre provido em comissão de serviço em cargos dirigentes passa à situação de aposentado, se o requerer, quando tenha completado 55 anos de idade, 90 dias depois de apresentado o requerimento.

2 – O disposto no número anterior é aplicável ao pessoal na situação de disponibilidade.

ARTIGO 149.º
Direitos e regalias dos funcionários aposentados

1 – Os funcionários de investigação criminal aposentados por motivo diverso do de aplicação de pena disciplinar conservam o direito:

a) Ao uso e porte de arma de defesa, independentemente de licença, nos termos a regulamentar por portaria dos Ministros da Defesa Nacional e da Justiça;
b) A ajudas de custo e transportes quando chamados a participar em actos processuais perante a autoridade judiciária e os tribunais, em virtude de funções exercidas anteriormente à aposentação.

2 – Os funcionários a que se refere o número anterior são titulares de cartão de identificação para reconhecimento da sua qualidade e dos direitos de que gozam, de modelo e nos termos aprovados por portaria dos Ministros das Finanças e da Justiça e do membro do Governo que tutela os transportes.

3 – O disposto no presente artigo, com excepção do previsto na alínea a) do n.º 1, é aplicável aos restantes funcionários da Polícia Judiciária.

ARTIGO 150.º
Aposentação por incapacidade

1 – Os funcionários que, por debilidade ou entorpecimento das faculdades físicas ou intelectuais manifestadas no exercício da função, não possam continuar nesta sem grave transtorno para os serviços serão submetidos a junta médica da ADSE.

2 – O funcionário submetido a junta médica, nos termos do número anterior, que for julgado incapaz será notificado do parecer desta e disporá de 30 dias para requerer a aposentação ou produzir, por escrito, as observações que tiver por convenientes.

3 – O funcionário que, nos termos do número anterior, não requeira a aposentação decorrido o prazo aí referido é submetido a junta médica da Caixa Geral de Aposentações.

4 – O funcionário que se encontre na situação prevista no n.º 2, e enquanto não tiver lugar a decisão final sobre a aposentação, pode ser suspenso do exercício de funções sempre que a respectiva incapacidade

o justifique, por despacho do Ministro da Justiça, mediante proposta do director nacional.

5 – A suspensão prevista no presente artigo é executada por forma a serem resguardados o prestígio e a dignidade do funcionário e não produz efeitos sobre as remunerações auferidas.

CAPÍTULO VII
Fiscalização e disciplina

ARTIGO 151.º
Fiscalização

O Ministério Público, através dos seus órgãos competentes, pode solicitar à Polícia Judiciária informações sobre a actividade processual, tendo em vista o exercício das competências que relevam do estatuto daquele órgão.

ARTIGO 152.º
Inquéritos, sindicâncias e processos disciplinares

1 – O Ministro da Justiça pode determinar inspecções, inquéritos e sindicâncias aos serviços da Polícia Judiciária, indicando o âmbito e objecto de incidência.

2 – Os elementos colhidos relativos ao mérito constituem factores de ponderação na avaliação e disciplina funcional.

3 – O Ministro da Justiça, por sua iniciativa ou a solicitação do director nacional, pode determinar que sejam instruídos pela Inspecção-Geral dos Serviços de Justiça os processos disciplinares por si avocados ou em que a aplicação da pena previsível seja da sua competência.

Artigo 153.º
Regime disciplinar

1 – O regime disciplinar dos funcionários da Polícia Judiciária deve adequar-se aos princípios e normas estabelecidos na lei geral.

2 – Os funcionários têm o dever de comunicar por escrito ao superior hierárquico competente os factos do seu conhecimento que constituam infracção disciplinar.

3 – A tramitação do procedimento disciplinar rege-se pelos princípios da sumariedade e da celeridade, sem prejuízo do disposto na lei geral.

4 – O director nacional, os directores nacionais-adjuntos, os coordenadores superiores de investigação criminal e os coordenadores de investigação criminal que dirijam departamentos de investigação criminal têm competência disciplinar sobre o pessoal que lhes está orgânica e funcionalmente subordinado.

5 – A medida da competência a que se refere o número anterior é fixada pelo Regulamento Disciplinar da Polícia Judiciária, a aprovar por portaria do Ministro da Justiça.

Capítulo VIII
Disposições finais e transitórias

Artigo 154.º
Pessoal dirigente e de chefia de apoio

As comissões de serviço do pessoal dirigente e de chefia cessam na data de entrada em vigor do presente diploma, mantendo-se os mesmos no exercício de funções de gestão corrente até à sua substituição.

Artigo 155.º
Inspectores magistrados

1 – Os magistrados do Ministério Público que, ao tempo da entrada em vigor do Decreto-Lei n.º 364/77, de 2 de Setembro, exerciam em comissão de serviço as funções de inspector têm direito, para efeitos de aposentação, ao acréscimo de 20% do tempo de serviço, contado desde a data da respectiva nomeação.

2 – Beneficiam do acréscimo do tempo de serviço referido no número anterior os inspectores que, à data da entrada em vigor do citado diploma, se encontravam definitivamente providos no lugar.

Artigo 156.º
Transição de pessoal de investigação criminal

1 – Os inspectores-coordenadores, os inspectores, os subinspectores e os agentes transitam, respectivamente, para coordenadores superiores de investigação criminal, coordenadores de investigação criminal, inspectores-chefes e inspectores.

2 – Na transição para a nova estrutura indiciária atende-se à contagem integral do tempo de serviço na categoria, contando-se, para efeitos de progressão, o tempo remanescente como tempo já prestado no escalão para o qual se opera a transição.

Artigo 157.º
Assessor de investigação criminal

1 – Os coordenadores superiores de investigação criminal com, pelo menos, 10 anos de serviço na categoria que tenham exercido cargo dirigente por período de tempo superior a 5 anos podem, por despacho do director nacional, ser nomeados assessores de investigação criminal.

2 – Compete ao assessor de investigação criminal assessorar o director nacional e os directores nacionais-adjuntos em matéria de estudos e planeamento da investigação criminal, bem como emitir as informações e os pareceres que, por aqueles, lhe sejam solicitados.

3 – O assessor de investigação criminal goza dos direitos e deveres do pessoal integrado na carreira de investigação criminal.

Artigo 158.º
Acesso a coordenador de investigação criminal

1 – Até que os primeiros inspectores recrutados ao abrigo do regime do presente diploma estejam em condições de aceder à categoria de coordenador de investigação criminal, o provimento nesta é feito de acordo com as seguintes regras:

- a) 35% para funcionários de investigação criminal licenciados em Direito com, pelo menos, cinco anos de serviço, com classificação não inferior a Bom com distinção;
- b) 50% para inspectores-chefes com, pelo menos, quatro anos de serviço na categoria e classificação não inferior a Bom com distinção;
- c) 15% para funcionários de investigação criminal com qualquer licenciatura com, pelo menos, cinco anos de serviço e classificação não inferior a Bom com distinção.

2 – As percentagens referidas nas alíneas a) e c) do número anterior são preenchidas de entre os funcionários existentes à data da publicação do presente diploma, salvo se o número de candidatos apresentados a concurso for inferior ao dobro do número aberto de vagas ou se o número de candidatos aprovados for inferior ao número de vagas, caso em que há lugar a novo concurso que inclua os funcionários de investigação criminal licenciados em Direito, com classificação não inferior a Bom com distinção com, pelo menos, três anos de serviço.

Artigo 159.º
Acesso a inspector-chefe

Até que os primeiros inspectores recrutados ao abrigo do regime do presente diploma estejam em condições de aceder à categoria de inspector-chefe, o provimento nesta é feito de acordo com as seguintes regras:

a) Dois terços para inspectores com, pelo menos, 7 e menos de 14 anos de serviço na categoria, com classificação não inferior a Bom com distinção;
b) Um terço para inspectores com, pelo menos, 14 anos de serviço na categoria, com classificação não inferior a Bom com distinção.

ARTIGO 160.º
Agentes-motoristas

1 – Os agentes-motoristas transitam, com a mesma designação e nos termos do n.º 2 do artigo 156.º, para a carreira de investigação criminal.

2 – Os lugares de agente-motorista são extintos quando vagarem.

ARTIGO 161.º
Suplemento de risco

1 – O pessoal dirigente e de chefia, enquanto no exercício de tais funções, mantém o direito a suplemento de risco de montante igual ao fixado à data da entrada em vigor deste diploma.

2 – O montante do suplemento referido no número anterior é actualizável nos termos gerais previstos para a actualização anual da função pública.

3 – O restante pessoal da Polícia Judiciária mantém o direito ao suplemento de risco segundo o critério em vigor à data da entrada em vigor do presente diploma, até à regulamentação prevista no artigo 91.º.

4 – O disposto nos números anteriores é aplicável ao pessoal que, à data da entrada em vigor do presente diploma, se encontre a desempenhar funções na Polícia Judiciária em regime de requisição.

Artigo 162.º
Suplemento de renda de casa

O pessoal que, ao abrigo do Decreto-Lei n.º 295-A/90, de 21 de Setembro, viu mantida a atribuição de suplemento de renda de casa mantém esse direito. Artigo 163.ºPessoal técnico de telecomunicações ao pessoal técnico de telecomunicações em funções à data da entrada em vigor do Decreto-Lei n.º 295-A/90, de 21 de Setembro, é aplicável o disposto no artigo 148.º.

Artigo 164.º
Transição de pessoal de apoio à investigação criminal

1 – Os especialistas superiores de polícia, os especialistas de polícia, os especialistas-adjuntos de polícia, os especialistas auxiliares de polícia, os chefes de turno e os seguranças transitam, respectivamente, para especialistas superiores, especialistas, especialistas-adjuntos, especialistas auxiliares e seguranças, de acordo com o mapa constante do anexo VI ao presente diploma, do qual faz parte integrante.

2 – É extinta a categoria de técnico de polícia, transitando o pessoal que a integra para a carreira de especialista auxiliar, de acordo com o mapa constante do anexo VI ao presente diploma.

3 – O tempo de serviço prestado na categoria e escalão actualmente detidos, ainda que em categoria extinta ou objecto de reclassificação, conta como globalmente prestado na carreira e escalão de transição.

4 – O disposto no número anterior é aplicável aos casos em que a integração nas novas carreiras se tenha verificado, por concurso ou outro instrumento de mobilidade, em data anterior à da entrada em vigor do presente diploma.

Artigo 165.º
Reclassificação do pessoal de chefia

1 – Os actuais chefes de sector que transitaram de chefe de repartição, por força do Decreto-Lei n.º 295-A/90, de 21 de Setembro,

são reclassificados na categoria de especialista superior, escalão 4, sem prejuízo de, se no escalão de origem vencerem por um índice superior, manterem tal direito.

2 – Os especialistas superiores a que se refere o número anterior podem ser nomeados chefes de área, independentemente do tempo de serviço na categoria.

ARTIGO 166.º
Concurso para especialista-adjunto

Os especialistas auxiliares podem, durante o período de um ano contado da data de entrada em vigor deste diploma, candidatar-se a concurso para especialista-adjunto, desde que reúnam cumulativamente os seguintes requisitos:

a) 11.º ano de escolaridade ou equivalente;
b) Três anos de bom e efectivo serviço nas áreas funcionais de telecomunicações, de informática ou de perícia financeira e contabilística;
c) Aprovação em acção de formação específica.

ARTIGO 167.º
Concurso para especialista auxiliar

O pessoal operário e auxiliar pode, durante o período de um ano contado da entrada em vigor deste diploma, candidatar-se a concurso para especialista auxiliar, desde que reúna cumulativamente os seguintes requisitos:

a) 9.º ano de escolaridade ou equivalente;
b) Seis anos de bom e efectivo serviço na Polícia Judiciária;
c) Aprovação em acção de formação específica.

Artigo 168.º
Lugares a extinguir quando vagarem

Os lugares de fiel de armazém e de auxiliar de limpeza são extintos quando vagarem.

Artigo 169.º
Concursos e cursos de formação

1 – Mantêm-se válidos os concursos cujo aviso de abertura tenha sido publicado até à data da entrada em vigor do presente diploma, os quais se consideram reportados às correspondentes carreiras e categorias.

2 – O disposto no número anterior aplica-se aos cursos de formação que se encontrem nas mesmas condições.

Artigo 170.º
Funções de secretariado

O director nacional e os directores nacionais-adjuntos podem ser secretariados por funcionários designados para o efeito, nos termos da lei.

Artigo 171.º
Abono mensal aos alunos dos cursos

Os alunos não vinculados a função pública que frequentem cursos de formação para ingresso na categoria de inspector e nas carreiras de especialista-adjunto e de segurança recebem um abono mensal igual ao valor do índice 100 da escala salarial do regime geral da função pública, a suportar por dotação inscrita no orçamento do Instituto Superior de Polícia Judiciária e Ciências Criminais.

ARTIGO 172.º
Regime supletivo

Aos funcionários da Polícia Judiciária, bem como ao pessoal dirigente, aplicam-se, em tudo o que não contrarie o disposto no presente diploma, os correspondentes regimes gerais vigentes para a função pública.

ARTIGO 173.º
Instituto Superior de Polícia Judiciária e Ciências Criminais

1 – O Instituto Superior de Polícia Judiciária e Ciências Criminais é o organismo especializado na formação profissional, investigação, promoção e divulgação de conhecimentos no domínio das ciências criminais e judiciárias.

2 – O Instituto Superior de Polícia Judiciária e Ciências Criminais funciona na dependência da directoria nacional.

3 – Enquanto não for publicada a lei orgânica do Instituto Superior de Polícia Judiciária e Ciências Criminais, as referências feitas a este no presente diploma devem entender-se como reportadas ao Instituto Nacional de Polícia e Ciências Criminais.

> **Nota:** *O n.º 2 do art. 173.º foi rectificado pela Declaração de Rectificação n.º 16-D/2000, de 30 de Novembro.*

ARTIGO 174.º
Pessoal do Instituto Superior de Polícia Judiciária e Ciências Criminais

1 – Aplicam-se ao pessoal do quadro do Instituto Nacional de Polícia e Ciências Criminais as disposições do presente diploma relativas a pessoal, bem como à identificação do pessoal da Polícia Judiciária, e ainda o disposto no presente capítulo.

2 – Os cargos de director e subdirector do Instituto Superior de Polícia Judiciária e Ciências Criminais são equiparados, respectivamente, a director nacional-adjunto e a subdirector nacional-adjunto.

ARTIGO 175.º
Funcionários das inspecções extintas

Os funcionários das inspecções extintas gozam, durante o período de dois anos contado da data de entrada em vigor do presente diploma, de preferência na sua colocação.

ARTIGO 176.º
Regime remuneratório

O regime remuneratório dos funcionários da Polícia Judiciária previsto no presente diploma é aplicado nos seguintes termos:

(a) Entre 1 de Julho de 2000 e 30 de Junho de 2001 aplicam-se os níveis indiciários inseridos na tabela I, publicada em anexo, e que faz parte integrante do presente diploma;
(a) A partir do dia 1 de Julho de 2001 aplicam-se os níveis indiciários constantes da tabela II, que também é publicada em anexo e faz parte integrante do presente diploma.

ARTIGO 177.º
Estrutura administrativa e financeira

A actual estrutura administrativa e financeira da Polícia Judiciária mantém-se em funcionamento até à entrada em vigor da portaria referida no n.º 2 do artigo 24.º do presente diploma.

ARTIGO 178.º
Legislação complementar

1 – No prazo de 180 dias a contar da entrada em vigor do presente diploma deve ser publicada a respectiva legislação regulamentadora.

2 – Em igual prazo deve ser publicada a lei orgânica do Instituto Superior de Polícia Judiciária e Ciências Criminais.

3 – Enquanto não for publicada a legislação referida nos números anteriores continuam a aplicar-se, com as necessárias adaptações, os regulamentos actualmente em vigor para a Polícia Judiciária.

Artigo 179.º
Norma revogatória

Sem prejuízo do disposto no n.º 3 do artigo anterior, é revogado o Decreto-Lei n.º 295-A/90, de 21 de Setembro, e legislação complementar.

Visto e aprovado em Conselho de Ministros de 28 de Setembro de 2000. – *António Manuel de Oliveira Guterres – Jaime José Matos da Gama – Jorge Paulo Sacadura Almeida Coelho – Júlio de Lemos de Castro Caldas – Henrique Nuno Pires Severiano Teixeira – Joaquim Augusto Nunes Pires Moura – Eduardo Arménio do Nascimento Cabrita – Alberto de Sousa Martins.*

Promulgado em 7 de Novembro de 2000.

Publique-se.

O Presidente da República, Jorge Sampaio.

Referendado em 9 de Novembro de 2000.

Pelo Primeiro-Ministro, *Jorge Paulo Sacadura Almeida Coelho*, Ministro de Estado.

Anexo I
Quadro único do pessoal da Polícia Judiciária
(a que se refere o n.º 1 do artigo 62.º)

Lugares	
	Pessoal dirigente
1	Director nacional.
10	Director nacional-adjunto.
12	Subdirector nacional-adjunto..
2	Director de departamento central.
9	Director de departamento.
	Pessoal de investigação criminal
55	Coordenador superior de investigação criminal.
135	Coordenador de investigação criminal.
300	Inspector-chefe.
1945	Inspector.
27	Agente-motorista (*).
	Pessoal de chefia de apoio à investigação criminal
20	Chefe de área.
32	Chefe de sector.
60	Chefe de núcleo.
	Pessoal de apoio à investigação criminal
176	Especialista superior.
39	Especialista.
227	Especialista-adjunto.
638	Especialista auxiliar.
206	Segurança.
	Pessoal auxiliar
6	Motorista de pesados.
	Motorista de ligeiros.
50	Telefonista.
7	Encarregado de pessoal auxiliar.
85	Auxiliar administrativo.
8	Operador de reprografia.
50	Auxiliar de limpeza (*).
4	Fiel de armazém (*).
	Pessoal operário
	Altamente qualificado
11	Operário principal.
	Operário.
	Qualificado
1	Encarregado-geral.
6	Operário.
45	Operário principal.
	Operário.

Lugares	
	Semiqualificado
1	Encarregado
9	Operário.

(*) A extinguir quando vagar.

Anexo II
Estrutura indiciária das escalas salariais e tabelas
(a que se referem o n.º 3 do artigo 90.º e o artigo 176.º)

PESSOAL DIRIGENTE

Tabela N.º 1
Período de 1 de Julho de 2000 a 30 de Junho de 2001

	Índice
Director nacional	(a)
Director nacional-adjunto	108
Subdirector nacional-adjunto	98
Director de departamento central	98
Director de departamento	88

(a) Fixado nos termos do n.º 2 do artigo 90º

Tabela N.º 2
A partir de 1 de Julho de 2001

	Índice
Director nacional	(a)
Director nacional-adjunto	120
Subdirector nacional-adjunto	110
Director de departamento central	110
Director de departamento	95

(a) Fixado nos termos do n.º 2 do artigo 90º

PESSOAL DE INVESTIGAÇÃO CRIMINAL

TABELA N.º 1
Período de 1 de Julho de 2000 a 30 de Junho de 2001

Categorias	Escalões								
	1	2	3	4	5	6	7	8	9
Coordenador superior de investigação criminal	405	415	425	435	445	455			
Coordenador de investigação criminal	330	353	358	368	378	388	398	408	423
Inspector-chefe	281	290	303	313	323	335			
Inspector	180	215	230	250	255	268	280	285	288
Agente-motorista	130	165	170	180	190	195	200	205	208
Assessor de investigação criminal	470	-	-	-	-	-	-	-	-

TABELA N.º 2
Período a partir de 1 de Julho de 2001

Categorias	Escalões								
	1	2	3	4	5	6	7	8	9
Coordenador superior de investigação criminal	445	455	465	475	485	495			
Coordenador de investigação criminal	360	370	380	390	400	410	420	430	445
Inspector-chefe	305	315	325	335	345	360			
Inspector	195	215	240	265	275	285	295	300	305
Agente-motorista	130	165	175	185	195	205	215	225	230
Assessor de investigação criminal	510								

PESSOAL DE CHEFIA

Tabela N.º 1
Período de 1 de Julho de 2000 a 30 de Junho de 2001

Cargo	Índice
Chefe de área	460
Chefe de sector	310
Chefe de núcleo	250

Tabela N.º 2
Período a partir de 1 de Julho de 2001

Cargo	Índice
Chefe de área	500
Chefe de sector	340
Chefe de núcleo	275

PESSOAL DE APOIO À INVESTIGAÇÃO CRIMINAL

TABELA N.º 1
Período de 1 de Julho de 2000 a 30 de Junho de 2001

Categorias	Escalões								
	1	2	3	4	5	6	7	8	9
Especialista superior	273	305	333	365	408	440	468	493	513
					418			503	
					428				
					438				
					448				
Especialista									
	215	238	255	273	288	305	323	363	385
					293			373	
					298				
					303				
					308				
Especialista adjunto									
	180	203	215	225	235	255	263	278	300
					240			288	
					245				
					250				
					255				
Especialista auxiliar									
	125	150	163	173	188	200	218	235	253
					193			245	
					198				
					203				
					208				
Segurança									
	115	125	135	140	148	158	170	185	203
					153			195	
					158				
					163				
					168				

Tabela N.º 2
Período a partir de 1 de Julho de 2001

Categorias	Escalões							
	1	2	3	4	5	6	7	8
Especialista superior	285	310	340	400	435	465	495	525
					445			535
					455			
					465			
					475			
Especialista	230	245	265	285	305	325	345	390
					310			400
					315			
					320			
					325			
Especialista adjunto	190	215	230	240	250	270	285	295
					255			305
					260			
					265			
					270			
Especialista auxiliar	135	160	175	185	195	210	230	250
					200			260
					205			
					210			
					215			
Segurança	120	130	140	150	160	175	190	205
					165			215
					170			
					175			
					180			

Anexo III
Valores correspondentes aos índices 100 das escalas salariais
(a que se refere o n.º 4 do artigo 90.º)

	Em escudos
Pessoal dirigente	635.081
Pessoal de investigação criminal	140.400
Pessoal de apoio à investigação criminal	113.602
Pessoal de chefia	113.602

Anexo IV
Equiparação para efeitos de despesas de representação
(a que se refere o n.º 3 do artigo 92.º)

Regime do corpo especial da Polícia Judiciária	Regime geral
Director nacional	Director-geral.
Director nacional-adjunto	Sudirector-geral
Subdirector nacional-adjunto	
Director de departamento central	
Director de departamento	Director de serviços

Anexo V
Tabela indiciária do pessoal estagiário
(a que se referem o n.º 3 do artigo 126.º e o n.º 3 do artigo 138.º)

Tabela N.º 1
Período de 1 de Julho de 2000 a 30 de Junho de 2001

Pessoal de investigação	Índice
Inspector estagiário	115

Pessoal de apoio à investigação Índice	Índice
Especialista superior estagiário............................	195
Especialista estagiário	160
Especialista-adjunto estagiário	145
Especialista auxiliar estagiário	120
Segurança estagiário	110

Tabela N.º 2
Período a partir de 1 de Julho de 2001

Pessoal de investigação	Índice
Inspector estagiário	125

Pessoal de apoio à investigação	Índice
Especialista superior estagiário............................	200
Especialista estagiário	170
Especialista-adjunto estagiário	150
Especialista auxiliar estagiário	120
Segurança estagiário	110

Anexo VI
Mapa de transição do pessoal de apoio à investigação criminal
(a que se refere o n.º 1 do artigo 164.º)

Carreira	Transição
Especialista superior N5 E3	Escalão 9
Especialista superior N5 E2	Escalão 8
Especialista superior N5 E1	Escalão 7
Especialista superior N4 E2	Escalão 6
Especialista superior N4 E1	Escalão 5
Especialista superior N3 E2	Escalão 4
Especialista superior N3 E1	Escalão 3
Especialista superior N2 E1/E2	Escalão 2
Especialista superior N1 E1/E2	Escalão 1
Especialista superior N0	Estagiário
Especialista N5 E3	Escalão 9
Especialista N5 E2	Escalão 8
Especialista N5 E1	Escalão 7
Especialista N4 E2	Escalão 6
Especialista N4 E1	Escalão 5
Especialista N3 E2	Escalão 4
Especialista N3 E1	Escalão 3
Especialista N2 E1/E2	Escalão 2
Especialista N1 E1/E2	Escalão 1
Especialista N0	Estagiário
Especialista-adjunto N5 E3	Escalão 9
Especialista-adjunto N5 E2	Escalão 8
Especialista-adjunto N5 E1	Escalão 7
Especialista-adjunto N4 E2	Escalão 6
Especialista-adjunto N4 E1/N3 E2	Escalão 5
Especialista-adjunto N3 E1	Escalão 4
Especialista-adjunto N2 E2	Escalão 3
Especialista-adjunto N2 E1	Escalão 2
Especialista-adjunto N1 E1/E2	Escalão 1
Especialista-adjunto N0	Estagiário
Especialista auxiliar N5 E4	Escalão 9
Especialista auxiliar N5 E3	Escalão 8
Especialista auxiliar N5 E2/N4 E3/técnico de polícia N5 E4	Escalão 7
Especialista auxiliar N5 E1/N4 E2/N3 E3/técnico de polícia N5 E3	Escalão 6
Especialista auxiliar N4 E1/N3 E2/técnico de polícia N5 E2	Escalão 5
Especialista auxiliar N3 E1/N2 E2/E3/técnico de polícia N5 E1/N4 E3	Escalão 4
Especialista auxiliar N2 E1/N1 E2/E3/técnico de polícia N4 E2/N3 E3	Escalão 3
Especialista auxiliar N1 E1/técnico de polícia N4 E1/N3 E2/N3 E1/N2 E1/N2 E2/N2 E3/N1 E2/N1 E3	Escalão 2
Técnico de polícia N1 E1	Escalão 1
Especialista auxiliar N0 e técnico de polícia N0	Estagiário
Chefe de turno E4	Escalão 9
Chefe de turno E3	Escalão 8
Chefe de turno E2 e segurança N3 E3	Escalão 7
Chefe de turno E1 e segurança N3 E2	Escalão 6
Segurança N2 E3	Escalão 5
Segurança N3 E1/N2 E2	Escalão 4
Segurança N2 E1/N1 E3	Escalão 3
Segurança N1 E2	Escalão 2
Segurança N1 E1	Escalão 1
Segurança N0	Estagiário

SERVIÇO DE ESTRANGEIROS E FRONTEIRAS

DECRETO-LEI N.º 252/2000, DE 16 DE OUTUBRO, ALTERADO PELO DL N.º 290-A/2001, DE 17 DE NOVEMBRO

O Decreto-Lei n.º 440/86, de 31 de Dezembro, reestruturando o Serviço de Estrangeiros e alterando a sua denominação para «Serviço de Estrangeiros e Fronteiras», reiterou as atribuições no domínio do controlo documental da entrada e saída de cidadãos nacionais e estrangeiros nos postos de fronteira terrestres, marítimos e aéreos e cometendo-lhe uma nova responsabilidade: a de viabilizar uma correcta política de imigração e garantir a sua eficaz execução.

Para atingir tal desiderato, aquele diploma consagrou e desenvolveu o princípio da centralização, no Serviço de Estrangeiros e Fronteiras, de toda a informação respeitante a cidadãos estrangeiros, por forma a habilitar o Ministro da Administração Interna com os elementos indispensáveis à formulação, pelo Governo, das grandes linhas orientadoras de política de imigração.

Porém, o salto qualitativo pretendido com o Decreto-Lei n.º 440/86, de 31 de Dezembro, não veio, todavia, a efectivar-se, nomeadamente pela inexistência de pessoal da carreira de investigação e fiscalização, à qual, criada com aquele diploma, foram atribuídas competências para a investigação e fiscalização de cidadãos estrangeiros em território nacional e, em especial, as de controlo fronteiriço.

Acresce que a esta dificuldade relativa à insuficiência de meios humanos, vieram juntar-se, ao longo da década de 90, outros condicionalismos a que o Serviço teve que dar resposta:

O início de um terceiro ciclo de fluxos migratórios tendo Portugal por destino, caracterizado por um novo aumento das comunidades existentes e ainda de outras que até aí não assumiam grande significado;

O crescimento anormal do fenómeno da imigração ilegal, com carácter marcadamente transnacional;

A dinamização do mercado de trabalho nacional, em especial o sector da construção civil e obras públicas, que passou a revelar maior capacidade de absorção de mão de obra não qualificada, essencialmente constituída por cidadãos estrangeiros;

A aplicação, na ordem jurídica interna, de directivas comunitárias no campo da imigração, fronteiras e asilo, bem como as disposições constantes do Acordo de Schengen e respectiva Convenção de Aplicação, assinado por Portugal em 25 de Junho de 1991;

A necessidade de implementar a cooperação policial internacional, face às diversas responsabilidades que o Estado Português tem vindo a assumir em acordos internacionais de carácter bilateral e multilateral, dos quais se destacam os Acordos de Readmissão com a Espanha, a França, a Polónia e a Bulgária;

A realização de dois processos de regularização extraordinária de imigrantes ilegais, em 1992 e 1996, com a finalidade de documentar cidadãos estrangeiros que permaneciam irregularmente em território nacional.

Às dificuldades e condicionalismos apontados, vieram juntar-se ainda a assunção de novas atribuições, designadamente resultantes de medidas legislativas nacionais – Decretos-Leis n.os 59/93 e 60/93, ambos de 3 de Março, 120/93, de 14 de Abril, 244/98, de 8 de Agosto, 250/98, de 11 de Agosto, e Leis n.os 70/93, de 29 de Setembro e 15/98, de 26 de Março, e de compromissos internacionais, como o Acordo de Schengen e respectiva Convenção de Aplicação, Convenção de Dublin e Acordos de Cooperação Policial e, recentemente, do Tratado de Amsterdão que estabelece a comunitarização de políticas em matéria de livre circulação de pessoas.

Por força da evolução que se deixou enunciada, o Serviço de Estrangeiros e Fronteiras detém, neste momento, o exercício efectivo das competências que seguidamente se enumeram, as quais ultrapassam largamente as que se encontram consignadas no Decreto-Lei n.º 440/86, de 31 de Dezembro, sua lei orgânica actual:

Emitir pareceres relativamente a pedidos de visto consulares;

Proceder ao controlo da circulação de pessoas nos postos de fronteira, impedindo a entrada ou saída do território nacional de pessoas que não satisfaçam os requisitos legais exigíveis para o efeito;

Controlar e fiscalizar a permanência e actividades dos estrangeiros em todo o território nacional;

Conceder vistos em território nacional, prorrogações de permanência, autorizações de residência, bem como documentos de viagem;

Reconhecer o direito ao reagrupamento familiar;

Proceder à investigação do crime de auxílio à imigração ilegal e de outros com este conexos;

Colaborar com as entidades às quais compete a fiscalização do cumprimento da lei reguladora do trabalho de estrangeiros;

Assegurar o funcionamento dos postos mistos de fronteira, com o objectivo de lutar contra a criminalidade transfronteiriça, a imigração ilegal e de aprofundar a cooperação policial com Espanha;

Assegurar a realização de controlos móveis ao longo das fronteiras internas, tendo em vista o combate à imigração ilegal no espaço Schengen;

Accionar os Acordos de Readmissão celebrados com Espanha, França, Bulgária e Polónia, para permitir o afastamento de pessoas em situação ilegal em território nacional, assegurando a execução do mesmo;

Realizar operações conjuntas com os serviços congéneres de Espanha, destinadas ao combate dos fluxos de imigração ilegal nos dois sentidos da fronteira lusoespanhola;

Instaurar, decidir e executar a expulsão de cidadãos estrangeiros em situação ilegal em Portugal e executar as decisões judiciais de expulsão;

Escoltar os cidadãos estrangeiros sujeitos a medidas de afastamento de Portugal;

Decidir sobre a aceitação da análise dos pedidos de asilo;

Proceder à instrução de processos de concessão de asilo, de determinação do Estado responsável pela análise dos pedidos de asilo e de transferência dos candidatos a asilo entre os Estados membros da União Europeia;

Analisar e dar parecer sobre os pedidos de concessão de nacionalidade portuguesa por naturalização;

Analisar e dar parecer sobre os pedidos de concessão de estatutos de igualdade e sobre os de reconhecimento de associações internacionais;

Garantir a ligação da Parte Nacional do Sistema de Informação Schengen (NSIS) ao Sistema Central de Informação Schengen (CSIS-Estrasburgo), sendo que se encontram conectados ao NSIS, para além do Serviço de Estrangeiros e Fronteiras, a Guarda Nacional Republicana, a Polícia de Segurança Pública, a Polícia Judiciária, a Direcção-Geral dos Assuntos Consulares e Comunidades Portuguesas e a Direcção-Geral das Alfândegas e dos Impostos Especiais sobre o Consumo;

Assegurar a gestão e a comunicação de dados relativos à Parte Nacional do Sistema de Informação Schengen (NSIS) e de outros sistemas de informação no âmbito do controlo da circulação de pessoas, comuns aos Estados membros da União Europeia e Estados contratantes de Schengen, bem como os relativos à base de dados de emissão dos passaportes (BADEP);

Coordenar a cooperação entre as forças e serviços de segurança nacionais e de outros países em matéria de circulação de pessoas e de controlo de estrangeiros;

Cooperar com as representações diplomáticas e consulares de Estados estrangeiros, devidamente acreditadas no país, no repatriamento dos seus nacionais;

Assegurar as relações de cooperação com todos os órgãos e serviços do Estado, nomeadamente com os demais serviços e forças de segurança;

Colaborar com os serviços similares estrangeiros, podendo estabelecer formas concretas de cooperação.

E ainda, na decorrência de compromissos internacionais:

Assegurar, por determinação do Governo, a representação do Estado Português na União Europeia, designadamente no âmbito do Comité Estratégico Imigração, Fronteiras e Asilo, pelo qual é responsável o director do Serviço de Estrangeiros e Fronteiras e que compreende os Grupos de Trabalho Migração, Afastamento, Asilo, Vistos, Fronteiras, CIREA e CIREFI;

Assegurar, por determinação do Governo, a representação do Estado Português no âmbito do Grupo de Alto Nível Asilo Migração, pelo qual é responsável o director do Serviço de Estrangeiros e Fronteiras;

Garantir, por determinação do Governo, a representação do Estado Português, participando directamente nos grupos e subgrupos de trabalho, no âmbito do desenvolvimento do Acervo Schengen da União Europeia, nomeadamente Task Forces, Sistema de Informação SIS, Tecnologia do Sistema de Informação (SIS), Sirene, Comité de Avaliação Schengen, Comité Misto, Grupo de Avaliação Colectiva e nos Grupos de cooperação policial que versem matérias do âmbito das atribuições do SEF, Fronteiras Externas, Readmissões, Sirene, Comité Orientador SIS e PWP;

Assegurar a representação do Estado Português no Grupo de Budapeste;

Acompanhar os trabalhos da Conferência de Ministros do Interior dos Países do Mediterrâneo Ocidental (Portugal, Espanha, França, Itália, Marrocos, Tunísia e Argélia);

Assegurar, através de oficiais de ligação, os compromissos assumidos no âmbito da cooperação internacional.

Do elenco das atribuições actualmente prosseguidas pelo Serviço de Estrangeiros e Fronteiras que se deixaram enunciadas e face às constantes do Decreto-Lei n.º 440/86, de 31 de Dezembro, fácil é concluir pela total inadequação da estrutura orgânica prevista neste diploma para o seu cumprimento.

De facto, desde a consulta prévia para a concessão de um visto de entrada em Portugal, passando pelas questões relacionadas com a legalização da entrada e da permanência de cidadãos estrangeiros, com o seu afastamento de território nacional, com o asilo até à aquisição da nacionalidade portuguesa por naturalização, todas as questões que giram à volta do fenómeno migratório são tratadas por um único serviço – o Serviço de Estrangeiros e Fronteiras.

Ao exposto, acresce ainda a crescente complexidade que deriva do simples facto de Portugal dever ser hoje em dia considerado, com toda a propriedade, e à sua escala, um verdadeiro «país de imigração», que nada tem já a ver, nesta matéria, com o País existente em 1986. A população estrangeira legalmente residente em território nacional ultrapassa a fasquia dos 200 000, sendo que a sua maioria continua a corresponder a cidadãos originários de países terceiros, em especial de países lusófonos.

Em suma, o cumprimento de todas as atribuições que, como foi referido, ao longo dos anos foram sendo cometidas ao Serviço, nas vertentes nacional e internacional exige o estabelecimento de um quadro normativo que «crie» um serviço de estrangeiros e fronteiras capaz de dar resposta rápida e eficaz à execução da política de imigração definida pelo Governo, bem como às exigências estruturais e conjunturais do fenómeno migratório.

Tal quadro normativo corresponde à modernização do Serviço de Estrangeiros e Fronteiras prevista no Programa do Governo como um dos instrumentos para dar cumprimento às exigências de cooperação entre os Estados membros da União Europeia em matéria de segurança, à compatibilização desta com a liberdade de circulação, ao reforço da cooperação com os países de expressão portuguesa e ao controlo de todas as fronteiras externas, nomeadamente as fronteiras marítimas.

Assim, o presente diploma «cria» um serviço de estrangeiros e fronteiras preparado para cumprir aqueles objectivos e para acompanhar o desenvolvimento de mecanismos de cooperação internacional, o progressivo ajustamento de políticas de imigração entre países de destino e países de origem, bem como para prevenir e combater o tráfico de imigrantes, designadamente mediante:

A criação de uma estrutura orgânica adequada ao suporte das atribuições prosseguidas pelo Serviço e consentânea com a sua dimensão;
A previsão de uma directoria-geral composta por um director-geral e quatro directores-gerais-adjuntos;
A definição precisa das competências do director-geral;
A previsão de serviços centrais e serviços descentralizados, conferindo a estes últimos a necessária autonomia e flexibilidade para a gestão da comunidade de cidadãos estrangeiros e dos fluxos migratórios;
A criação de direcções centrais que racionalizam e consolidam as várias áreas de actuação do Serviço;
A definição dos postos de fronteira externa como unidades orgânicas, e das respectivas competências;
A institucionalização dos postos mistos de fronteira.

Foram observados os procedimentos decorrentes da Lei n.º 23/98, de 26 de Maio.
Foi ouvida a Comissão Nacional de Protecção de Dados.
No uso da autorização legislativa concedida no artigo 1.º da Lei n.º 24/2000, de 23 de Agosto, e nos termos da alínea b) do n.º 1 do artigo 198.º da Constituição, o Governo decreta o seguinte:

Capítulo I
Natureza, atribuições e princípios de actuação

Secção I
Natureza e atribuições

Artigo 1.º
Natureza

1 – O Serviço de Estrangeiros e Fronteiras, abreviadamente designado por SEF, é um serviço de segurança, organizado hierarquicamente na dependência do Ministro da Administração Interna, com autonomia administrativa e que, no quadro da política de segurança interna, tem por objectivos fundamentais controlar a circulação de pessoas nas fronteiras, a permanência e actividades de estrangeiros em território nacional, bem como estudar, promover, coordenar e executar as medidas e acções relacionadas com aquelas actividades e com os movimentos migratórios.

2 – Enquanto órgão de polícia criminal, o SEF actua no processo, nos termos da lei processual penal, sob a direcção e em dependência funcional da autoridade judiciária competente, realizando as acções determinadas e os actos delegados pela referida autoridade.

Artigo 2.º
Atribuições

São atribuições do SEF:

1) *No plano interno:*

a) Vigiar e fiscalizar nos postos de fronteira, incluindo a zona internacional dos portos e aeroportos, a circulação de pessoas, podendo impedir o desembarque de passageiros e tripulantes

de embarcações e aeronaves, indocumentados ou em situação irregular;
b) Impedir o desembarque de passageiros e tripulantes de embarcações e aeronaves que provenham de portos ou aeroportos de risco sob o aspecto sanitário, sem prévio assentimento das competentes autoridades sanitárias;
c) Proceder ao controlo da circulação de pessoas nos postos de fronteira, impedindo a entrada ou saída do território nacional de pessoas que não satisfaçam os requisitos legais exigíveis para o efeito;
d) Autorizar e verificar a entrada de pessoas a bordo de embarcações e aeronaves;
e) Controlar e fiscalizar a permanência e actividades dos estrangeiros em todo o território nacional;
f) Assegurar a realização de controlos móveis e de operações conjuntas com serviços ou forças de segurança congéneres, nacionais e espanholas;
g) Proceder à investigação dos crimes de auxílio à imigração ilegal, bem como investigar outros com ele conexos, sem prejuízo da competência de outras entidades;
h) Emitir parecer relativamente a pedidos de vistos consulares;
i) Conceder em território nacional vistos, prorrogações de permanência, autorizações de residência, bem como documentos de viagem nos termos da lei;
j) Reconhecer o direito ao reagrupamento familiar;
l) Manter a necessária colaboração com as entidades às quais compete a fiscalização do cumprimento da lei reguladora do trabalho de estrangeiros;
m) Instaurar, instruir e decidir os processos de expulsão administrativa de estrangeiros do território nacional e dar execução às decisões de expulsão administrativas e judiciais, bem como accionar, instruir e decidir os processos de readmissão e assegurar a sua execução;
n) Efectuar escoltas de cidadãos objecto de medidas de afastamento;

o) Decidir sobre a aceitação da análise dos pedidos de asilo e proceder à instrução dos processos de concessão, de determinação do Estado responsável pela análise dos respectivos pedidos e da transferência dos candidatos entre os Estados membros da União Europeia;
p) Analisar e dar parecer sobre os processos de concessão de nacionalidade portuguesa por naturalização;
q) Analisar e dar parecer sobre os pedidos de concessão de estatutos de igualdade formulados pelos cidadãos estrangeiros abrangidos por convenções internacionais;
r) Assegurar a gestão e a comunicação de dados relativos à Parte Nacional do Sistema de Informação Schengen (NSIS) e de outros sistemas de informação comuns aos Estados membros da União Europeia no âmbito do controlo da circulação de pessoas, bem como os relativos à base de dados de emissão dos passaportes (BADEP);
s) Cooperar com as representações diplomáticas e consulares de outros Estados, devidamente acreditadas em Portugal, nomeadamente no repatriamento dos seus nacionais;
t) Assegurar o cumprimento das atribuições previstas na legislação sobre a entrada, permanência, saída e afastamento de estrangeiros do território nacional;
u) Assegurar as relações de cooperação com todos os órgãos e serviços do Estado, nomeadamente com os demais serviços e forças de segurança, bem como com organizações não governamentais legalmente reconhecidas;
v) Coordenar a cooperação entre as forças e serviços de segurança nacionais e de outros países em matéria de circulação de pessoas, do controlo de estrangeiros e da investigação dos crimes de auxílio à imigração ilegal e outros com eles conexos.

2) *No plano internacional:*

a) Assegurar, por determinação do Governo, a representação do Estado Português a nível da União Europeia no Comité Estratégico Imigração, Fronteiras e Asilo e no Grupo de Alto Nível

de Asilo Migração, no Grupo de Budapeste e noutras organizações internacionais, bem como participar nos grupos de trabalho de cooperação policial que versem matérias relacionadas com as atribuições do SEF;
b) Garantir, por determinação do Governo, a representação do Estado Português, no desenvolvimento do Acervo de Schengen no âmbito da União Europeia;
c) Assegurar, através de oficiais de ligação, os compromissos assumidos no âmbito da cooperação internacional nos termos legalmente previstos;
d) Colaborar com os serviços similares estrangeiros, podendo estabelecer formas de cooperação.

SECÇÃO II
Princípios de actuação

ARTIGO 3.º
Autoridades de polícia criminal

1 – São autoridades de polícia criminal para efeitos da lei penal:

a) O director-geral;
b) Os directores-gerais adjuntos;
c) Os directores de direcção central e os directores regionais;
d) Os inspectores superiores e inspectores;
e) Os inspectores-adjuntos principais;
f) Os inspectores-adjuntos, quando exerçam funções de chefia de unidades orgânicas.

2 – As autoridades referidas no número anterior são competentes para ordenar a detenção de pessoas e praticar outros actos urgentes, nos termos do Código de Processo Penal.

3 – São considerados agentes de autoridade os inspectores-adjuntos.

4 – Os funcionários mencionados nos n.ºs 1 e 3, podem ordenar a identificação de qualquer pessoa, nos termos da lei.

Artigo 4.º
Direito de acesso

1 – Aos funcionários mencionados nos n.ºs 1 e 3 do artigo 3.º, desde que devidamente identificados, é facultada a entrada livre em todos os locais, nomeadamente estaleiros de obras públicas e privadas, parques de campismo, casas e recintos de diversão e espectáculos, hotéis, pensões, restaurantes, bares, estabelecimentos comerciais e industriais, escritórios e repartições ou serviços públicos, estabelecimentos prisionais, gares, estações de caminhos de ferro, cais de embarque e desembarque, aeroportos, navios ancorados nos portos e aeronaves.

2 – Quando uma missão de serviço assim o justificar, o director-geral pode autorizar a emissão a favor de funcionários das carreiras de apoio à investigação e fiscalização e de vigilância e segurança, de credenciais que servem de livre trânsito pelo período e para os locais nelas fixados.

Artigo 5.º
Dever de cooperação

1 – Entre o SEF e todas as entidades com funções de prevenção e investigação criminal, será mantida mútua cooperação no exercício das respectivas atribuições.

2 – Para cumprimento das atribuições do SEF, os serviços públicos e as empresas públicas deverão prestar a colaboração que lhes for solicitada.

ARTIGO 6.º
Identificação de pessoas

1 – Com vista ao estabelecimento ou confirmação da identidade de estrangeiros ou apátridas, o SEF pode recorrer aos meios de identificação civil, incluindo a obtenção de fotografias e impressões digitais.

2 – As autoridades de polícia criminal referidas no n.º 1 do artigo 3.º terão acesso directo à informação de identificação civil e criminal constante dos ficheiros informáticos de identificação civil e criminal do Ministério da Justiça, bem como à informação de interesse criminal contida nos ficheiros de outros organismos, mediante protocolo a celebrar com as entidades em causa, após parecer da Comissão Nacional de Protecção de Dados e em condições a regulamentar por despacho conjunto dos Ministros da Administração Interna e da Justiça.

ARTIGO 7.º
Dever de comparência

Qualquer pessoa, quando devidamente notificada ou por outra forma convocada pelo SEF, tem o dever de comparecer no dia, hora e local designados, sob pena das sanções previstas na lei de processo.

ARTIGO 8.º
Serviço permanente

1 – O serviço no SEF é de carácter permanente e obrigatório não podendo o pessoal eximir-se às missões que lhe sejam confiadas, para além do horário normal do serviço.

2 – Sem prejuízo do disposto no número anterior será definido por despacho conjunto do Ministro da Administração Interna, do Ministro

das Finanças e do Ministro da Reforma do Estado e da Administração Pública o horário normal da prestação de serviço, o qual poderá revestir a modalidade de trabalho por turnos.

3 – O serviço no SEF pode ser assegurado em regime de piquete e de prevenção de acordo com regulamentação a aprovar conjuntamente pelo Ministro da Administração Interna, pelo Ministro das Finanças e pelo Ministro da Reforma do Estado e da Administração Pública.

ARTIGO 9.º

Segredo profissional

1 – O pessoal do SEF é obrigado a guardar sigilo sobre todas as informações a que tiver acesso no exercício das suas funções.

2 – A obrigação de sigilo a que se refere o número anterior não impede que os funcionários referidos no artigo 3.º devam comunicar prontamente às autoridades competentes factos indiciários da prática de qualquer crime de que tenham conhecimento através do exercício da actividade de investigação e fiscalização.

3 – As acções de prevenção, de investigação criminal e as de coadjuvação das autoridades judiciárias estão sujeitas a segredo de justiça, nos termos da lei.

ARTIGO 10.º

Receitas

1 – O SEF dispõe, para além das dotações atribuídas no Orçamento do Estado, das seguintes receitas próprias:

    a) As importâncias cobradas pela concessão de vistos, prorrogações de permanência, pela concessão e renovação de autorizações de residência e títulos de residência e pela emissão de documentos de viagem nos termos da lei;

    b) As taxas e emolumentos que por lei estiverem em vigor;

c) O produto da venda de impressos próprios do SEF;
d) A percentagem do produto das coimas, de acordo com a lei vigente;
e) Os saldos anuais resultantes das receitas consignadas transitam para o ano seguinte, nos termos do decreto-lei de execução orçamental;
f) Quaisquer outras receitas que por lei lhe estejam ou venham a ser atribuídas.

2 – As receitas referidas no número anterior são entregues nos Cofres do Estado mediante guias a expedir pelo SEF e aplicadas em despesas com compensação em receita.

> **Notas:** *A alínea e) do art. 10.º foi aditado pelo Dec.-Lei n.º 290-A/2001, de 17 de Novembro.*
> *A alínea f) do art. 10.º corresponde ao anterior alínea e) do mesmo artigo.*

CAPÍTULO II
Órgãos, serviços e suas competências

SECÇÃO I
Organização geral

ARTIGO 11.º
Estrutura

1 – O SEF estrutura-se verticalmente e compreende os seguintes órgãos e serviços:

a) Directoria-geral;
b) Conselho administrativo;
c) Serviços centrais;
d) Serviços descentralizados.

2 – Os serviços referidos no número anterior integram:

a) Serviços operacionais, que prosseguem directamente as acções de investigação e fiscalização;
b) Serviços de apoio, que desenvolvem um conjunto de actividades de apoio àquelas acções.

3 – São serviços operacionais a Direcção Central de Investigação, Pesquisa e Análise de Informação, a Direcção Central de Fronteiras, as direcções regionais, as delegações tipo 1, os postos de fronteira e os postos mistos de fronteira.

4 – São serviços de apoio todas as restantes unidades orgânicas, bem como aquelas que, integrando-se nos serviços referidos no número anterior, prosseguem actividades do tipo definido na alínea b) do n.º 2.

Secção II
Directoria-geral

Artigo 12.º
Composição

A directoria-geral compreende:

a) Director-geral, que é coadjuvado por quatro directores-gerais adjuntos;
b) Gabinete Jurídico (GJ);
c) Gabinete de Inspecção (GI);
d) Gabinete de Asilo e de Refugidos (GAR);
e) Gabinete de Relações Internacionais e Cooperação (GRIC);
f) Gabinete de Documentação, Comunicação e Relações Públicas (GDCRP).

ARTIGO 13.º
Director-geral

1 – O SEF é dirigido por um director-geral, a quem compete orientar e coordenar superiormente a actividade do Serviço e assegurar a realização das suas atribuições.

2 – Compete em especial ao director-geral:

a) Representar o SEF;
b) Presidir ao conselho administrativo;
c) Definir e promover a política de qualidade, em especial dos processos organizativos;
d) Definir a política de gestão de recursos humanos e proceder à sua afectação aos diversos serviços do SEF;
e) Assegurar a coordenação do processo de planeamento, controlo e avaliação dos resultados da actividade do SEF;
f) Ordenar inspecções que tiver por convenientes;
g) Aplicar coimas em processos de contra-ordenação;
h) Proferir decisões de expulsão administrativa;
i) Determinar a inscrição ou retirada de pessoas na lista comum ou na lista nacional de pessoas não admissíveis;
j) Autorizar a credenciação de funcionários;
l) Exercer as demais competências que lhe sejam cometidas por lei, regulamento ou delegação.

3 – O director-geral pode delegar em qualquer dos directores-gerais-adjuntos as competências previstas no número anterior.

4 – A competência prevista na alínea h) do n.º 2 é própria reservada, cabendo, dos respectivos actos, recurso hierárquico facultativo, sem prejuízo dos actos poderem ser praticados em substituição nos termos do n.º 2 do artigo 14.º.

ARTIGO 14.º
Directores-gerais adjuntos

1 – O director-geral é coadjuvado, no exercício das suas funções, pelos directores-gerais-adjuntos, os quais exercerão as competências que lhes forem delegadas e subdelegadas.

2 – O director-geral designará o director-geral-adjunto, que o substituirá nas suas faltas e impedimentos.

ARTIGO 15.º
Gabinete Jurídico

Ao Gabinete Jurídico compete:

a) Elaborar estudos, formular pareceres e preparar informações sobre matérias de natureza jurídica;
b) Elaborar projectos de diploma e preparar instruções com vista à correcta aplicação e harmonização doutrinária da legislação referente a estrangeiros;
c) Elaborar pareceres, analisar e preparar as respostas a recursos sobre matérias das áreas de competência do Serviço;
d) Emitir pareceres sobre acordos internacionais com interesse para o SEF;
e) Prestar consultadoria jurídica sobre todos os assuntos que lhe sejam remetidos.

ARTIGO 16.º
Gabinete de Inspecção

1 – Ao Gabinete de Inspecção compete efectuar, de harmonia com as instruções do director-geral, as inspecções ordinárias e extraordinárias aos serviços, proceder a auditorias, sindicâncias, inquéritos e instruir processos disciplinares.

2 – As inspecções ordinárias serão realizadas anualmente a todos os serviços do SEF e as inspecções extraordinárias e as auditorias sempre que o director-geral o considere conveniente.

3 – São designados por despacho do director-geral, sob proposta do coordenador, os funcionários incumbidos de assegurar o cumprimento das competências previstas no n.º 1.

ARTIGO 17.º
Gabinete de Asilo e Refugiados

1 – Ao Gabinete de Asilo e Refugiados compete:

a) Organizar e instruir os processos de asilo;
b) Organizar e instruir, nos termos da lei do asilo, os processos de concessão de autorização de residência por motivos humanitários;
c) Organizar e instruir os processos de determinação do Estado responsável pela análise dos pedidos de asilo e emitir o respectivo salvo-conduto, se necessário;
d) Emitir parecer sobre os pedidos de reinstalação de refugiados;
e) Emitir parecer sobre os pedidos de concessão e prorrogação de documentos de viagem para refugiados, apresentados nos postos consulares portugueses;
f) Emitir cartões de identidade e títulos de viagem para refugiados, bem como conceder as autorizações de residência previstas na lei de asilo e renovar ou prorrogar os referidos documentos.

2 – Para prossecução das competências que lhe estão atribuídas o Gabinete de Asilo e de Refugiados compreende:

a) Núcleo de Instrução, com a competência a que aludem as alíneas a) a d) do n.º 1;
b) Núcleo de Apoio, com a competência referida nas alíneas e) e f) do mesmo número.

Artigo 18.º
Gabinete de Relações Internacionais e Cooperação

Ao Gabinete de Relações Internacionais e Cooperação compete:

a) Assegurar a obtenção, a actualização e a divulgação da informação técnica referente à participação de Portugal na União Europeia e em organizações internacionais;
b) Elaborar estudos técnicos tendo em vista a participação do SEF em reuniões internacionais;
c) Habilitar a direcção do SEF com a informação técnica relativa à execução de acordos de cooperação e outras relações bilaterais ou multilaterais do Estado Português no âmbito das atribuições do SEF;
d) Assegurar a articulação do SEF com os oficiais de ligação.

Artigo 19.º
Gabinete de Documentação, Comunicação e Relações Públicas

1 – Ao Gabinete de Documentação, Comunicação e Relações Públicas compete:

a) Assegurar o tratamento bibliográfico, arquivístico e documental, por forma a manter actualizadas as bases de dados de interesse para as actividades do SEF;
b) Colaborar na definição da política documental e de sistemas de informação do SEF;
c) Promover a edição e difusão de estudos e publicações produzidos no âmbito das matérias relacionadas com a actividade do SEF;
d) Proceder ao tratamento da correspondência do SEF;
e) Assegurar a reprodução, tradução e retroversão de documentação;
f) Produzir e difundir informação com interesse para os utentes do SEF e para os cidadãos em geral e seleccionar e divulgar a

informação veiculada pelos órgãos de comunicação social relativamente à actividade do organismo;
g) Servir de elo de ligação entre o SEF e os órgãos de comunicação social e desenvolver actividades dirigidas à promoção da imagem do organismo;
h) Assegurar o serviço de relações públicas, em geral, e o esclarecimento de questões suscitadas pelas actividades do SEF, em particular;
i) Organizar os programas das actividades sociais, culturais e desportivas no domínio das relações de cooperação com entidades congéneres, nacionais e estrangeiras, bem como coordenar as de carácter cultural, social e recreativo dirigidas aos funcionários do SEF.

2 – Para a prossecução das suas competências, o Gabinete compreende:

a) Núcleo de Documentação, com as responsabilidades enunciadas nas alíneas a) a d) do n.º 1;
b) Núcleo de Comunicação e Relações Públicas, com as competências previstas nas alíneas e) a h) do mesmo número.

Secção III
Conselho administrativo

Artigo 20.º
Natureza, composição e competência

1 – O conselho administrativo é o órgão consultivo e fiscalizador em matéria de gestão financeira e patrimonial.

2 – Compõem o conselho administrativo:

a) O director-geral;
b) O director-geral-adjunto que, por despacho do director-geral, tiver a seu cargo a área de gestão e administração dos recursos financeiros e patrimoniais do SEF;

c) O director da Direcção Central de Gestão e Administração.

3 – Sem prejuízo do disposto na alínea b) do número anterior, o director-geral, quando o entender conveniente, poderá chamar a participar nas reuniões do conselho administrativo qualquer dos outros directores gerais adjuntos.

4 – O chefe do departamento de gestão financeira e patrimonial participará como secretário nas reuniões do conselho administrativo.

5 – Compete em especial ao conselho administrativo:

a) Apreciar os projectos de orçamento de despesas e receitas e as contas de gerência a remeter ao Tribunal de Contas;
b) Verificar e controlar a realização de despesas;
c) Apreciar a situação administrativa e financeira;
d) Proceder à verificação regular dos fundos em cofre e em depósito;
e) Dar parecer sobre os contratos a celebrar pelo SEF;
f) Fiscalizar a escrituração contabilística e a cobrança de receitas.

ARTIGO 21.º
Periodicidade das reuniões

O conselho administrativo reúne ordinariamente uma vez por mês e, extraordinariamente, sempre que o respectivo presidente o convoque.

SECÇÃO IV
Serviços Centrais

ARTIGO 22.º
Serviços Centrais

Os Serviços Centrais compreendem:

a) Direcção Central de Investigação, Pesquisa e Análise da Informação (DCIPAI);

b) Direcção Central de Imigração, Controlo e Peritagem Documental (DCICPD);
c) Direcção Central de Fronteiras (DCF);
d) Direcção Central de Gestão e Administração (DCGA);
e) Direcção Central de Informática (DCI);
f) Departamento de Planeamento e Formação (DPF);
g) Departamento de Nacionalidade (DN);
h) Departamento de Operações (DO).

SUBSECÇÃO I

Direcção Central de Investigação, Pesquisa e Análise da Informação

ARTIGO 23.º
Competência e estrutura

1 – À Direcção Central de Investigação, Pesquisa e Análise da Informação compete desenvolver as acções destinadas à prevenção, averiguação e investigação criminal de actividades relacionadas com o crime de auxílio à imigração ilegal e outros com este conexos.

2 – A DCIPAI compreende:

a) Departamento de Investigação (DI);
b) Departamento de Pesquisa e Análise (DPA).

ARTIGO 24.º
Departamento de Investigação

1 – Ao Departamento de Investigação compete:

a) A averiguação e investigação criminal de actividades relacionadas com a prática do crime de auxílio à imigração ilegal e outros crimes com este conexos;

b) A coordenação técnica da averiguação e investigação criminal desenvolvida pelos departamentos regionais de investigação e fiscalização.

2 – Na área da Direcção Regional de Lisboa, Vale do Tejo e Alentejo, as competências previstas na alínea a) do número anterior são asseguradas pelo Departamento de Investigação.

Artigo 25.º
Departamento de Pesquisa e Análise

Ao Departamento de Pesquisa e Análise compete a realização das acções que interessem à prevenção, averiguação e investigação criminal das actividades relacionadas com o crime de auxílio à imigração ilegal e outros crimes com ele conexos, designadamente a recolha de material e informação e o tratamento e a difusão desta, em qualquer dos casos no domínio das atribuições do SEF.

Subsecção II
Direcção Central de Imigração, Controlo e Peritagem Documental

Artigo 26.º
Competência e estrutura

1 – À Direcção Central de Imigração, Controlo e Peritagem Documental compete centralizar, tratar e difundir informação relacionada com os movimentos migratórios, estudar as medidas destinadas a apoiar a política de imigração, proceder à identificação e peritagem documental, registo e difusão dos movimentos migratórios e informação de natureza policial, bem como centralizar o controlo da emissão de documentos de viagem.

2 – A DCICPD compreende:

a) Departamento de Imigração, Registo e Difusão (DIRD);
b) Departamento de Controlo de Emissão de Documentos (DCED);
c) Departamento de Identificação e Peritagem Documental (DIPD).

Artigo 27.º
Departamento de Imigração, Registo e Difusão

Ao Departamento de Imigração, Registo e Difusão compete:

a) Registar, tratar e difundir informação relacionada com os movimentos migratórios;
b) Registar e actualizar a informação relativa a estrangeiros, em especial a de natureza policial e criminal, no âmbito das competências do Serviço;
c) Actualizar e difundir a informação relativa a estrangeiros em situação irregular e aos quais tenha sido recusada a entrada em território nacional;
d) Actualizar as listas de estrangeiros indicados para efeitos de não admissão;
e) Emitir parecer relativamente à inscrição ou retirada de pessoas na lista comum ou na lista nacional de pessoas não admissíveis;
f) Centralizar a informação relativa à expulsão, readmissão e retorno voluntário de cidadãos estrangeiros, bem como elaborar normas técnicas com vista à uniformização de procedimentos nesta matéria.

Artigo 28.º
Departamento de Controlo de Emissão de Documentos

Ao Departamento de Controlo de Emissão de Documentos compete:

a) Centralizar o controlo e o registo nacional de passaportes, títulos de viagem, salvo-condutos emitidos a favor de estrangeiros e apátridas e títulos de residência;
b) Emitir documentos de viagem nos casos previstos na lei, nomeadamente passaportes para estrangeiros em território nacional;
c) Dar parecer aos postos consulares portugueses sobre a emissão de passaportes para estrangeiros;
d) Visar os cartões de identidade emitidos pelo Ministério dos Negócios Estrangeiros aos agentes diplomáticos e consulares acreditados em Portugal, ao pessoal administrativo e doméstico ou equiparado em serviço nas missões diplomáticas ou postos consulares dos respectivos Estados e aos membros das suas famílias.

Artigo 29.º
Departamento de Identificação e Peritagem Documental

Ao Departamento de Identificação e Peritagem Documental compete:

a) A recolha, análise e difusão de informação relativa a documentos;
b) A realização de peritagens de documentos e elaboração dos respectivos relatórios;
c) O tratamento dos elementos de identificação de estrangeiros e apátridas, nomeadamente onomástico, dactiloscópico e fotográfico, bem como a realização de peritagens e respectivos relatórios;
d) Prestar consultadoria técnica na concepção de documentos.

Subsecção III
Direcção Central de Fronteiras

Artigo 30.º
Competência e estrutura

1 – À Direcção Central de Fronteiras compete definir os procedimentos a utilizar ao nível dos postos de fronteira, em geral, e assegurar as atribuições do SEF em matéria de controlo da circulação de pessoas nos postos de fronteira aérea e marítima situados na área de jurisdição da Direcção Regional de Lisboa, Vale do Tejo e Alentejo.

2 – A Direcção Central de Fronteiras compreende:

a) Departamento Técnico de Fronteiras;
b) Postos de fronteira.

Artigo 31.º
Competência do Director Central de Fronteiras

1 – Ao director Central de Fronteiras compete, na área sob a sua jurisdição:

a) Dirigir, coordenar e gerir a actuação dos postos de fronteira que integram a Direcção Central de Fronteiras;
b) Garantir o cumprimento dos procedimentos inerentes ao controlo de fronteira;
c) Assegurar o cumprimento das medidas cautelares determinadas pelas autoridades competentes e o registo de recusa de entradas verificadas;
d) Decidir e mandar executar os pedidos de readmissão activa e passiva, por via aérea;
e) Garantir a instrução dos processos de contra-ordenação;
f) Desempenhar as funções que por lei, regulamento ou determinação superior lhe forem cometidas.

2 – As competências previstas nos números anteriores podem ser delegadas nos responsáveis de postos de fronteira, com a faculdade de subdelegação.

Artigo 32.º
Departamento Técnico de Fronteiras

1 – Ao Departamento Técnico de Fronteiras compete:

a) Assegurar o estudo e a elaboração de normas técnicas com vista à uniformização de procedimentos nos postos de fronteira;
b) Proceder ao estudo e definição de equipamentos necessários ao funcionamento dos postos de fronteira;
c) Centralizar a informação relativa à circulação de pessoas nas fronteiras.

2 – O Departamento Técnico de Fronteiras compreende:

a) Núcleo de Fronteiras Aéreas;
b) Núcleo de Fronteiras Marítimas.

Subsecção IV
Direcção Central de Gestão e Administração

Artigo 33.º
Competência e estrutura

1 – À Direcção Central de Gestão e Administração compete assegurar a gestão e administração dos recursos humanos, a gestão financeira e patrimonial e a gestão das telecomunicações e da segurança.

2 – A Direcção Central de Gestão e Administração compreende:

a) Departamento de Gestão e Administração de Recursos Humanos (DGARH);

b) Departamento de Gestão Financeira e Patrimonial (DGFP);
c) Departamento de Instalações e Segurança (DIS).

Artigo 34.º
Departamento de Gestão e Administração de Recursos Humanos

1 – Ao Departamento de Gestão e Administração de Recursos Humanos compete:

a) Elaborar estudos, inquéritos e trabalhos tendo em vista a gestão dos recursos humanos;
b) Estudar e promover as medidas tendentes à actualização do quadro de pessoal;
c) Assegurar as operações referentes ao recrutamento, selecção, progressão e promoção do pessoal;
d) Organizar e manter actualizado o registo biográfico e disciplinar do pessoal;
e) Assegurar os procedimentos administrativos referentes à movimentação, assiduidade, benefícios sociais e assistência na doença dos funcionários;
f) Elaborar o balanço social, nos termos da legislação aplicável.

2 – Para prossecução das suas competências, o Departamento de Gestão e Administração de Recursos Humanos compreende:

a) Núcleo de Gestão de Pessoal, com as competências previstas nas alíneas a) a c) e f) do número precedente;
b) Núcleo de Administração de Pessoal, com as competências previstas das alíneas d) e e) do mesmo preceito.

Artigo 35.º
Departamento de Gestão Financeira e Patrimonial

1 – Ao Departamento de Gestão Financeira e Patrimonial compete:

a) Elaborar o projecto de orçamento e as propostas de alteração;
b) Verificar e processar as despesas de acordo com o orçamento e as normas referentes à contabilidade pública;
c) Apresentar às entidades competentes, dentro dos prazos legais, a conta de gerência das verbas atribuídas ao SEF, bem como a das provenientes de receitas próprias;
d) Arrecadar e contabilizar as receitas;
e) Processar as remunerações e outros abonos ao pessoal;
f) Assegurar a aquisição, manutenção e gestão dos bens do SEF;
g) Organizar e manter actualizado o cadastro e inventário dos bens do SEF;
h) Assegurar a aquisição e distribuição do fardamento e distintivo previstos no presente diploma;
i) Assegurar a gestão e manutenção da frota automóvel.

2 – Para prossecução das suas competências o Departamento de Gestão Financeira e Patrimonial compreende:

a) Núcleo de Controlo Orçamental, com a competência enunciada nas alíneas a) a c) do n.º 1;
b) Núcleo de Gestão Contabilística, com as competências previstas nas alíneas d) e e) do n.º 1;
c) Núcleo de Aprovisionamento e Cadastro de Bens, com as competências previstas nas alíneas f) a h) do mesmo número;
d) Núcleo de Gestão da Frota Automóvel, com a competência prevista na alínea i) do mesmo preceito.

Artigo 36.º
Departamento de Instalações e Segurança

Ao Departamento de Instalações e Segurança compete:

a) Promover a aquisição e arrendamento de instalações para o SEF;
b) Providenciar pela realização das obras de manutenção, reparação e adaptação das instalações que estejam a cargo do SEF;

c) Garantir a segurança do pessoal e das instalações;
d) Definir procedimentos uniformes relativos à segurança do pessoal e das instalações;
e) Conservar, guardar e distribuir o armamento e munições;
f) Proceder às diligências necessárias à credenciação de funcionários;
g) Assegurar a exploração e manutenção da rede rádio.

SUBSECÇÃO V
Direcção Central de Informática

ARTIGO 37.º
Competência e estrutura

1 – À Direcção Central de Informática compete:

a) O estudo, a coordenação e execução de todas as actividades relativas ao planeamento, administração, produção e desenvolvimento dos sistemas informáticos e de comunicações do SEF, incluindo os relativos à Parte Nacional do Sistema de Informação Schengen (NSIS) e à base de dados de emissão dos passaportes (BADEP) e outros que venham a ser criados no âmbito do controlo da circulação de pessoas em articulação com os utilizadores do sistema;
b) O estudo e inventariação das necessidades em matéria de informática dos serviços com os quais o SEF tem relações de cooperação nesta área, designadamente os da CPLP, bem como apoiar a instalação dos sistemas informáticos desses serviços, colaborar na sua manutenção e acompanhar a acções de formação desta área específica.

2 – A Direcção Central de Informática compreende:

a) Departamento de Desenvolvimento de Aplicações (DDA);
b) Departamento de Produção (DPr);
c) Departamento de Sistemas e Comunicações (DSC).

ARTIGO 38.º
Departamento de Desenvolvimento de Aplicações

Ao Departamento de Desenvolvimento de Aplicações compete:

a) Elaborar planos sectoriais de informática de acordo com os objectivos globais do SEF, colaborar na definição dos correspondentes sistemas de informação e em estudos e análise de custos informáticos;
b) Contribuir para a definição do conteúdo, detalhe e periodicidade das informações necessárias e para a definição de normas e procedimentos informáticos;
c) Assegurar a integração dos diversos sistemas de informação e a administração de dados;
d) Colaborar nas tarefas de organização exigidas pela correcta implantação das metodologias informáticas;
e) Realizar, no âmbito dos sistemas de informação, os estudos conducentes à selecção dos elementos de base mais adequados e à definição do seu consequente tratamento, bem como os conducentes à definição dos circuitos apropriados para a obtenção, tratamento e difusão das informações;
f) Definir os projectos informáticos e planear e executar os trabalhos neles compreendidos, actualizar e remodelar as rotinas e programas em exploração concertadamente com o departamento de produção e executar todos os trabalhos de estudo prévio, concepção, desenvolvimento e implantação de sistemas de informação, bem como da sua manutenção, documentando as várias fases dos projectos e as diversas aplicações, nomeadamente com recurso à elaboração dos manuais de operação e do utilizador;
g) Realizar os estudos conducentes à racionalização de formulários e outros documentos de trabalho cujos elementos devam ser tratados automaticamente e conceber questionários e outros documentos para registo de dados e informações;
h) Requisitar ao departamento de produção os trabalhos de compilação e ensaio de unidade de tratamento e das cadeias em que

se inserem, mantendo ligação com o mesmo departamento no que respeita à implantação e exploração de sistemas informáticos, com vista a definir os meios técnicos a utilizar, superando os condicionalismos operacionais ou de segurança.

ARTIGO 39.º
Departamento de Produção

Ao Departamento de Produção compete:

a) Participar na elaboração do plano director de informática e planear e executar todos os trabalhos de processamento de dados de que o SEF seja incumbido ou de interesse do Serviço;
b) Administrar os sistemas informáticos, as bases de dados e os recursos de comunicações;
c) Gerir e supervisionar a exploração do sistema de base de dados de passaportes nacionais bem como prestar apoio aos utilizadores do referido sistema;
d) Velar pela segurança e privacidade da informação, bem como dos sistemas informáticos e de comunicações à sua guarda e assegurar o cumprimento das normas, métodos e técnicas de trabalho estabelecidos;
e) Afectar recursos de equipamento e de suporte lógico às aplicações em desenvolvimento, optimizar a utilização do material disponível e manter estatísticas actualizadas sobre ocupação e rendimento do material e as condições de exploração dos sistemas;
f) Colaborar com o departamento de desenvolvimento de aplicações na ultrapassagem dos condicionalismos operacionais ou de segurança que porventura afectem as rotinas vigentes ou projectadas;
g) Estabelecer a ligação com os utentes no que respeita às aplicações em regime normal de exploração, velando pela oportuna recepção dos dados e entrega dos produtos do processamento e verificar a qualidade dos produtos no que respeita à obediência às especificações acordadas com os utentes e aos padrões de controlo que por estes tenham sido fornecidos;

h) Manter e gerir o arquivo dos ficheiros em suporte informático e, nos casos em que tal se torne necessário, proceder ao registo dos dados por meio de equipamento adequado;
i) Colaborar na elaboração dos manuais de operação e assegurar a sua correcta aplicação e actualização.

Artigo 40.º
Departamento de Sistemas e Comunicações

Ao Departamento de Sistemas e Comunicações compete:

a) Participar na elaboração do plano director de informática e realizar os estudos relativos à tomada de decisões quanto ao apetrechamento do SEF em material e suportes lógicos, bem como os necessários à implantação e optimização da comunicação de dados e os que visem a adopção de metodologias, normas de procedimentos e programas-produto;
b) Implantar e manter os suportes adoptados, bem como gerir os sistemas informáticos e de comunicações, nomeadamente os relativos ao NSIS e à BADEP;
c) Estabelecer ligação com os fornecedores dos equipamentos instalados, com vista à obtenção de informações técnicas, correcção de anomalias e apoio especializado no domínio dos suportes lógicos;
d) Apoiar o pessoal técnico de informática do SEF ou dos seus utentes nas matérias relativas a sistemas, teleprocessamento, normalização e métodos, bem como participar nas actividades de formação e informação no âmbito da informática, seja no exercício de monitoragem, seja na redacção de textos, manuais e monografias;
e) Exercer consultadoria técnica, planear e efectuar auditorias técnicas na área de informática e encarregar-se dos projectos de desenvolvimento e ou de investigação próprios das áreas referidas na alínea anterior ou que lhe sejam expressamente cometidos.

Subsecção VI
Departamento de Planeamento e Formação

Artigo 41.º
Competência

1 – Ao Departamento de Planeamento e Formação, que funciona na directa dependência do director-geral, compete:

a) Elaborar o plano e o relatório de actividades do SEF;
b) Elaborar os programas gerais e sectoriais do SEF, acompanhar a sua execução e proceder à respectiva avaliação;
c) Prestar apoio aos diversos serviços do SEF no desenvolvimento das acções de planeamento e controlo;
d) Identificar as necessidades de formação, elaborar o plano anual de formação e proceder à sua avaliação;
e) Conceber, programar, realizar e avaliar as acções de formação que o SEF leve directamente a cabo;
f) Elaborar e difundir as ordens de serviço;
g) Recolher, tratar e difundir os dados estatísticos relativos à actividade do SEF;

2 – O Departamento de Planeamento e Formação compreende:

a) Núcleo de Planeamento, com as competências previstas nas alíneas a) a c) e f) e g) do número precedente;
b) Núcleo de Formação, com as competências previstas nas alíneas d) e e) do mesmo preceito.

SUBSECÇÃO VII
Departamento de Nacionalidade

ARTIGO 42.º
Competência

Ao Departamento de Nacionalidade, que funciona na directa dependência do director-geral, compete:

a) Instruir, informar e dar parecer sobre os processos de concessão e conservação da nacionalidade portuguesa e da sua aquisição por naturalização;
b) Instruir, informar e dar parecer sobre pedidos de concessão dos estatutos de igualdade;
c) Instruir e informar os processos de reconhecimento de associações internacionais.

SUBSECÇÃO VIII
Departamento de Operações

ARTIGO 43.º
Competência

Ao Departamento de Operações, que funciona na directa dependência do director-geral, compete:

a) Coordenar com os serviços competentes o estudo e propostas da actividade operacional do SEF;
b) Propor as instruções gerais e especiais relativas à actividade operacional;
c) Supervisionar os planos de acções conjuntas;
d) Centralizar a informação de carácter operacional obtida através das acções efectuadas;

e) Transmitir ao serviço de relações públicas para difusão as notícias consideradas pertinentes sobre acções desenvolvidas ou a desenvolver;
f) Receber e instruir os pedidos de concessão de autorização de residência a título excepcional por razões humanitárias ou de interesse nacional;
g) Centralizar a informação relativa aos pedidos de autorização de residência a título excepcional, bem como emanar normas técnicas com vista à uniformização de procedimentos.

Secção V
Serviços descentralizados

Artigo 44.º
Serviços descentralizados

Os serviços descentralizados compreendem:

a) Direcções regionais;
b) Delegações regionais;
c) Postos de fronteira;
d) Postos mistos de fronteira;
e) Aeródromos e postos de tráfego internacional eventual.

Subsecção I
Direcções regionais

Artigo 45.º
Natureza e âmbito territorial

1 – As direcções regionais prosseguem, nas respectivas áreas de jurisdição, as atribuições do SEF, designadamente de natureza executiva e de investigação e fiscalização.

2 – O SEF dispõe das seguintes direcções regionais:

a) Direcção Regional de Lisboa, Vale do Tejo e Alentejo, com sede em Lisboa;
b) Direcção Regional do Norte, com sede no Porto;
c) Direcção Regional do Centro, com sede em Coimbra;
d) Direcção Regional do Algarve, com sede em Faro;
e) Direcção Regional da Madeira, com sede no Funchal;
f) Direcção Regional dos Açores, com sede em Ponta Delgada.

3 – A área territorial e de jurisdição das direcções regionais é definida por portaria do Ministro da Administração Interna.

Artigo 46.º
Orgânica das direcções regionais

1 – As direcções regionais compreendem os seguintes órgãos e serviços:

a) Director regional coadjuvado por subdirectores regionais, que o substituem nas suas faltas e impedimentos;
b) Departamentos e núcleos regionais;
c) Delegações regionais;
d) Postos de fronteira, sem prejuízo do disposto no n.º 1 do artigo 30.º;
e) Postos mistos de fronteira.

2 – O número de subdirectores regionais de cada direcção regional é fixado em função do número de residentes da respectiva área de jurisdição, nos termos seguintes:

a) Direcção Regional de Lisboa, Vale do Tejo e Alentejo – dois;
b) Direcção Regional do Norte – um;
c) Direcção Regional do Algarve – um;
d) Direcção Regional do Centro – um;
e) Direcção Regional dos Açores – um.

3 – O director regional de Lisboa, Vale do Tejo e Alentejo será substituído pelo subdirector regional que for designado para o efeito por despacho do director geral.

Artigo 47.º
Competência do director regional

1 – Ao director regional compete:

a) Representar o SEF na respectiva área de jurisdição;
b) Dirigir e coordenar a actuação dos serviços na sua dependência de modo a prosseguir os objectivos do SEF;
c) Garantir o cumprimento dos procedimentos inerentes ao controlo de fronteira;
d) Assegurar o cumprimento das medidas cautelares determinadas pelas autoridades competentes, bem como o registo das recusas de entrada em território nacional;
e) Dirigir, coordenar e gerir os postos de fronteira, delegações e postos mistos de fronteira da área da sua jurisdição, sem prejuízo do disposto no artigo 30.º;
f) Garantir a instrução dos processos de contra-ordenação;
g) Instaurar os processos de expulsão administrativa;
h) Executar as decisões de expulsão;
i) Decidir e mandar executar os processos de readmissão activa e passiva, por via terrestre;
j) Prorrogar a permanência de estrangeiros em território nacional;
l) Emitir parecer sobre pedidos de vistos;
m) Conceder e renovar autorizações de residência;
n) Decidir sobre a isenção ou redução de taxas;
o) Visar os passaportes emitidos pelas representações diplomáticas estrangeiras em Portugal;
p) Conceder salvo-condutos;
q) Autorizar a realização de despesas até ao montante a fixar por despacho do director-geral;

r) Verificar e controlar a realização de despesas;
s) Proceder à verificação regular dos fundos em cofre e em depósito;
t) Fiscalizar a escrituração contabilística e a cobrança de receitas;
u) Autorizar o gozo de férias do pessoal, de acordo com o mapa de férias superiormente aprovado;
v) Mandar proceder à verificação domiciliária das faltas por doença;
x) Justificar faltas;
z) Desempenhar as funções que por lei, regulamento ou determinação superior lhe forem cometidas.

2 – As competências previstas nos números anteriores podem ser delegadas nos subdirectores regionais, chefe de departamento regional, chefes de delegação, responsáveis de postos de fronteira e responsáveis de postos mistos de fronteira, com a faculdade de subdelegação.

Artigo 48.º
Departamentos regionais

1 – As direcções regionais compreendem os seguintes departamentos:

a) Departamento Regional de Investigação e Fiscalização a quem compete assegurar as acções da mesma natureza no âmbito das atribuições do SEF, sem prejuízo do disposto no n.º 2 do artigo 24.º;
b) Departamento Regional de Emissão de Documentos, a quem incumbe desenvolver procedimentos relativos à emissão de pareceres sobre vistos, prorrogações de permanência, autorizações e títulos de residência, emissão de documentos, registo, atendimento e informação ao público.

2 – Nas direcções regionais referidas nas alíneas b) a e) do n.º 2 do artigo 46.º poderá ser criado, por decreto regulamentar, um departamento regional de fronteiras, quando tal se justifique.

Artigo 49.º
Núcleos regionais

1 – As direcções regionais integram, cada uma, um núcleo regional de administração, a quem compete desenvolver, no âmbito da respectiva direcção regional, os procedimentos relativos ao pessoal, contabilidade, economato e património.

2 – A Direcção Regional de Lisboa, Vale do Tejo e Alentejo, além do núcleo referido no número anterior, integra ainda os seguintes núcleos:

a) Núcleo regional de vistos e autorizações de residência;
b) Núcleo regional de atendimento e informação do público;
c) Núcleo regional de registo;
d) Núcleo regional de afastamento;
e) Núcleo regional de contra-ordenações.

3 – Por decreto regulamentar, poderão ser criados nas restantes direcções regionais, quando tal se justifique, os núcleos previstos no número anterior.

Subsecção II
Delegações regionais

Artigo 50.º
Tipo de delegações regionais

1 – As delegações regionais são classificadas de tipo 1 e 2, por despacho do director-geral, tendo em conta o volume de residentes ou necessidades específicas do serviço.

2 – As delegações regionais são chefiadas por um chefe de delegação.

3 – Por conveniência de serviço nas localidades em que exista uma delegação regional e posto de fronteira ou posto misto, o chefe da delegação poderá assegurar a gestão dos postos de fronteira ou misto ali existentes.

SUBSECÇÃO III

Postos de fronteira

ARTIGO 51.º

Regime

1 – Os postos de fronteira existentes à data da publicação do presente decreto-lei são os constantes do respectivo anexo I, que faz parte integrante do presente diploma.

2 – A criação ou extinção de postos de fronteira é feita por portaria do Ministro da Administração Interna, sob proposta do director-geral do SEF.

3 – Os postos de fronteira existentes ou a criar podem ser colocados, mediante portaria do Ministro da Administração Interna, na dependência da direcção regional em cujo território se insiram ou da Direcção Central de Fronteiras.

ARTIGO 52.º

Classificação

1 – Os postos de fronteira são classificados em tipo 1, 2 e 3, em função do respectivo movimento de fronteira.

2 – São postos de fronteira de tipo 1 os seguintes que se integram na Direcção Central de Fronteiras:

a) O posto de fronteira do Aeroporto de Lisboa;
b) O posto de fronteira do porto de Lisboa.

3 – São postos de fronteira de tipo 2 os seguintes:

a) Os postos de fronteira dos Aeroportos do Porto, Faro e Funchal;
b) O posto de fronteira do porto de Leixões.

4 – Os restantes postos de fronteira já existentes à data da publicação do presente diploma, são de tipo 3.

Artigo 53.º
Responsável de posto de fronteira

1 – Os postos de fronteira terão um responsável, que nos de tipo 1 são subdirectores de direcção central, nos de tipo 2 chefes de departamento regional e, nos de tipo 3, inspectores.

2 – O responsável de posto de fronteira de tipo 1 será coadjuvado por dois adjuntos.

3 – Excepcionalmente e em circunstâncias devidamente fundamentadas, os postos de fronteira de tipo 3 poderão ter como responsável um inspector-adjunto principal.

4 – Nas faltas e impedimentos do responsável do posto de fronteira de tipo 3, o mesmo será substituído pelo funcionário da carreira de investigação e fiscalização com maior antiguidade na categoria, salvo se por razões de interesse do serviço o director-geral optar pela designação de outro funcionário.

Subsecção IV
Postos mistos de fronteira

Artigo 54.º
Regime

1 – Os postos mistos de fronteira existentes à data da publicação do presente decreto-lei, são os constantes do respectivo anexo II, que faz parte integrante do presente diploma.

2 – A criação ou extinção de postos mistos de fronteira é feita por portaria do Ministro da Administração Interna, na execução de acordos internacionais.

Artigo 55.º
Atribuições

Aos postos mistos de fronteira incumbe o desenvolvimento, na zona fronteiriça, da cooperação luso-espanhola no âmbito das competências do SEF, designadamente na luta contra a imigração ilegal e infracções com ela relacionadas, execução das medidas resultantes da aplicação do acordo de readmissão entre Portugal e Espanha, prevenção e repressão da criminalidade transfronteiriça.

Subsecção V
Aeródromos e postos de tráfego internacional eventual

Artigo 56.º
Dependência

1 – Os aeródromos e portos que não funcionem como postos de fronteira, mas onde eventualmente seja autorizada a chegada ou partida de tráfego internacional, à excepção dos localizados na área metropolitana de Lisboa, dependem do respectivo director regional.
2 – Os aeródromos e portos abrangidos pela excepção consignada no número anterior dependem do director Central de Fronteiras.

Capítulo III
Regime de pessoal

Secção I
Disposições gerais

Artigo 57.º
Pessoal

1 – O pessoal do SEF será integrado num quadro único, cuja composição será fixada mediante portaria dos Ministros das Finanças, da Administração Interna e da Reforma do Estado e da Administração Pública, sendo constituído por:

a) Pessoal dirigente;
b) Pessoal de investigação e fiscalização;
c) Pessoal de apoio à investigação e fiscalização;
d) Pessoal de vigilância e segurança;
e) Pessoal de informática;
f) Pessoal auxiliar;
g) Pessoal operário.

2 – Integram o corpo especial do SEF:

a) Pessoal dirigente;
b) Carreira de investigação e fiscalização;
c) Carreira de vigilância e segurança.

3 – A carreira de apoio à investigação e fiscalização tem a natureza de carreira de regime especial do SEF.

Artigo 58.º
Contratação de pessoal

Podem ser celebrados, nos termos da legislação aplicável à função pública, em geral, sobre a matéria, contratos de trabalho a termo certo para satisfação de necessidades transitórias de serviço e de duração determinada.

ARTIGO 59.º
Identificação dos funcionários

1 – A identificação das autoridades de polícia criminal e dos agentes de autoridade faz-se através de cartão de livre trânsito ou por intermédio de crachá.

2 – A identificação dos restantes funcionários faz-se por intermédio de cartão específico.

3 – Em operações de controlos móveis o pessoal apresentar-se-á identificado pelo uso do fardamento a que se refere a alínea b) do n.º 1 do artigo 5.º da Portaria n.º 787/98, de 21 de Setembro, e as viaturas mediante utilização de sinalética luminosa.

4 – Os modelos de identificação referidos nos números anteriores são aprovados por portaria do Ministro da Administração Interna.

ARTIGO 60.º
Uso de fardamento

1 – O pessoal da carreira de investigação e fiscalização durante os períodos de prestação de serviço nos postos de fronteira e postos mistos de fronteira, fica obrigado ao uso do respectivo fardamento.

2 – Para além do previsto no número anterior, o director-geral pode determinar o uso de fardamento quando as circunstâncias o aconselharem.

3 – O pessoal de vigilância e segurança, enquanto no exercício das suas funções, está obrigado ao uso de fardamento.

4 – Sem prejuízo do disposto no n.º 1, o director-geral pode dispensar o uso de fardamento sempre que a natureza de determinadas missões o exija.

5 – Ao pessoal referido nos números anteriores será fornecido pelo SEF fardamento e distintivo de modelos aprovados por portaria do Ministro da Administração Interna, na qual será estabelecida a dotação e duração de cada fardamento.

ARTIGO 61.º
Uso de meios coercivos e arma de fogo

1 – As autoridades de polícia criminal e os agentes de autoridade a que se refere o artigo 3.º defendem e respeitam, em todas as circunstâncias, a vida e a integridade física e moral, a dignidade das pessoas e utilizam a persuasão como método de actuação, só fazendo uso da força em casos de absoluta necessidade.

2 – Os funcionários referidos no número anterior têm direito, independentemente de licença, ao uso e porte de arma de fogo de modelo e calibre definido por despacho conjunto dos Ministros da Administração Interna e da Defesa Nacional.

3 – O pessoal referido no n.º 1 só pode utilizar a força nos casos expressamente previstos na lei fazendo uso dos meios de coerção nos seguintes casos:

a) Repelir uma agressão iminente ou em execução, em defesa própria ou de terceiros;
b) Vencer a resistência violenta à execução de um serviço no exercício das suas funções e manter a autoridade depois de ter feito aos resistentes intimação inequívoca de obediência e após esgotados todos os outros meios possíveis para o conseguir.

4 – O uso de arma de fogo pelo pessoal a que se refere o n.º 1 obedece aos princípios e regras estabelecidos no Decreto-Lei n.º 457//99, de 5 de Novembro, em tudo o que este for aplicável.

5 – A utilização de arma de fogo em instrução e em locais próprios não está abrangida pelo disposto no número anterior.

ARTIGO 62.º
Utilização de meios de transporte

1 – As autoridades de polícia criminal e os agentes de autoridade têm direito à utilização, em todo o território nacional, dos transportes colectivos, mediante exibição do cartão de livre trânsito.

2 – Os Ministros da Administração Interna e do Equipamento Social fixam anualmente, por despacho conjunto, o encargo decorrente da atribuição do direito previsto no n.º 1, a suportar pelo SEF.

ARTIGO 63.º
Condução de viaturas do serviço

O pessoal do SEF constante das alíneas a) a d) do n.º 1 do artigo 57.º habilitado com carta de condução e desde que devidamente credenciado deve assegurar a condução de viaturas do Serviço, sempre que tal se revele necessário para o cumprimento de actos de serviço e sem prejuízo do respectivo conteúdo funcional, desde que salvaguardada a responsabilidade civil do funcionário.

ARTIGO 64.º
Regulamentação específica

O regime de exercício de funções e o estatuto de pessoal que integram o quadro de pessoal do SEF serão objecto de diploma próprio, a aprovar no prazo de 60 dias contado da entrada em vigor deste decreto-lei.

SECÇÃO II
Pessoal dirigente e de chefia

SUBSECÇÃO I
Pessoal dirigente

ARTIGO 65.º
Quadro de pessoal dirigente

1 – O SEF dispõe do quadro de pessoal dirigente constante do mapa anexo ao presente diploma, que dele faz parte integrante.

Título II – *Leis orgânicas das forças e serviços de segurança...*

2 – Os cargos de director-geral e de director-geral-adjunto, este equiparado a subdirector-geral, são providos nos termos estabelecidos no estatuto do pessoal dirigente da função pública.

3 – As direcções centrais e as direcções regionais são dirigidas, respectivamente, por directores de direcção central e directores regionais, equiparados a directores de serviço.

4 – Os gabinetes e os departamentos são dirigidos, respectivamente, por coordenadores de gabinete e chefes de departamento, equiparados a chefe de divisão.

5 – O cargo de coordenador do Gabinete de Inspecção é equiparado a director de serviços e os de subdirector de direcção central e de subdirector regional são equiparados a chefe de divisão.

ARTIGO 66.º
Director de direcção central, director regional e coordenador do Gabinete de Inspecção

1 – O recrutamento para os cargos de director de direcção central é feito, por concurso, de entre licenciados titulares das categorias de inspectores superiores ou inspectores de nível 1 ou funcionários, que, nos termos do estatuto do pessoal dirigente da função pública, sejam recrutáveis para o cargo de director de serviços.

2 – O recrutamento para o cargo de coordenador do Gabinete de Inspecção é feito, por concurso, de entre licenciados em Direito titulares das categorias de inspectores superiores, ou funcionários que, nos termos do estatuto do pessoal dirigente da função pública, sejam recrutáveis para o cargo de director de serviços.

3 – O recrutamento para o cargo de director da Direcção Central de Informática é feito, por concurso, de entre os funcionários recrutáveis para o cargo de director de serviços, nos termos do estatuto do pessoal dirigente da função pública.

4 – O recrutamento para o cargo de director de direcção central de serviços operacionais com atribuições exclusivamente nas áreas de investigação e controlo de fronteira, e para o de director regional será feito, por concurso, apenas de entre inspectores superiores, inspectores coordenadores ou inspectores licenciados de nível 1.

Artigo 67.º
Chefe de departamento, coordenador de gabinete, subdirector de direcção central e subdirector regional

1 O recrutamento para os cargos de chefe de departamento, coordenador de gabinete e subdirector regional é feito, por concurso, de entre inspectores superiores ou inspectores licenciados de, pelo menos, nível 2 ou funcionários, que, nos termos do estatuto do pessoal dirigente da função pública, sejam recrutáveis para o cargo de chefe de divisão.

2 – O recrutamento para o cargo de subdirector de direcção central será feito, por concurso, apenas de entre inspectores, pelo menos, de nível 2.

3 – O recrutamento para os cargos de chefe de departamento e subdirector regional de serviços operacionais com atribuições exclusivamente nas áreas de investigação e controlo de fronteira, será feito, por concurso, apenas de entre inspectores, pelo menos, de nível 2.

Subsecção II
Pessoal de chefia

Artigo 68.º
Cargos de chefia

1 – Consideram-se cargos de chefia:

a) Chefes de delegação de tipo 1 e 2;
b) Chefe de departamento regional;
c) Responsável de posto de fronteira de tipo 3 e de posto misto de fronteira;
d) Adjunto do responsável dos postos de fronteira de tipo 1; e) Chefe de núcleo.

2 – Os cargos a que alude o n.º 1 são exercidos em comissão de serviço, por períodos de 3 anos renováveis, mediante despacho do director-geral, podendo ser dada por finda a todo o momento por despacho fundamentado do director-geral.

Artigo 69.º
Recrutamento para os cargos de chefia

1 – O recrutamento para os cargos a que alude o artigo precedente faz-se:

a) Os chefes de delegação de tipo 1, de entre inspectores, com pelo menos três anos de serviço na carreira e, excepcionalmente, em circunstâncias devidamente fundamentadas, de entre inspectores-adjuntos principais;

b) Os chefes de departamento regional, de entre inspectores com pelo menos três anos de serviço na carreira;

c) O chefe de departamento regional de investigação e fiscalização e de posto de fronteira de tipo 2, apenas de entre inspectores com pelo menos três anos de serviço na carreira;

d) Os responsáveis de postos de fronteira de tipo 3, de entre inspectores, sem prejuízo do disposto no n.º 3 do artigo 53.º;

e) Os adjuntos do responsável dos postos de fronteira de tipo 1, de entre inspectores;

f) Os responsáveis de posto misto de fronteira, de entre inspectores ou inspectores-adjuntos principais e, em circunstâncias excepcionais e devidamente fundamentadas, de entre inspectores-adjuntos de nível 1;

g) Os chefes de núcleo e os chefes de delegação de tipo 2, de entre, no mínimo, inspectores-adjuntos principais ou em casos excepcionais, devidamente fundamentados, de entre inspectores-adjuntos de nível 1, em qualquer dos casos com comprovada experiência profissional.

2 – Durante o período de um ano, contado da data de entrada em vigor do presente diploma, os chefes de departamento regional, chefes de núcleo e os chefes de delegação de tipo 2 poderão ser recrutados respectivamente de entre técnicos superiores, chefes de secção e assistentes administrativos especialistas possuidores de comprovada experiência profissional nas respectivas áreas funcionais, com um mínimo de três anos.

CAPÍTULO IV
Disposições finais e transitórias

ARTIGO 70.º
Objectos que revertem a favor do SEF

1 – Os objectos apreendidos pelo SEF que venham a ser declarados perdidos a favor do Estado ser-lhe-ão afectos quando:

a) Se trate de documentos, armas, munições, viaturas, equipamento de telecomunicações ou outros com interesse criminalístico;
b) Resultem do cumprimento de convenções internacionais e estejam correlacionados com a imigração ilegal.

2 – A utilidade dos objectos a que se refere a alínea a) do n.º 1 deve ser proposta pelo SEF no relatório final do respectivo processo crime.

ARTIGO 71.º
Isenção de portagem

As viaturas do SEF estão isentas do pagamento de qualquer taxa em pontes e auto-estradas.

ARTIGO 72.º
Pessoal dirigente

1 – Com a entrada em vigor da presente lei orgânica, cessam todas as comissões de serviço do pessoal dirigente, o qual, no entanto, terá que assegurar, em gestão corrente, o exercício das funções que vinha desempenhando até à nomeação dos titulares das correspondentes funções.

2 – Enquanto não for publicada a legislação prevista no artigo 64.º, ao pessoal dirigente que, após a entrada em vigor do presente diploma, se mantenha em exercício de funções nos termos previstos no número anterior e ao pessoal que venha a ser nomeado para lugares previstos no n.º 1 do artigo 65.º, é aplicável o disposto no artigo 72.º do Decreto-Lei n.º 440/86, de 31 de Dezembro.

3 – Sem prejuízo do disposto no artigo 67.º, durante o período transitório de 1 ano, o recrutamento para o cargo de chefe de departamento poderá ser feito de entre oficias das Forças Armadas ou das forças de segurança e, conforme previsto no n.º 7 do artigo 4.º do estatuto do pessoal dirigente da função pública, de entre especialista superior de nível 4 e, em ambos os casos, em exercício de funções na respectiva área, há mais de quatro anos.

Nota: *O n.º 2 do art. 72.º tem redacção do Dec.-Lei n.º 290-A/2001, de 17 de Novembro.*

ARTIGO 73.º
Pessoal em exercício de funções no SEF

1 – Os dirigentes em exercício à data da entrada em vigor do presente diploma, oriundos de outros organismos da Administração Pública, que não venham a ser providos em qualquer dos cargos dirigentes constantes do mapa de pessoal dirigente anexo, regressam ao respectivo serviço de origem excepto se, no prazo de trinta dias, contados a partir da data da entrada em vigor do diploma previsto no artigo 64.º optarem pela integração no quadro do SEF.

2 – O pessoal em regime de requisição que, à data da entrada em vigor do presente diploma, se encontre a exercer funções no SEF, poderá, durante o período de um ano contado a partir da data da entrada em vigor do diploma previsto no artigo 64.º ser integrado no quadro do SEF.

3 – Findo o período a que se refere o número anterior, o pessoal que não opte pela integração regressará aos respectivos serviços de origem.

Artigo 74.º

Garantias

O pessoal em comissão de serviço no SEF mantém todos os direitos e regalias inerentes ao lugar de origem.

Artigo 75.º

Entrada em vigor

O presente diploma entra em vigor no dia 1 do mês imediato ao da sua publicação.

Artigo 76.º

Norma revogatória

1 – Com a entrada em vigor do presente diploma são revogados os preceitos legais respeitantes a atribuições e organização do SEF constantes dos artigos 1.º a 8.º, 10.º a 34.º, n.ºs 2, 3 e 4 do artigo 38.º e artigos 40.º a 45.º do Decreto-Lei n.º 440/86, de 31 de Dezembro.

2 – Enquanto não for publicada a legislação prevista no artigo 64.º continuam a aplicar-se os preceitos legais e regulamentares que não contrariem o estabelecido neste diploma, designadamente contidos nos:

a) O Decreto-Lei n.º 440/86, de 31 de Dezembro;

b) O Decreto-Lei n.º 198/88, de 31 de Maio;
c) O Decreto-Lei n.º 372/88 de 17 de Outubro;
d) O Decreto-Lei n.º 360/89, de 18 de Outubro;
e) O Decreto-Lei n.º 160/92, de 1 de Agosto;
f) O Decreto-Lei n.º 120/93, de 16 de Abril;
g) O Decreto-Lei n.º 98/96, de 19 de Julho;
h) O Decreto-Lei n.º 228/96, de 29 de Novembro;
i) O Decreto-Lei n.º 108/97, de 8 de Maio.

Visto e aprovado em Conselho de Ministros de 24 de Agosto de 2000. – *António Manuel de Oliveira Guterres – Jaime José Matos da Gama – Fernando Manuel dos Santos Gomes – Joaquim Augusto Nunes Pina Moura – Eduardo Luís Barreto Ferro Rodrigues – António Luís Santos Costa – Alberto de Sousa Martins – Maria de Belém Roseira Martins Coelho Henriques de Pina.*

Promulgado em 2 de Outubro de 2000.

Publique-se.

O Presidente da República, Jorge Sampaio.

Referendado em 4 de Outubro de 2000.

O Primeiro-Ministro, *António Manuel de Oliveira Guterres.*

ANEXO I
(a que se refere o n.º 1 do artigo 51.º)

Designação	Localidade	Natureza	Tipo
PF 201 (a)	Gare Marítima de Alcântara	Posto de fronteira marítimo	I
PF 202 (a)	Porto de Leixões	Posto de fronteira marítimo	II
PF 203 (a)	Porto de Setúbal	Posto de fronteira marítimo	III
PF 204 (a)	Porto e Viana de Castelo	Posto de fronteira marítimo	III
PF 205 (a)	Porto de Sines	Posto de fronteira marítimo	III
PF 206	Porto de Figueira da Foz	Posto de fronteira marítimo	III
PF 207 (a)	Porto de Aveiro	Posto de fronteira marítimo	III
PF 208	Marina do Funchal	Posto de fronteira marítimo	III
PF 209	Porto de Ponta Delgada	Posto de fronteira marítimo	III
PF 211	Cais de Santa Cruz da Horta	Posto de fronteira marítimo	III
PF 212	Cais de Vila do porto – santa Maria	Posto de fronteira marítimo	III
PF 213 (a)	Marina de Faro	Posto de fronteira marítimo	III
PF 214	Marina de Vilamoura	Posto de fronteira marítimo	III
PF 215 (a)	Porto de Portimão	Posto de fronteira marítimo	III
PF 216	Marina de Lagos	Posto de fronteira marítimo	III
PF 217 (a)	Porto de Olhão	Posto de fronteira marítimo	III
PF 218 (a)	Porto de Peniche	Posto de fronteira marítimo	III
PF 219 (a)	Cais de Estiva Velha	Posto de fronteira marítimo	III
PF 220 (a)	Porto de Nazaré	Posto de fronteira marítimo	III
PF 221 (a)	Porto de São Martinho do Porto	Posto de fronteira marítimo	III
PF 222 (a)	Porto da Póvoa de Varzim	Posto de fronteira marítimo	III
PF 223	Porto de Porto Santo	Posto de fronteira marítimo	III
PF 224	Porto de Angra do Heroísmo	Posto de fronteira marítimo	III
PF 227 (a)	Marinha de Cascais	Posto de fronteira marítimo	III
PF 228 (a)	Porto de Sesimbra	Posto de fronteira marítimo	III
PF 229 (a)	Cais das Freiras – Vila Nova da Gaia	Posto de fronteira marítimo	III
PRF 298	Doca dos Olivais	Posto de fronteira marítimo	III
PF 001	Lisboa/Aeroporto da Portela	Posto da fronteira aérea	I
PF 002	Faro/Aeroporto de São Luís	Posto da fronteira aérea	II
PF 003	Porto/Aeroporto de Francisco Sá Carneiro	Posto da fronteira aérea	II
PF 004	Funchal/Aeroporto de Santa Catarina	Posto da fronteira aérea	II
PF 005	Aerogare Civil das Lajes	Posto da fronteira aérea	III
PF 006	Aeroporto de Santa Maria	Posto da fronteira aérea	III
PF 007	Ponta Delgada/Aeroporto de ponta Delgada	Posto da fronteira aérea	III
PF 008	Porto Santo/Aeroporto de Porto Santo	Posto da fronteira aérea	III

Anexo II
(a que se refere o n.º 1 do artigo 54.º)

POSTOS MISTOS

Designação	Localidade
Vilar Formoso/Fuentes d'Onõro	Vilar Formoso.
Caya/Elvas	Caya.
Tuy/Valença	Tuy
Vila Real de Santo António/Ayamonte................	Vila Real de Santo

SISTEMA DA AUTORIDADE MARÍTIMA

DECRETO-LEI N.º 43/2002, DE 2 DE MARÇO

As novas realidades e os novos desafios que se apresentam à segurança marítima, acompanhados pela evolução da regulamentação técnica internacional, comunitária e nacional, fizeram incidir a atenção dos Estados em matéria de segurança marítima, em geral, e de protecção do ecossistema marinho, em particular. Estas circunstâncias determinaram, ao longo do tempo, a necessidade de aperfeiçoamento e desenvolvimento dos conhecimentos e competências técnicas dirigidas, prioritariamente, ao combate à criminalidade por via marítima e ao tráfico de estupefacientes, à salvaguarda da vida humana no mar e à defesa e preservação do meio marinho.

Consideradas a extensão da costa portuguesa, cuja vigilância importa assegurar de forma eficaz, e a situação geoestratégica de Portugal, que corresponde à confluência das mais importantes e movimentadas rotas marítimas internacionais, é exigível uma atenção acrescida tendo em vista a prevenção de situações potencialmente lesivas do interesse nacional e comunitário. Por outro lado, Portugal dispõe da segunda maior zona económica exclusiva da Europa, o que igualmente postula a existência de instrumentos susceptíveis de responder capazmente aos desafios daí resultantes.

Manifestando já estas e outras preocupações, o Governo aprovou as Resoluções do Conselho de Ministros n.ºs 185/96, de 28 de Novembro, e 84/98, de 10 de Julho, as quais apontaram no sentido da reavaliação global das características e tipos de entidades, órgãos ou serviços com responsabilidades no exercício da autoridade marítima, com especial incidência nos instrumentos de articulação e coordenação dos mesmos, com vista à melhoria da eficácia e operacionalidade da sua actuação.

No âmbito dessa reavaliação, é reconhecido especial relevo à intervenção gradual da Marinha nas denominadas «missões de inte resse público», nomeadamente no campo da aplicação e verificação do cumprimento das leis e regulamentos marítimos, em espaços sob soberania ou jurisdição nacionais (entre outros, o controlo de navios, a fiscalização das pescas, o combate à poluição e repressão de outros ilícitos marítimos), cuja legitimação reside ainda no direito internacional, que lhe confere instrumentos para o combate ao narcotráfico, ao terrorismo e ao tráfico de pessoas. O presente diploma adere a essa lógica de consolidação dos meios institucionais e organizativos da Marinha como pilar essencial da autoridade marítima.

Das preocupações e objectivos apontados resulta a necessidade de reforçar a eficácia da Administração, donde releva a urgência em proceder à articulação de todas as entidades com intervenção e responsabilidades no espaço marítimo, entre outras, a autoridade marítima, as autoridades portuárias e organismos vocacionados para a protecção ambiental.

Adopta-se, assim, um novo conceito de sistema da autoridade marítima (SAM), assumindo carácter de transversalidade, passando a integrar todas as entidades, civis e militares, com responsabilidades no exercício da autoridade marítima. Este novo SAM passará a dispor de meios de coordenação nacional de nível ministerial e de coordenação operacional de alto nível, que potenciarão uma nova dinâmica na conjugação de esforços, maximizando resultados no combate ao narcotráfico, na preservação dos recursos naturais, do património cultural subaquático e do ambiente e na protecção de pessoas e bens.

Igualmente importa potenciar as capacidades dos organismos e forças de segurança, por forma a concretizar os objectivos do Governo em matéria de combate ao tráfico ilícito de drogas, tal como definido na Resolução do Conselho de Ministros n.º 39/2001, de 9 de Abril, que aprova o Plano de Acção Nacional de Luta contra a Droga e a Toxicodependência, designadamente pela partilha de informação, planeamento de acções conjuntas no âmbito da vigilância das costas e espaços marítimos sob jurisdição nacional e celebração de protocolos de cooperação entre as várias entidades e órgãos que, em razão da matéria e do território, ali detêm responsabilidades.

Por fim, pela adopção do novo conceito de autoridade marítima nacional como parte integrante do SAM, criam-se condições de garantia de uma maior eficácia na utilização dos meios afectos à Marinha no exercício das actividades anteriormente enumeradas em actuação, singular ou conjunta, com outras entidades ou órgãos.

Foram ouvidos os órgãos de governo próprio das Regiões Autónomas.

Assim:

Nos termos da alínea a) do n.º 1 do artigo 198.º da Constituição, o Governo decreta, para valer como lei geral da República, o seguinte:

Capítulo I
Princípios gerais

Artigo 1.º
Objecto

1 – O presente diploma cria o sistema da autoridade marítima (SAM), estabelece o seu âmbito e atribuições e define a sua estrutura de coordenação.

2 – É criada a Autoridade Marítima Nacional (AMN), como estrutura superior de administração e coordenação dos órgãos e serviços que, integrados na Marinha, possuem competências ou desenvolvem acções enquadradas no âmbito do SAM.

Artigo 2.º
Sistema da autoridade marítima

Por «SAM» entende-se o quadro institucional formado pelas entidades, órgãos ou serviços de nível central, regional ou local que, com funções de coordenação, executivas, consultivas ou policiais, exercem poderes de autoridade marítima.

ARTIGO 3.º
Autoridade marítima

Para efeitos do disposto no presente diploma, entende-se por «autoridade marítima» o poder público a exercer nos espaços marítimos sob soberania ou jurisdição nacional, traduzido na execução dos actos do Estado, de procedimentos administrativos e de registo marítimo, que contribuam para a segurança da navegação, bem como no exercício de fiscalização e de polícia, tendentes ao cumprimento das leis e regulamentos aplicáveis nos espaços marítimos sob jurisdição nacional.

ARTIGO 4.º
Espaços marítimos sob soberania
ou jurisdição nacional

1 – Para efeitos do disposto no presente diploma, consideram-se «espaços marítimos sob soberania nacional» as águas interiores, o mar territorial e a plataforma continental.
2 – A Zona Económica Exclusiva (ZEE) é considerada espaço marítimo sob jurisdição nacional, onde se exercem os poderes do Estado no quadro da Convenção das Nações Unidas sobre o Direito do Mar.

ARTIGO 5.º
Zona contígua

O SAM exerce na zona contígua os poderes fixados na Convenção das Nações Unidas sobre o Direito do Mar, em conformidade com a legislação aplicável àquele espaço marítimo sob jurisdição nacional.

ARTIGO 6.º
Atribuições

1 – O SAM tem por fim garantir o cumprimento da lei nos espaços marítimos sob jurisdição nacional, no âmbito dos parâmetros de actuação permitidos pelo direito internacional e demais legislação em vigor.

2 – Para além de outras que lhe sejam cometidas por lei, são atribuições do SAM:

a) Segurança e controlo da navegação;
b) Preservação e protecção dos recursos naturais;
c) Preservação e protecção do património cultural subaquático;
d) Preservação e protecção do meio marinho;
e) Prevenção e combate à poluição;
f) Assinalamento marítimo, ajudas e avisos à navegação;
g) Fiscalização das actividades de aproveitamento económico dos recursos vivos e não vivos;
h) Salvaguarda da vida humana no mar e salvamento marítimo;
i) Protecção civil com incidência no mar e na faixa litoral;
j) Protecção da saúde pública;
k) Prevenção e repressão da criminalidade, nomeadamente no que concerne ao combate ao narcotráfico, ao terrorismo e à pirataria;
l) Prevenção e repressão da imigração clandestina;
m) Segurança da faixa costeira e no domínio público marítimo e das fronteiras marítimas e fluviais, quando aplicável.

CAPÍTULO II
Composição do sistema da autoridade marítima

ARTIGO 7.º
Organização

1 – Exercem o poder de autoridade marítima no quadro do SAM e no âmbito das respectivas competências as seguintes entidades:

a) Autoridade marítima nacional;
b) Polícia Marítima;
c) Guarda Nacional Republicana;
d) Polícia de Segurança Pública;
e) Polícia Judiciária;
f) Serviço de Estrangeiros e Fronteiras;
g) Inspecção-Geral das Pescas;
h) Instituto da Água;
i) Instituto Marítimo-Portuário;
j) Autoridades portuárias;
k) Direcção-Geral da Saúde.

2 – O disposto no número anterior não prejudica o disposto na lei sobre as competências dos serviços e organismos das Regiões Autónomas dos Açores e da Madeira.

Artigo 8.º
Conselho Coordenador Nacional

1 – A coordenação nacional das entidades e órgãos integrantes do SAM é assegurada pelo Conselho Coordenador Nacional (CCN), composto pelos seguintes elementos:

a) Ministro da Defesa Nacional, que preside;
b) Ministro da Administração Interna;
c) Ministro do Equipamento Social;
d) Ministro da Justiça;
e) Ministro da Agricultura, do Desenvolvimento Rural e das Pescas;
f) Ministro do Ambiente e do Ordenamento do Território;
g) Autoridade Marítima Nacional;
h) Chefe do Estado-Maior da Força Aérea;
i) Comandante-geral da Polícia Marítima;
j) Comandante-geral da Guarda Nacional Republicana;
k) Director nacional da Polícia de Segurança Pública;
l) Director nacional da Polícia Judiciária;
m) Director do Serviço de Estrangeiros e Fronteiras;

n) Presidente do Instituto Marítimo-Portuário;
o) Director-geral das Pescas e Aquicultura;
p) Inspector-geral das Pescas;
q) Director-geral da Saúde;
r) Presidente do Instituto da Água.

2 – Integra ainda o CCN um representante de cada uma das Regiões Autónomas dos Açores e da Madeira, a nomear pelo presidente do respectivo Governo.

3 – Participa nas reuniões do CCN o membro do Governo responsável pela coordenação da política de combate à droga e à toxicodependência sempre que estiverem agendados assuntos com aquela relacionados.

4 – Podem ainda participar no CCN os membros do Governo que tutelem entidades ou órgãos que, não integrando o SAM, possuam competências específicas que se enquadrem nas atribuições previstas no artigo 6.º, n.º 2.

5 – Os membros do Governo poderão fazer-se representar.

6 – Ao CCN compete:

a) Aprovar e emitir orientações para assegurar a articulação efectiva entre entidades e órgãos de execução do poder de autoridade marítima;
b) Definir metodologias de trabalho e acções de gestão que favoreçam uma melhor coordenação e mais eficaz acção das entidades e dos órgãos de execução do poder de autoridade marítima nos diversos níveis hierárquicos.

7 – O regulamento interno do CCN é aprovado por portaria dos membros do Governo previstos no n.º 1.

ARTIGO 9.º
Coordenação operacional e centralização de informação

1 – A coordenação operacional das entidades ou órgãos que exercem o poder de autoridade marítima no quadro do SAM é assegurada, a nível nacional, pelos respectivos dirigentes máximos.

2 – As entidades policiais que integram o SAM estão sujeitas ao regime de centralização de informação, de coordenação e intervenção conjunta, previsto no Decreto-Lei n.º 81/95, de 22 de Abril, no que respeita à actividade de combate ao narcotráfico.

Artigo 10.º

Regulamentação

A estrutura, organização, funcionamento e competências da AMN e dos órgãos e serviços nela integrados são aprovados por decreto-lei.

Artigo 11.º

Entrada em vigor

O presente diploma entra em vigor 30 dias após a data da sua publicação.

Visto e aprovado em Conselho de Ministros de 5 de Dezembro de 2001. – *António Manuel de Oliveira Guterres – Jaime José Matos da Gama – Guilherme d'Oliveira Martins – Rui Eduardo Ferreira Rodrigues Pena – Henrique Nuno Pires Severiano Teixeira – Rui António Ferreira Cunha – António Luís Santos Costa – Luís Garcia Braga da Cruz – Luís Manuel Capoulas Santos – António Fernando Correia de Campos – José Sócrates Carvalho Pinto de Sousa – Augusto Ernesto Santos Silva – Alberto de Sousa Martins.*

Promulgado em 11 de Fevereiro de 2002.

Publique-se.

O Presidente da República, Jorge Sampaio.

Referendado em 14 de Fevereiro de 2002.

O Primeiro-Ministro, *António Manuel de Oliveira Guterres.*

DECRETO-LEI N.º 44/2002 DE 2 DE MARÇO

O Decreto-Lei n.º 300/84, de 7 de Setembro, definiu o sistema da autoridade marítima como tendo por fim garantir o cumprimento da lei nos espaços marítimos sob soberania ou jurisdição nacional, estabelecendo ainda o respectivo sistema orgânico de nível central, regional e local.

A dimensão da costa portuguesa e a especificidade da sua Zona Económica Exclusiva, cuja vigilância importa assegurar de forma eficaz, e a confluência neste espaço das mais importantes e movimentadas rotas marítimas internacionais, para além da necessidade de reforço da prevenção de situações potencialmente lesivas do interesse nacional e comunitário, determinaram a adopção de um novo conceito de sistema da autoridade marítima, mais abrangente, cuja estrutura integra diversas entidades, órgãos e serviços.

Na sequência da nova filosofia de enquadramento das matérias relacionadas com a autoridade marítima, no quadro aprovado pelas Resoluções do Conselho de Ministros n.ºs 185/96, de 28 de Novembro, e 84/98, de 10 de Julho, e na sequência do disposto no Decreto-Lei n.º 43/2002, de 2 de Março, que cria o sistema da autoridade marítima, estabelece o seu âmbito e atribuições e define a sua estrutura de coordenação, importa proceder à definição da estrutura da autoridade marítima nacional, dos seus órgãos e serviços, designadamente pela criação da Direcção-Geral da Autoridade Marítima, que sucederá à Direcção--Geral de Marinha.

A Direcção-Geral da Autoridade Marítima, como organismo operativo da Autoridade Marítima Nacional, desenvolverá a sua actuação no novo quadro legal definido e em conformidade com as directrizes e orientações emitidas pelo recém-criado Conselho Coordenador Nacional do Sistema da Autoridade Marítima.

Foram ouvidos os órgãos de governo próprio das Regiões Autónomas.

Assim.

Nos termos da alínea a) do n.º 1 do artigo 198.º da Constituição, o Governo decreta, para valer como lei geral da República, o seguinte:

Capítulo I
Autoridade marítima nacional

Secção I
Objecto e atribuições

Artigo 1.º
Objecto

1 – O presente diploma define, no âmbito do sistema da autoridade marítima (SAM), a estrutura, organização, funcionamento e competências da autoridade marítima nacional (AMN), dos seus órgãos e dos seus serviços.

2 – É criada, na estrutura da AMN, a Direcção-Geral da Autoridade Marítima (DGAM).

Artigo 2.º
Atribuições da autoridade marítima nacional

1 – A AMN é a entidade responsável pela coordenação das actividades, de âmbito nacional, a executar pela Marinha e pela DGAM, na área de jurisdição e no quadro do SAM, com observância das orientações definidas pelo Ministro da Defesa Nacional, devendo submeter a este a proposta do respectivo orçamento.

2 – O Chefe do Estado-Maior da Armada é, por inerência, a AMN.

Secção II
Estrutura da autoridade marítima nacional

Artigo 3.º
Estrutura da autoridade marítima nacional

1 – A AMN compreende os seguintes órgãos consultivos:

a) Conselho Consultivo (CCAMN);
b) Comissão do Domínio Público Marítimo (CDPM).

2 – Integra ainda a AMN a DGAM, como órgão central da AMN.
3 – A Polícia Marítima (PM) integra a estrutura operacional da AMN, nos termos previstos no presente diploma.

Capítulo II
Órgãos consultivos

Artigo 4.º
**Composição do Conselho Consultivo da Autoridade
Marítima Nacional**

1 – O CCAMN tem a seguinte composição:

a) O director-geral da Autoridade Marítima, em representação da AMN, que preside;
b) Um representante do Ministro dos Negócios Estrangeiros;
c) Um representante do Ministro da Administração Interna;

d) Um representante do Ministro do Equipamento Social;
e) Um representante do Ministro da Justiça;
f) Um representante do Ministro da Agricultura, do Desenvolvimento Rural e das Pescas;
g) Um representante do Ministro do Ambiente e do Ordenamento do Território;
h) Um representante do Estado-Maior da Armada;
i) Um representante do Instituto Hidrográfico.

2 – O CCAMN, quando reunido no âmbito e para os efeitos do disposto no Plano Mar Limpo, aprovado pela Resolução do Conselho de Ministros n.º 25/93, de 15 de Abril, incluirá ainda:

a) Um representante do Ministro das Finanças;
b) Um representante do Ministro da Economia;
c) Um representante do Ministro da Saúde;
d) Um perito de combate à poluição marítima da DGAM.

3 – Sempre que o CCAMN reúna para apreciação de matérias relacionadas com as Regiões Autónomas integra ainda um representante do respectivo Governo regional.

4 – O presidente do CCAMN é substituído nas suas faltas, ausências ou impedimentos pelo subdirector-geral da Autoridade Marítima.

5 – Podem ser convidadas a participar nas reuniões do CCAMN, de acordo com as matérias em discussão, outras entidades, sem direito a voto.

6 – O secretário do CCAMN, sem direito a voto, é nomeado pelo seu presidente.

Artigo 5.º
**Competência do Conselho Consultivo
da Autoridade Marítima Nacional**

1 – O CCAMN é o órgão de consulta da AMN sobre matérias relacionadas com as suas atribuições.

2 – Compete ao CCAMN:

a) Pronunciar-se sobre matérias que incidam sobre a autoridade marítima e, quando solicitado, sobre o quadro e âmbito de intervenção dos órgãos regionais e locais da DGAM;
b) Proceder à análise de questões de índole técnica, a solicitação da AMN;
c) Emitir recomendações no âmbito do exercício da autoridade marítima;
d) Estabelecer, no âmbito da AMN, parâmetros de articulação entre os seus órgãos e serviços;
e) Emitir parecer, aplicar medidas e fixar as coimas, nos termos do disposto no Decreto-Lei n.º 235/2000, de 26 de Setembro.

3 – Compete ainda ao CCAMN emitir pareceres e exercer os demais poderes no âmbito do Plano Mar Limpo.
4 – O regulamento interno do CCAMN é aprovado por despacho do Ministro da Defesa Nacional, sob proposta da AMN, ouvidos os seus membros.

Artigo 6.º
Comissão do Domínio Público Marítimo

1 – À CDPM compete o estudo e emissão de parecer sobre os assuntos relativos à utilização, manutenção e defesa do domínio público marítimo.
2 – A CDPM é presidida por um oficial general da Armada, na situação de activo ou reserva, a nomear por despacho do Ministro da Defesa Nacional, sob proposta da AMN.
3 – A CDPM integra representantes das entidades públicas que detenham responsabilidades ou competências no âmbito da utilização, conservação e defesa do domínio público marítimo, a nomear por despacho do membro do Governo respectivo.
4 – Os membros da CDPM têm direito a senhas de presença, nos termos a fixar no regulamento previsto no n.º 7.

5 – O presidente da CDPM poderá convidar para participar nos trabalhos personalidades com responsabilidade em determinadas matérias ou áreas geográficas, cujo contributo seja considerado necessário para a discussão dos assuntos em agenda.

6 – A CDPM reúne.

a) Ordinariamente, nos termos da calendarização a fixar no regulamento previsto no n.º 7;
b) Extraordinariamente, a convocação do seu presidente, para apreciação de matérias constantes da agenda de trabalhos previamente distribuída.

7 – O regulamento interno da CDPM, que estabelece a composição, funcionamento e demais regras procedimentais, é aprovado por portaria do Ministro da Defesa Nacional, sob proposta da AMN.

Capítulo III

Direcção-Geral da Autoridade Marítima

Secção I

Natureza e estrutura

Artigo 7.º

Natureza

A DGAM é o serviço, integrado no Ministério da Defesa Nacional através da Marinha, dotado de autonomia administrativa, responsável pela direcção, coordenação e controlo das actividades exercidas no âmbito da AMN.

Artigo 8.º

Estrutura

1 – A DGAM depende directamente da AMN e tem os seguintes órgãos centrais:

a) O director-geral da Autoridade Marítima;
b) O conselho administrativo (CA).

2 – A DGAM compreende os seguintes órgãos e serviços:

a) Serviços centrais;
b) Departamento Marítimo do Norte;
c) Departamento Marítimo do Centro;
d) Departamento Marítimo do Sul;
e) Departamento Marítimo dos Açores;
f) Departamento Marítimo da Madeira;
g) Capitanias dos portos.

3 – Os departamentos marítimos e as capitanias dos portos são, respectivamente, órgãos regionais e locais da DGAM.

4 – Integram ainda a estrutura da DGAM o Instituto de Socorros a Náufragos, a Direcção de Faróis e a Escola da Autoridade Marítima, nos termos da legislação aplicável.

5 – A estrutura e as competências dos serviços centrais da DGAM são aprovadas por decreto regulamentar, que fixará a orgânica e funcionamento, bem como as áreas de jurisdição, dos departamentos marítimos e das capitanias dos portos.

Secção II
Director-geral da Autoridade Marítima

Artigo 9.º
Competências

1 – Compete ao director-geral da Autoridade Marítima, para além das competências legalmente conferidas aos directores-gerais, o seguinte:

a) Dirigir e coordenar os serviços centrais, regionais e locais integrados na DGAM, de acordo com as directivas da AMN;

b) Representar a DGAM, para todos os efeitos legais;
c) Presidir ao CA;
d) Presidir ao CCAMN.

2 – O director-geral da Autoridade Marítima é coadjuvado por um subdirector-geral.

3 – O director-geral e o subdirector-geral da Autoridade Marítima são, por inerência de funções, o comandante-geral e o 2.º comandante--geral da PM, respectivamente.

Secção III
Conselho administrativo

Artigo 10.º
Estrutura e competências

1 – O CA é constituído pelo director-geral da Autoridade Marítima, que preside, pelo subdirector-geral da Autoridade Marítima e por um segundo vogal a nomear pelo seu presidente.

2 – Ao CA incumbe, como órgão deliberativo, zelar pela boa utilização dos recursos financeiros atribuídos ou cobrados pela DGAM e seus órgãos ou serviços, bem como a gestão e a conservação do acervo de bens patrimoniais que lhe estão afectos.

3 – Compete ao CA, para além das competências legalmente cometidas:

a) Promover e orientar a elaboração dos planos financeiros;
b) Promover e orientar a elaboração da proposta orçamental da DGAM e acompanhar a sua execução;
c) Autorizar a adjudicação e contratação de estudos, obras, trabalhos, serviços e fornecimentos indispensáveis ao funcionamento da DGAM;
d) Autorizar as despesas, nos termos e até aos limites legalmente estabelecidos, e verificar e visar o seu processamento;

e) Promover a arrecadação de receitas, proceder à verificação dos fundos em cofre e em depósito e fiscalizar a escrituração da contabilidade;
f) Superintender na organização da conta anual de gerência da DGAM e proceder à sua aprovação, a fim de ser remetida ao Tribunal de Contas;
g) Autorizar os actos de aquisição e alienação, bem como os de administração relativos ao património;
h) Autorizar a venda de material considerado inútil ou desnecessário, de acordo com a legislação em vigor.

4 – O CA reúne por convocação do seu presidente ou por solicitação dos vogais.

5 – O CA pode delegar competências no seu presidente.

6 – Em casos de falta, ausência ou impedimento dos membros do CA, a sua substituição faz-se pela seguinte forma:

a) O presidente pelo primeiro vogal;
b) O primeiro vogal pelo segundo vogal;
c) O segundo vogal por funcionário ou militar da DGAM a designar pelo presidente.

Secção IV
Órgãos regionais e locais da Direcção-Geral da Autoridade Marítima

Artigo 11.º
Departamentos marítimos

1 – Os departamentos marítimos são órgãos regionais da DGAM aos quais compete, nos espaços marítimos sob sua jurisdição, coordenar e apoiar as acções e o serviço das capitanias.

2 – Os departamentos marítimos são dirigidos pelos respectivos chefes de departamento, hierarquicamente dependentes do director--geral da Autoridade Marítima.

3 – Compete aos chefes dos departamentos marítimos:

a) Assegurar o cumprimento das disposições relativas à AMN;
b) Coordenar e controlar as actividades das capitanias dos portos;
c) Exercer os demais poderes conferidos por lei.

4 – Os chefes dos departamentos marítimos são, por inerência, comandantes regionais da PM.

Artigo 12.º
Capitanias dos portos

1 – As capitanias dos portos asseguram, nos espaços marítimos sob sua jurisdição, a execução das actividades que incumbem aos respectivos departamentos marítimos.
2 – As capitanias são dirigidas por capitães dos portos, hierarquicamente dependentes dos respectivos chefes de departamento marítimo.
3 – Integram a estrutura das capitanias as delegações marítimas, como extensões territoriais daquelas, chefiadas por adjuntos dos capitães dos portos, nomeados pela AMN.
4 – Os capitães dos portos podem delegar ou subdelegar competências de carácter administrativo nos adjuntos que prestem serviço nas delegações marítimas.
5 – Os capitães dos portos são, por inerência, comandantes locais da PM.

Artigo 13.º
Competências do capitão do porto

1 – O capitão do porto é a autoridade marítima local a quem compete exercer a autoridade do Estado, designadamente em matéria de fiscalização, policiamento e segurança da navegação, de pessoas e bens, na respectiva área de jurisdição, nos termos dos números seguintes.

2 – Compete ao capitão do porto, no exercício de funções de autoridade marítima:

a) Coordenar e executar acções de fiscalização e vigilância que se enquadrem no seu âmbito e área de jurisdição, nos termos da lei;
b) Exercer as competências que lhe são cometidas no âmbito da lei de segurança interna;
c) Dirigir operacionalmente, enquanto responsável de protecção civil, as acções decorrentes das competências que, neste âmbito, lhe estão legalmente cometidas, em cooperação com outras entidades e sem prejuízo das competências da tutela nacional da protecção civil;
d) Proceder a inquérito em caso de sinistros marítimos e, relativamente aos acidentes que envolvam feridos ou mortos, efectuar as diligências processuais necessárias, sob direcção da competente autoridade judiciária, sem prejuízo da investigação técnica de acidentes pelo Instituto Marítimo-Portuário;
e) Efectuar a investigação da ocorrência em caso de naufrágios e proceder de acordo com o estipulado na legislação do registo civil;
f) Receber os relatórios e protestos de mar apresentados pelos comandantes das embarcações nacionais, comunitárias e de países terceiros e proceder à respectiva instrução processual, de acordo com o estabelecido em legislação própria;
g) Promover tentativas de conciliação nas matérias especialmente previstas na lei dos tribunais marítimos;
h) Verificar, imediatamente antes da largada de navios ou embarcações, a existência e conformidade dos documentos exigidos pela legislação em vigor para o efeito e emitidos pelas autoridades portuárias, sanitárias, alfandegárias, fiscais e policiais, sem prejuízo da visita e da verificação documental sempre que ocorram suspeitas de infracções de natureza penal ou contra-ordenacional, a fim de ser emitido despacho de largada;
i) Determinar a detenção de embarcações, nos casos legalmente previstos, designadamente no Decreto-Lei n.º 195/98, de 10 de Julho;

j) Impedir a saída das embarcações que tenham praticado ilícito penal ou contra-ordenacional enquanto não prestarem a caução que lhes tenha sido imposta nos termos legais;
k) Exercer a autoridade de Estado a bordo de navios ou embarcações comunitários e estrangeiros, observados os requisitos preceituados no artigo 27.º da Convenção das Nações Unidas sobre o Direito do Mar, quando se verifiquem alterações da ordem pública, ocorrência de indícios criminais ou quando os mesmos se encontrem sem capitão ou em processo de abandono;
l) Fiscalizar o cumprimento das normas legais relativas às pescas.

3 – Compete ao capitão do porto, no âmbito do salvamento e socorro marítimos:

a) Prestar o auxílio e socorro a náufragos e a embarcações, utilizando os recursos materiais da capitania ou requisitando-os a organismos públicos e particulares se tal for necessário;
b) Superintender as acções de assistência e salvamento de banhistas nas praias da área da sua capitania.

4 – Compete ao capitão do porto, no exercício de funções no âmbito da segurança da navegação:

a) Estabelecer, quanto a navios comunitários e estrangeiros, formas de acesso ao mar territorial ou sua interdição, em cooperação com a Autoridade de Controlo de Tráfego Marítimo;
b) Determinar o fecho da barra, por imperativos decorrentes da alteração da ordem pública e, ouvidas as autoridades portuárias, com base em razões respeitantes às condições de tempo e mar;
c) Cumprir as formalidades previstas na lei quanto a embarcações que transportam cargas perigosas e fiscalizar o cumprimento dos normativos aplicáveis, bem como as medidas de segurança para a sua movimentação nos portos;

d) Estabelecer fundeadouros fora das áreas de jurisdição portuária;
e) Emitir parecer sobre fundeadouros que sejam estabelecidos na área de jurisdição portuária, no caso de cargas perigosas;
f) Emitir parecer sobre dragagens e fiscalizar o cumprimento do estabelecido quanto à sua execução, sem prejuízo das competências específicas das autoridades portuárias e de se dever assegurar permanentemente a plena acessibilidade às instalações militares sediadas na área de jurisdição portuária;
g) Publicar o edital da capitania, enquanto conjunto de orientações, informações e determinações no âmbito das competências que lhe estão legalmente cometidas, tendo em conta as atribuições das autoridades portuárias;
h) Publicar avisos à navegação quanto a actividades ou acontecimentos nos espaços marítimos sob soberania ou jurisdição nacional, bem como promover a divulgação dos que sejam aplicáveis na área de jurisdição portuária, sem prejuízo das competências específicas do Instituto Hidrográfico;
i) Garantir o assinalamento marítimo costeiro, em articulação com a Direcção de Faróis;
j) Dar parecer técnico em matéria de assinalamento marítimo na área de jurisdição portuária;
k) Coordenar as acções de combate à poluição, nos termos definidos no Plano Mar Limpo;
l) Executar os procedimentos previstos em lei especial sobre embarcações de alta velocidade (EAV), competindo-lhe, ainda, a fiscalização do cumprimento dos normativos aplicáveis e a instrução processual dos ilícitos;
m) Promover, sem prejuízo das competências específicas das autoridades portuárias e ambientais, as acções processuais e operacionais necessárias ao assinalamento e remoção de destroços de embarcações naufragadas ou encalhadas, quando exista perigo de poluição marítima, perigo para a segurança da navegação ou coloquem dificuldades à entrada e saída de navios dos portos;

n) Conceder autorizações especiais para a realização de eventos de natureza desportiva ou cultural que ocorram em zonas balneares ou áreas de jurisdição marítima.

5 – Compete ao capitão do porto, no exercício de funções de carácter técnico-administrativo:

a) Fixar a lotação de segurança de embarcações nacionais do tráfego local;
b) Emitir o rol de tripulação de embarcações nacionais, nos termos do Regulamento de Inscrição Marítima (RIM);
c) Emitir licenças para exercício e exploração de actividades marítimo-turísticas de embarcações, dar parecer sobre emissão de licenças especiais e fiscalizar o seu cumprimento, nos termos da legislação aplicável;
d) Efectuar a visita e verificação documental a todos os tipos de embarcações, conferindo o manifesto de carga, o rol de tripulação, a lista de passageiros, os documentos de certificação da embarcação e os demais papéis de bordo, nos casos estabelecidos legalmente;
e) Efectuar as vistorias relativas a reboque de embarcações nacionais que demandem ou larguem de portos na área da capitania;
f) Presidir a comissões de vistoria em matéria de estabelecimentos de culturas marinhas, de acordo com o estabelecido em lei especial.

6 – Compete ao capitão do porto, no âmbito do registo patrimonial de embarcações:

a) Efectuar o registo de propriedade de embarcações nacionais, assim como o cancelamento, reforma e alteração de registo, de acordo com o estabelecido legalmente, nomeadamente em matéria de registo de bens móveis e náutica de recreio;
b) Efectuar a inscrição marítima, determinar a sua suspensão e cancelamento, emitir, renovar e reter a cédula de inscrição

marítima, manter actualizados todos os registos relativos às carreiras, cédulas marítimas e embarques de marítimos, nos termos do RIM em vigor;
c) Assinar, rubricar ou autenticar, conforme os casos, os certificados, livros, autos, termos, certidões, cópias ou outros documentos pertencentes a embarcações nacionais ou ao serviço da capitania cuja emissão caiba no âmbito das atribuições legais dos órgãos regionais ou locais da DGAM;
d) Conceder licenças para praticar actos de acordo com o estabelecido na tabela de serviços prestados pelos órgãos regionais ou locais da DGAM ou em legislação especial;
e) Promover a cobrança de receitas cuja competência esteja legalmente cometida à DGAM;
f) Determinar o abate, nas condições previstas legalmente, decorrente da autorização da demolição ou da determinação de desmantelamento de embarcações.

7 – Compete ao capitão do porto, no âmbito contra-ordenacional:

a) Levantar autos de notícia e instruir processos por ilícitos contra-ordenacionais nas matérias para as quais a lei lhe atribua competência, determinar o estabelecimento de cauções e aplicar medidas cautelares, coimas e sanções acessórias;
b) Instruir os processos contra-ordenacionais por ilícitos cometidos em matéria de esquemas de separação de tráfego (EST) e aplicar coimas e sanções acessórias.

8 – Compete ao capitão do porto, no âmbito da protecção e conservação do domínio público marítimo e da defesa do património cultural subaquático:

a) Fiscalizar e colaborar na conservação do domínio público marítimo, nomeadamente informando as entidades administrantes sobre todas as ocupações e utilizações abusivas que nele se façam e desenvolvam;

b) Dar parecer sobre processos de construção de cais e marinas, bem como de outras estruturas de utilidade pública e privada que se projectem e realizem na sua área de jurisdição;
c) Dar parecer sobre os processos de delimitação do domínio público hídrico sob jurisdição da AMN;
d) Fiscalizar e promover as medidas cautelares que assegurem a preservação e defesa do património cultural subaquático, sem prejuízo das competências legalmente atribuídas a outros órgãos de tutela;
e) Publicar os editais de praia, estabelecendo os instrumentos de regulamentação conexos com a actividade balnear e a assistência aos banhistas nas praias, designadamente no respeitante a vistorias dos apoios de praia.

9 – Compete ao capitão do porto, no âmbito da pesca, da aquicultura e das actividades conexas, executar as competências previstas em legislação específica.

10 – Compete ainda ao capitão do porto exercer as demais competências previstas em leis especiais.

Artigo 14.º
Natureza dos actos

1 – A verificação efectuada nos termos da alínea h) do n.º 2 do artigo 13.º equivale, para todos os efeitos, inclusive de cobrança de taxas por serviços prestados, à declaração da autoridade marítima prevista no artigo 145.º do Decreto-Lei n.º 265/72, de 2 de Julho, e no Decreto-Lei n.º 325/73, de 2 de Julho, sem prejuízo das competências do Instituto Marítimo-Portuário e das autoridades portuárias em matéria de segurança marítima e portuária dos navios e embarcações.

2 – Salvo o disposto em legislação especial, dos actos praticados pelo capitão do porto ao abrigo do disposto nos n.ºs 2, 4 e 5 do artigo anterior cabe recurso contencioso.

Secção IV
Polícia Marítima

Artigo 15.º
Polícia Marítima

1 – A PM é uma força policial armada e uniformizada, dotada de competência especializada nas áreas e matérias legalmente atribuídas ao SAM e composta por militares da Marinha e agentes militarizados.

2 – O pessoal da PM rege-se por estatuto próprio, a aprovar por decreto-lei.

3 – São órgãos de comando próprio da PM:

a) O comandante-geral;
b) O 2.º comandante-geral;
c) Os comandantes regionais;
d) Os comandantes locais.

4 – Os órgãos de comando da PM são autoridades policiais e de polícia criminal.

5 – O Comando-Geral da PM dispõe de um estado-maior, cuja estrutura orgânica e competências será aprovada por decreto-lei.

Secção V
Funcionamento

Artigo 16.º
Receitas e despesas

1 – Para além das verbas que lhe forem atribuídas pelo Orçamento do Estado, constituem receitas da DGAM:

a) O produto resultante da venda de bens ou serviços;

b) O produto resultante da percentagem das coimas aplicadas que, nos termos legais, cabem aos órgãos e serviços da DGAM;
c) O produto das taxas cobradas pela emissão de licenças;
d) Donativos, heranças ou legados ou a outro título;
e) Subsídios que lhe sejam atribuídos por qualquer entidade, nacional ou estrangeira;
f) As demais receitas cobradas, nos termos da lei, pelos órgãos ou serviços da DGAM.

2 – As receitas arrecadadas pelos órgãos ou serviços da DGAM são aplicadas mediante a inscrição orçamental «Dotação com compensação em receita».

Artigo 17.º
Representação da autoridade marítima nacional

A representação da AMN ou de qualquer dos seus órgãos e serviços em outros organismos será determinada por despacho do Ministro da Defesa Nacional, sob proposta da AMN.

Secção VI
Pessoal

Artigo 18.º
Provimento de pessoal dirigente

1 – O director-geral da Autoridade Marítima é um vice-almirante nomeado por despacho do Ministro da Defesa Nacional, por proposta da AMN.
2 – O subdirector-geral da Autoridade Marítima é nomeado, por despacho do Ministro da Defesa Nacional, por proposta da AMN, de entre contra-almirantes da classe de marinha.

3 – Os chefes dos departamentos marítimos são contra-almirantes ou capitães-de-mar-e-guerra da classe de marinha nomeados pela AMN.

4 – Os capitães dos portos são oficiais superiores da classe de marinha nomeados pela AMN.

5 – O provimento dos restantes lugares de pessoal dirigente da DGAM é efectuado nos termos do estatuto do pessoal dirigente da função pública.

Artigo 19.º
Pessoal não dirigente

1 – O quadro de pessoal civil dos órgãos e serviços da DGAM é fixado por portaria dos Ministros das Finanças, da Defesa Nacional e da Reforma do Estado e da Administração Pública.

2 – O provimento dos lugares de pessoal civil não dirigente dos órgãos e serviços da DGAM é feito nos termos do regime jurídico da função pública.

Capítulo IV
Disposições transitórias e finais

Artigo 20.º
Disposições transitórias

1 – A DGAM sucede, para todos os efeitos legais, à Direcção-Geral de Marinha.

2 – Todas as referências legais feitas à Direcção-Geral de Marinha e ao conselho consultivo do SAM devem entender-se como sendo feitas, respectivamente, à DGAM e ao CCAMN.

3 – Os oficiais que à data de entrada em vigor do presente diploma desempenhem o cargo de delegado marítimo passam a desempenhar as funções de adjunto do capitão do porto, nos termos previstos no presente diploma.

ARTIGO 21.º

Cooperação institucional

1 – Para os efeitos do disposto no artigo 13.º, n.ᵒˢ 2 e 4, as autoridades marítimas e portuárias promovem todos os esforços no sentido de garantir a eficácia da actividade portuária e a segurança de pessoas e bens, adoptando, sempre que se revelar necessário, medidas de cooperação, coordenação e controlo por forma a simplificar e acelerar procedimentos, podendo socorrer-se da utilização de meios informáticos para o efeito.

2 – Em observância do disposto no número anterior, os procedimentos a adoptar na verificação e o conteúdo do despacho de largada de navios ou embarcações previstos no artigo 13.º, n.º 2, alínea h), são aprovados por despacho conjunto dos Ministros da Defesa Nacional e do Equipamento Social.

ARTIGO 22.º

Extinção de órgãos e serviços

1 – É extinta a Comissão para o Estudo e Aproveitamento do Leito do Mar.

2 – É extinto o cargo de delegado marítimo.

ARTIGO 23.º

Disposição revogatória

1 – É revogado o Decreto-Lei n.º 300/84, de 7 de Setembro, os artigos 1.º, n.º 2, 7.º, 10.º e 11.º do Decreto-Lei n.º 265/72, de 31 de Julho, e o Decreto-Lei n.º 17/87, de 10 de Janeiro, e demais normas que contrariem o disposto no presente diploma.

2 – Até à entrada em vigor da regulamentação prevista no presente diploma, mantêm-se em vigor todas as disposições legais correspondentes, desde que não contrariem o disposto no presente diploma.

ARTIGO 24.º
Entrada em vigor

O presente diploma entra em vigor 30 dias após a data da sua publicação.

Visto e aprovado em Conselho de Ministros de 5 de Dezembro de 2001. – *António Manuel de Oliveira Guterres – Jaime José Matos da Gama – Guilherme d'Oliveira Martins – Rui Eduardo Ferreira Rodrigues Pena – Henrique Nuno Pires Severiano Teixeira – Eduardo Luís Barreto Ferro Rodrigues – Eduardo Arménio do Nascimento Cabrita – Luís Garcia Braga da Cruz – Luís Manuel Capoulas Santos – António Fernando Correia de Campos – José Sócrates Carvalho Pinto de Sousa – Augusto Ernesto Santos Silva – Alberto de Sousa Martins.*

Promulgado em 11 de Fevereiro de 2002.

Publique-se.

O Presidente da República, JORGE SAMPAIO.

Referendado em 14 de Fevereiro de 2002.

O Primeiro-Ministro, *António Manuel de Oliveira Guterres*

SISTEMA DE AUTORIDADE DE AERONÁUTICA

INSTITUTO NACIONAL DE AVIAÇÃO CIVIL – INAC

DECRETO-LEI N.º 133/98, DE 15 DE MAIO, ALTERADO PELO DECRETO-LEI N.º 145/2002, DE 21 DE MAIO E PELO DECRETO-LEI N.º 250/2003, DE 11 DE OUTUBRO

As funções de orientação, regulamentação e inspecção das actividades da aviação civil no espaço nacional e no internacional confiado à jurisdição portuguesa encontram-se, presentemente, cometidas à Direcção-Geral da Aviação Civil (DGAC), enquanto serviço da Administração Pública directa do Estado, responsável pelo exercício de tais funções.

O Decreto-Lei n.º 121/94, de 14 de Maio, que aprovou a actual orgânica da DGAC, ao transferir para a Empresa Pública Aeroportos e Navegação Aérea – ANA, E. P., um vasto elenco de competências relativas ao ordenamento aeroportuário, à certificação de infra-estruturas aeronáuticas e à definição dos requisitos de aptidão física e de habilitação técnico-profissional necessários à certificação e licenciamento do pessoal de controlo aéreo, fez coincidir na mesma entidade as actividades de exploração de serviço público aeroportuário e de navegação aérea com, simultaneamente, as funções de regulação e de certificação dos serviços prestados pela ANA, E. P., e, bem assim, das infra-estruturas aeroportuárias desenvolvidas e exploradas por aquela empresa pública. Esta situação, além de indesejável pela falta de transparência que encerra no plano da organização e separação do exercício de funções estatais, é, ademais, incompatível com a prevista privatização da ANA, E. P.

Nesta conformidade, torna-se assim indispensável voltar a conferir à entidade reguladora do sector da aviação civil as competências anteriormente referidas, por forma a recuperar para o Estado funções que lhe são próprias em matéria de regulamentação e inspecção do sector aeronáutico e da aviação civil, em cujo universo se incluem os aeroportos e aeródromos e o pessoal afecto à prestação do serviço de controlo do tráfego aéreo.

Além disso, e na perspectiva de uma futura privatização da exploração de aeroportos nacionais, importa dotar a referida entidade de poderes de regulação económica dessas actividades, a acrescer àquelas que a actual DGAC já detém em matéria de transporte aéreo.

Torna-se assim imperioso, pelos motivos expostos, proceder a uma reformulação das atribuições e competências da entidade reguladora do sector da aviação civil. Por outro lado, importa dotar a entidade, de natureza pública, que concentrará tais funções reguladoras, de uma forma e do correspondente estatuto jurídico que, num contexto de liberalização do transporte aéreo e de privatização da ANA, E. P., enquanto principal operador aeroportuário nacional, lhe permitam uma actuação simultaneamente eficaz e reforçada no plano do exercício dos poderes de autoridade aeronáutica nacional, e ágil quanto à flexibilidade da sua gestão, permitindo-lhe obter e utilizar, de forma racional e sustentada, os meios humanos, materiais e financeiros necessários ao exercício das suas atribuições e competências.

Para o efeito e quanto à forma e estatuto jurídicos, optou-se por criar em substituição da DGAC o Instituto Nacional da Aviação Civil (INAC), com a natureza de instituto público e dotado de autonomia administrativa, financeira e património próprio, sem prejuízo, contudo, da sua sujeição à tutela e superintendência do Governo, de acordo com regime jurídico próprio dos institutos públicos.

Quanto ao respectivo funcionamento, e no que respeita ao pessoal que exercerá funções no INAC, optou-se pela adopção do regime do contrato individual de trabalho, como quadro normativo de aplicação geral, e, consequentemente, por um estatuto de carreiras profissionais de natureza privatística, por se considerar ser tal regime o mais consentâneo com as elevadas qualificações técnicas e profissionais dos recursos humanos de que o Instituto carecerá para a adequada prossecução das suas atribuições e competências, e ainda por ser tal regime aquele que permitirá aproximar as condições de trabalho do pessoal do INAC daquelas que, para outras profissões aeronáuticas, vigoram nas principais empresas do sector da aviação civil, designadamente nas que prestam serviços de transporte aéreo e de exploração do serviço público aeroportuário e de navegação aérea.

Quanto à orgânica do INAC, ela é definida por forma a assentar numa estrutura simples que permita ao Instituto funcionar com eficácia e exercer, de modo célere, a sua actividade.

Para o efeito, o INAC disporá de órgãos de administração e fiscalização com uma estrutura semelhante à das empresas públicas e de flexibilidade para adoptar as soluções organizativas que, em cada momento, sejam mais aconselháveis.

Quanto ao regime financeiro, o INAC ficará sujeito ao regime aplicável aos institutos públicos, designadamente ao disposto na Lei n.º 8/90, de 20 de Fevereiro, e no Decreto-Lei n.º 155/92, de 28 de Julho, e disporá de património próprio, o qual será inicialmente constituído por todos os bens e direitos de natureza patrimonial, mobiliários e imobiliários que estivessem afectos à actividade da DGAC.

Foram ouvidos os sindicatos da função pública e da ANA, E. P.
Assim:
O Governo, nos termos da alínea a) do n.º 1 do artigo 198.º da Constituição, decreta o seguinte:

ARTIGO 1.º
Criação e natureza

1 – É criado o Instituto Nacional de Aviação Civil, designado abreviadamente por INAC, instituto público dotado de personalidade jurídica, autonomia administrativa e financeira e património próprio, que fica sujeito à tutela e superintendência do Ministro do Equipamento, do Planeamento e da Administração do Território, cujo anexo ao presente diploma faz parte integrante.

2 – O INAC tem por finalidade supervisionar, regulamentar e inspeccionar o sector da aviação civil.

3 – O INAC sucede na titularidade de todos os direitos e obrigações do Estado, de qualquer fonte e natureza, que se encontrem directamente relacionados com a actividade e as atribuições da Direcção--Geral da Aviação Civil, nomeadamente nos poderes de administração dos bens de domínio público.

4 – O INAC rege-se pelo presente diploma, pelos seus estatutos, por quaisquer outras normas legais e regulamentares aplicáveis aos institutos públicos e, subsidiariamente, pelas normas do direito privado, salvo relativamente a actos de autoridade ou cuja natureza implique o recurso a normas de direito público.

5 – É extinta a Direcção-Geral da Aviação Civil (DGAC).

ARTIGO 2.º
Obrigações e poderes de autoridade

1 – Para a prossecusão das suas atribuições, o INAC exerce os poderes de autoridade do Estado e sucede-lhe nas correlativas obrigações conferidas pelas disposições legais e regulamentares aplicáveis.

2 – O disposto no número anterior compreende, em especial, os poderes e obrigações quanto:

a) À liquidação e cobrança, voluntária ou coerciva, de taxas que lhe sejam devidas nos termos da lei e, bem assim, dos rendimentos provenientes da sua actividade, sendo os créditos correspondentes equiparados aos créditos do Estado e constituindo título executivo as respectivas facturas, certidões de dívida ou documentos equivalentes;
b) À execução coerciva das demais decisões de autoridade;
c) Ao uso público dos serviços e à sua fiscalização;
d) À protecção das suas instalações e do seu pessoal;

e) À responsabilidade civil extracontratual, no domínio dos actos de gestão pública ou privada.

Artigo 3.º
Património

1 – O património do INAC é constituído pela universalidade dos bens e direitos mobiliários e imobiliários que à data da entrada em vigor do presente diploma se encontrem afectos à DGAC, incluindo os saldos orçamentais provenientes das receitas próprias referidas no artigo 18.º do Decreto-Lei n.º 121/94, de 14 de Maio.

2 – A relação dos bens e direitos que constituem o património inicial do INAC constará de lista a submeter, no prazo de 180 dias, à aprovação dos Ministros da tutela e das Finanças, ouvida a Empresa Pública Aeroportos e Navegação Aérea – ANA, E. P., relativamente aos bens imobiliários situados na área do Aeroporto de Lisboa.

3 – Até à aprovação da lista referida no número anterior, mantém-se em vigor o regime de afectação dos bens e direitos da extinta DGAC.

4 – O INAC promoverá junto das conservatórias competentes o registo dos bens e direitos que lhe pertençam e a que estejam legalmente sujeitos.

5 – Para todos os efeitos legais, incluindo os de registo, constitui título de aquisição bastante dos bens integrados no património do INAC a lista a que se refere o n.º 2, depois de devidamente aprovada.

6 – Os actos relativos à transferência de bens e direitos prevista no presente artigo ficam isentos de quaisquer taxas e emolumentos.

Artigo 4.º
Opção pelo contrato individual de trabalho

1 – Os funcionários do quadro da extinta DGAC na data da entrada em vigor do presente diploma, bem como os demais trabalhadores que à data da entrada em vigor do presente diploma se encontrem requisitados ou em comissão de serviço na referida Direcção-Geral, têm o direito de optar pela celebração de um contrato individual de trabalho com o INAC.

2 O direito de opção previsto no número anterior deverá ser exercido individual e definitivamente, mediante declaração escrita dirigida ao conselho de administração do INAC, no prazo de 60 dias a contar da publicação do despacho a que se refere o n.º 1 do artigo 7.º do presente diploma.

3 – A cessação do vínculo à função pública, para os funcionários que optarem pela celebração de contrato individual de trabalho, torna-se efectiva através de aviso publicado no Diário da República.

Artigo 5.º
Quadro especial transitório

1 – É criado na Secretaria-Geral do Ministério do Equipamento, do Planeamento e da Administração do Território um quadro especial transitório, a que ficarão vinculados os funcionários do quadro da extinta DGAC que não optem pela celebração de um contrato individual de trabalho com o INAC, nos termos e no prazo estabelecidos no artigo anterior.

2 – A integração no quadro especial transitório far-se-á com a categoria que os funcionários possuam na data da transição.

3 – Os lugares do quadro especial transitório são em número correspondente ao dos funcionários a integrar e extinguem-se quando vagarem.

4 – O quadro referido no n.º 1 será aprovado por portaria conjunta dos Ministros das Finanças e do Equipamento, do Planeamento e da Administração do Território e do membro do Governo que tutele a Administração Pública.

5 – Os funcionários integrados no quadro especial transitório exercem as suas funções no INAC, nos termos fixados nos respectivos Estatutos.

6 – Os funcionários a que se refere o presente artigo que venham a transitar para outros quadros da Administração Pública têm direito à contagem do tempo de serviço prestado e à ponderação da experiência

e qualificações profissionais adquiridas enquanto integrados no quadro especial transitório para todos os efeitos legais, incluindo a progressão na categoria e o acesso na carreira.

7 – Sem prejuízo do disposto nos números anteriores, os funcionários integrados no quadro especial transitório que à data da entrada em vigor do presente diploma se encontrem destacados, requisitados ou em comissão de serviço em entidades públicas ou privadas distintas da DGAC continuarão a prestar serviço nessas entidades até ao termo do respectivo destacamento, requisição ou comissão.

8 – Os funcionários da extinta DGAC em situação de licença ilimitada ou de licença sem vencimento de duração superior a um ano que requeiram o regresso à actividade serão:

a) Integrados no INAC, desde que optem, definitivamente, pelo regime de contrato individual de trabalho, no prazo e nos termos do n.º 2 do artigo 4.º;
b) Integrados no quadro especial transitório, com consequente requisição pelo INAC, nos termos e condições previstos na lei geral para situações de regresso a organismos para os quais tenham passado atribuições de organismos extintos;
c) Afectados à Direcção-Geral da Administração Pública para efeitos de colocação nos serviços e organismos da Administração Pública, nos termos da lei, nos restantes casos.

9 – Para todos os efeitos legais, são cometidas ao conselho de administração do INAC, em matéria de gestão do pessoal do quadro especial transitório, as competências atribuídas por lei ao pessoal dirigente da função pública.

Artigo 6.º
Funcionários requisitados pela ANA, E. P.

1 – É criado na Secretaria-Geral do Ministério do Equipamento, do Planeamento e da Administração do Território um quadro especial a que ficarão vinculados os funcionários do quadro especial criado pelo

Decreto-Lei n.º 209/84, de 26 de Junho, cujas normas se mantêm em vigor, com as alterações decorrentes da presente disposição.

2 – O quadro especial previsto no número anterior será aprovado por portaria conjunta dos Ministros das Finanças, do Equipamento e do Planeamento e da Administração do Território e do membro do Governo que tutele a Administração Pública.

Artigo 7.º
Regime transitório de pessoal

1 – A data da entrada em vigor do regime do pessoal do INAC previsto nos Estatutos será determinada por despacho do ministro da tutela, no prazo máximo de 150 dias, após aprovação dos regulamentos e definidas as demais condições necessárias a sua aplicação.

2 – Até à publicação do despacho referido no número anterior, mantém-se em vigor o estatuto do pessoal da extinta DGAC, cabendo aos órgãos do INAC o exercício da competência respectiva.

Artigo 8.º
Regime transitório de gestão

1 – A gestão financeira do INAC fica sujeita ao regime legal aplicável à extinta DGAC até à publicação de despacho conjunto dos Ministros das Finanças e do Equipamento, do Planeamento e da Administração do Território, que fixará os prazos e condições de aplicação do regime previsto nos Estatutos.

2 – Mantém-se igualmente em vigor até à aprovação dos correspondentes regulamentos internos do INAC a orgânica interna dos serviços da extinta DGAC.

Artigo 9.º
Competências temporárias

Até à instalação da entidade a quem venham a ser cometidas as funções de prevenção e investigação de acidentes com aeronaves, o

INAC exerce as competências atribuídas à extinta DGAC pelo artigo 12.º do Decreto-Lei n.º 121/94, de 14 de Maio.

> **Nota:** *O n.º 2 do art. 9.º foi revogado pela al. c) do art. 22.º do DL n.º 250/2003, de 11 de Outubro, cuja redacção era a seguinte:*
> *«2 – Até à publicação de nova legislação sobre certificação médica de aptidão de pessoal aeronáutico civil:*
> *a) As competências constantes do n.º 6 do artigo 5.º do Decreto-Lei n.º 121/94, de 14 de Maio, são exercidas por uma junta médica central, a funcionar no INAC, composta por três médicos nomeados pelo respectivo conselho de administração;*
> *b) Mantêm-se em vigor o artigo 6.º do Decreto-Lei n.º 121/94, de 14 de Maio, e as respectivas portarias regulamentadoras.»*

Artigo 10.º
Transferência de atribuições

A transferência para o INAC de atribuições e competências previstas no presente diploma e Estatutos que actualmente estejam cometidas a entidades diversas da extinta DGAC produz efeitos em data ou datas fixadas por despacho do Ministro do Equipamento, do Planeamento e da Administração do Território.

Artigo 11.º
Cessação das comissões de serviço

1 – Com a entrada em vigor do presente diploma cessam as comissões de serviço do pessoal dirigente da extinta DGAC.

2 – Sem prejuízo do disposto no número anterior, e até à nomeação de dirigentes pelo conselho de administração do INAC, o pessoal referido no número anterior mantém-se no exercício das respectivas funções, com poderes de gestão corrente e salvaguarda dos inerentes direitos de carácter remuneratório.

Artigo 12.º
Norma revogatória

1 – Sem prejuízo da aplicação das disposições de natureza transitória previstas no presente diploma, é revogado o Decreto-Lei n.º 121//94, de 14 de Maio.

2 – É repristinado o artigo 3.º do Decreto-Lei n.º 246/79, de 25 de Julho, na sua redacção original, quando, nos termos do artigo 10.º, estiver concluída a transferência para o INAC das competências cometidas à ANA, E. P., pelo n.º 6 do artigo 3.º daquele diploma, na redacção que lhe foi dada pelo artigo 21.º do Decreto-Lei n.º 121/94, de 14 de Maio.

Visto e aprovado em Conselho de Ministros de 19 de Março de 1998. – *António Manuel de Oliveira Guterres – João Carlos da Costa Ferreira da Silva – Jorge Paulo Sacadura Almeida Coelho – João Cardona Gomes Cravinho – José Eduardo Vera Cruz Jardim.*

Promulgado em 28 de Abril de 1998.

Publique-se.

O Presidente da República, Jorge Sampaio.

Referendado em 7 de Maio de 1998.

O Primeiro-Ministro, *António Manuel de Oliveira Guterres.*

ANEXO
(a que se refere o n.º 1 do artigo 1.º)

ESTATUTOS DO INSTITUTO NACIONAL DE AVIAÇÃO CIVIL – INAC

CAPÍTULO I
Disposições gerais

ARTIGO 1.º
Natureza e regime

1 – O Instituto Nacional de Aviação Civil, designado abreviadamente por INAC, é uma pessoa colectiva de direito público dotada de autonomia administrativa e financeira e de património próprio, que tem por finalidade a supervisão, a regulamentação e a inspecção do sector da aviação civil.

2 – O INAC rege-se pelo disposto nos presentes Estatutos, por quaisquer outras normas legais e regulamentares aplicáveis aos institutos públicos e, subsidiariamente, pelas normas de direito privado, salvo relativamente a actos de autoridade ou cuja natureza implique o recurso a normas de direito público.

ARTIGO 2.º
Tutela

1 – O INAC exerce a sua actividade sob a superintendência e tutela do Ministro do Equipamento, do Planeamento e da Administração do Território.

2 – Compete ao Ministro do Equipamento, do Planeamento e da Administração do Território definir as orientações gerais da actividade do INAC.

3 – Sem prejuízo de outros poderes de controlo estabelecidos na lei, estão sujeitos a aprovação dos Ministros da tutela e das Finanças:

a) O plano de actividades e o orçamento anual;
b) O relatório anual de gestão e as contas do exercício;
c) O regulamento de carreiras e o regulamento disciplinar;
d) O regime retributivo.

Artigo 3.º
Âmbito territorial

1 – O INAC exerce as suas competências em todo o território nacional e no espaço aéreo sujeito a jurisdição do Estado Português.

2 – O INAC tem a sua sede em Lisboa, podendo instalar delegações ou serviços em qualquer ponto do território nacional.

Artigo 4.º
Cooperação com outras entidades

O INAC pode associar-se com outras entidades, nacionais ou estrangeiras, e estabelecer formas de colaboração económica com empresas públicas ou privadas, desde que isso não seja incompatível com as suas prerrogativas de autoridade nem ponha em causa a sua independência.

Artigo 5.º
Emblema

O INAC poderá utilizar, para identificação de documentos e tudo o mais que se relacionar com os respectivos serviços, o emblema usado na extinta Direcção-Geral da Aviação Civil.

Capítulo II
Atribuições e competências

Artigo 6.º
Atribuições do INAC

São atribuições do INAC:

a) Assessorar o Governo na definição de políticas para a aviação civil, colaborando na preparação de diplomas legais e regulamentares e no estabelecimento de obrigações de serviço público, cooperando na realização de estudos sobre cobertura aeroportuária, utilização do espaço aéreo e desenvolvimento de actividades ligadas ao sector e emitindo os demais estudos, pareceres e propostas que lhe forem solicitados;
b) Intervir no desenvolvimento de planos gerais, planos directores, planos de servidão e de protecção do meio ambiente relativamente a infra-estruturas aeroportuárias e à utilização do espaço aéreo;
c) Promover a segurança aeronáutica, condicionando e inspeccionando as actividades, os equipamentos e as instalações do sector;
d) Assegurar o bom ordenamento das actividades no âmbito da aviação civil, regulando e fiscalizando as condições do seu exercício e promovendo a protecção dos respectivos utentes;
e) Regular a economia das actividades aeroportuárias, de navegação aérea e de transporte aéreo e de outras no âmbito da aviação civil;
f) Desenvolver sistemas de observação dos mercados de transporte aéreo e outras actividades envolvendo meios aéreos civis;
g) Colaborar na negociação de tratados e acordos internacionais e coordenar a respectiva execução;
h) Assegurar a representação do Estado Português em organismos internacionais, quando assim for determinado;

i) Organizar e conservar o registo das aeronaves de matrícula nacional e das suas partes e componentes (Registo Aeronáutico Nacional);
j) Promover e regular a informação aeronáutica;
k) Promover a facilitação e a segurança do transporte aéreo e coordenar o respectivo sistema nacional;
l) Coordenar com a entidade competente os procedimentos relativos à meteorologia aeronáutica;
m) Coordenar com a entidade responsável pela gestão do espectro radioeléctrico a gestão da banda de frequência aeronáutica;
n) Credenciar entidades públicas ou privadas para o exercício de funções técnicas no âmbito das suas competências;
o) Participar nos sistemas nacionais de coordenação civil e militar em matéria de utilização do espaço aéreo, de busca e salvamento, de protecção civil, de planeamento civil de emergência e de segurança interna, bem como cooperar com a entidade responsável pela prevenção e investigação de acidentes e incidentes com aeronaves civis;
p) Outras que lhe sejam legalmente cometidas.

Artigo 7.º
Licenciamentos, autorizações e certificações

1 – Compete ao INAC, para a prossecução das suas atribuições, licenciar, certificar, autorizar e homologar as actividades e os procedimentos, as entidades, o pessoal, as aeronaves, as infra-estruturas, equipamentos, sistemas e demais meios afectos à aviação civil e cujo exercício, qualificações e utilização estejam condicionados, nos termos da lei, regulamentos e normas aplicáveis, à prática de tais actos.

2 – Estão sujeitos a licenciamento do INAC:

a) As actividades de transporte aéreo, de trabalho aéreo, de exploração e de assistência aeroportuária e quaisquer outras que envolvam a exploração de meios aéreos ou conexos;

b) O exercício das actividades do pessoal aeronáutico das categorias constantes do anexo n.º 1 à Convenção sobre Aviação Civil Internacional.

3 – As licenças concedidas nos termos do número anterior podem ser prorrogadas, alteradas, suspensas ou canceladas pelo INAC, de acordo com as disposições regulamentares por este aprovadas.

4 – Estão sujeitos a certificação do INAC:

a) As entidades envolvidas na exploração, construção, reparação, assistência e manutenção de aeronaves;
b) As entidades formadoras de pessoal aeronáutico civil;
c) As entidades especializadas em medicina aeronáutica que emitam certificados médicos de aptidão de pessoal aeronáutico civil;
d) O pessoal de aeronáutica civil, quanto às suas qualificações, proficiência e aptidão física e mental;
e) A navegabilidade e as condições de manutenção das aeronaves de matrícula nacional e das suas partes e componentes;
f) As aeronaves, relativamente ao grau das suas emissões susceptíveis de afectar o meio ambiente;
g) O projecto e o fabrico de aeronaves, suas componentes e restantes produtos aeronáuticos, no tocante às suas condições de navegabilidade;
h) As infra-estruturas aeronáuticas e os sistemas e equipamentos de apoio à navegação aérea, bem como os procedimentos operacionais associados a essas infra-estruturas e sistemas.

5 – Estão sujeitos a autorização ou homologação do INAC:

a) O acesso ao espaço aéreo e a aeródromos nacionais por parte de aeronaves civis, incluindo a atribuição de faixas horárias de utilização de aeródromos;
b) O exercício do direito de tráfego por operadores de transporte aéreo, bem como os direitos de exploração de outras actividades no âmbito da aviação civil;

c) As bases de custos subjacentes ao estabelecimento de taxas aeroportuárias e de navegação aérea, o tarifário e as condições de serviços das entidades que explorem actividades no âmbito da aviação civil, nos termos legalmente previstos;
d) As condições de segurança associadas ao exercício das actividades de voo e de controlo de tráfego aéreo pelo respectivo pessoal;
e) As condições de segurança relativas à prática de desportos aeronáuticos;
f) As condições de transporte aéreo de mercadorias perigosas;
g) Os procedimentos de navegação, de controlo de tráfego aéreo e de comunicações aeronáuticas;
h) Os procedimentos operacionais de voo e outros requisitos técnicos associados à condução de aeronaves;
i) Os procedimentos de segurança do transporte aéreo.

Nota: *A Redacção do n.º 3 foi dada pelo Decreto-Lei n.º 145/2002, de 21 de Maio.*

ARTIGO 8.º

Regulação

1 – Os regulamentos do INAC devem observar os princípios da legalidade, da necessidade, da clareza e da publicidade.

2 – Compete ao INAC definir, através de regulamento, os requisitos e pressupostos técnicos de que depende a concessão das licenças, certificações, autorizações ou a homologação referidas no artigo anterior.

3 – Compete igualmente ao INAC definir, através de regulamento, as regras necessárias à aplicação de normas, recomendações e outras disposições emanadas da Organização da Aviação Civil Internacional e de outros organismos internacionais de normalização técnica, no âmbito da aviação civil.

4 – As normas regulamentares a que se referem os números anteriores serão publicadas na 2.ª série do *Diário da República*, entrando em vigor na data neles referida ou cinco dias após a sua publicação.

5 – Os regulamentos do INAC que apenas visem regular procedimentos de carácter interno de uma ou mais categorias de entidades sujeitas à sua supervisão denominam-se «instruções», não são publicados nos termos do número anterior, são notificados aos respectivos destinatários e entram em vigor cinco dias após a notificação ou na data neles referida.

Nota: *Redacção dada pelo Decreto-Lei n.º 145/2002, de 21 de Maio.*

Artigo 9.º
Inquéritos e obtenção de informações

1 – O INAC pode proceder a inquéritos sobre qualquer matéria, no âmbito das suas competências.

2 – Sempre que o interesse público o justifique, o INAC pode exigir a quaisquer pessoas ou entidades que exerçam actividades no seu âmbito de competências a prestação de informação relativa à respectiva actividade.

Artigo 10.º
Fiscalização

1 – Compete ao INAC, no exercício do seu poder de fiscalização:

a) Promover a aplicação e fiscalizar o cumprimento das leis, regulamentos, normas e requisitos técnicos aplicáveis no âmbito das suas atribuições;
b) Aceder e inspeccionar, a qualquer hora e sem necessidade de aviso prévio, as instalações, equipamentos e serviços das entidades sujeitas a inspecção e controle do INAC;
c) Instaurar e instruir os processos de contra-ordenação resultantes da violação das disposições legais e regulamentares, assim como aplicar aos infractores coimas e outras sanções previstas na lei.

2 – Para efeitos das alíneas a) e b) do número anterior, tem o INAC competência para, directamente ou através de pessoas ou entidades qualificadas, por si credenciadas, proceder às necessárias inspecções, exames e verificações.

3 – O INAC mantém um registo das sanções principais e acessórias aplicadas em processos de contravenção e de contra-ordenação, que não é acessível ao público.

4 – Os registos efectuados pelo INAC podem ser integrados e tratados em aplicações informáticas, nos termos e com os limites da lei sobre protecção de dados pessoais.

Artigo 11.º
Medidas de execução e sanções

Em caso de incumprimento das determinações do INAC ou de infracção das normas e requisitos técnicos aplicáveis às actividades referidas no artigo 7.º, pode o conselho de administração:

a) Suspender ou cancelar as licenças, autorizações e certificações concedidas, nos termos estabelecidos na respectiva regulamentação;
b) Ordenar a cessação de actividades, a imobilização de aeronaves ou o encerramento de instalações, até que, após inquérito ou inspecção, deixe de se verificar a situação de incumprimento ou infracção;(*)
c) Solicitar a colaboração das autoridades policiais para impor o cumprimento das normas e determinações que por razões de segurança devam ter execução imediata, no âmbito de actos de gestão pública;

Nota: *Redacção dada pelo Decreto-Lei n.º 145/2002, de 21 de Maio.*

Capítulo III

Secção I
Órgãos e serviços

Artigo 12.º
Órgãos do INAC

São órgãos do INAC o conselho de administração, o presidente do conselho de administração e o conselho fiscal.

Artigo 13.º
Conselho de administração

1 – O conselho de administração do INAC é composto por um presidente e por quatro vogais nomeados por resolução do Conselho de Ministros, sob proposta do Ministro do Equipamento, do Planeamento e da Administração do Território.

2 – Compete ao conselho de administração:

a) Elaborar o plano anual de actividades e as propostas de orçamento e demais instrumentos de gestão previsional previstos na lei, a submeter à aprovação das tutelas nos termos do artigo 2.º;
b) Elaborar o relatório anual de gestão e de execução orçamental, as contas do exercício e demais instrumentos de prestação de contas previstos na lei, a submeter à aprovação das tutelas nos termos do artigo 2.º;
c) Aprovar as normas da competência do INAC, a que se refere o artigo 8.º dos presentes Estatutos;
d) Aprovar os estudos, pareceres e propostas a apresentar ao Governo;
e) Celebrar acordos de cooperação com outras entidades, públicas ou privadas, e deliberar sobre a participação na constitui-

ção de pessoas colectivas cujos fins sejam complementares das atribuições do INAC;

f) Exercer os poderes de licenciamento, de autorização e de certificação, bem como quaisquer outros poderes públicos compreendidos nas competências do INAC como entidade reguladora da aviação civil, designadamente emitindo os títulos representativos das licenças, autorizações e certificações concedidas e os demais documentos oficiais do INAC;

g) Praticar os actos relativos à organização e funcionamento dos sistemas aeronáuticos de registo, informação e cadastro;

h) Definir a estrutura interna do INAC e o seu funcionamento;

i) Nomear e exonerar os dirigentes dos serviços e unidades orgânicas internas do INAC e superintender a sua actividade, podendo revogar, modificar ou suspender, por iniciativa própria ou mediante recurso, as decisões por eles tomadas;

j) Definir o estatuto remuneratório, os regulamentos de carreiras e disciplinar do pessoal do INAC e respectivos mapas de pessoal, a submeter às tutelas nos termos do artigo 2.º;

k) Decidir sobre a admissão e afectação dos trabalhadores do INAC e praticar os demais actos relativos à gestão do pessoal e ao desenvolvimento da sua carreira;

l) Aplicar as sanções disciplinares que pela lei ou pelo regulamento disciplinar lhe sejam reservadas;

m) Deliberar sobre a aquisição, alienação e oneração de bens imóveis;

n) Aceitar heranças, legados e doações;

o) Arrecadar receitas do INAC e outros rendimentos que por lei ou contrato lhe pertençam;

p) Definir a competência para a realização de despesas com a aquisição de bens móveis, obras e serviços e, bem assim, autorizar as que excederem a competência dos demais órgãos;

q) Decidir os processos de contra-ordenações da competência do INAC e aplicar as respectivas coimas e sanções acessórias;

r) Constituir mandatários e designar representantes do INAC junto de outras entidades;

s) Exercer outros poderes que sejam necessários à realização das atribuições do INAC e não pertençam à competência de outros órgãos.

3 – O conselho de administração reúne ordinariamente uma vez por semana e extraordinariamente quando for convocado pelo presidente, por iniciativa sua ou mediante solicitação de pelo menos dois dos restantes membros.

4 – As deliberações do conselho de administração tornam-se válidas logo que se encontrem regularmente aprovadas as respectivas actas.

5 – Nos actos e contratos de gestão privada, o INAC obriga-se perante terceiros mediante a assinatura de dois membros do conselho de administração, salvos os casos em que este estabelecer outra forma de representação ou designar mandatários para o efeito.

Artigo 14.º
Presidente do conselho de administração

1 – Compete ao presidente do conselho de administração do INAC:

a) Exercer as funções previstas no Decreto-Lei n.º 134/95, de 9 de Junho;
b) Convocar e presidir às reuniões do conselho de administração, coordenar a sua actividade e promover a execução das suas deliberações;
c) Representar o INAC em juízo e fora dele, incluindo na outorga dos contratos submetidos a um regime de direito público;
d) Assegurar as relações do INAC com o Governo e apresentar ao ministro da tutela todos os assuntos que devam ser submetidos à sua apreciação;
e) Orientar e coordenar a actividade interna do INAC e prover em tudo o que for necessário à conservação e gestão do seu património;

f) Autorizar despesas dentro dos limites que forem fixados pelo conselho de administração e exercer os demais poderes que lhe forem atribuídos por lei ou regulamento.

2 – Por razões de urgência devidamente fundamentadas, o presidente do conselho de administração pode excepcionalmente praticar quaisquer actos da competência deste último, os quais deverão, no entanto, ser ratificados na primeira reunião ordinária seguinte do conselho.

3 – O presidente do conselho de administração designará o vogal que o substitui nas suas ausências e impedimentos e na falta de designação será substituído pelo vogal mais antigo ou, em caso de igual antiguidade, pelo vogal mais velho.

Artigo 15.º
Delegação de poderes

1 – O conselho de administração pode delegar competências em qualquer dos seus membros, com faculdade de subdelegação.

2 – Sem prejuízo da inclusão de outros poderes, a atribuição de um pelouro implica a delegação das competências necessárias para dirigir e fiscalizar os serviços respectivos, para proceder à colocação, afectação e gestão do seu pessoal, para decidir da utilização de equipamentos e para praticar todos os demais actos de gestão corrente dos departamentos envolvidos.

Artigo 16.º
Estatuto dos membros do conselho de administração

1 – Os membros do conselho de administração do INAC estão sujeitos ao estatuto dos gestores públicos e auferem a remuneração que for fixada, de acordo com os critérios legalmente estabelecidos, por despacho conjunto dos Ministros das Finanças e do Equipamento, do Planeamento e da Administração do Território e do membro do Governo que tutele a Administração Pública.

2 – É aplicável aos membros do conselho de administração do INAC o regime geral da segurança social, salvo quando pertencerem aos quadros da função pública, caso em que lhes será aplicável o regime próprio do seu lugar de origem.

3 – Os membros do conselho de administração do INAC estão sujeitos ao regime de incompatibilidades previsto na lei para os titulares de altos cargos públicos.

Artigo 17.º
Conselho fiscal

1 – O conselho fiscal do INAC é composto por um presidente e por dois vogais, um dos quais obrigatoriamente revisor oficial de contas, nomeados por despacho conjunto dos Ministros das Finanças e do Equipamento, do Planeamento e da Administração do Território.

2 – Compete ao conselho fiscal, para além de outras obrigações previstas na lei:

a) Velar pelo cumprimento das normas legais e regulamentos aplicáveis e fiscalizar a gestão do INAC;
b) Emitir parecer sobre os planos de actividades e financeiros plurianuais e os programas e orçamentos anuais;
c) Acompanhar a execução dos planos de actividade e financeiros, envolvendo a apreciação da conformidade legal, regularidade financeira e da economia, eficiência e eficácia;
d) Verificar a regularidade dos livros, registos contabilísticos e documentos que lhes servem de suporte, proceder à verificação dos valores patrimoniais, examinar periodicamente a situação económica e financeira do INAC e efectuar os demais exames e conferências que se tornem necessários para o bom desempenho das suas atribuições;
e) Emitir parecer sobre o relatório de gestão e as contas do exercício;
f) Emitir parecer prévio à aquisição, alienação ou oneração de bens imóveis;

g) Pronunciar-se sobre qualquer outro assunto submetido à sua apreciação pelo conselho de administração do INAC, em matéria de gestão económica e financeira;
h) Comunicar ao conselho de administração e às entidades competentes as irregularidades detectadas;
i) Aplicar as instruções emitidas por órgãos superiores de controlo da Administração Pública;
j) Elaborar relatórios trimestrais sobre a actividade desenvolvida, a enviar ao conselho de administração e aos Ministros da tutela e das Finanças.

3 – O revisor oficial de contas integrado no conselho fiscal deve proceder à revisão legal, nos termos do artigo 34.º do Decreto-Lei n.º 422-A/93, de 30 de Dezembro, e à consequente emissão de certificação legal, nos termos do artigo 37.º do mesmo diploma.

4 – O conselho fiscal reúne ordinariamente uma vez por mês e extraordinariamente sempre que for convocado pelo seu presidente.

5 – O presidente do conselho fiscal, por sua iniciativa ou a convite do presidente do conselho de administração, pode tomar parte ou fazer-se representar por outros membros do conselho, sem direito a voto, em reuniões do conselho de administração, para apreciação de questões da competência do conselho fiscal.

6 – A remuneração dos membros do conselho fiscal é fixada por despacho dos Ministros das Finanças e do Equipamento, do Planeamento e da Administração do Território e do membro do Governo que tutele a Administração Pública.

SECÇÃO II

Disposições comuns

ARTIGO 18.º

Mandato

1 – O mandato dos membros dos órgãos de administração e fiscalização do INAC tem a duração de três anos, renovável, continuando os

seus membros em exercício até à efectiva substituição ou declaração de cessação de funções.

2 – Os órgãos de administração e fiscalização do INAC consideram-se constituídos para todos os efeitos desde que se encontre nomeada a maioria dos seus membros.

Artigo 19.º
Deliberações

O funcionamento dos órgãos colegiais do INAC é regulado pelas disposições do Código do Procedimento Administrativo.

Secção III
Serviços

Artigo 20.º
Organização dos serviços

1 – A organização dos serviços e unidades orgânicas internas do INAC é definida em regulamento próprio, aprovado pelo conselho de administração.

2 – A organização dos serviços obedecerá aos critérios de especialização horizontal e vertical de funções que se mostrarem mais adequados ao bom desempenho das atribuições do INAC e ao racional aproveitamento dos seus meios.

Capítulo IV
Pessoal

Artigo 21.º
Regime contratual

1 – O pessoal do INAC está sujeito ao regime jurídico do contrato individual de trabalho, com as especialidades previstas nos presentes Estatutos e seus regulamentos.

2 – As condições de prestação e de disciplina do trabalho são definidas em regulamento próprio do INAC, com observância das disposições legais imperativas do regime do contrato individual do trabalho.

3 – Os trabalhadores ao serviço do INAC deverão auferir retribuição igual quando no desempenho efectivo das mesmas funções, quer sejam ou não agentes civis do Estado.

4 – Para o desempenho de funções que tornem indispensável a respectiva especialização profissional, o INAC pode contratar pilotos de aeronaves, controladores de tráfego aéreo ou outros técnicos de aviação civil, de reconhecida competência, em situação de aposentação, de reforma ou de reserva das Forças Armadas, até à idade de 70 anos, nos termos da lei.

Artigo 22.º
Transição dos regimes de segurança social

1 – O pessoal da extinta Direcção-Geral da Aviação Civil que optar pelo regime do contrato individual de trabalho será integrado no regime geral da segurança social.

2 – Ao pessoal a que se refere o número anterior será contado, para todos os efeitos, nomeadamente para o cálculo das pensões a que tenha direito, o tempo de serviço prestado até à data da mudança de regime.

3 – O cálculo das pensões do pessoal que tenha exercido o direito de opção, bem como a repartição dos encargos correspondentes,

processar-se-ão nos termos do regime legal da pensão unificada, sem prejuízo dos direitos consagrados na lei geral.

Artigo 23.º
Regime de requisição

1 – Os funcionários da extinta Direcção-Geral da Aviação Civil que, no prazo fixado no n.º 2 do artigo 4.º do decreto-lei que aprova os presentes Estatutos, não tenham exercido o direito de opção pelo contrato individual de trabalho serão integrados no quadro especial transitório criado na Secretaria-Geral do Ministério do Equipamento, do Planeamento e da Administração do Território e exercerão as suas funções no INAC em regime de requisição, por tempo indeterminado.

2 – A requisição a que se refere o número anterior cessa quando ocorrer algum dos seguintes factos:

a) Desvinculação da função pública;
b) Aposentação;
c) Provimento definitivo noutro cargo público;
d) Licença sem vencimento que implique abertura de vaga.

3 – Sem prejuízo dos direitos adquiridos na função pública quanto a relação jurídica de emprego e sua modificação, remunerações, regalias de carácter social, antiguidade e regimes de aposentação e sobrevivência, os funcionários do quadro especial transitório ficam sujeitos aos presentes Estatutos e aos regulamentos internos do INAC em tudo quanto respeita à sua situação laboral e disciplinar e ao desenvolvimento da sua carreira, salvo o disposto nos números seguintes.

4 – São aplicáveis aos funcionários do quadro especial transitório as normas da função pública em matéria de segurança social, designadamente no que se refere a aposentação, pensão de sobrevivência, prestações familiares e assistência na doença, incidindo as deduções devidas sobre a totalidade da retribuição correspondente aos cargos exercidos no INAC.

5 – As penas de demissão e de aposentação compulsiva da função pública são da competência exclusiva do ministro da tutela, sendo aplicáveis nos termos previstos no regime disciplinar do funcionalismo público.

6 – A integração dos funcionários nas carreiras de pessoal do INAC far-se-á respeitando critérios de progressão não menos favoráveis do que os existentes na extinta DGAC.

ARTIGO 24.º
Mobilidade

1 – Os trabalhadores do INAC podem, qualquer que seja a natureza do seu vínculo, desempenhar funções noutras entidades, em regime de comissão de serviço, destacamento ou requisição, nos termos da lei.

2 – A requisição no INAC é suspensa durante o exercício transitório de funções noutras entidades por parte dos funcionários vinculados ao quadro especial transitório, nos termos do número anterior, sendo automaticamente retomada no termo do exercício das referidas funções.

3 – Os funcionários e agentes da Administração Pública, assim como os trabalhadores de empresas públicas ou privadas e das sociedades de capitais públicos, podem exercer funções no INAC, em regime de destacamento, requisição ou comissão de serviço, mediante despacho do Ministro do Equipamento, do Planeamento e da Administração do Território, sob proposta do conselho de administração do INAC.

4 – As funções desempenhadas nos termos dos números anteriores efectuam-se com garantia do lugar de origem e sem prejuízo de quaisquer direitos, sendo designadamente tais funções consideradas, para efeitos de contagem de tempo de serviço, como tendo sido exercidas no lugar de origem.

5 – Para efeitos do disposto no n.º 1, considera-se como remuneração do lugar de origem a auferida no INAC.

Título II – *Leis orgânicas das forças e serviços de segurança...* 459

ARTIGO 25.º
Poderes de autoridade

1 – O pessoal do INAC que desempenhe funções de fiscalização é detentor dos decorrentes poderes de autoridade e, no exercício dessas funções, goza das seguintes prerrogativas:

a) Aceder e inspeccionar, a qualquer hora e sem necessidade de aviso prévio, as instalações, equipamentos e serviços das entidades sujeitas a inspecção e controlo do INAC;
b) Requisitar para análise equipamentos e documentos;
c) Determinar, a título preventivo, e com efeitos imediatos, mediante ordem escrita e fundamentada, a suspensão ou cessação de actividades e encerramento de instalações, quando da não aplicação dessas medidas possa resultar risco iminente para a segurança da aviação civil;
d) Identificar as pessoas que se encontrem em violação flagrante das normas cuja observância lhe compete fiscalizar, no caso de não ser possível o recurso a autoridade policial em tempo útil;
e) Solicitar a colaboração das autoridades administrativas e policiais para impor o cumprimento de normas e determinações que por razões de segurança devem ter execução imediata no âmbito de actos de gestão pública.

2 – O disposto nas alíneas a), b) e e) do n.º 1 é igualmente aplicável às entidades e agentes credenciados pelo INAC para o exercício de funções de fiscalização, nos termos do n.º 2 do artigo 10.º destes Estatutos.

3 – Da suspensão, cessação ou encerramento a que se refere a alínea c) do n.º 1 será lavrado auto de notícia, o qual será objecto de confirmação pelo órgão competente do INAC no prazo máximo de 15 dias, sob pena de caducidade da medida preventiva determinada.

4 – Os trabalhadores e agentes credenciados do INAC, titulares das prerrogativas previstas neste artigo, usarão um documento de identificação próprio, de modelo a fixar por portaria do ministro da tutela, e deverão exibi-lo quando no exercício das suas funções.

Capítulo V
Regime financeiro e patrimonial

Artigo 26.º
Receitas do INAC

1 – Constituem receitas próprias do INAC:

a) O produto das taxas devidas pelas prestações de serviço público compreendidas na sua competência e pela emissão, prorrogação e alteração de licenças, certificações, homologações e títulos análogos;
b) 40% das coimas que sejam aplicadas pelo INAC, revertendo os restantes 60% para os cofres do Estado;
c) Os rendimentos provenientes da gestão do seu património, mobiliário e imobiliário, assim como o dos bens do domínio público ou privado do Estado confiados à sua administração;
d) O produto da alienação ou oneração dos bens que lhe pertencem;
e) Os rendimentos resultantes de contratos de prestação de serviços;
f) As heranças, legados ou doações que lhe sejam destinados;
g) As custas dos processos de contra-ordenação;
h) As taxas devidas pelos serviços de registo aeronáutico;
i) O produto do reembolso de despesas realizadas por conta de outrem, no âmbito das atribuições que lhe estão cometidas;
j) O produto de quaisquer outras taxas, designadamente a taxa de segurança, e demais rendimentos que por lei ou contrato lhe devam pertencer.

2 – Constituem ainda receita do INAC as dotações e transferências do Orçamento do Estado e as comparticipações e subsídios provenientes de quaisquer outras entidades públicas e privadas nacionais ou estrangeiras.

3 – A cobrança coerciva das receitas próprias do INAC previstas nas alíneas a), c), g), h), i) e j) do n.º 1, resultantes de actos de direito público, será efectuada nos termos previstos na lei através do processo de execução fiscal.

Nota: *A Redacção das alíneas a) g), h) e i) do n.º 1 e do n.º 3 foi dada pelo Decreto-Lei n.º 145/2002, de 21 de Maio.*

ARTIGO 27.º
Despesas do INAC

1 – Constituem despesas do INAC todas as que forem necessárias à prossecução das suas atribuições, ao funcionamento dos seus serviços e à gestão dos bens que lhe estão confiados.

2 – A autorização das despesas depende de adequada inscrição no orçamento do INAC.

3 – O processamento e a liquidação das despesas do INAC, depois de devidamente autorizadas pelos órgãos competentes, obedecerão às formalidades estabelecidas em regulamento interno aprovado pelo conselho de administração.

4 – O pagamento das despesas do INAC pode ser efectuado através de qualquer dos meios previstos na lei ou aprovados pela Direcção-Geral do Tesouro.

ARTIGO 28.º
Regime contabilístico

A contabilidade do INAC será organizada de acordo com o sistema definido em regulamento do conselho de administração, dentro das regras do Plano Oficial de Contabilidade.

ARTIGO 29.º
Instrumentos de gestão financeira

A gestão económica e financeira do INAC é disciplinada pelos instrumentos de gestão previsional, pelos documentos de prestação de contas e pelo balanço social, previstos na lei geral aplicável aos organismos públicos dotados de autonomia administrativa e financeira.

Artigo 30.º
Controlo financeiro e prestação de contas

A actividade financeira do INAC está sujeita ao controlo exercido pelo conselho fiscal, directamente ou através da realização de auditorias solicitadas a entidades independentes, bem como aos demais sistemas de controlo previstos na lei.

Artigo 31.º
Património do INAC

1 – O património do INAC é constituído pelos bens e direitos referidos no número seguinte e pelos que venha futuramente a adquirir para o exercício da sua actividade.

2 – Ficam sob a titularidade e domínio do INAC todos os bens e direitos de natureza patrimonial, mobiliários e imobiliários, que na data da entrada em vigor dos presentes Estatutos se encontrem afectos à actividade da Direcção-Geral da Aviação Civil.

Artigo 32.º
Gestão patrimonial

1 – O INAC administra e dispõe livremente dos bens e direitos que constituem o seu património próprio, sem sujeição às normas de gestão do domínio privado do Estado.

2 – O INAC promoverá, junto das conservatórias competentes, o registo dos bens e direitos que lhe pertençam e a ele estejam sujeitos.

3 – Para os efeitos do registo dos bens integrados no património do INAC por força do presente diploma, constitui título de aquisição bastante a lista a que se refere o n.º 2 do artigo 3.º do decreto-lei que aprova os presentes Estatutos, depois de aprovada pelo ministro da tutela.

4 – O INAC deve organizar e manter permanentemente actualizado o inventário de todos os seus bens e direitos de natureza patrimonial.

Artigo 33.º
Isenções

1 – O INAC está isento de todas as taxas, custas e emolumentos nos processos de qualquer natureza, actos notariais e outros em que intervenha.

2 – Ao intervir nos actos previstos no número anterior, o INAC actua no interesse do Estado e, nessa medida, a isenção de emolumentos concedida nos termos daquele número abrange igualmente os emolumentos pessoais e as importâncias correspondentes à participação emolumentar devida aos notários, conservadores e oficiais do registo e do notariado pela intervenção nos referidos actos.

SISTEMA NACIONAL DE FACILITAÇÃO E SEGURANÇA DA AVIAÇÃO CIVIL – COMISSÃO NACIONAL FAL/SEC

DECRETO-LEI N.º 322/98, DE 28 DE OUTUBRO DE 1998

    1 – O transporte aéreo, designadamente o de âmbito internacional, tem revelado, principalmente nas últimas duas décadas, um progressivo e acentuado desenvolvimento, reforçando assim a sua importância social e económica como modo de deslocação de passageiros, carga e correio, em condições de rapidez, comodidade e segurança.

    Este crescimento e a relevante função que o transporte aéreo desempenha suscitaram a necessidade de harmonização de normas e procedimentos, visando, por um lado, a racionalização e eficácia da sua exploração, nomeadamente no que concerne ao encaminhamento, nas melhores condições de qualidade e rapidez, dos fluxos de passageiros, carga e correio (sistemas de facilitação), e, por outro, à segurança de tal meio de transporte, em ordem à prevenção da prática de actos ilícitos contra a aviação civil, em particular de atentados terroristas e de apropriação de aeronaves (sistemas de segurança).

    Nesta conformidade, as referidas preocupações de facilitação e segurança da aviação civil têm conduzido à aprovação de um conjunto diversificado de normas, resoluções e procedimentos relativos a tais matérias, umas vezes emanados de organizações internacionais, designadamente da Organização da Aviação Civil Internacional (ICAO), outras decorrentes de convenções internacionais, de que Portugal é, respectivamente, membro e subscritor.

2 – A responsabilidade pelo estabelecimento, de forma unificada e integrada, dos sistemas de facilitação do transporte aéreo e de segurança da aviação civil e respectivos programas nacionais foi inicialmente cometida ao director-geral da Aviação Civil pelo Decreto-Lei n.º 10/83, de 17 de Janeiro, diploma que criou, igualmente, a Comissão Nacional FAL/SEC, com competências consultivas e de coordenação das várias entidades públicas e privadas intervenientes na definição e aplicação das normas, recomendações e procedimentos de facilitação e segurança.

Tal diploma, em cumprimento dos compromissos assumidos internacionalmente pelo Estado Português, confiou tais competências ao director-geral da Aviação Civil, na sua qualidade de responsável pelo serviço da Administração Pública com atribuições de autoridade aeronáutica nacional.

O Decreto-Lei n.º 134/95, de 9 de Junho, diploma que operou a revogação do citado Decreto-Lei n.º 10/83, veio, contudo, introduzir graves distorções jurídicas e de funcionamento institucional, no plano nacional e internacional, do sistema nacional de facilitação e segurança, uma vez que atribui ao presidente do conselho de gerência da empresa pública ANA – Aeroportos e Navegação Aérea, E. P., poderes e prerrogativas de autoridade aeronáutica nacional em matéria de estabelecimento de tal sistema e coordenação das várias entidades nele intervenientes, designadamente as forças e serviços de segurança.

Nesta medida, o Decreto-Lei n.º 134/95 colide frontalmente com o conceito, os princípios e o sistema instituídos pela Lei de Segurança Interna, aprovada pela Lei n.º 20/87, de 12 de Junho, uma vez que o responsável da autoridade aeronáutica nacional é, presentemente, o presidente do conselho de administração do Instituto Nacional de Aviação Civil (INAC), criado pelo Decreto-Lei n.º 133/98, de 15 de Maio, organismo público que, entre outras atribuições de autoridade aeronáutica, prossegue a de promover a facilitação e segurança do transporte aéreo e de coordenar o respectivo sistema nacional.

Assim, no quadro do sistema orgânico da Lei n.º 20/87, é o presidente do INAC que deve participar no Conselho Superior de Segurança Interna e no Gabinete Coordenador de Segurança.

Donde, por razões que relevam da imprescindível articulação entre o sistema de segurança interna e os sistemas nacionais de facilitação do transporte aéreo e de segurança da aviação civil, deve ser o presidente do INAC o responsável pelo estabelecimento destes últimos sistemas e pela respectiva coordenação.

Acresce que o Decreto-Lei n.º 134/95 contraria diversas normas e práticas recomendadas emanadas das organizações internacionais, designadamente da ICAO e dos acordos internacionais relativos à prevenção e repressão de actos ilícitos contra a segurança da aviação civil de que o Estado Português é, respectivamente, membro e subscritor, sendo que tais normas e procedimentos atribuem a responsabilidade pelo estabelecimento e coordenação dos sistemas de facilitação e segurança à autoridade aeronáutica nacional de cada país.

Pelas razões invocadas, torna-se imperioso rever o enquadramento normativo dos sistemas nacionais de facilitação e segurança.

3 – Simultaneamente, aproveitou-se o ensejo para introduzir algumas inovações no plano conceitual e no âmbito de aplicação dos referidos sistemas e sua orgânica.

Nesta conformidade, o conceito de facilitação passa a ser extensivo não só à racionalização e eficácia da exploração aeroportuária mas também ao próprio transporte aéreo e os aeródromos, quer processem ou não tráfego aéreo regular, passam igualmente a fazer parte integrante do sistema, o qual até ao presente se tem cingido apenas aos aeroportos, ou seja, aos aeródromos com fronteira externa.

Passou igualmente a prever-se que os trâmites de aprovação dos programas aeroportuários de facilitação e segurança sejam compatibilizados com o que, em sede do plano de coordenação e cooperação das forças e serviços de segurança, se prevê na Lei de Segurança Interna.

É igualmente intenção do Governo melhorar o funcionamento do sistema nacional de facilitação e segurança, através da participação na Comissão Nacional FAL/SEC com o estatuto de membros permanentes, de representantes de algumas entidades, de natureza pública ou particular, que são destinatários e interessados directos na aplicação das normas e procedimentos de facilitação e segurança e que, na formulação do Decreto-Lei n.º 134/95, de 9 de Junho, não participam naquele órgão.

Foram ouvidos os órgãos de governo próprio das Regiões Autónomas dos Açores e da Madeira.

Assim:

Nos termos da alínea a) do n.º 1 do artigo 198.º da Constituição, o Governo decreta o seguinte:

ARTIGO 1.º
Sistemas de facilitação e de segurança

1 – O presidente do conselho de administração do Instituto Nacional de Aviação Civil, adiante designado abreviadamente por INAC, é o responsável pelo estabelecimento dos sistemas de facilitação do transporte aéreo e de segurança da aviação civil e respectivos programas nacionais, competindo-lhe, designadamente, aprovar as normas, recomendações e procedimentos propostos pela Comissão referida no artigo 2.º e velar pelo seu cumprimento.

2 – O presidente do conselho de administração do INAC designará, para o coadjuvar no desempenho da competência estabelecida no número anterior, um funcionário daquele Instituto, com funções de inspecção da facilitação e de segurança, cabendo-lhe, nomeadamente, promover, orientar e fiscalizar o cumprimento das normas, recomendações e procedimentos aprovados e os métodos da sua aplicação.

ARTIGO 2.º
Comissão Nacional de Facilitação e de Segurança

1 – A fim de estabelecer a coordenação entre as várias entidades e serviços que intervêm na definição e aplicação das normas, recomendações e procedimentos de facilitação e segurança, é criada, no âmbito do INAC, a Comissão Nacional de Facilitação do Transporte Aéreo e de Segurança da Aviação Civil, adiante abreviadamente designada por Comissão Nacional FAL/SEC.

2 – A Comissão referida no número anterior é um órgão consultivo do presidente do conselho de administração do INAC, nos domínios da racionalização e eficiência da exploração aeroportuária e do transporte aéreo (facilitação) e ainda para a prevenção de actos ilícitos contra a aviação civil (segurança).

Artigo 3.º
Constituição

1 – A Comissão Nacional FAL/SEC é constituída por:

a) Dois representantes permanentes do INAC, um dos quais presidirá e o outro exercerá funções de secretário;
b) Um representante permanente da Força Aérea Portuguesa;
c) Um representante permanente da Polícia de Segurança Pública;
d) Um representante permanente da Polícia Judiciária;
e) Um representante permanente do Serviço de Estrangeiros e Fronteiras;
f) Um representante permanente do Serviço de Informações de Segurança;
g) Um representante permanente da Brigada Fiscal da Guarda Nacional Republicana;
h) Um representante permanente da Direcção-Geral das Alfândegas e dos Impostos Especiais sobre o Consumo;
i) Um representante permanente do protocolo do Estado;
j) Um representante permanente do Instituto Nacional de Emergência Médica;
k) Um representante permanente da Direcção-Geral do Turismo;
l) Um representante permanente de cada uma das entidades que tenham a seu cargo a exploração de aeroportos e a prestação de serviços no âmbito da navegação aérea;
m) Um representante permanente de cada uma das empresas titulares de licença, emitida pelo Estado Português, para o exercício da actividade de transporte aéreo regular;

n) Um representante permanente das companhias aéreas que operam em Portugal e não estejam representadas nos termos da alínea anterior;
o) Um representante permanente dos CTT – Correios de Portugal, S. A.;
p) Um representante permanente da Portugal Telecom, S. A.;
q) Um representante permanente do Instituto das Comunicações de Portugal;
r) Um representante permanente da Associação dos Pilotos Portugueses de Linha Aérea (APPLA).

2 – Sempre que se verifique a regionalização dos serviços referidos no número anterior, as entidades correspondentes das Regiões Autónomas têm igualmente representação nesta Comissão.

3 – Cada uma das entidades referidas nos n.ºs 1 e 2 do presente artigo deverá designar um representante substituto, sem poderes para subdelegar ou para se fazer representar.

4 – Sempre que se mostre conveniente, a Comissão poderá propor ao presidente do conselho de administração do INAC a representação ou colaboração de outros serviços ou entidades públicas ou privadas nela não representados.

Artigo 4.º
Competência

Compete à Comissão Nacional FAL/SEC:

a) Estudar e propor o estabelecimento dos sistemas nacionais que visem a facilitação da exploração aeroportuária e do transporte aéreo e a segurança da aviação civil e, bem assim, os respectivos programas nacionais;
b) Elaborar e submeter à aprovação do presidente do conselho de administração do INAC o respectivo programa de actividades;
c) Elaborar e propor recomendações e procedimentos de facilitação e de segurança a aplicar nos aeroportos, aeródromos e

serviços de apoio à navegação aérea, tendo em conta o disposto nas disposições emanadas dos organismos internacionais da aviação civil e constantes das convenções e acordos de que Portugal seja, respectivamente, membro e subscritor;
d) Assegurar o intercâmbio com entidades congéneres de outros Estados por forma a obter-se o aperfeiçoamento e uniformização das técnicas e procedimentos da facilitação e segurança;
e) Promover a troca de informações, pareceres, comunicações e relatórios com os organismos internacionais da aviação civil;
f) Propor as alterações às disposições legais em vigor julgadas convenientes à prossecução dos objectivos da facilitação e da segurança;
g) Participar na preparação de reuniões nacionais ou internacionais sobre facilitação e segurança;
h) Considerar e estudar as propostas e sugestões que lhe sejam apresentadas pelas comissões referidas no artigo 6.º e analisar as actas das respectivas reuniões e os seus relatórios e informações;
i) Estudar e propor os critérios gerais de facilitação e de segurança a aplicar na construção, instalação ou remodelação das infra-estruturas e equipamentos aeroportuários e dar parecer sobre os projectos que sejam submetidos à sua apreciação;
j) Dar parecer sobre qualquer assunto que, no âmbito das suas atribuições, lhe seja submetido.

Artigo 5.º
Funcionamento

1 – A Comissão poderá reunir em sessões plenárias ou restritas, consoante o âmbito dos assuntos agendados.

2 – A Comissão reunirá, ordinariamente, em sessão plenária pelo menos de três em três meses e, extraordinariamente, sempre que seja convocada pelo presidente do conselho de administração do INAC ou por dois terços dos seus membros.

3 – Aprovada uma deliberação com voto desfavorável das entidades directamente interessadas na matéria em causa, será a mesma submetida, pelo presidente do INAC, à consideração do membro do Governo responsável pela área dos transportes.

4 – De cada reunião será lavrada acta, que deverá ser enviada, para conhecimento, ao presidente do conselho de administração do INAC, aos demais membros da Comissão Nacional FAL/SEC e ainda aos presidentes das comissões aeroportuárias a que se refere o artigo 6.º

5 – O funcionamento, o expediente e os custos administrativos da Comissão são assegurados pelo INAC.

Artigo 6.º
Comissões aeroportuárias

1 – A fim de assegurar a coordenação entre as várias entidades locais intervenientes nos domínios da facilitação e da segurança, é criada em cada aeroporto ou aeródromo aberto ao tráfego comercial regular uma comissão aeroportuária de facilitação e segurança, adiante abreviadamente designada por comissão aeroportuária FAL/SEC, e que terá a composição definida no artigo seguinte.

2 – A comissão referida no número anterior é o órgão que define e orienta, no respectivo aeroporto ou aeródromo, as condições de aplicação das normas, recomendações e procedimentos estabelecidos, competindo ao respectivo presidente assegurar o respectivo cumprimento.

3 – Nos aeroportos ou aeródromos que processem apenas tráfego aéreo comercial não regular, as funções da comissão aeroportuária são desempenhadas pelo respectivo director, o qual, para o exercício das suas competências, poderá solicitar a colaboração de representantes das entidades referidas no artigo seguinte, quando existentes na área do aeroporto ou aeródromo.

Artigo 7.º
Constituição

1 – As comissões aeroportuárias FAL/SEC são constituídas por:

a) O director do aeroporto ou aeródromo, que presidirá;
b) O responsável da Polícia de Segurança Pública ou da Guarda Nacional Republicana da área do aeroporto ou aeródromo;
c) O representante do Serviço de Estrangeiros e Fronteiras da área do aeroporto ou aeródromo;
d) Um representante da Polícia Judiciária;
e) Um representante do Serviço de Informações de Segurança;
f) O responsável pela alfândega ou pela delegação aduaneira do aeroporto ou aeródromo;
g) O comandante da subunidade da Brigada Fiscal da Guarda Nacional Republicana;
h) Um responsável pelos serviços de sanidade de fronteiras do aeroporto ou aeródromo;
i) Um representante dos serviços de tráfego aéreo;
j) Um representante da autoridade que superintenda no turismo, na área do aeroporto ou aeródromo;
k) Os chefes de escala das empresas referidas na alínea n) do n.º 1 do artigo 3.º e que operem no aeroporto ou aeródromo;
l) Um representante permanente da Comissão dos Operadores das Linhas Aéreas (AOC).

2 – Qualquer das entidades referidas no número anterior poderá designar um substituto, sem poderes para subdelegar ou para se fazer representar.

3 – O director do aeroporto ou aeródromo designará ainda um funcionário com funções de secretário.

4 – Sempre que se mostre conveniente, a comissão poderá propor ao director do aeroporto ou aeródromo a representação ou a colaboração de outros serviços ou entidades públicas ou privadas nela não representados.

Artigo 8.º
Competência

Compete às comissões aeroportuárias FAL/SEC:

a) Definir, tendo em conta as características locais, as condições de aplicação na respectiva infra-estrutura aeroportuária das

normas, recomendações e procedimentos da facilitação e da segurança estabelecidos;
b) Colaborar na elaboração do plano de segurança aeroportuária por forma a garantir a participação coordenada dos vários serviços e entidades intervenientes na execução;
c) Apresentar à Comissão Nacional FAL/SEC, quando o julgar conveniente, propostas de alteração às disposições em vigor;
d) Dar parecer, no âmbito da facilitação e da segurança, sobre os projectos de construção, instalação ou remodelação das infra-estruturas e equipamentos aeroportuários, submetendo-os à apreciação da Comissão Nacional FAL/SEC, quando não existir consenso entre as partes interessadas ou quando o julgar conveniente;
e) Pronunciar-se sobre qualquer assunto que lhe seja submetido no âmbito das suas atribuições.

Artigo 9.º
Funcionamento

1 – As comissões poderão reunir em sessões plenárias ou restritas, consoante o âmbito dos assuntos a tratar.

2 – As comissões reunirão, ordinariamente, em sessão plenária uma vez por mês e, extraordinariamente, sempre que sejam convocadas pelo respectivo presidente.

3 – As decisões tomadas com a oposição das entidades directamente interessadas na matéria em causa deverão ser postas à consideração da Comissão Nacional FAL/SEC.

4 – De todas as reuniões será lavrada acta, aprovada e subscrita pelos intervenientes.

Artigo 10.º
Estatuto dos presidentes das comissões aeroportuárias

1 – Os presidentes das comissões aeroportuárias ou o director do aeroporto ou aeródromo nos casos previstos no n.º 3 do artigo 6.º agem em nome do INAC para o efeito de assegurarem o cumprimento das normas, resoluções e procedimentos em vigor no âmbito da facilitação e da segurança da aviação civil.

2 – Os referidos presidentes deverão informar o INAC, através do funcionário referido no n.º 2 do artigo 1.º, sobre o estado de implementação no respectivo aeroporto ou aeródromo das normas, recomendações e procedimentos em vigor.

ARTIGO 11.º
Programas de segurança aeroportuários

1 – Os programas de segurança aeroportuários a estabelecer em cada infra-estrutura aeroportuária constituirão o instrumento de aplicação das normas, recomendações e procedimentos de segurança estabelecidos e esquematizarão, em planos de contingência, as diversas situações de segurança.

2 – A elaboração dos programas referidos no número anterior é da responsabilidade, consoante a localização de cada infra-estrutura aeroportuária, respectivamente do comando metropolitano, regional ou de polícia da PSP, com a participação da comissão aeroportuária respectiva, quando existente.

3 – Cabe ainda ao comando metropolitano, regional ou de polícia da PSP da área da respectiva infra-estrutura aeroportuária a responsabilidade da preparação, com a participação das respectivas entidades envolvidas, dos planos operacionais que lhes dizem respeito e da sua execução, na medida dos meios postos à disposição para o efeito, e designadamente:

a) Determinar e coordenar as missões a desenvolver em cada situação;
b) Estabelecer o comando e supervisão do conjunto das acções respeitantes às várias situações.

4 – Os programas referidos no n.º 1 deste artigo merecerão o parecer prévio de concordância do presidente do conselho de administração

do INAC e do comandante-geral da Polícia de Segurança Pública, sem prejuízo da sua sujeição ao regime de elaboração e aprovação previsto nos artigos 8.º, n.º 2, alínea c), e 13.º da Lei n.º 20/87, de 12 de Junho.

ARTIGO 12.º
Regulamento das comissões

A Comissão Nacional FAL/SEC estabelecerá e aprovará, no prazo de seis meses a contar da data da sua primeira reunião, o respectivo regulamento interno e, bem assim, os relativos às comissões aeroportuárias, os quais serão objecto de homologação pelo Ministro do Equipamento, do Planeamento e da Administração do Território.

ARTIGO 13.º
Norma revogatória

São revogados o Decreto-Lei n.º 134/95, de 9 de Junho, e a Portaria n.º 632/96, de 6 de Novembro.

Visto e aprovado em Conselho de Ministros de 23 de Julho de 1998. – *Jaime José Matos da Gama – Jaime José Matos da Gama – José Veiga Simão – António Luciano Pacheco de Sousa Franco – Jorge Paulo Sacadura Almeida Coelho – João Cardona Gomes Cravinho – Joaquim Augusto Nunes de Pina Moura – Maria de Belém Roseira Martins Coelho Henriques de Pina.*

Promulgado em 1 de Outubro de 1998.

Publique-se.

O Presidente da República, JORGE SAMPAIO.

Referendado em 16 de Outubro de 1998.

O Primeiro-Ministro, *António Manuel de Oliveira Guterres.*

Título III

SISTEMA DE INFORMAÇÕES DA REPÚBLICA PORTUGUESA

LEI QUADRO DO SISTEMA DE INFORMAÇÕES DA REPÚBLICA PORTUGUESA

LEI N.º 30/84, DE 5 DE SETEMBRO, ALTERADA PELA LEI ORGÂNICA N.º 4/2004, DE 6 DE NOVEMBRO[85]

A Assembleia da República decreta, nos termos da alínea d) do Artigo 164.º e do n.º 2 do artigo 169.º da Constituição, o seguinte:

Capítulo I
Princípios gerais

Artigo 1.º
Objecto

A presente lei estabelece as bases gerais do Sistema de Informações da República Portuguesa.

---

[85] Face à profunda alteração que a Lei Orgânica n.º 4/04, de 6 de Novembro, operou, optou-se por publicar a republicação da Lei Quadro do Sistema de Informações da República.

ARTIGO 2.º
Finalidades

1 – As finalidades do Sistema de Informações da República Portuguesa realizam-se exclusivamente mediante as atribuições e competências dos serviços previstos na presente lei.

2 – Aos serviços de informações incumbe assegurar, no respeito da Constituição e da lei, a produção de informações necessárias à salvaguarda da independência nacional e à garantia da segurança interna.

ARTIGO 3.º
Limite das actividades dos serviços de informações

1 – Não podem ser desenvolvidas actividades de pesquisa, processamento e difusão de informações que envolvam ameaça ou ofensa aos direitos, liberdades e garantias consignados na Constituição e na lei.

2 – Para efeitos do disposto no número anterior, ficam os serviços de informações sujeitos a todas as restrições legalmente estabelecidas em matéria de defesa dos direitos, liberdades e garantias perante a informática.

3 – Cada serviço só pode desenvolver as actividades de pesquisa e tratamento das informações respeitantes às suas atribuições específicas, sem prejuízo da obrigação de comunicar mutuamente os dados e informações que, não interessando apenas à prossecução das suas atribuições específicas, possam ter interesse para a consecução das finalidades do Sistema de Informações da República Portuguesa.

ARTIGO 4.º
Delimitação do âmbito de actuação

1 – Os funcionários ou agentes, civis ou militares, dos serviços de informações previstos na presente lei não podem exercer poderes, praticar actos ou desenvolver actividades do âmbito ou competência específica dos tribunais ou das entidades com funções policiais.

2 – É expressamente proibido aos funcionários e agentes, civis ou militares, dos serviços de informações proceder à detenção de qualquer indivíduo ou instruir processos penais.

Artigo 5.º
Acesso a dados e informações

1 – Os funcionários e agentes, civis ou militares, que exercem funções policiais só poderão ter acesso a dados e informações na posse dos serviços de informações desde que autorizados por despacho do competente membro do Governo, sendo proibida a sua utilização com finalidades diferentes da tutela da legalidade democrática ou da prevenção e repressão da criminalidade.

2 – O funcionário ou agente, civil ou militar, que comunicar ou fizer uso de dados de informações com violação do disposto no número anterior será punido com prisão até 3 anos, se pena mais grave não lhe for aplicável, independentemente da medida disciplinar que ao caso couber.

Artigo 6.º
Exclusividade

É proibido que outros serviços prossigam objectivos e actividades idênticos aos dos previstos na presente lei.

Artigo 7.º
Orgânica

Para a prossecução das finalidades referidas no artigo 2.º são criados:

a) O Conselho de Fiscalização do Sistema de Informações da República Portuguesa, adiante designado por Conselho de Fiscalização;

b) O Conselho Superior de Informações;
c) A Comissão de Fiscalização de Dados do Sistema de Informações da República Portuguesa, adiante designada por Comissão de Fiscalização de Dados;
d) O Secretário-Geral do Sistema de Informações da República Portuguesa, adiante designado por Secretário-Geral;
e) O Serviço de Informações Estratégicas de Defesa;
f) O Serviço de Informações de Segurança.

Capítulo II

Fiscalização

Artigo 8.º

Conselho de Fiscalização do Sistema de Informações da República Portuguesa

1 – O controlo do Sistema de Informações da República Portuguesa é assegurado pelo Conselho de Fiscalização, eleito pela Assembleia da República, sem prejuízo dos poderes de fiscalização deste órgão de soberania nos termos constitucionais.

2 – O Conselho referido no número anterior será composto por três cidadãos de reconhecida idoneidade e no pleno gozo dos seus direitos civis e políticos, eleitos pela Assembleia da República por voto secreto e maioria de dois terços dos deputados presentes, não inferior à maioria dos deputados em efectividade de funções.

3 – A eleição dos membros do Conselho é feita por lista, nominal ou plurinominal, consoante for um ou mais o número de mandatos vagos a preencher, e é válida por um prazo de quatro anos.

Artigo 9.º

Competência

1 – O Conselho de Fiscalização acompanha e fiscaliza a actividade do Secretário-Geral e dos serviços de informações, velando

pelo cumprimento da Constituição e da lei, particularmente do regime de direitos, liberdades e garantias fundamentais dos cidadãos.

2 – Compete, em especial, ao Conselho de Fiscalização:

a) Apreciar os relatórios concernentes à actividade de cada um dos serviços de informações;
b) Receber, do Secretário-Geral, com regularidade bimensal, lista integral dos processos em curso, podendo solicitar e obter os esclarecimentos e informações complementares que considere necessários ao cabal exercício dos seus poderes de fiscalização;
c) Conhecer, junto do Primeiro-Ministro, os critérios de orientação governamental dirigidos à pesquisa de informações e obter do Conselho Superior de Informações os esclarecimentos sobre questões de funcionamento do Sistema de Informações da República Portuguesa;
d) Efectuar visitas de inspecção destinadas a colher elementos sobre o seu modo de funcionamento e a actividade do Secretário-Geral e dos serviços de informações;
e) Solicitar elementos constantes dos centros de dados que entenda necessários ao exercício das suas competências ou ao conhecimento de eventuais irregularidades ou violações da lei;
f) Emitir pareceres com regularidade mínima anual sobre o funcionamento do Sistema de Informações da República Portuguesa a apresentar à Assembleia da República;
g) Propor ao Governo a realização de procedimentos inspectivos, de inquérito ou sancionatórios em razão de ocorrências cuja gravidade o justifique;
h) Pronunciar-se sobre quaisquer iniciativas legislativas que tenham por objecto o Sistema de Informações da República Portuguesa, bem como sobre os modelos de organização e gestão administrativa, financeira e de pessoal dos respectivos serviços.

3 – O Conselho de Fiscalização acompanha e conhece as modalidades admitidas de permuta de informações entre serviços, bem como

os tipos de relacionamento dos serviços com outras entidades, especialmente de polícia, incumbidos de garantir a legalidade e sujeitos ao dever de cooperação.

4 – O Conselho de Fiscalização funciona junto à Assembleia da República, que lhe assegura os meios indispensáveis ao cumprimento das suas atribuições e competências, designadamente instalações condignas, pessoal de secretariado e apoio logístico suficientes, e inscreverá no seu orçamento a dotação financeira necessária, de forma a garantir a independência do funcionamento do referido Conselho, baseando-se em proposta por este apresentada.

Artigo 10.º

Posse e renúncia

1 – Os membros do Conselho de Fiscalização tomam posse perante o Presidente da Assembleia da República no prazo de 10 dias a contar da publicação do resultado da eleição, sob forma de resolução, na 1.ª série do Diário da República.

2 – Os membros do Conselho de Fiscalização podem renunciar ao mandato mediante declaração escrita apresentada ao Presidente da Assembleia da República, a qual será publicada na 2.ª série do Diário da Assembleia da República.

Artigo 11.º

Imunidades

1 – Os membros do Conselho de Fiscalização são civil, criminal e disciplinarmente irresponsáveis pelos votos ou opiniões que emitirem no exercício das suas funções, sem prejuízo do cumprimento das obrigações que lhes são aplicáveis nos termos da presente lei.

2 – Nenhum membro do Conselho pode ser detido ou preso preventivamente sem autorização da Assembleia da República, salvo por crime punível com pena superior a 3 anos e em flagrante delito.

3 – Movido procedimento criminal contra algum membro do Conselho e indiciado este por despacho de pronúncia ou equivalente, salvo no caso de crime punível com pena superior a 3 anos, a Assembleia deliberará se o membro do Conselho deve ou não ser suspenso, para efeito de seguimento do processo.

Artigo 12.º
Deveres

1 – Constituem especiais deveres dos membros do Conselho de Fiscalização:

a) Exercer o respectivo cargo com a independência, a isenção e o sentido de missão inerentes à função que exercem;
b) Contribuir, pelo seu zelo, a sua dedicação e o seu exemplo, para a boa aplicação da presente lei;
c) Guardar o sigilo previsto no artigo 28.º.

2 – O dever de sigilo referido no número anterior mantém-se após a cessação dos respectivos mandatos.

Artigo 13.º
Direitos e regalias

1 – Os membros do Conselho não podem ser prejudicados na sua colocação, nos seus benefícios sociais ou no seu emprego permanente por virtude do desempenho do mandato, considerando-se justificadas para todos os efeitos as faltas dadas ao serviço em razão das reuniões do Conselho.

2 – Os membros do Conselho de Fiscalização auferem uma remuneração fixa, de montante a estabelecer por despacho conjunto do Primeiro-Ministro, do Ministro das Finanças e do membro do Governo responsável pela Administração Pública, acumulável com qualquer outra remuneração, pública ou privada.

3 – Os membros do Conselho de Fiscalização auferem, por cada reunião, senhas de presença e subsídios de transporte idênticos aos praticados para os deputados.

Capítulo III
Orgânica do Sistema

Secção I
Natureza e dependência

Artigo 14.º
Natureza

Todos os organismos pertencentes ao Sistema de Informações têm natureza de serviços públicos.

Artigo 15.º
Dependência e processo de nomeação

1 – O Secretário-Geral e os serviços de informações dependem directamente do Primeiro-Ministro.

2 – O Primeiro-Ministro pode delegar num membro do Governo que integre a Presidência do Conselho de Ministros as competências que lhe são legalmente conferidas no âmbito do Sistema de Informações da República Portuguesa.

3 – A nomeação do Secretário-Geral é antecedida de audição do indigitado em sede de comissão parlamentar.

Artigo 16.º
Autonomia administrativa e financeira

O Serviço de Informações Estratégicas de Defesa e o Serviço de Informações de Segurança gozam de autonomia administrativa e financeira.

SECÇÃO II
Competência do Primeiro-Ministro

ARTIGO 17.º
Competência do Primeiro-Ministro

Compete ao Primeiro-Ministro:

a) Manter especialmente informado o Presidente da República acerca dos assuntos referentes à condução da actividade do Sistema de Informações da República Portuguesa, directamente ou através do Secretário-Geral;
b) Presidir ao Conselho Superior de Informações;
c) Nomear e exonerar o Secretário-Geral;
d) Nomear e exonerar, ouvido o Secretário-Geral, o director do Serviço de Informações Estratégicas de Defesa e o director do Serviço de Informações de Segurança;
e) Controlar, tutelar e orientar a acção dos serviços de informações;
f) Exercer as demais funções que lhe sejam atribuídas pela presente lei.

SECÇÃO III
Órgãos e serviços

ARTIGO 18.º
Conselho Superior de Informações

1 – O Conselho Superior de Informações é o órgão interministerial de consulta e coordenação em matéria de informações.

2 – O Conselho Superior de Informações é presidido pelo Primeiro-Ministro e tem a seguinte composição:

a) Os Vice-Primeiros-Ministros, se os houver;

b) Os Ministros de Estado e da Presidência, se os houver, e o membro do Governo que seja titular da delegação de competências referida no n.º 2 do artigo 15.º;
c) Os Ministros da Defesa Nacional, da Administração Interna, da Justiça, dos Negócios Estrangeiros e das Finanças;
d) Os Presidentes dos Governos Regionais dos Açores e da Madeira;
e) O Chefe do Estado-Maior-General das Forças Armadas;
f) O Secretário-Geral do Sistema de Informações da República;
g) Dois deputados designados pela Assembleia da República por maioria de dois terços dos deputados presentes, desde que superior à maioria absoluta dos deputados em efectividade de funções.

3 – Além das entidades previstas no número anterior, o Primeiro-Ministro pode determinar a presença de outras entidades sempre que o considerar relevante face à natureza dos assuntos a tratar.

4 – O Conselho Superior de Informações funciona na Presidência do Conselho de Ministros e reúne mediante convocação do Primeiro-Ministro.

5 – Compete ao Conselho Superior de Informações:

a) Aconselhar e coadjuvar o Primeiro-Ministro na coordenação dos serviços de informações;
b) Pronunciar-se sobre todos os assuntos que lhe forem submetidos em matéria de informações pelo Primeiro-Ministro ou, com autorização deste, por qualquer dos seus membros;
c) Propor a orientação das actividades a desenvolver pelos serviços de informações.

Artigo 19.º
Secretário-Geral do Sistema de Informações da República Portuguesa

1 – O Secretário-Geral é equiparado, para todos os efeitos legais, excepto os relativos à sua nomeação e exoneração, a Secretário de Estado.

2 – O Secretário-Geral dispõe de um gabinete de apoio ao qual é aplicável o regime jurídico dos gabinetes ministeriais.

3 – Compete ao Secretário-Geral:

a) Conduzir superiormente, através dos respectivos directores, a actividade do Serviço de Informações Estratégicas de Defesa e do Serviço de Informações de Segurança e exercer a sua inspecção, superintendência e coordenação, em ordem a assegurar a efectiva prossecução das suas finalidades institucionais;

b) Executar as determinações do Primeiro-Ministro e as deliberações dos órgãos de fiscalização previstos na presente lei;

c) Transmitir informações pontuais e sistemáticas às entidades que lhe forem indicadas pelo Primeiro-Ministro;

d) Garantir a articulação entre os serviços de informações e os demais órgãos do Sistema de Informações da República Portuguesa;

e) Assegurar o apoio funcional necessário aos trabalhos do Conselho Superior de Informações;

f) Presidir aos conselhos administrativos do Serviço de Informações Estratégicas de Defesa e do Serviço de Informações de Segurança;

g) Dirigir a actividade dos centros de dados do Serviço de Informações Estratégicas de Defesa e do Serviço de Informações de Segurança;

h) Nomear e exonerar, sob proposta dos respectivos directores, o pessoal do Serviço de Informações Estratégicas de Defesa e do Serviço de Informações de Segurança, com excepção daquele cuja designação compete ao Primeiro-Ministro;

i) Exercer o poder disciplinar dentro dos limites que a lei determinar;

j) Orientar a elaboração dos orçamentos do Serviço de Informações Estratégicas de Defesa e do Serviço de Informações de Segurança;

k) Aprovar os relatórios anuais do Serviço de Informações Estratégicas de Defesa e do Serviço de Informações de Segurança.

Artigo 20.º
Serviço de Informações Estratégicas de Defesa

O Serviço de Informações Estratégicas de Defesa é o organismo incumbido da produção de informações que contribuam para a salvaguarda da independência nacional, dos interesses nacionais e da segurança externa do Estado Português.

Artigo 21.º
Serviço de Informações de Segurança

O Serviço de Informações de Segurança é o organismo incumbido da produção de informações que contribuam para a salvaguarda da segurança interna e a prevenção da sabotagem, do terrorismo, da espionagem e a prática de actos que, pela sua natureza, possam alterar ou destruir o Estado de direito constitucionalmente estabelecido.

Artigo 22.º
Directores dos serviços de informações

1 – O Serviço de Informações Estratégicas de Defesa e o Serviço de Informações de Segurança são dirigidos, cada um deles, por um director, coadjuvado por um director-adjunto.

2 – O director dos serviços de informações é titular de um cargo de direcção superior de 1.º grau e o director-adjunto de um cargo superior de 2.º grau.

3 – Compete ao director assumir, no quadro das orientações emanadas do Secretário-Geral, a responsabilidade directa pela normal actividade e pelo regular funcionamento de cada serviço.

Capítulo IV
Uso da informática

Artigo 23.º
Centros de dados

1 – Os serviços de informações poderão dispor de centros de dados, compatíveis com a natureza do serviço, aos quais competirá processar e conservar em arquivo magnético os dados e informações recolhidos no âmbito da sua actividade.

2 – Os centros de dados respeitantes ao Serviço de Informações Estratégicas de Defesa e ao Serviço de Informações de Segurança são criados por decreto-lei e funcionam sob orientação de um funcionário nomeado e exonerado pelo Primeiro-Ministro, mediante proposta do Secretário-Geral.

3 – Cada centro de dados funciona autonomamente, não podendo ser conectado com o outro.

Artigo 24.º
Funcionamento

1 – Os critérios e as normas técnicas necessárias ao funcionamento dos centros de dados, bem como os regulamentos indispensáveis a garantir a segurança das informações processadas, são elaborados no âmbito do Conselho Superior de Informações e adquirem executoriedade após aprovação pelo Conselho de Ministros.

2 – Os centros de dados só podem iniciar a sua actividade depois de publicada a regulamentação a que se refere o número anterior.

Artigo 25.º
Acesso de funcionários e agentes

O acesso dos funcionários e agentes aos dados e informações conservados em arquivo nos centros de dados só é consentido mediante autorização superior, tendo em vista o bom desempenho das funções que lhe forem cometidas.

ARTIGO 26.º
Comissão de Fiscalização de Dados do Sistema de Informações da República Portuguesa

1 – A actividade dos centros de dados é exclusivamente fiscalizada pela Comissão de Fiscalização de Dados, sem prejuízo do disposto no n.º 3 do artigo seguinte.

2 – A Comissão de Fiscalização de Dados é constituída por três magistrados do Ministério Público, que elegem entre si o presidente.

3 – A Comissão de Fiscalização de Dados tem sede na Procuradoria-Geral da República, que assegura os serviços de apoio necessários, sendo os seus membros designados e empossados pelo Procurador-Geral da República, aplicando-se-lhes, com as devidas adaptações, o disposto nos artigos 11.º a 13.º.

4 – A fiscalização exerce-se através de verificações periódicas dos programas, dados e informações por amostragem, fornecidos sem referência nominativa.

5 – A Comissão de Fiscalização de Dados deve ordenar o cancelamento ou rectificação de dados recolhidos que envolvam violação dos direitos, liberdades e garantias consignados na Constituição e na lei e, se for caso disso, exercer a correspondente acção penal.

ARTIGO 27.º
Cancelamento e rectificação de dados

1 – Quando no decurso de um processo judicial ou administrativo se revelar erro na imputação de dados ou informações ou irregularidades do seu tratamento, a entidade processadora fica obrigada a dar conhecimento do facto à Comissão de Fiscalização de Dados.

2 – Quem, por acto de quaisquer funcionários ou agentes dos serviços de informações ou no decurso de processo judicial ou administrativo, tiver conhecimento de dados que lhe respeitem e que considere erróneos, irregularmente obtidos ou violadores dos seus direitos, liberdades e garantias pessoais pode, sem prejuízo de outras garantias legais, requerer à Comissão de Fiscalização de Dados que proceda às verificações necessárias e ordene o seu cancelamento ou a rectificação dos que se mostrarem incompletos ou erróneos.

3 – Das irregularidades ou violações verificadas deverá a Comissão de Fiscalização de Dados dar conhecimento, através de relatório, ao Conselho de Fiscalização.

Capítulo V
Deveres e responsabilidades

Artigo 28.º
Dever de sigilo

1 – Quem, em razão das suas funções, tomar conhecimento de matérias classificadas na disponibilidade dos serviços de informações é obrigado a sobre elas guardar rigoroso sigilo.

2 – Os funcionários e agentes dos serviços de informações são igualmente obrigados a guardar rigoroso sigilo sobre a actividade de pesquisa, análise, classificação e conservação das informações de que tenham conhecimento em razão das suas funções, bem como sobre a estrutura e o funcionamento de todo o sistema.

3 – O dever de sigilo a que se refere o número anterior mantém-se além do termo do exercício das suas funções, não podendo, em caso algum e por qualquer forma, ser quebrado por aqueles que deixaram de ser funcionários ou agentes dos serviços de informações.

4 – A violação dos deveres previstos nos números anteriores é punível com prisão até 3 anos, se pena mais grave não lhe for aplicável.

5 – Sem prejuízo do disposto no número anterior, a violação do dever previsto no n.º 2 é ainda punível com a pena disciplinar de demissão ou outra medida que implique o imediato afastamento do infractor.

Artigo 29.º
Desvio de funções

1 – Os funcionários e agentes, civis ou militares, dos serviços de informações não podem prevalecer-se da sua qualidade, do seu posto ou da sua função para qualquer acção de natureza diversa da estabelecida no âmbito do respectivo serviço.

2 – Ao funcionário ou agente que viole o disposto no número anterior será aplicada medida disciplinar, em função da gravidade da sua falta, a qual poderá ir até à demissão do cargo, independentemente de pena mais grave que lhe possa caber por força de outra disposição legal.

Artigo 30.º
Penas agravadas e acessórias

1 – Quem, por violação dos seus deveres legais ou abusando das suas funções, for condenado por crime previsto e punido no Código Penal contra a liberdade, honra ou reserva de vida privada dos cidadãos terá a pena máxima aplicável agravada de um terço dos seus limites mínimo e máximo.

2 – Ao funcionário ou agente dos serviços de informações condenado pela prática de crime doloso poderá o tribunal, ponderadas as circunstâncias do caso concreto, aplicar na sentença a pena acessória de demissão ou de suspensão até 3 anos de exercício de funções.

Artigo 31.º
Incapacidades

Não podem fazer parte directa ou indirectamente dos órgãos e serviços previstos na presente lei quaisquer antigos agentes da PIDE/DGS ou antigos membros da Legião Portuguesa ou informadores destas extintas corporações.

Artigo 32.º
Segredo de Estado

1 – São abrangidos pelo segredo de Estado os dados e as informações cuja difusão seja susceptível de causar dano à unidade e integridade do Estado, à defesa das instituições democráticas estabelecidas na Constituição, ao livre exercício das respectivas funções pelos órgãos de soberania, à segurança interna, à independência nacional e à preparação da defesa militar.

2 – Consideram-se abrangidos pelo segredo de Estado os registos, documentos, dossiers e arquivos dos serviços de informações relativos às matérias mencionadas no número anterior, não podendo ser requisitados ou examinados por qualquer entidade estranha aos serviços, sem prejuízo do disposto nos artigos 26.º e 27.º.

3 – As informações e os elementos de prova respeitantes a factos indiciários da prática de crimes contra a segurança do Estado devem ser comunicados às entidades competentes para a sua investigação ou instrução.

4 – No caso previsto no número anterior, o Primeiro-Ministro pode autorizar que seja retardada a comunicação pelo tempo estritamente necessário à salvaguarda da segurança interna ou externa do Estado.

Artigo 33.º
Prestação de depoimento ou de declarações

1 – Nenhum funcionário ou agente dos serviços de informações chamado a depor ou a prestar declarações perante autoridades judiciais pode revelar factos abrangidos pelo segredo de Estado e, no tocante aos factos sobre os quais possa depor ou prestar declarações, não deve revelar as fontes de informação nem deve ser inquirido sobre as mesmas, bem como sobre o resultado de análises ou sobre elementos contidos nos centros de dados ou nos arquivos.

2 – Se a autoridade judicial considerar injustificada a recusa do funcionário ou agente em depor ou prestar declarações adoptada nos

termos do número anterior, comunicará os factos ao Primeiro-Ministro, que confirmará ou não tal recusa.

3 – A violação pelo funcionário ou agente do dever previsto no n.º 1 constitui falta disciplinar grave, punível com sanção que pode ir até à pena de demissão ou noutra medida que implique a imediata cessação de funções do infractor, sem prejuízo do disposto nos artigos 28.º e 30.º.

Capítulo VI
Disposições finais

Artigo 34.º
Informações militares

1 – O disposto na presente lei não prejudica as actividades de informações levadas a cabo pelas Forças Armadas e necessárias ao cumprimento das suas missões específicas e à garantia da segurança militar.

2 – As disposições constantes dos artigos 1.º a 6.º da presente lei, bem como as disposições relativas aos poderes do Conselho de Fiscalização e da Comissão de Fiscalização de Dados, são aplicáveis às actividades de produção de informações das Forças Armadas.

Artigo 35.º
Estruturas comuns

1 – A regulamentação orgânica dos serviços de informações pode prever a existência de estruturas comuns na área da gestão administrativa, financeira e patrimonial.

2 – As estruturas comuns, caso existam, ficam na dependência directa do Secretário-Geral.

Título III – *Sistema de informações da república portuguesa*

ARTIGO 36.º
**Relações do Conselho de Fiscalização
com a Assembleia da República**

1 – A Assembleia da República pode requerer a presença do Conselho de Fiscalização, em sede de comissão parlamentar, com o objectivo de obter esclarecimentos sobre o exercício da sua actividade.

2 – A apresentação dos pareceres relativos ao funcionamento do Sistema de Informações da República Portuguesa, prevista na alínea f) do n.º 2 do artigo 9.º, tem lugar em sede de comissão parlamentar.

3 – As reuniões referidas nos números anteriores realizam-se à porta fechada, ficando todos aqueles que a elas assistirem sujeitos ao dever de sigilo, nos termos do artigo 28.º.

Aprovada em 26 de Julho de 1984.

O Presidente da Assembleia da República, *Manuel Alfredo Tito de Morais.*

Promulgada em 10 de Agosto de 1984.

Publique-se.

O Presidente da República, ANTÓNIO RAMALHO EANES.

Referendada em 22 de Agosto de 1984.

O Primeiro-Ministro, *Mário Soares.*

SERVIÇO DE INFORMAÇÕES E SEGURANÇA

DECRETO-LEI N.º 225/85, DE 4 DE JULHO, ALTERADO PELO DL N.º 369/91, DE 10 DE JULHO E PELO DL N.º 245/95, DE 14 DE SETEMBRO

1. A Lei n.º 30/84, de 5 de Setembro (Lei Quadro do Sistema de Informações da República Portuguesa) estruturou, pela primeira vez no nosso país, o Sistema de Informações da República Portuguesa, criando os órgãos que o integram e definindo os princípios fundamentais da sua organização, do seu funcionamento e da sua articulação.

2. Para funcionar na dependência do Ministro da Administração Interna foi criado o Serviço de Informações de Segurança (SIS), como «organismo incumbido da produção de informações destinadas a garantir a segurança interna e necessárias a prevenir a sabotagem, o terrorismo, a espionagem e a prática de actos que, pela sua natureza, possam alterar ou destruir o Estado de direito constitucionalmente estabelecido»(artigo 21.º).

3. O presente decreto-lei estrutura, nos seus pormenores de organização e funcionamento, o SIS tendo em vista as suas finalidades e especificidades próprias e a necessária articulação com os outros serviços de informações simultaneamente criados.

4. Nos capítulos da organização dos serviços e da administração do pessoal – provimento, vínculos, remunerações, carreiras, transferências, disciplina de cessação de trabalho – houve que atender ao disposto na Lei Quadro e à especificidade da natureza e função do serviço de que se trata, particularmente exigentes em matéria de competência, zelo, probidade, sigilo e assunção de risco.

5. De harmonia com o espírito que dimana da Lei n.º 30/84, pretende-se assegurar a possibilidade de criar um organismo servido por pessoas altamente qualificadas, com elevado nível intelectual e cultura superior, nos mais diversos campos das ciências sociais, dotadas de bom senso e de apurado sentido de equilíbrio, capazes de produzem análises fundamentadas, isentas, objectivas e esclarecidas dos fenómenos que se inscrevem nas específicas atribuições do SIS. Daí a especialidade dos requisitos de recrutamento e de selecção para qualquer lugar, do correspondente regime remuneratório e da natureza dos vínculos funcionais.

6. A especificidade do SIS e a delicadeza da actividade que vai desenvolver impõem também que se estabeleçam mecanismos legais adequados não só a garantir uma permanente relação de confiança que deve existir entre os responsáveis pelo SIS e os funcionários ou agentes que nele trabalham, mas também a assegurar a total disponibilidade e constante fidelidade do pessoal às finalidades institucionais de organismo. Daí as especialidades em relação às regras comuns sobre classificações, promoções, regime disciplinar e, em geral, sobre o âmbito dos poderes de gestão conferidos aos dirigentes e ao ministro da tutela.

7. A Lei n.º 30/84 estabeleceu ainda que o SIS pode ser dotado de um centro de dados compatível a sua natureza institucional, ao qual competirá processar e conservar em suporte magnético os dados e informações recolhidos no âmbito da sua actividade (artigo 23.º).

No estádio actual do desenvolvimento tecnológico, não faria sentido a estruturação do SIS sem a criação simultânea do seu centro de dados, cuja organização e funcionamento ficam necessariamente dependentes da verificação dos condicionalismos previstos na Lei Quadro do Sistema (artigo 24.º, n.º 2). Especial cuidado mereceu a regulamentação do acesso aos dados, bem como da sua utilização, mesmo pelo pessoal que vai trabalhar no SIS, sem prejuízo do que vier a ser estabelecido na lei de protecção de dados e na legislação de segurança interna. Não houve que cuidar da fiscalização da actividade do centro de dados, visto que ela constituiu objecto da Lei n.º 30/84 (artigos 26.º e 27.º).

8. Por último, não poderá deixar de aceitar-se que é ainda a especificidade institucional que justifica e impõe que o SIS seja criado como serviço dotado de autonomia administrativa e financeira. Algumas disposições especiais respeitantes à administração financeira e patrimonial, à aquisição de bens e serviços, à classificação e ao processamento das despesas surgem como consequência natural da necessidade de adoptar, em relação a um serviço deste tipo, uma grande flexibilidade, sob pena de, logo à partida, poderem verificar-se bloqueamentos paralisantes de uma actividade que não pode deixar de caracterizar-se pelo dinamismo e pela operacionalidade.

9. Consagram-se em geral soluções claras, objectivas e situadas na linha dos sistemas de direito comparado em vigor nas democracias ocidentais que nos precederam na instituição de serviços deste género.
Assim:
O Governo decreta, nos termos do artigo 33.º da Lei n.º 30/84, de 5 de Setembro, e da alínea c) do n.º 1 do artigo 201.º da Constituição. o seguinte.

Capítulo I
Natureza, atribuições e competências

Artigo 1º
(Natureza)

1 – O Serviço de Informações de Segurança (SIS), criado pela Lei n.º 30/84, de 5 de Setembro, é um serviço público que depende do Primeiro-Ministro, através do Ministro da Administração Interna.

2 – O SIS integra-se no Sistema de Informações da República Portuguesa (SIRP).

3 – O SIS tem sede em Lisboa e goza de autonomia administrativa e financeira.

> **Nota:** *A redacção do n.º 1 do artigo 1.º advém do Decreto-Lei n.º 245//95, de 14 de Setembro.*

Artigo 2.º
(Atribuições)

1 – O SIS é, no SIRP, o único organismo incumbido da produção de informações destinadas a garantir a segurança interna e necessárias a prevenir a sabotagem, o terrorismo, a espionagem e a prática de actos que, pela sua natureza, possam alterar ou destruir o Estado de direito constitucionalmente estabelecido.

2 — O SIS está exclusivamente ao serviço do Estado e exerce as suas atribuições no respeito da Constituição e da lei, de acordo com as finalidades e objectivos do SIRP.

Artigo 3.º
(Limites das actividades)

1 – Não podem ser desenvolvidas actividades de pesquisa, processamento e difusão de informações que envolvam ameaça ou

ofensa aos direitos, liberdades e garantias consignados na Constituição e na lei.

2 – Aos funcionários e agentes do SIS é vedado exercer poderes, praticar actos ou desenvolver actividades do âmbito ou da competência específica dos tribunais ou das entidades com funções policiais

3 – É expressamente proibido aos funcionários e agentes do SIS proceder à detenção de qualquer pessoa ou instruir processos penais.

4 – A infracção ao disposto no número anterior constitui violação grave dos deveres, funcionais passível de sanção disciplinar, que pode ir até à demissão ou outra medida que implique a cessação de funções no SIS independentemente da responsabilidade criminal e civil que ao caso couber, de harmonia com o disposto na lei geral e na Lei n.º 30/84, de 5 de Setembro.

Artigo 4.º
(Desvio de funções)

1 – Os funcionários e agentes do SIS não podem prevalecer-se da sua qualidade, do seu posto ou da sua função para praticar qualquer acção de natureza diversa da estabelecida no âmbito institucional do SIS.

2 – A violação do disposto no número anterior é punível com pena disciplinar, a graduar em função da falta, a qual poderá ir até à demissão ou outra medida que implique o imediato afastamento do serviço, sem prejuízo do disposto nos artigos 29.º e 30.º da Lei n.º 30/84, de 5 de Setembro.

Artigo 5.º
(Competência material)

1 – Compete ao SIS, no âmbito das suas atribuições específicas, proceder por forma sistemática à pesquisa e análise, ao processamento, à produção e à conservação de informações, devendo, nomeadamente:

a) Accionar os meios técnicos e humanos de que tenha sido dotado para a recolha e tratamento de informações, desenvolvendo a sua

actividade de acordo com as orientações fixadas pelo Primeiro-Ministro e pelo Ministro da Administração Interna;
b) Elaborar os estudos e preparar os documentos que lhe forem determinados;
c) Estudar e propor a adopção de mecanismos de colaboração e de coordenação com as forças e serviços de segurança, em ordem a viabilizar a centralização e a análise globalizante das informações de segurança que aqueles possuam;
d) Comunicar às entidades competentes para a investigação criminal e para o exercício da acção penal os factos configuráveis como ilícitos criminais, salvaguardado o que na lei se dispõe sobre segredo de Estado;
e) Comunicar às entidades competentes, nos termos da lei, as notícias e informações respeitantes à segurança interna e à prevenção e repressão da criminalidade.

2 – Relativamente às forças e serviços de segurança não dependentes do Ministro da Administração Interna, compete aos ministros da tutela expedir as directivas necessárias ao accionamento dos mecanismos de colaboração e de coordenação a que se refere a alínea c) do número anterior.

Nota: *A redacção das alíneas a) e b) do n.º 1 do art.º 5.º advém do Decreto-Lei n.º 245/95, de 14 de Setembro.*

Artigo 6.º
(Competência territorial)

1 – A competência territorial do SIS coincide com o espaço sujeito aos poderes soberanos do Estado Português.

2 – No quadro dos compromissos internacionais assumidos pelo Estado Português e dentro dos limites das suas atribuições específicas, o SIS pode, de acordo com as orientações definidas pelo Primeiro-Ministro, ouvido o Conselho Superior de Informações, cooperar com organismos congéneres estrangeiros.

Nota: *A redacção do n.º 2 do art.º 6.º advém do Decreto-Lei n.º 245/95, de 14 de Setembro.*

Artigo 7.º
(Dever de colaboração com o SIS)

1 – Os serviços da Administração Publica, central, regional e local, os institutos e as empresas públicas e concessionárias de serviços públicos devem prestar ao SIS a colaboração que justificadamente lhes for solicitada, em especial facultando, nos termos da lei, os elementos de informação que à missão do SIS sejam tidos como essenciais.

2 – Especial dever de colaboração impende sobre as forças e serviços de segurança previstos na legislação de segurança interna, que estão obrigados, nos termos das orientações que vierem a ser definidas pelas entidades competentes, a facultar ao SIS, a pedido deste, as notícias e os elementos de informação de que tenham conhecimento directa ou indirectamente relacionados com as matérias referidas no n.º 1 do artigo 2.º.

Nota: *A redacção do art.º 7.º é do Decreto-Lei n.º 245/95, de 14 de Setembro.*

Artigo 8.º
(Dever de cooperação do SIS)

1 – No quadro dos objectivos e das finalidades do SIRP, o SIS deve cooperar, dentro dos limites das suas atribuições específicas, com os demais serviços de informações instituídos pela Lei n.º 30/84, de 5 de Setembro.

2 – A cooperação exerce-se nos termos das instituições e directivas dimanadas do Ministro da Administração Interna, de acordo com as orientações que vierem a ser definidas pelo Primeiro-Ministro. ouvido o Conselho Superior de Informações.

Artigo 9.º
(Protecção das fontes de informação, dos resultados das análises
e dos elementos conservados no centro de dados e nos Arquivos)

1 – As actividades do SIS são consideradas, para todos os efeitos, classificadas e de interesse para a segurança interna do Estado.

2 – São abrangidos pelo segredo de Estado os registos, documentos e dossiers, bem como os resultados das análises e os elementos conservados no centro de dados e nos arquivos do SIS respeitantes às matérias mencionadas no n.º 1 do artigo 2.º.

3 – Toda a actividade de pesquisa, análise, interpretação, classificação e conservação das informações desenvolvida pelos funcionários e agentes do SIS está sujeita ao dever de sigilo, nos termos definidos pela Lei Quadro do SIRP.

> **Nota:** *A redacção do n.º 3 do art.º 9.º é do Decreto-Lei n.º 245/95, de 14 de Setembro.*

Artigo 10.º
Competência do Primeiro-Ministro

1 – Sem prejuízo dos poderes inerentes à dependência orgânica do SIS e das competências atribuídas pela Lei Quadro e demais legislação do SIRP, e pelo presente diploma, compete em especial ao Primeiro--Ministro:

a) Aprovar o plano anual de actividades e suas alterações;
b) Aprovar o relatório anual de actividades a submeter ao conselho de fiscalização, nos termos do artigo 8.º da Lei n.º 30/84;

2 – No exercício dos seus poderes de tutela, pode o Primeiro--Ministro dispor, por despacho, directrizes e instruções sobre actividades a desenvolver pelo SIS.

3 – O Primeiro-Ministro pode delegar no Ministro da Administração Interna quaisquer das competências fixadas nos números anteriores.

> **Nota:** *A redacção do art.º 10.º é do Decreto-Lei n.º 245/95, de 14 de Setembro, excepto as alíneas a) e b) do n.º 1.*

ARTIGO 11.º
Competência conjunta do Primeiro-Ministro, do Ministro da Administração Interna e do Ministro das Finanças

Dependem de despacho conjunto do Primeiro-Ministro e dos Ministros da Administração Interna e das Finanças:

a) A aprovação do orçamento anual do SIS e das suas alterações, bem como da conta de gerência a submeter ao Tribunal de Contas;
b) A definição dos limites de competência do conselho administrativo para autorizar despesas normais, classificadas e especialmente classificadas, por conta das dotações globais que vierem a ser inscritas no orçamento do SIS, nos termos da lei do enquadramento do Orçamento do Estado;
c) A fixação dos fundos de maneio que o conselho administrativo, pode conservar em caixa para fazer face a despesas que devam ser imediatamente liquidadas;
d) A definição das regras de gestão orçamental, designadamente no que respeita às despesas que podem ser especialmente classificadas.

Nota: *O art.º 11.º tem a redacção dada pelo Decreto-Lei n.º 245/95, de 14 de Setembro, excepto as alíneas a), b), c) e d).*

CAPÍTULO II
Conselho consultivo

ARTIGO 12.º
(Composição)

1 – Na directa dependência do Ministro da Administração Interna funciona um órgão de consulta denominado conselho consultivo.

2 – São por inerência membros do conselho:

a) O comandante-geral da Guarda Nacional Republicana;
b) O comandante-geral da Polícia de Segurança Pública;
c) O director-geral da Polícia Judiciária;
d) O director do Serviço de Estrangeiros e Fronteiras;
e) O director-geral e os directores-gerais-adjuntos do SIS;
f) O comandante geral da Polícia Marítima.

3 – Por determinação ou a solicitação do Ministro da Administração Interna podem participar nas reuniões do conselho outras entidades cuja comparência se mostre indispensável à prossecução das atribuições deste órgão.

4 – O conselho reúne mediante convocação do Ministro da Administração Interna, sempre que for julgado necessário, com todos ou alguns dos seus membros, consoante a natureza dos assuntos a tratar.

5 – Ao Ministro da Administração Interna compete aprovar, por despacho, ouvidas as autoridades referidas no n.º 2, as normas de funcionamento do conselho.

6 – O secretariado do conselho é assegurado por um elemento do Gabinete do Ministro da Administração Interna para esse efeito designado.

> **Nota:** *A redacção do n.º 1 e das alíneas b), c), d), e), e f) do n.º 2 do art.º 12.º é do Decreto-Lei n.º 245/95, de 14 de Setembro.*

Artigo 13.º
(**Competência**)

1 – Ao conselho consultivo compete:

a) Aconselhar o Ministro da Administração Interna, em matéria de informações de segurança interna, na tomada de decisões relativas ao exercício das suas competências próprias ou delegadas, nomeadamente no que respeita à articulação da actuação do SIS e das forças e serviços de segurança;

b) Propor ao Ministro da Administração Interna a adopção das medidas adequadas à centralização, exploração e utilização de toda a informação que interesse à prossecução dos objectivos legalmente cometidos ao SIS;
c) Estudar os mecanismos necessários para efectivar o dever de colaboração a que se refere o n.º 2 do artigo 7.º e para exercitar a competência prevista na alínea c) do n.º 1 do artigo 5.º;
d) Pronunciar-se sobre quaisquer outros assuntos que lhe forem submetidos em matéria de informações de segurança interna.

2 – A adopção das medidas propostas pelo conselho, quando se reflictam no funcionamento de forças e serviços de segurança não dependentes organicamente do Ministro da Administração Interna, carece de prévia concordância do ministro da tutela.

3 – A competência do conselho consultivo é exercida sem prejuízo do disposto no artigo 18.º, n.ºs 1 e 4, da Lei n.º 30/84, de 5 de Setembro.

Capítulo III
Órgãos, serviços e competência

Artigo 14.º
(Órgãos e serviços)

1 – São órgãos do SIS:

a) O director-geral;
b) O conselho administrativo.

2 – São serviços do SIS:

a) Os serviços operacionais;
b) O Serviço Administrativo e de Apoio Geral;
c) O Serviço de Informática.

3 – Por portaria conjunta dos Ministros da Administração Interna e das Finanças e do Plano e do membro do Governo que tiver a seu cargo a Administração Pública, poderão ser criadas delegações do SIS, constituídas por núcleos de elementos pertencentes aos serviços operacionais e aos de apoio administrativo, com estruturas adequadas às específicas finalidades tidas em vista.

> **Nota:** *A redacção da al. a) do n.º 1 do art.º 14.º é do Decreto-Lei n.º 245/95, de 14 de Setembro.*

Artigo 15.º
Director-geral

1 – O SIS é dirigido por um director-geral, que é o garante do seu regular funcionamento e o responsável pela manutenção da fidelidade da sua actuação às finalidades e aos objectivos legais.

2 – O director-geral é coadjuvado por dois directores-gerais adjuntos, sendo substituído, nas suas ausências e impedimentos, por aquele que for designado para o efeito.

> **Nota:** *A redacção do art.º 15.º é do Decreto-Lei n.º 245/95, de 14 de Setembro.*

Artigo 16.º
Competência do director-geral

Compete, em especial, ao director-geral do SIS:

a) Orientar superiormente as actividades dos serviços e exercer a sua inspecção, superintendência e coordenação, em ordem a assegurar a efectiva prossecução das suas finalidades institucionais;
b) Presidir ao conselho administrativo;
c) Dirigir a actividade do centro de dados;
d) Executar as determinações do Primeiro-Ministro e do Ministro da Administração Interna e as deliberações dos órgãos de fiscalização definidos pela Lei Quadro do SIRP;

e) Nomear e exonerar o pessoal, com excepção daquele cuja designação competir ao Primeiro-Ministro e ao Ministro da Administração Interna;
f) Exercer o poder disciplinar, dentro dos limites que a lei determinar;
g) Orientar a elaboração do orçamento do SIS;
h) Elaborar o relatório anual do SIS.

Nota: *A redacção do art.º 16.º é do Decreto-Lei n.º 245/95, de 14 de Setembro.*

ARTIGO 17.º
Competência do director-adjunto

1 – *Compete ao director-adjunto:*

a) *Coadjuvar o director e substituí-lo nas suas faltas e impedimentos;*
b) *Coordenar a actividade dos serviços operacionais;*
c) *Propor ao director a nomeação e exoneração do pessoal que deve integrar os serviços operacionais;*
d) *Exercer o poder disciplinar, nos limites que a lei determinar;*
e) *Emitir as ordens e instruções que julgar convenientes para a efectiva coordenação dos serviços de que é responsável;*
f) *Colaborar na elaboração do orçamento e do relatório anual;*
g) *Desempenhar as demais competências que o director lhe vier a fixar.*

2 – *O director-adjunto é coadjuvado por 2 subdirectores e substituído, nas suas faltas e impedimentos, pelo subdirector que ele designar para o efeito ou, na falta de designação, pelo que tiver tomado posse do cargo há mais tempo.*

Nota: *O art.º 17.º foi revogado pelo art.º 2.º do Dec.-Lei n.º 245/95, de 14 de Setembro, tendo-se optado por manter pela relevância histórico-jurídica.*

ARTIGO 18.º

(Conselho administrativo Composição e competência)

1 – O conselho administrativo é composto pelo director, que preside, pelo director-adjunto e pelo director do Serviço Administrativo.

2 – Ao conselho administrativo compete a administração das dotações orçamentais e a prestação das respectivas contas.

3 – Ao director do Serviço Administrativo compete preparar a elaboração do orçamento anual e das suas alterações, em cumprimento das orientações do director do SIS.

ARTIGO 19.º

(Receitas)

1 – Constituem receitas do SIS:

a) As dotações orçamentais atribuídas pelo Orçamento do Estado;
b) Os saldos da gerência;
c) Outras receitas que por lei lhe forem atribuídas.

2 – No Orçamento do Estado serão especificadas as dotações globais atribuídas ao SIS.

> **Nota:** *A al. b) do n.º 1 e o n.º 2 do art. 19.º têm redacção do Decreto-Lei n.º 245/95, de 14 de Setembro.*

ARTIGO 20.º

(Despesas)

1 – As despesas do SIS dividem-se em normais, classificadas e especialmente classificadas.

2 – Nos termos do artigo 11.º serão definidas por despacho do Primeiro-Ministro, as despesas classificadas e especialmente classificadas.

3 – As despesas classificadas e especialmente classificadas estão dispensadas de fiscalização prévia do Tribunal de Contas e são justificadas e processadas por simples documento do conselho administrativo, assinado por dois dos seus membros um dos quais será o director-geral.

> **Nota:** A redacção dos n.ºs 2 e 3 do art.º 20.º é do Decreto-Lei n.º 245/95, de 14 de Setembro.

ARTIGO 21.º
(Organização dos serviços)

1 – Por despacho do Ministro da Administração Interna, podem ser criados até seis departamentos operacionais equiparados a direcção de serviços.

2 – O Serviço de Informática é uma direcção de serviços que se ocupa da análise, programação e operação de dados para o Centro.

3 – O Serviço Administrativo e de Apoio Geral é uma direcção de serviços que se ocupa de administração, pessoal, orçamento e contabilidade, logística e demais apoio.

4 – A organização interna, a composição e a competência dos serviços, bem como a distribuição do respectivo pessoal, são reguladas por despacho classificado do Ministro da Administração Interna, sob proposta do director do SIS.

> **Nota:** A redacção do n.º 1 do art.º 21.º é do Decreto-Lei n.º 245/95, de 14 de Setembro.

CAPÍTULO IV
Centro de dados

ARTIGO 22.º
(Atribuições)

1 – É criado o Centro de Dados, ao qual compete processar e conservar em suporte magnético os dados e informações respeitantes às atribuições institucionais do SIS.

2 – O Centro de Dados é dirigido por um funcionário com categoria de director de serviços, nomeado e exonerado pelo Ministro da Administração Interna mediante proposta do director do SIS.

3 – O funcionamento do Centro de Dados é assegurado pelo pessoal do Serviço de Informática a que se refere o n.º 2 do artigo 21.º.

ARTIGO 23.º

(Funcionamento)

1 – Os critérios e normas técnicas necessários ao funcionamento, bem como os regulamentos indispensáveis a garantir a segurança das informações processadas, são elaborados e adquirem executoriedade nos termos do artigo 23.º da Lei n.º 30/84, de 5 de Setembro.

2 – O Centro de Dados do SIS só pode iniciar a sua actividade depois de publicada a regulamentação a que se refere o número anterior.

ARTIGO 24.º

(Acesso aos dados)

1 – Sem prejuízo do disposto sobre fiscalização na Lei n.º 30/84, de 5 de Setembro, nenhuma entidade estranha ao SIS pode ter acesso directo aos dados e informações conservados no Centro de Dados.

2 – Por despacho do Primeiro-Ministro, ouvido o Conselho Superior de Informações, serão definidas as condições em que elementos informativos conservados no centro de dados podem ser fornecidos aos órgãos e serviços previstos na legislação de segurança interna.

3 – O acesso de funcionários e agentes do SIS a dados e informações conservados no Centro de Dados será regulado por despacho do Ministro da Administração Interna.

4 – O funcionário ou agente que aceder, tentar aceder, comunicar ou fizer uso dos dados ou informações com violação do disposto no

número anterior será punido com sanção correspondente a infracção disciplinar grave dos deveres funcionais, sem prejuízo do disposto nos artigos 5.º, n.º 2, e 30.º da Lei n.º 30/84.

> **Nota:** *A redacção do n.º 2 do art.º 24.º é do Decreto-Lei n.º 245/95, de 14 de Setembro.*

CAPÍTULO V
Pessoal

SECÇÃO I
Disposições gerais

ARTIGO 25.º
(Serviço permanente)

1 – O serviço no SIS é de carácter permanente e obrigatório, não está sujeito a horários rígidos de trabalho, exige total disponibilidade e as condições da sua prestação são reguladas por ordens dimanadas da direcção, de harmonia com as directivas do Ministro da Administração Interna.

2 – O funcionário ou agente do SIS não pode recusar-se, sem motivo justificado, a comparecer ao serviço ou a nele permanecer para além do período normal de trabalho ou a desempenhar qualquer missão de serviço, desde que compatível com a sua categoria funcional.

3 – A prestação de serviço fora do período normal de trabalho não dá direito a qualquer forma de remuneração específica.

ARTIGO 26.º
(Regime especial)

1 – A organização dos serviços, a estruturação dos quadros, a definição do conteúdo funcional das diversas categorias e os regimes

de recrutamento e provimento não estão sujeitos à disciplina dos Decretos-Leis n.ᵒˢ 41/84, de 3 de Fevereiro, 498/88, de 30 de Dezembro, 427/89, de 7 de Dezembro, 407/91, de 17 de Outubro, e 247/92, de 7 de Novembro.

2 – O número de lugares providos em regime de contrato não pode exceder 75 % do total, salvo autorização do Ministro das Finanças.

> **Nota:** *A redacção do art. 26.º é do Decreto-Lei n.º 245/95, de 14 de Setembro.*

Artigo 27.º
(Quadro privativo)

1 – Sem prejuízo do disposto no presente diploma, as dotações de pessoal do quadro do SIS serão aprovadas e alteradas por despacho conjunto do Primeiro-Ministro, dos Ministros da Administração Interna e das Finanças e do Plano e do membro do Governo que tiver a seu cargo a Administração Pública e os lugares nele previstos serão providos exclusivamente por contrato administrativo ou em regime de comissão de serviço, quando se trate de funcionários pertencentes à Administração Pública, magistrados judiciais ou do Ministério Público, diplomatas e militares ou de pessoal requisitado a empresas públicas, participadas ou concessionárias de serviços públicos.

2 – Salvo disposição deste diploma em contrário, as comissões de serviço têm a duração de 3 anos e consideram-se automaticamente renovadas se até 30 dias antes do seu termo a direcção ou o interessado não tiverem manifestado expressamente a intenção de as fazerem cessar, sem que haja lugar ao pagamento de qualquer indemnização.

3 – Os contratos a que só refere o n.º 1 são válidos por dois anos e consideram-se tácita e sucessivamente renovados.

4 – A nomeação em comissão de serviço de pessoal já vinculado ao Estado compete ao Ministro da Administração Interna, obtida a anuência do ministro ou dirigente do departamento a que o funcionário pertence.

5 – Quando a designação recair em magistrado judicial ou do Ministério Público, diplomata, militar ou funcionário civil das Forças Armadas, respeitar-se-ão as respectivas leis estatutárias.

6 – O provimento por contrato é da competência do director-geral do SIS.

Nota: *A redacção dos n.ᵒˢ 3 e 6 do art. 27.º é do Decreto-Lei n.º 245/95, de 14 de Setembro.*

Artigo 28.º
(Funcionários e agentes vinculados ao Estado)

1 – A nomeação em comissão de serviço de funcionário da Administração Pública determina a abertura de vaga no quadro de origem ficando salvaguardados todos os direitos inerentes .aos seus anteriores cargos ou funções, designadamente para efeitos de promoção e progressão.

2 – Se a comissão de serviço referida no número anterior vier a cessar nos termos previstos no artigo 29.º, o funcionário tem direito a ser integrado no quadro de pessoal do serviço de origem ou no de qualquer outro para onde tenham sido transferidas as respectivas atribuições e competências:

a) Na categoria que o funcionário possuir no serviço de origem, se a comissão de serviço cessar antes de decorridos seis anos;
b) No quadro do serviço de origem, em categoria equivalente à que possuir no SIS e no escalão em que estiver posicionado, se a comissão de serviço se prolongar por período superior a seis anos, excepto o pessoal dirigente.

3 – Os funcionários abrangidos pelo disposto na alínea b) do número anterior poderão optar pela integração nos termos definidos na alínea a) do mesmo número.

4 – Serão criados, nos quadros de pessoal dos serviços de origem, os lugares necessários para execução do estabelecido nas alíneas a) e b) do n.º 2, os quais serão extintos à medida que vagarem.

5 – A criação dos lugares referidos no número anterior será feita por portaria conjunta dos Ministros da Administração Interna, das Finanças e da respectiva pasta, produzindo efeitos a partir das datas em que cessarem as comissões de serviço no SIS dos funcionários para quem são destinados os lugares.

6 – Sem prejuízo do disposto na legislação específica do SIS, ao pessoal provido nos cargos dirigentes constantes do mapa I anexo ao Decreto-Lei n.º 369/91, de 7 de Outubro, é aplicável o regime previsto no Decreto-Lei n.º 323/89, de 26 de Setembro, e legislação complementar.

7 – Para efeitos do disposto no número anterior, consideram-se equiparados:

a) Ao cargo de subdirector-geral, o cargo de director-geral adjunto;
b) Ao cargo de director de serviços, os cargos de director de serviços centrais e de director regional;
c) Ao cargo de chefe de divisão, o cargo de director de área.

> **Nota:** *A redacção do art. 28.º é do Decreto-Lei n.º 245/95, de 14 de Setembro, excepto os n.ºs 1 e 2 e 3, que passou a 4. Relativamente à alínea b) do n.º 2 do art. 28.º, cfr. art. 5.º do Decreto-Lei n.º 245/95, de 14 de Setembro.*

Artigo 29.º
(Cessação do vínculo funcional

1 – O director do SIS pode, a todo o tempo e por mera conveniência do serviço, propor ao Ministro da Administração Interna a cessação da comissão de serviço de qualquer funcionário ou agente.

2 – Por mera conveniência do serviço, o director do SIS pode, a todo o tempo, rescindir ou alterar o contrato administrativo de qualquer funcionário ou agente, carecendo tal decisão de homologação pelo Ministro da Administração Interna.

3 – A simples invocação da conveniência de serviço constitui fundamentação válida e suficiente para a decisão sobre a cessação da comissão de serviço e considera-se como justa causa para a rescisão do contrato.

4 – Quando outra fundamentação não for expressamente indicada, a invocação de conveniência de serviço presumir-se-á sempre fundada na inadaptação funcional do visado face à especificidade institucional do SIS.

5 – A cessação da comissão de serviço e a rescisão ou alteração do contrato administrativo podem fazer-se sem prévio aviso e não dão lugar a qualquer indemnização.

Nota: *Quanto a este artigo, cfr. Ac. TC n.º 233/97, in DR, II, n.º 109, de 12-5-97, pág. 5469.*

ARTIGO 30.º
(Aquisição de vínculo ao Estado)

1 – Quando completar seis anos de serviço sem interrupção, o agente provido por contrato administrativo adquire o direito a vínculo definitivo ao Estado, se o director-geral do SIS atestar que aquele revela aptidão e idoneidade para o exercício de funções públicas, carecendo tal decisão de homologação pelo Ministro da Administração Interna.

2 – Se o pessoal que tiver adquirido o direito ao vínculo definitivo ao Estado nos termos do número anterior vier a ser afastado das funções pelo motivo indicado no artigo 29.º, será integrado, consoante as carreiras, no quadro de pessoal da Secretaria-Geral do Ministério da Administração Interna ou no quadro único do mesmo Ministério em categoria equivalente à que já possuía no SIS e no escalão em que se encontrar posicionado.

3 – Serão criados, no quadro de pessoal da Secretaria-Geral ou no quadro único do Ministério da Administração Interna, os lugares necessários para execução do estabelecido no número anterior, os quais serão extintos à medida que vagarem.

4 – A criação dos lugares referida no número anterior será feita por portaria conjunta dos Ministros da Administração Interna e das Finanças, produzindo efeitos a partir das datas em que cessem funções no SIS os agentes para quem são destinados os lugares.

> **Nota:** *O art. 30.º tem a redacção dada pelo Decreto-Lei n.º 245/95, de 14 de Setembro. Relativamente ao n.º 2 do art. 30.º, cfr. art. 5.º do Decreto-Lei n.º 245/95, de 14 de Setembro.*

Artigo 31.º
(Exclusividade funcional)

1 – Os funcionários e agentes do SIS não podem exercer qualquer outra actividade profissional, pública ou privada, remunerada ou gratuita, estranha aos objectivos e finalidades do serviço, salvo autorização prévia da direcção.

2 – O pessoal do SIS subordina toda a sua actividade profissional aos objectivos do serviço e desenvolve a sua actuação no respeito pelos princípios fundamentais e pelas normas constantes da Lei n.º 30/84 de 5 de Setembro, da legislação de segurança interna do presente decreto-lei e dos diplomas que os vierem a regulamentar.

Secção II
Direitos e deveres

Artigo 32.º
(Regra geral)

Quando de outro modo se não tiver estabelecido, nomeadamente na Lei n.º 30/84, de 5 de Setembro, na legislação de segurança interna e no presente decreto-lei, o pessoal do SIS tem os direitos e está sujeito aos deveres e às incompatibilidades comuns à generalidade dos funcionários e agentes da Administração Pública.

ARTIGO 33.º
(**Local de residência**)

1 – Os funcionários e agentes do SIS devem residir na localidade onde normalmente exercem as suas funções ou em outra situada dentro do limite de 30 km, desde que eficazmente servida por transportes públicos regulares.

2 – O director do SIS pode autorizar a residência em localidade diferente quando ocorra motivo justificado e não haja quebra da disponibilidade permanente para o serviço.

3 – O exercício de funções em determinado departamento ou serviço não obsta à deslocação do funcionário ou agente, sem perda de quaisquer direitos e regalias, para outro departamento ou serviço do SIS situado na mesma ou em diferente localidade .

4 – A deslocação por necessidade de serviço para departamento situado fora da área da residência habitual do funcionário ou agente confere-lhe direito:

a) À dispensa de serviço por um período de oito dias, para, e a um subsídio de quantitativo igual a 30 dias de ajudas de custo se a transferência se processar no continente para localidade distante da sede mais de 50 km, ou de 60 dias se for do continente para as regiões autónomas, entre estas, ou destas para o continente;
b) Ao pagamento de despesas de transporte dos membros do seu agregado familiar, considerando-se para este efeito o cônjuge, os filhos menores e quaisquer parentes na linha recta que estejam exclusivamente a cargo do funcionário ou agente.

5 – Por despacho do Ministro da Administração Interna e mediante proposta do director do SIS, será aprovado o regulamento de colocações e deslocações de pessoal.

Nota: *Os n.ᵒˢ 3, 4 e 5 do art. 33.º foram aditados pelo Decreto-Lei n.º 369/91, de 7 de Outubro.*

Artigo 34.º
Direito de acesso

1 – Os funcionários e agentes do SIS, desde que devidamente identificados e em missão de serviço, têm direito de acesso a todas as áreas públicas de acesso condicionado.

2 – Por despacho do Ministro da Administração Interna serão fixados os meios de identificação do pessoal do SIS.

> **Nota:** *O artigo 34.º tem redacção dada pelo Decreto-Lei n.º 245/95, de 14 de Setembro.*

Artigo 35.º
(Remunerações)

1 – O pessoal do SIS é remunerado nos termos previstos no Decreto-Lei n.º 370/91, de 7 de Outubro.

2 – Ao director e ao director-adjunto será atribuído um abono mensal para despesas de representação, a fixar por despacho do Primeiro-Ministro e dos Ministros da Administração Interna e das Finanças e do Plano, de montante não superior a 20 % do vencimento base.

> **Nota:** *A redacção do n.º 1 do art. 35.º é do Decreto-Lei n.º 245/95, de 14 de Setembro, sendo que o n.º 2 é o anterior n.º 5.*

Artigo 36.º
(Habitação

1 – O director-geral e os directores-gerais-adjuntos têm direito, enquanto exercerem o cargo a casa mobilada para sua habitação ou a subsídio de compensação, a fixar pelo Primeiro-Ministro e pelos Ministros da Administração Interna e das Finanças.

2 – Nos casos em que haja lugar a deslocação, o Ministro da Administração Interna pode fixar o subsídio de instalação adequado às despesas efectivamente realizadas pelo funcionário ou agente.

> **Nota:** *A redacção do n.º 1 do art. 36.º é do Decreto-Lei n.º 245/95, de 14 de Setembro.*

ARTIGO 37.º
(Ajudas de custo e abono para despesas de transportes)

1 – O pessoal do SIS, sempre que se desloque em serviço, tem direito a ajudas de custo diárias e a abono para despesas de transporte, nos termos da lei geral.

2 – Se, por razões de serviço, as despesas efectivamente realizadas pelo funcionário ou agente excederem o montante da ajuda de custo estabelecida na lei geral, ser-lhe-á abonada a diferença considerada justificada pelo conselho administrativa.

> **Nota:** *A redacção do n.º 2 do art. 37.º é do Decreto-Lei n.º 245/95, de 14 de Setembro.*

ARTIGO 38.º
(Acidentes em serviço)

1 – O pessoal do SIS, quando vítima de acidente ocorrido no desempenho das funções que lhe forem atribuídas, tem direito à totalidade das remunerações estipuladas no Decreto-Lei n.º 370/91, de 7 de Outubro, e aos abonos previstos nos artigos 35.º e 36.º, enquanto se mantiver em tratamento e convalescença.

2 – Aos funcionários e agentes do SIS que no exercício das suas funções ficarem incapacitados é aplicável a legislação vigente para os elementos das Forças Armadas e das forças de segurança.

3 – Por despacho do Primeiro-Ministro e dos Ministros da Administração Interna e das Finanças e do Plano pode ser autorizado o pagamento do prémio de seguro de vida dos funcionários ou agentes, e do

prémio de seguro de carta de condução para aqueles que tiverem a seu cargo a condução de viaturas ao serviço do SIS.

> **Nota:** A redacção do n.º 1 do art. 38.º é do Decreto-Lei n.º 245/95, de 14 de Setembro.

ARTIGO 39.º
Acréscimo do tempo da serviço

1 – Para efeitos de reserva, reforma e aposentação, os funcionários e agentes beneficiam de um acréscimo de 25 % em relação a todo o tempo de serviço prestado no SIS.

2 – Sem prejuízo das modalidades estabelecidas no Estatuto da Aposentação, os funcionários e agentes do SIS passam à situação de aposentados desde que tenham a idade mínima de 55 anos e oito anos de serviço no SIS.

> **Nota:** A redacção do art. 34.º é do Decreto-Lei n.º 245/95, de 14 de Setembro.

SECÇÃO III
Recrutamento e selecção do pessoal

ARTIGO 40.º
(Pessoal dirigente e de chefia)

1 – Os lugares de director e de director-adjunto do SIS são providos por despacho conjunto do Primeiro-Ministro e do Ministro da Administração Interna. devendo a escolha recair em indivíduos de reconhecida idoneidade cívica, elevada competência profissional e que possuam experiência válida para o exercício das funções.

2 – Os lugares do demais pessoal dirigente ou de chefia são providos por despacho do Ministro da Administração Interna, sob proposta do director, devendo a escolha recair em indivíduos de reconhecida

idoneidade cívica, elevada competência profissional e que possuam experiência válida para o exercício das funções.

3 – Os lugares de director, director-adjunto e demais pessoal dirigente ou de chefia são providos em regime de comissão de serviço por tempo indeterminado, a qual pode ser dada por finda, a todo o tempo, por conveniência de serviço sem necessidade de pré-aviso e sem que haja lugar a qualquer indemnização.

Nota: *Cfr. o art. 3.º do Decreto-Lei n.º 369/91, de 7 de Setembro.*

Artigo 41.º
(Recrutamento e selecção do demais pessoal)

1 – São condições indispensáveis ao recrutamento para qualquer lugar do quadro privativo do SIS a reconhecida idoneidade cívica, a elevada competência profissional e a experiência válida para o exercício das funções, a avaliar com base nos respectivos currículos.

2 – O recrutamento do pessoal técnico superior é feito de entre indivíduos habilitados com licenciatura em curso adequado ou que já possuam categoria funcional igual ou equivalente no serviço de origem.

3 – O recrutamento do pessoal técnico é feito de entre indivíduos habilitados com curso superior adequado ou que já possuam categoria funcional igual ou equivalente no serviço de origem, e ainda que demonstrem possuir um currículo profissional revelador de especiais aptidões e experiência para o exercício de funções no SIS.

4 – O recrutamento do pessoal técnico-profissional é feito de entre indivíduos habilitados com o 11.º ano ou equivalente, 9.º ano e curso de formação técnico-profissional ou que já possuam categoria igual ou equivalente no serviço de origem e, ainda, que demonstrem possuir um currículo profissional revelador de especiais aptidões para o exercício de funções no SIS, podendo ser exigível o domínio escrito e falado de, pelo menos, uma língua estrangeira e a carta de condução de veículos ligeiros.

5 – O recrutamento do pessoal técnico-profissional de apoio geral é feito de entre indivíduos com o curso geral dos liceus, o 9.º ano do curso unificado ou equivalente, ou que já possuam categoria funcional ou equivalente, ou que já possuam categoria funcional igual ou equivalente no serviço de origem, sendo exigível para o pessoal de secretaria a posse de curso de especialização adequado ou ter exercido tais funções durante, pelo menos dois anos.

6 – O recrutamento do pessoal técnico de segurança e auxiliar é feito de entre indivíduos habilitados com a escolaridade obrigatória e que demonstrem possuir especiais aptidões para o exercício de funções no SIS.

7 – Sem prejuízo do disposto nos números anteriores, e a título excepcional, podem prestar serviço no SIS indivíduos que se encontrem na situação de reserva ou de aposentação.

> **Nota:** *A redacção do n.º 4 do art. 41.º é do Decreto-Lei n.º 369/91, de 7 de Outubro. Cfr. o art. 3.º do Decreto-Lei n.º 369/91, de 7 de Outubro. Os n.ºs 5, 6 e 7 do art. 41.º foram alterados pelo Decreto-Lei n.º 245/95, de 14 de Setembro.*

Artigo 42.º

(Requisitos especiais)

1 – São requisitos especiais de selecção para qualquer lugar do quadro:

a) Ter nacionalidade portuguesa de origem;

b) Ter idade não inferior a 23 nem superior a 55 anos;

c) Não estar abrangido pela incapacidade prevista no artigo 31.º da Lei n.º 30/84, de 5 de Setembro;

d) Possuir as habilitações literárias referidas no artigo 41.º;

e) Sujeitar-se voluntária e expressamente às condições de recrutamento, de selecção e de formação que forem fixadas por despacho do Ministro da Administração Interna;

f) Submeter-se voluntária e expressamente aos deveres especiais impostos pela Lei n.º 30/84, pela legislação de segurança interna, pelo presente decreto-lei e pelos diplomas que os regulamentarem;

g) Apresentar declaração do património e dos rendimentos, nos termos previstos na Lei n.º 4/83, de 2 de Abril, e no Decreto Regulamentar n.º 74/83, de 6 de Outubro.

2 – O limite máximo estabelecido na alínea b) do número anterior não se aplica ao recrutamento para os lugares de pessoal dirigente.

3 – As declarações a que se refere a alínea g) do n.º 1 são apresentadas antes do início das funções e fazem parte do processo individual de cada funcionário ou agente, que fica sujeito ao regime de confidencialidade previsto no artigo 9.º.

> **Nota:** *Cfr. o art. 3.º do Decreto-Lei n.º 369/91, de 7 de Outubro. A alínea b) do n.º 1 do art. 42.º tem a redacção dada pelo Decreto-Lei n.º 245/95, de 14 de Setembro.*

ARTIGO 43.º
(Formação)

1 – O SIS organizará as acções de formação, especialização, actualização e aperfeiçoamento que forem julgadas mais adequadas ao exercício das funções atribuídas às diferentes categorias de pessoal que integram os seus quadros.

2 – A frequência pelo pessoal das acções de formação que lhe sejam destinadas é de carácter obrigatório, só podendo ser concedida dispensa por motivo ponderoso devidamente justificado.

3 – A frequência das acções de formação e o resultado obtido pelos destinatários constituem requisito de ingresso e de promoção nos quadros do SIS, em termos a definir de harmonia com o previsto nos artigos 41.º e 45.º.

> **Nota:** *A redacção do n.º 3 do art. 43.º foi dada pelo Decreto-Lei n.º 245/95, de 14 de Setembro.*

Secção IV
Classificações e promoções

Artigo 44.º
(Classificação de serviço)

1 – Por portaria conjunta do Ministro da Administração Interna e do membro do Governo que tiver a seu cargo a Administração Pública será definido o sistema de classificação de serviço adequado à especificidade orgânica e institucional do SIS.

2 – Enquanto não estiver definido o sistema próprio a que se refere o n.º 1, é aplicável aos funcionários e agentes do SIS o regime de classificação de serviço vigente para a generalidade da função pública com as seguintes especialidades:

a) A ficha de notação a utilizar para o pessoal técnico superior e técnico é a prevista na alínea a) do n.º 1 do artigo 6.º do Decreto Regulamentar n.º 44-B/83, de 1 de Junho;

b) A ficha de notação a utilizar para o restante pessoal sujeito à classificação de serviço é a prevista na alínea b) do n.º 1 do referido artigo 6.º;

c) Não têm aplicação as normas previstas no capítulo III e os artigos 32.º a 35.º e 38.º, n.º 1, do Decreto Regulamentar n.º 44-B/83;

d) A competência para homologar a classificação pertence ao director-geral do SIS, constituindo o director-geral-adjunto que coordenar a actividade do respectivo serviço e o superior hierárquico imediato do notado o órgão de consulta a que se refere o artigo 40.º, n.º 2, do diploma mencionado na alínea a).

Nota: *A redacção da al. d) n.º 2 do art. 44.º foi dada pelo Decreto-Lei n.º 245/95, de 14 de Setembro.*

ARTIGO 45.º
(Promoções)

De acordo com factores de avaliação a definir por despacho do Ministro da Administração Interna, o pessoal contratado e o pessoal nomeado em comissão de serviço nos termos do n.º 1 do artigo 27.º poderá ser provido em categoria superior, mediante concurso documental e depois de cumpridos os módulos de tempo para o efeito fixados.

> **Nota:** *A redacção do art. 45.º foi dada pelo Decreto-Lei n.º 369/91, de 7 de Outubro.*

SECÇÃO V
Regime disciplinar

ARTIGO 46.º
(Disposições gerais)

1 – O pessoal do SIS, qualquer que seja a sua origem e forma de provimento, está, desde a data de início do exercício das funções, sujeito à disciplina do Serviço e aos poderes disciplinares das entidades que o dirigem e nele superintendem.

2 – Em tudo o que não estiver especialmente previsto na Lei n.º 30/84, de 5 de Setembro, na legislação de segurança interna, no presente decreto-lei e nos diplomas que os regulamentarem, aplica-se o Estatuto Disciplinar dos Funcionários e Agentes da Administração Central, Regional e Local.

3 – Nos casos em que as faltas averiguadas forem puníveis com as penas de aposentação compulsiva ou demissão, o Ministro da Administração Interna pode, se o funcionário ou agente tiver sido provido em comissão de serviço, renunciar, por razões de segurança, ao exercício da sua competência disciplinar e determinar que a comissão seja dada por finda, ordenando a remessa do processo disciplinar à entidade competente do departamento de origem.

4 – Nos casos referidos na primeira parte do número anterior, se o funcionário ou agente tiver sido provido por contrato, deve ser determinada a rescisão do mesmo.

Artigo 47.º
(Efeitos da pronúncia)

1 – O despacho de pronúncia com trânsito em julgado em processo criminal, por qualquer crime doloso, para além dos efeitos previstos na lei geral, pode constituir fundamento suficiente para ser determinada a cessação da comissão de serviço ou a rescisão do contrato, consoante a forma de provimento do funcionário ou agente.

2 – A verificação da situação prevista na primeira parte do número anterior faz presumir que o indicado não correspondeu às expectativas que determinaram a sua admissão, podendo a manutenção do vínculo funcional revelar-se incompatível com a prossecução dos objectivos institucionais do SIS.

Artigo 48.º
(Penas especiais)

1 – São penas especiais aplicáveis aos funcionários e agentes do SIS:

a) A cessação da comissão de serviço;
b) A rescisão do contrato;

2 – A pena de cessação da comissão de serviço é aplicável a todos os funcionários ou agentes já vinculados à Administração Pública:

a) Como pena acessória, por qualquer infracção disciplinar punível com pena igual ou superior à de multa;
b) Como pena principal, aos dirigentes e equiparados, nos termos da lei geral.

3 – A pena de rescisão do contrato é aplicável, aos funcionários ou agentes que se encontrarem providos por contrato, por qualquer infracção disciplinar a que corresponda pena igual ou superior à de inactividade.

ARTIGO 49.º
(Competência disciplinar)

1 – Compete ao Ministro da Administração Interna a aplicação de qualquer pena disciplinar que implique a cessação definitiva do vínculo funcional estabelecido entre o Serviço e o funcionário ou agente.

2 – O director-geral do SIS tem competência para aplicar qualquer pena disciplinar até, à de inactividade, inclusive.

3 – Os directores-gerais-adjuntos, em relação ao pessoal colocado nos serviços que deles dependem, têm competência para aplicar qualquer pena disciplinar até à de suspensão, inclusive.

4 – Os directores de serviço, em relação ao pessoal colocado nos serviços que deles dependem, têm competência para aplicar a pena de repreensão.

> **Nota:** *A redadcção dos n.ᵒˢ 2, 3 e 4 do art. 49.º foi dada pelo Decreto--Lei n.º 245/95, de 14 de Setembro.*

ARTIGO 50.º
(Suspensão preventiva)

1 – O funcionário ou agente pode, por proposta da entidade que mandar instaurar o processo, ou do instrutor, e mediante despacho do Ministro da Administração Interna, ser preventivamente suspenso do exercício das funções, sem perda de vencimento e de categoria e até decisão do processo, pelo prazo de 90 dias, prorrogável por igual período, sempre que a sua presença se revele inconveniente para o serviço ou para o apuramento da verdade.

2 – A suspensão preventiva só não pode ter lugar se a infracção denunciada for punível com pena de repreensão ou multa.

Capítulo VI
Disposições finais e transitórias

Artigo 51.º
(Direito subsidiário)

Tudo o que em matéria estatutária e disciplinar se não mostrar especialmente regulado pela Lei n.º 30/84, de 5 de Setembro, pela legislação de segurança interna, pelo presente decreto-lei e pelos diplomas que os vierem a regulamentar é regulado pela lei geral.

Artigo 52.º
(Opção quanto a vencimentos)

1 – Os funcionários e agentes do SIS já vinculados aos quadros da Administração Pública, central, regional e local, da magistratura judicial ou do Ministério Público ou das forças e dos serviços de segurança podem optar pelo regime remuneratório correspondente ao lugar de origem, sem prejuízo de auferirem os suplementos específicos atribuídos ao pessoal do SIS.

2 – Os militares das Forças Armadas na situação de activo que prestem serviço no SIS podem, relativamente ao regime remuneratório, exercer a opção a que se refere o artigo 4.º do Decreto-Lei n.º 57/90, de 14 de Fevereiro.

3 – O regime remuneratório dos militares das Forças Armadas e das forças de segurança na situação de reserva, que prestem serviço no SIS, é o que se encontra estabelecido no artigo 79.º do Estatuto da Aposentação, com a redacção que lhe foi dada pelo Decreto-Lei n.º 215/87, de 29 de Maio, ou do artigo 125.º do Estatuto dos Militares das Forças

Armadas, aprovado pelo Decreto-Lei n.º 34-A/90, de 24 de Janeiro, com a redacção dada pela ratificação da Lei n.º 27/91, de 17 de Julho, consoante os casos.

> **Nota:** *A redacção do art. 52.º foi dada pelo Decreto-Lei n.º 369/91, de 7 de Outubro.*

Artigo 53.º
(Uso e porte de arma)

Os funcionários e agentes do SIS têm direito ao uso e Porte de arma de calibre e tipo que vierem a ser aprovados e nas condições que vierem a ser regulamentadas por despacho conjunto dos Ministros da Defesa Nacional e da Administração Interna.

Artigo 54.º
(Serviços sociais e sistema de segurança social)

1 – Os funcionários e agentes que se encontram nas condições referidas no artigo 28.º continuam a gozar de direitos e regalias iguais aos que usufruíam em resultado da sua inscrição nos serviços sociais instituídos nos departamentos de origem.

2 – Os funcionários e agentes que, antes de ingressarem no SIS, não eram beneficiários de qualquer serviço social ficam abrangidos por regime idêntico ao que vigora nos Serviços Sociais da Presidência do Conselho de Ministros.

3 – As modalidades de concessão de benefícios sociais e de cumprimento das obrigações pelos beneficiários serão definidas por acordo a celebrar entre os serviços sociais e o SIS, tendo em conta a especificidade institucional deste último.

4 – O acordo a que se refere o número anterior carece de aprovação pelo Ministro da Administração Interna e pelo membro do Governo que superintender nos serviços sociais.

5 – O SIS não é abrangido pelo disposto no artigo 4.º do Decreto-Lei n.º 118/83, de 25 de Fevereiro, ficando sujeito ao regime aplicável aos serviços dotados de, apenas, autonomia administrativa.

> **Nota:** *A redacção dos n.ᵒˢ 1 e 5 do art. 54.º foi dada pelo Decreto-Lei n.º 369/91, de 7 de Outubro.*

ARTIGO 55.º
(Inicio de funções)

1 – O pessoal designado para prestar serviço no SIS considera-se em serviço a partir da data do despacho da sua nomeação ou da data que nele for mencionada.

2 – Os despachos de nomeação e exoneração não carecem de visto do Tribunal de Contas nem de publicação no Diário da República.

ARTIGO 56.º
Pessoal na situação de reserva e aposentação

1 – Ao pessoal aposentado chamado a desempenhar funções no SIS é atribuída uma gratificação a fixar por despacho conjunto do Primeiro-Ministro e dos Ministros das Finanças e da Administração Interna, acrescida dos suplementos específicos do pessoal do SIS, uma e outros acumuláveis com a pensão a que tenha direito.

2 – Todo o tempo de serviço prestado no SIS pelos militares na situação de reserva conta para efeitos de aposentação até ao limite correspondente a 36 anos de serviço.

> **Nota:** *A redacção do art. 56.º foi dada pelo Decreto-Lei n.º 369/91, de 7 de Outubro.*

ARTIGO 57.º
Aquisição de bens e serviços

1 – Na importação ou aquisição de armamento, munições, viaturas, equipamentos de segurança, de telecomunicações, de electrónica,

de laboratório e outros utilizados para fins de segurança destinados ao SIS, poderá o Ministro das Finanças, nos termos da lei, conceder isenção dos respectivos direitos, incluindo sobretaxas e emolumentos, bem como dos correspondentes impostos.

2 – O Ministro da Administração Interna pode autorizar o SIS a celebrar contratos para aquisição de bens e serviços, com dispensa, total ou parcial, das formalidades previstas na lei geral, sempre que razões de segurança interna ou relacionadas com a especificidade de serviço o justifiquem.

> **Nota:** *A redacção do art. 57.º foi dada pelo Decreto-Lei n.º 245/95, de 14 de Setembro.*

ARTIGO 58.º
Dispensa de publicitação

Quando razões de segurança interna ou relacionadas com a especificidade do serviço o justifiquem, podem os membros do Governo intervenientes determinar, referindo-o expressamente, a dispensa de publicitação dos actos necessários à execução dos diplomas do SIS.

> **Nota:** *A redacção do art. 58.º foi dada pelo Decreto-Lei n.º 245/95, de 14 de Setembro.*

ARTIGO 59.º
(Encargos de execução)

Para suportar os encargos resultantes da execução deste diploma será aberto crédito especial com cobertura em alterações representativas de aumentos previsionais das receitas.

Artigo 60.º
(**Entrada em vigor**)

Este diploma entra em vigor no dia imediato ao da sua publicação.

Visto e aprovado em Conselho de Ministros de 7 de Março de 1985. – *Mário Soares – Rui Manuel Parente Chancerelle de Machete – António de Almeida Santos – Eduardo Ribeiro Pereira – Jaime José Matos da Gama – Mário Ferreira Bastos Raposo – Ernani Rodrigues Lopes.*

Promulgado em 26 de Junho de 1985.

Publique-se.

O Presidente da República, António Ramalho Eanes.

Referendado em 1 de Julho de 1985.

O Primeiro-Ministro, *Mário Soares.*

SERVIÇO DE INFORMAÇÕES ESTRATÉGICAS DE DEFESA NACIONAL

DECRETO-LEI N.º 254/95 DE 30 DE SETEMBRO

A Lei n.º 4/95, de 21 de Fevereiro, aprovou alterações à Lei Quadro do Sistema de Informações da República Portuguesa, Lei n.º 30/84, de 5 de Setembro, que traduzem uma concentração da competência para a produção de informações em dois serviços: o Serviço de Informações Estratégicas de Defesa e Militares, incumbido da produção de informações destinadas a garantir a independência e os interesses nacionais, a segurança externa do Estado e as que contribuam para o cumprimento das missões das Forças Armadas e para a segurança militar, e o Serviço de Informações de Segurança, incumbido da produção das informações destinadas a garantir a segurança interna.

A mesma lei coloca ainda aqueles dois serviços na dependência do Primeiro-Ministro, através, respectivamente, do Ministro da Defesa Nacional e do Ministro da Administração Interna.

A fusão no Serviço de Informações Estratégicas de Defesa e Militares das atribuições cometidas em 1984 ao Serviço de Informações Estratégicas de Defesa e ao Serviço de Informações Militares reflecte o entendimento das Forças Armadas como uma estrutura integrada no quadro democrático do Estado tendo como referência a Lei de Defesa Nacional e das Forças Armadas, bem como a compreensão das vantagens inerentes à garantia da unidade de pensamento e doutrina na produção de informação estratégica de defesa e de informação estratégica militar.

O presente diploma estrutura o Serviço de Informações Estratégicas de Defesa e Militares, considerando as especificidades relativas à articulação com os demais órgãos e serviços previstos na lei, bem como as relativas aos regimes de pessoal, administrativo e financeiro, reclamadas pelas finalidades próprias do Serviço.

Assim:

No uso da autorização legislativa conferida pelo artigo 2.º da Lei n.º 4/95, de 21 de Fevereiro, e nos termos das alíneas a) e b) do n.º 1 do artigo 201.º da Constituição, o Governo decreta o seguinte:

Capítulo I
Natureza, atribuições e competências

Artigo 1.º
Natureza

1 – O Serviço de Informações Estratégicas de Defesa e Militares (SIEDM), criado pela Lei Quadro do Sistema de Informações da República Portuguesa, é um serviço público que depende do Primeiro-Ministro, através do Ministro da Defesa Nacional.

2 – O SIEDM integra-se no Sistema de Informações da República Portuguesa (SIRP).

3 – O SIEDM tem sede em Lisboa e goza de autonomia administrativa e financeira.

> **Nota:** *O art. 7.º, al. e) da Lei Orgânica n.º 4/2004, de 6 de Novembro, alterou a designação do serviço, passando a chamar-se Serviço de Informações Estratégicas de Defesa (SIED).*

Artigo 2.º
Atribuições

1 – O SIEDM é o organismo incumbido da produção de informações que contribuam para a salvaguarda da independência nacional,

dos interesses nacionais, da segurança externa do Estado Português, para o cumprimento das missões das Forças Armadas e para a segurança militar.

2 – O SIEDM está exclusivamente ao serviço do Estado e exerce as suas atribuições, no respeito da Constituição e da lei, de acordo com as finalidades e objectivos do SIRP.

Artigo 3.º
Limites das actividades

1 – Não podem ser desenvolvidas actividades de pesquisa, processamento e difusão de informações que envolvam ameaça ou ofensa aos direitos, liberdades e garantias consignados na Constituição e na lei.

2 – Aos funcionários e agentes do SIEDM é vedado exercer poderes, praticar actos ou desenvolver actividades do âmbito ou da competência específica dos tribunais ou das entidades com funções policiais.

3 – É expressamente proibido aos funcionários e agentes do SIEDM proceder à detenção de qualquer pessoa ou instruir processos penais.

4 – A infracção ao disposto no número anterior constitui violação grave dos deveres funcionais, passível de sanção disciplinar, que pode ir até à demissão ou outra medida que implique a cessação de funções no SIEDM, independentemente da responsabilidade criminal e civil que ao caso couber, de harmonia com o disposto na lei geral e na Lei Quadro do SIRP.

Artigo 4.º
Desvio de funções

1 – Os funcionários e agentes do SIEDM não podem prevalecer-se da sua qualidade, do seu posto ou da sua função para a prática de qualquer acção de natureza diversa da estabelecida no âmbito institucional do SIEDM.

2 – A violação do disposto no número anterior é punível com pena disciplinar, a graduar em função da gravidade da falta, a qual poderá ir até à demissão ou outra medida que implique o imediato afastamento do Serviço, sem prejuízo do disposto nos artigos 29.º e 30.º da Lei Quadro do SIRP.

Artigo 5.º
Competência material

Compete ao SIEDM, no âmbito das suas atribuições específicas, promover, por forma sistemática, a pesquisa e o processamento de notícias e a difusão e arquivo das informações produzidas, devendo, nomeadamente:

a) Accionar os meios técnicos e humanos de que tenha sido dotado para a produção de informações, desenvolvendo a sua actividade de acordo com as orientações fixadas pelo Primeiro-Ministro e pelo Ministro da Defesa Nacional;
b) Elaborar os estudos e preparar os documentos que lhe forem determinados;
c) Difundir as informações produzidas, de forma pontual e sistemática, às entidades que lhe forem indicadas;
d) Estudar e propor a adopção de mecanismos de colaboração com o Serviço de Informações de Segurança e demais componentes do SIRP;
e) Comunicar às entidades competentes para a investigação criminal e para o exercício da acção penal os factos configuráveis como ilícitos criminais, salvaguardado o que na lei se dispõe sobre segredo de Estado;
f) Comunicar às entidades competentes, nos termos da lei, as notícias e informações de que tenha conhecimento e respeitantes à segurança do Estado e à prevenção e repressão da criminalidade.

Artigo 6.º
Colaboração com organismos estrangeiros

No quadro dos compromissos internacionais assumidos pelo Estado Português e dentro dos limites das suas atribuições específicas, o SIEDM pode, de acordo com as orientações fixadas pelo Primeiro-Ministro, ouvido o Conselho Superior de Informações, cooperar, em todos os domínios da sua actividade, com organismos congéneres estrangeiros.

Artigo 7.º
Dever de colaboração com o SIEDM

1 – Os serviços da Administração Pública, central, regional e local, os institutos públicos e as empresas públicas e concessionárias de serviços públicos devem prestar ao SIEDM a colaboração que, justificadamente, lhes for solicitada, em especial, facultando, nos termos da lei, os elementos de informação que à missão do SIEDM sejam tidos como essenciais.

2 – Especial dever de colaboração impende sobre as Forças Armadas, que estão obrigadas, nos termos das orientações que vierem a ser definidas pelas entidades competentes, a comunicar pontualmente ao SIEDM as notícias e os elementos de informação de que tenham conhecimento directa ou indirectamente relacionados com as matérias referidas no n.º 1 do artigo 2.º.

Artigo 8.º
Dever de cooperação do SIEDM

1 – O SIEDM deve cooperar, no quadro dos objectivos e das finalidades do SIRP e dentro dos limites das suas atribuições específicas, com o Serviço de Informações de Segurança e com o Estado-Maior-General das Forças Armadas.

2 – A cooperação exerce-se de acordo com as instruções e directivas dimanadas do Ministro da Defesa Nacional, nos termos das orien-

tações que vierem a ser definidas pelo Primeiro-Ministro, ouvido o Conselho Superior de Informações.

Artigo 9.º
Protecção das fontes de informação, dos resultados das análises e dos elementos conservados no centro de dados e nos arquivos

1 – As actividades do SIEDM são consideradas, para todos os efeitos, classificadas e de interesse para a segurança do Estado e para a salvaguarda da independência nacional.

2 – São abrangidos pelo segredo de Estado os registos, documentos e dossiers, bem como os resultados das análises e os elementos conservados no centro de dados e nos arquivos do SIEDM, respeitantes às matérias mencionadas no n.º 1 do artigo 2.º.

3 – Toda a actividade de pesquisa, análise, interpretação, classificação e conservação das informações desenvolvida pelos funcionários e agentes do SIEDM está sujeita ao dever de sigilo, nos termos definidos pela Lei Quadro do SIRP.

Artigo 10.º
Competência do Primeiro-Ministro

1 – Sem prejuízo dos poderes inerentes à dependência orgânica do SIEDM e das competências atribuídas pela Lei Quadro e demais legislação do SIRP e pelo presente diploma, compete, em especial, ao Primeiro-Ministro:

   a) Aprovar o plano anual de actividades e suas alterações;
   b) Aprovar o relatório anual de actividades a submeter ao Conselho de Fiscalização, nos termos do artigo 8.º da Lei Quadro.

2 – No exercício dos seus poderes de tutela, pode o Primeiro--Ministro fixar, por despacho, directrizes e instruções sobre actividades a desenvolver pelo SIEDM.

3 – O Primeiro-Ministro pode delegar no Ministro da Defesa Nacional qualquer das competências fixadas nos números anteriores.

Artigo 11.º
Competência conjunta do Primeiro-Ministro e dos Ministros da Defesa Nacional e das Finanças

Dependem de despacho conjunto do Primeiro-Ministro e dos Ministros da Defesa Nacional e das Finanças:

a) A aprovação do projecto de orçamento anual do SIEDM, a incluir no Orçamento do Estado;
b) A definição dos limites de competência do conselho administrativo para autorizar despesas normais, classificadas e especialmente classificadas por conta das dotações globais que vierem a ser inscritas no orçamento do SIEDM, nos termos da Lei de Enquadramento do Orçamento do Estado;
c) A fixação dos fundos de maneio que o conselho administrativo pode ter em caixa para fazer face a despesas que devam ser imediatamente liquidadas;
d) A definição das regras de gestão orçamental, designadamente no que respeita às despesas que podem ser especialmente classificadas.

Capítulo II
Conselho consultivo

Artigo 12.º
Composição

1 – Na directa dependência do Ministro da Defesa Nacional funciona um órgão de consulta denominado «conselho consultivo».

2 – São por inerência membros do conselho:

a) O Chefe do Estado-Maior-General das Forças Armadas;
b) O director-geral de Política de Defesa Nacional;
c) O director-geral da Política Externa do Ministério dos Negócios Estrangeiros;
d) O director-geral e os directores-gerais-adjuntos do SIEDM.

3 – Por determinação ou a solicitação do Ministro da Defesa Nacional, podem participar nas reuniões do conselho outras entidades cuja comparência se mostre adequada.

4 – O conselho reúne mediante convocação do Ministro da Defesa Nacional, sempre que for julgado necessário, com todos ou alguns dos seus membros, consoante a natureza dos assuntos a tratar.

5 – Ao Ministro da Defesa Nacional compete aprovar, por despacho, as normas de funcionamento do conselho, ouvidos os seus membros.

6 – O secretariado do conselho é assegurado por um elemento do Gabinete do Ministro da Defesa Nacional, para esse efeito designado.

Artigo 13.º

Competência

1 – Ao conselho consultivo compete:

a) Aconselhar o Ministro da Defesa Nacional em matéria de informações estratégicas de defesa e militares na tomada de decisões relativas ao exercício das suas competências próprias ou delegadas;
b) Propor ao Ministro da Defesa Nacional a adopção das medidas adequadas à centralização, exploração e utilização de toda a informação que interesse à prossecução dos objectivos legalmente cometidos ao SIEDM;
c) Pronunciar-se sobre quaisquer assuntos que lhe forem submetidos em matéria de informações estratégicas de defesa e militares.

2 – A adopção das medidas propostas pelo conselho, quando se reflictam no funcionamento de entidades não dependentes organicamente do Ministro da Defesa Nacional, carece de prévia concordância do respectivo ministro da tutela.

Capítulo III
Órgãos, serviços e competências

Artigo 14.º
Órgãos e serviços

1 – São órgãos do SIEDM:

a) O director-geral;
b) O conselho administrativo.

2 – Para além do centro de dados, que funciona nos termos definidos no presente diploma, podem ser criados, por despacho do Ministro da Defesa Nacional, até seis departamentos equiparados a direcção de serviços.

3 – A organização interna, a composição e a competência dos órgãos e dos serviços são regulados por despacho classificado do Ministro da Defesa Nacional, sob proposta do director-geral do SIEDM.

Artigo 15.º
Director-geral

1 – O SIEDM é dirigido por um director-geral, que é o garante do seu regular funcionamento e o responsável pela manutenção da fidelidade da sua actuação às finalidades e aos objectivos legais.

2 – O director-geral é coadjuvado por dois directores-gerais-adjuntos, sendo substituído, nas suas ausências e impedimentos, por aquele que for designado para o efeito.

Artigo 16.º
Competência do director-geral do SIEDM

Compete, em especial, ao director-geral do SIEDM:

a) Orientar superiormente as actividades dos serviços e exercer a sua inspecção, superintendência e coordenação, em ordem a assegurar a efectiva prossecução das suas finalidades institucionais;
b) Representar o SIEDM;
c) Presidir ao conselho administrativo;
d) Dirigir a actividade do centro de dados;
e) Expedir as ordens de serviço e as instruções que julgar convenientes, no âmbito das atribuições legalmente cometidas ao SIEDM;
f) Submeter à aprovação tutelar todos os actos que dela careçam;
g) Executar as determinações do Primeiro-Ministro e do Ministro da Defesa Nacional e as deliberações dos órgãos de fiscalização definidos pela Lei Quadro do SIRP;
h) Nomear e exonerar o pessoal, com excepção daquele cuja designação competir a membros do Governo;
i) Tomar o compromisso de honra e dar posse ao pessoal do SIEDM;
j) Exercer o poder disciplinar, dentro dos limites que a lei determinar;
k) Orientar a elaboração do orçamento do SIEDM;
l) Elaborar o relatório anual de actividades do SIEDM.

Artigo 17.º
Conselho administrativo – Composição e competência

1 – O conselho administrativo é composto pelo director-geral, que preside, por um director-geral-adjunto e pelo director do serviço administrativo.

2 – Ao conselho administrativo compete a administração das dotações orçamentais, a prestação das respectivas contas e a aprovação da conta de gerência a submeter ao Tribunal de Contas.

3 – Ao director do serviço administrativo compete, nomeadamente, preparar a elaboração do orçamento anual e das suas alterações, em cumprimento das orientações do director-geral do SIEDM.

Artigo 18.º

Receitas

1 – Constituem receitas do SIEDM:

a) As dotações orçamentais atribuídas pelo Orçamento do Estado;
b) Os saldos de gerência;
c) Outras receitas que por lei lhe forem atribuídas.

2 – No Orçamento do Estado serão especificadas as dotações globais atribuídas ao SIEDM.

Artigo 19.º

Despesas

1 – As despesas do SIEDM dividem-se em normais, classificadas e especialmente classificadas.

2 – As despesas classificadas e especialmente classificadas serão definidas por despacho do Primeiro-Ministro.

3 – As despesas classificadas e especialmente classificadas estão dispensadas de fiscalização prévia do Tribunal de Contas e são justificadas e processadas por simples documentos do conselho administrativo, assinados por dois dos seus membros, um dos quais será o director-geral.

Capítulo IV
Centro de dados

Artigo 20.º
Competências

1 – O centro de dados é o serviço ao qual compete processar e conservar em suporte magnético os dados e informações respeitantes às atribuições institucionais do SIEDM.

2 – O centro de dados é dirigido por um funcionário com a categoria de director de serviços, nomeado e exonerado pelo Ministro da Defesa Nacional, mediante proposta do director-geral.

Artigo 21.º
Funcionamento

1 – Os critérios e normas técnicas necessários ao funcionamento do centro de dados, bem como os regulamentos indispensáveis para garantir a segurança das informações processadas, são elaborados e adquirem executoriedade nos termos do artigo 23.º da Lei Quadro do SIRP.

2 – O centro de dados do SIEDM só pode iniciar a sua actividade depois de publicada a regulamentação a que se refere o número anterior.

Artigo 22.º
Acesso aos dados

1 – Sem prejuízo do disposto na Lei Quadro do SIRP sobre fiscalização, nenhuma entidade estranha ao SIEDM pode ter acesso directo aos dados e informações conservados no centro de dados.

2 – Por despacho do Primeiro-Ministro, ouvido o Conselho Superior de Informações, serão definidas as condições em que elementos informativos conservados no centro de dados podem ser fornecidos aos

órgãos e serviços previstos na Lei Quadro do SIRP e na legislação de segurança interna.

3 – O acesso de funcionários e agentes do SIEDM a dados e informações conservados no centro de dados será regulado por despacho do Ministro da Defesa Nacional.

4 – O funcionário ou agente que aceder, tentar aceder, comunicar ou fizer uso de dados ou informações com violação do disposto no número anterior será punido com sanção correspondente a infracção disciplinar grave dos deveres funcionais, sem prejuízo do disposto na Lei Quadro do SIRP.

CAPÍTULO V
Pessoal

SECÇÃO I
Disposições gerais

ARTIGO 23.º
Serviço permanente

1 – O serviço do SIEDM é de carácter permanente e obrigatório, não está sujeito a horários rígidos de trabalho, exige total disponibilidade e as condições da sua prestação são reguladas por ordens dimanadas do director-geral, de harmonia com as directivas do Ministro da Defesa Nacional.

2 – O funcionário ou agente do SIEDM não pode recusar-se, sem motivo justificado, a comparecer ao serviço ou a nele permanecer para além do período normal de trabalho ou a desempenhar qualquer missão de serviço, desde que compatível com a sua categoria funcional.

3 – A prestação de serviço fora do período normal de trabalho não dá direito a qualquer forma de remuneração específica.

Artigo 24.º
Regime especial

1 – A organização dos serviços, a estruturação dos quadros, a definição do conteúdo funcional das diversas categorias e os regimes de recrutamento e provimento não estão sujeitos à disciplina dos Decretos-Leis n.ºs 41/84, de 3 de Fevereiro, 498/88, de 30 de Dezembro, 427/89, de 7 de Dezembro, 407/91, de 17 de Outubro, e 247/92, de 7 de Novembro.

2 – Com excepção dos cargos de pessoal dirigente, o número de lugares providos em regime de comissão de serviço não pode exceder 50% do número total de lugares providos.

Artigo 25.º
Quadro privativo

1 – Sem prejuízo do disposto no presente diploma, as dotações de pessoal do quadro do SIEDM serão aprovadas e alteradas por despacho conjunto do Primeiro-Ministro e dos Ministros da Defesa Nacional e das Finanças e os lugares nele previstos serão providos exclusivamente por contrato administrativo de provimento, ou em regime de comissão de serviço quando se trate de funcionários pertencentes à Administração Pública, de magistrados judiciais ou do Ministério Público, de diplomatas e militares, ou de pessoal requisitado a empresas públicas, participadas ou concessionárias de serviços públicos.

2 – Salvo disposição deste diploma em contrário, as comissões de serviço têm a duração de três anos e consideram-se automaticamente renovadas se, até 30 dias antes do seu termo, o director-geral ou o interessado não tiverem manifestado expressamente a intenção de as fazerem cessar, sem que haja lugar ao pagamento de qualquer indemnização.

3 – Os contratos a que se refere o n.º 1 são válidos por dois anos, podendo ser renovados por iguais períodos.

4 – A nomeação em comissão de serviço do pessoal já vinculado ao Estado compete ao Ministro da Defesa Nacional, obtida a anuência

do membro do Governo que tutele o departamento a que o funcionário pertence.

5 – Quando a designação recair em magistrado judicial ou do Ministério Público, em diplomata ou em militar, respeitar-se-ão as respectivas leis estatutárias.

6 – O provimento por contrato é da competência do director-geral do SIEDM.

7 – Quando a designação recair em deficiente das Forças Armadas, serão aplicáveis as disposições legais relativas à acumulação das remunerações com as pensões, tal como previsto no artigo 13.º do Decreto-Lei n.º 43/76, de 20 de Janeiro, na redacção que lhe foi conferida pelo Decreto-Lei n.º 203/87, de 16 de Maio.

Artigo 26.º
Funcionários e agentes do Estado

1 – A nomeação em comissão de serviço de funcionário da Administração Pública determina a abertura de vaga no quadro de origem, ficando salvaguardados todos os direitos inerentes aos seus anteriores cargos ou funções, designadamente para efeitos de promoção e progressão.

2 – Se a comissão de serviço referida no número anterior vier a cessar nos termos previstos no artigo 27.º, o funcionário tem direito a ser integrado no quadro de pessoal do serviço de origem ou no de qualquer outro para onde tenham sido transferidas as respectivas atribuições e competências:

a) Na categoria que o funcionário possuir no serviço de origem, se a comissão de serviço cessar antes de decorridos seis anos;
b) No quadro do serviço de origem, em categoria equivalente à que possuir no SIEDM e no escalão em que estiver posicionado, se a comissão de serviço se prolongar por período superior a seis anos, excepto o pessoal dirigente, e de acordo com a tabela de equivalências constante do mapa IV anexo ao presente diploma, do qual faz parte integrante.

3 – Os funcionários abrangidos pelo disposto na alínea b) do número anterior poderão optar pela integração nos termos definidos na alínea a) do mesmo número.

4 – Serão criados nos quadros de pessoal dos serviços de origem os lugares necessários para execução do estabelecido nas alíneas a) e b) do n.º 2, os quais serão extintos à medida que vagarem.

5 – A criação dos lugares referidos no número anterior será feita por portaria conjunta dos Ministros da Defesa Nacional, das Finanças e da respectiva pasta, produzindo efeitos a partir das datas em que cessarem as comissões de serviço no SIEDM dos funcionários para quem são destinados os lugares.

6 – Sem prejuízo do disposto na legislação específica do SIEDM, ao pessoal provido nos cargos dirigentes constantes do mapa V anexo ao presente diploma, do qual faz parte integrante, é aplicável o regime previsto no Decreto-Lei n.º 323/89, de 26 de Setembro, e legislação complementar.

7 – Para efeitos do disposto no número anterior, consideram-se equiparados:

a) Ao cargo de subdirector-geral o cargo de director-geral-
-adjunto;
b) Ao cargo de chefe de divisão o cargo de director de área.

Artigo 27.º
Cessação do vínculo funcional

1 – O director-geral do SIEDM pode, em qualquer momento, propor ao Ministro da Defesa Nacional a cessação da comissão de serviço de qualquer funcionário ou agente.

2 – Por mera conveniência de serviço, o director-geral do SIEDM pode, a todo o tempo, rescindir ou alterar o contrato administrativo de qualquer funcionário ou agente, carecendo tal decisão de homologação pelo Ministro da Defesa Nacional.

3 – A simples invocação da conveniência de serviço constitui fundamentação válida e suficiente para a decisão sobre a cessação da

comissão de serviço e considera-se como justa causa para a rescisão do contrato.

4 – Quando outra fundamentação não for expressamente indicada, a invocação da conveniência de serviço presumir-se-á sempre fundamentada na inadaptação funcional do funcionário ou agente face à especificidade institucional do SIEDM.

5 – A cessação da comissão de serviço e a rescisão ou alteração do contrato administrativo podem fazer-se sem prévio aviso e não dão lugar a qualquer indemnização.

Artigo 28.º
Aquisição de vínculo ao Estado

1 – Quando completar seis anos de serviço sem interrupção, o agente provido por contrato administrativo adquire o direito a vínculo definitivo ao Estado, se o director-geral do SIEDM atestar que aquele revela aptidão e idoneidade para o exercício de funções públicas, carecendo tal decisão de homologação pelo Ministro da Defesa Nacional.

2 – Se o pessoal que tiver adquirido o direito ao vínculo definitivo ao Estado, nos termos do número anterior, vier a ser afastado das funções pelo motivo indicado no n.º 2 do artigo 27.º, será integrado no quadro de pessoal da Secretaria-Geral do Ministério da Defesa Nacional, em categoria equivalente à que já possuíam no SIEDM e no escalão em que se encontrar posicionado, de acordo com a tabela de equivalências constante do mapa IV anexo ao presente diploma, do qual faz parte integrante.

3 – Serão criados no quadro de pessoal da Secretaria-Geral do Ministério da Defesa Nacional os lugares necessários para execução do estabelecido no número anterior, os quais serão extintos à medida que vagarem.

4 – A criação dos lugares referida no número anterior será feita por portaria conjunta dos Ministros da Defesa Nacional e das Finanças, produzindo efeitos a partir das datas em que os agentes para quem são destinados os lugares cessem funções no SIEDM.

Artigo 29.º
Exclusividade funcional

1 – Os funcionários e agentes do SIEDM não podem exercer qualquer outra actividade profissional, pública ou privada, remunerada ou gratuita, estranha aos objectivos e finalidades do serviço, salvo autorização prévia da entidade competente.

2 – O pessoal do SIEDM subordina toda a sua actividade profissional aos objectivos e finalidades institucionais do Serviço e desenvolve a sua actuação no respeito pelos princípios fundamentais e pelas normas constantes da Lei Quadro e demais legislação do SIRP, e dos diplomas que os vierem a regulamentar.

Secção II
Direitos e deveres

Artigo 30.º
Regra geral

Quando de outro modo não estiver estabelecido, nomeadamente na Lei Quadro e demais legislação do SIRP o pessoal do SIEDM tem os direitos e está sujeito aos deveres e às incompatibilidades comuns à generalidade dos funcionários e agentes da Administração Pública.

Artigo 31.º
Local de residência

1 – Os funcionários e agentes do SIEDM devem residir na localidade onde normalmente exercem as suas funções, podendo residir em outra desde que não haja quebra de disponibilidade permanente para o serviço.

2 – O exercício de funções em determinado departamento ou serviço não obsta à deslocação do funcionário ou agente, sem perda de quaisquer direitos ou regalias, para outro departamento ou serviço do SIEDM, situado na mesma ou em diferente localidade.

3 – A deslocação por necessidade de serviço para localidade fora da área da residência habitual do funcionário ou agente, que implique necessária mudança de residência, confere-lhe direito a subsídios e condições especiais adequadas, nomeadamente se a colocação se verificar no estrangeiro, a serem fixados por despacho conjunto dos Ministros da Defesa Nacional e das Finanças.

Artigo 32.º
Direito de acesso

Por despacho do Ministro da Defesa Nacional serão fixados os meios de identificação do pessoal do SIEDM.

Artigo 33.º
Direito a remuneração

1 – O direito à remuneração constitui-se com o início do exercício de funções.

2 – Nos casos em que o início efectivo de funções seja precedido de um período de aprendizagem ou estágio, o direito à remuneração constitui-se com o início deste e terá como índice o fixado para a respectiva categoria de estágio, ou, não a havendo, para a de ingresso.

Artigo 34.º
Remuneração base

1 – A remuneração base mensal dos cargos dirigentes do SIEDM consta do mapa I anexo a este diploma, do qual faz parte integrante, tomando como valor padrão a remuneração atribuída ao cargo de director-geral, nos termos do Decreto-Lei n.º 353-A/89, de 16 de Outubro.

2 – A remuneração base mensal dos funcionários que, não sendo dirigentes, também integram o corpo especial do SIEDM consta do mapa II anexo a este diploma, do qual faz parte integrante.

3 – A remuneração base mensal correspondente ao índice 100 das escalas salariais previstas no mapa II, referido no número anterior, é fixada em portaria conjunta do Primeiro-Ministro e do Ministro das Finanças.

4 – A remuneração base mensal e as escalas salariais do pessoal auxiliar, a cujas categorias se reporta o mapa III anexo a este diploma, do qual faz parte integrante, são as fixadas para iguais categorias do regime geral.

Artigo 35.º

Suplemento

1 – Pelos ónus específicos das respectivas funções, os funcionários e agentes do SIEDM têm direito a um suplemento cujo quantitativo será graduado em função das concretas condições de trabalho.

2 – O suplemento referido no número anterior é fixado por despacho conjunto do Primeiro-Ministro e dos Ministros da Defesa Nacional e das Finanças.

3 – O suplemento é considerado como vencimento e neste integrado, designadamente para efeitos de cálculo dos subsídios de férias e de Natal e da pensão de aposentação.

4 – Os militares na situação de reserva em serviço no SIEDM que passem directamente à situação de reforma têm direito à percepção do suplemento previsto no n.º 1, nos termos da alínea b) do n.º 1 do artigo 47.º do Estatuto da Aposentação.

Artigo 36.º

Habitação

1 – O director-geral e os directores-gerais-adjuntos têm direito, enquanto exercerem o cargo, a casa mobilada para sua habitação, ou a

subsídio de compensação a fixar pelo Primeiro-Ministro e pelos Ministros da Defesa Nacional e das Finanças.

2 – Nos casos em que haja lugar a deslocação, o Ministro da Defesa Nacional pode fixar o subsídio de instalação adequado às despesas efectivamente realizadas pelo funcionário ou agente.

Artigo 37.º
Ajudas de custo e abono para despesas de transporte

1 – O pessoal do SIEDM, sempre que se desloque em serviço, tem direito a ajudas de custo diárias e a abono para despesas de transporte, nos termos da lei geral.

2 – Se, por razões de serviço, as despesas efectivamente realizadas pelo funcionário ou agente excederem o montante da ajuda de custo estabelecida na lei geral, ser-lhe-á abonada a diferença considerada justificada pelo conselho administrativo.

Artigo 38.º
Promoção e progressão

1 – De acordo com factores de avaliação a definir por despacho do Ministro da Defesa Nacional, o pessoal contratado e o pessoal nomeado em comissão de serviço, nos termos do n.º 1 do artigo 25.º, poderá ser provido na categoria superior, mediante concurso documental e depois de cumpridos os módulos de tempo para o efeito fixados.

2 – A progressão na carreira do pessoal do SIEDM obedecerá ao disposto no regime geral da função pública.

Artigo 39.º
Acidente em serviço

1 – O pessoal do SIEDM, quando vítima de acidente ocorrido no desempenho de funções que lhe forem atribuídas, tem o direito à

totalidade das remunerações, suplementos e abonos estipulados nos artigos 34.º a 36.º enquanto se mantiver em tratamento e convalescença.

2 – Aos funcionários e agentes do SIEDM que, no exercício das suas funções, ficarem incapacitados é aplicável a legislação vigente para os elementos das Forças Armadas e das forças de segurança.

3 – Por despacho conjunto do Primeiro-Ministro e dos Ministros da Defesa Nacional e das Finanças, pode ser autorizado o pagamento do prémio de seguro de vida dos funcionários ou agentes e, para aqueles que tiverem a seu cargo a condução de viaturas ao serviço do SIEDM, do prémio de seguro de carta de condução.

Artigo 40.º
Acréscimo de tempo de serviço

1 – Para efeitos de reserva, reforma e aposentação, os funcionários e agentes beneficiam de um acréscimo de 25% em relação a todo o tempo de serviço prestado no SIEDM.

2 – Sem prejuízo das modalidades estabelecidas no Estatuto da Aposentação, os funcionários do SIEDM passam à situação de aposentados, se o requererem, desde que tenham a idade mínima de 55 anos e oito anos de serviço no SIEDM.

Secção III
Recrutamento e selecção do pessoal

Artigo 41.º
Pessoal dirigente e de chefia

1 – Os lugares de director-geral e director-geral-adjunto do SIEDM são providos por despacho conjunto do Primeiro-Ministro e do Ministro da Defesa Nacional, devendo a escolha recair em indivíduos de reconhecida idoneidade cívica, elevada competência profissional e que possuam experiência válida para o exercício das funções.

2 – Os lugares do demais pessoal dirigente ou de chefia são providos por despacho do Ministro da Defesa Nacional, sob proposta do director-geral, devendo a escolha recair em indivíduos de reconhecida idoneidade cívica, elevada competência profissional e que possuam experiência válida para o exercício das funções.

3 – Os lugares de director-geral, director-geral-adjunto e demais pessoal dirigente ou de chefia são providos em regime de comissão de serviço por tempo indeterminado, a qual pode ser dada por finda, a todo o tempo, por conveniência de serviço, sem necessidade de pré-aviso e sem que haja lugar a qualquer indemnização.

ARTIGO 42.º
Recrutamento e selecção do demais pessoal

1 – São condições indispensáveis ao recrutamento para qualquer lugar do quadro privativo do SIEDM a reconhecida idoneidade cívica, a elevada competência profissional e a experiência válida para o exercício das funções, a avaliar com base nos respectivos currículos.

2 – O recrutamento do pessoal técnico superior é feito de entre indivíduos habilitados com licenciatura em curso adequado ou que já possuam categoria funcional igual ou equivalente no serviço de origem.

3 – O recrutamento do pessoal técnico é feito de entre indivíduos habilitados com curso superior adequado ou que já possuam categoria funcional igual ou equivalente no serviço de origem e ainda que demonstrem possuir um currículo profissional revelador de especiais aptidões e experiência para o exercício de funções no SIEDM.

4 – O recrutamento do pessoal técnico-profissional é feito de entre indivíduos habilitados com o 11.º ano ou equivalente, 9.º ano e curso de formação técnico-profissional ou que já possuam categoria igual ou equivalente no serviço de origem e, ainda, que demonstrem possuir um currículo profissional revelador de especiais aptidões para o exercício de funções no SIEDM, podendo ser exigível o domínio escrito e falado de, pelo menos, uma língua estrangeira e a carta de condução de veículos ligeiros.

5 – O recrutamento de pessoal técnico-profissional de apoio geral é feito de entre indivíduos com o curso geral dos liceus, o 9.º ano do curso unificado ou equivalente, ou que já possuam categoria funcional igual ou equivalente no serviço de origem, sendo exigível para o pessoal de secretariado a posse de curso de especialização adequado ou o exercício de tais funções durante, pelo menos, dois anos.

6 – O recrutamento do pessoal técnico de segurança e auxiliar é feito de entre indivíduos habilitados com a escolaridade obrigatória e que demonstrem possuir especiais aptidões para o exercício de funções no SIEDM.

7 – Sem prejuízo do disposto nos números anteriores e a título excepcional, podem prestar serviço no SIEDM indivíduos que se encontrem na situação de reserva, reforma ou aposentação.

Artigo 43.º
Requisitos especiais

1 – São requisitos especiais de provimento em qualquer lugar do quadro:

a) Ter nacionalidade portuguesa de origem;
b) Ter idade não inferior a 23 anos nem superior a 55 anos;
c) Não estar abrangido pela incapacidade prevista no artigo 31.º da Lei Quadro do SIRP;
d) Possuir as habilitações literárias referidas no artigo anterior;
e) Sujeitar-se voluntária e expressamente às condições de recrutamento, de selecção e de formação que forem fixadas por despacho do Ministro da Defesa Nacional;
f) Submeter-se voluntária e expressamente aos deveres impostos pela Lei Quadro e demais legislação do SIRP e pelos diplomas que os regulamentarem;
g) Apresentar declaração do património e dos rendimentos, nos termos previstos na Lei n.º 4/83, de 2 de Abril, e no Decreto Regulamentar n.º 74/83, de 6 de Outubro.

2 – O requisito especial de provimento previsto na alínea b) do número anterior não se aplica ao recrutamento dos lugares de pessoal dirigente.

3 – As declarações a que se refere a alínea g) do n.º 1 são apresentadas antes do início das funções e fazem parte do processo individual de cada funcionário ou agente, que fica sujeito ao regime de confidencialidade previsto no artigo 9.º.

Artigo 44.º
Estágio

1 – Sem prejuízo da exigência das condições e requisitos referidos nos artigos 42.º e 43.º, o ingresso nas carreiras de técnico superior de informações, técnico de informações e técnico-adjunto de informações dependerá de aprovação em estágio regulamentado por despacho do Ministro da Defesa Nacional, o qual obedecerá aos seguintes princípios:

a) Os estagiários que tiverem vínculo à Administração Pública manterão, durante o estágio, o direito ao seu lugar no quadro de origem;
b) No decurso do estágio poderão, em qualquer momento, ser dele excluídos os estagiários que não adquirirem o gradual aproveitamento ou revelarem não possuir condições de adaptação às funções a que se destinam;
c) Os estagiários que forem excluídos do estágio ou não obtiverem aprovação regressarão ao lugar de origem ou serão dispensados consoante se trate, ou não, de indivíduos vinculados ao Estado, não lhes sendo devida, num e noutro caso, qualquer indemnização;
d) Findo o estágio, os que obtiverem aprovação serão providos na categoria de ingresso da carreira para que foram recrutados;
e) O tempo de estágio, quando seguido de provimento na categoria de ingresso, será contado, para todos os efeitos legais, como se fosse prestado naquela categoria;

f) É aplicável aos estagiários já vinculados ao Estado a opção remuneratória prevista no n.º 1 do artigo 53.º do presente diploma.

2 – Atenta a natureza e especificidade das funções a desempenhar, poderá o Ministro da Defesa Nacional sob proposta do director-geral, dispensar total ou parcialmente a frequência do estágio para ingresso nas carreiras referidas no número anterior.

3 – Os funcionários e agentes que injustificadamente requeiram a cessação de funções, a qualquer título, antes de decorridos dois anos do provimento referido na alínea d) do n.º 1, devem indemnizar o SIEDM pelos encargos ocasionados pela sua frequência do estágio.

Artigo 45.º
Formação

1 – O SIEDM organizará as acções de formação, especialização, actualização e aperfeiçoamento que forem julgadas mais adequadas ao exercício das funções atribuídas às diferentes categorias de pessoal que integrem os seus quadros.

2 – A frequência pelo pessoal das acções de formação que lhe sejam destinadas é de carácter obrigatório, só podendo ser concedida dispensa por motivo ponderoso, devidamente justificado.

3 – A frequência das acções de formação e o resultado obtido pelos destinatários constituem requisito de ingresso ou de promoção nos quadros do SIEDM, em termos a definir de harmonia com o previsto nos artigos 38.º e 42.º.

SECÇÃO IV
Classificação

Artigo 46.º
Classificação de serviço

1 – O sistema de classificação de serviço será definido por portaria conjunta dos Ministros da Defesa Nacional e das Finan-

Título III – *Sistema de informações da república portuguesa* 563

ças, tendo em conta a especificidade orgânica e institucional do SIEDM.

2 – Enquanto não for estabelecido o sistema previsto no número anterior, é aplicável aos funcionários e agentes do SIEDM o regime de classificação de serviço vigente para a generalidade da função pública, com as seguintes especialidades:

a) A ficha de notação a utilizar para o pessoal técnico superior e técnico é a prevista na alínea a) do n.º 1 do artigo 6.º do Decreto Regulamentar n.º 44-B/83, de 1 de Junho;
b) A ficha de notação a utilizar para o restante pessoal sujeito à classificação de serviço é a prevista na alínea b) do n.º 1 do referido artigo 6.º;
c) Não tem aplicação as normas previstas no capítulo III e os artigos 32.º a 35.º e 38.º, n.º 1, do Decreto Regulamentar n.º 44-B/83;
d) A competência para homologar a classificação pertence ao director-geral do SIEDM, constituindo o director-geral-adjunto que coordenar a actividade do respectivo serviço e o superior hierárquico imediato do notado o órgão de consulta a que se refere o artigo 40.º, n.º 2, do diploma mencionado na alínea a).

SECÇÃO V
Regime disciplinar

Artigo 47.º
Disposição geral

O pessoal do SIEDM, qualquer que seja a sua origem e forma de provimento, está, desde a data de inicio do exercício das funções, sujeito à disciplina do serviço e aos poderes disciplinares das entidades que o dirigem e nele superintendem.

ARTIGO 48.º

Efeitos de pronúncia

1 – O despacho de pronúncia com trânsito em julgado, em processo criminal, por qualquer crime doloso, para além dos efeitos previstos na lei geral, pode constituir fundamento suficiente para ser determinada a cessação da comissão de serviço ou a rescisão do contrato, consoante a forma de provimento do funcionário ou agente.

2 – A verificação da situação prevista na primeira parte do número anterior faz presumir que o indiciado não correspondeu às expectativas que determinaram a sua admissão, podendo a manutenção do vinculo funcional revelar-se incompatível com a prossecução dos objectivos institucionais do SIEDM.

ARTIGO 49.º

Penas especiais

1 – São penas especiais aplicáveis aos funcionários e agentes do SIEDM:

a) A cessação da comissão de serviço;
b) A rescisão do contrato.

2 – A pena de cessação da comissão de serviço é aplicável a todos os funcionários ou agentes já vinculados à Administração Pública:

a) Como pena acessória, por qualquer infracção disciplinar punível com pena igual ou superior à de multa;
b) Como pena principal, aos dirigentes e equiparados, nos termos da lei geral.

3 – A pena de rescisão do contrato é aplicável aos funcionários ou agentes que se encontrem providos por contrato, por qualquer infracção

disciplinar a que corresponda a pena igual ou superior à de inactividade.

Artigo 50.º
Competência disciplinar

1 – Compete ao Ministro da Defesa Nacional a aplicação de qualquer pena disciplinar que implique a cessação definitiva do vínculo funcional.

2 – O director-geral do SIEDM tem competência para aplicar qualquer pena disciplinar até à de inactividade, inclusive.

3 – Os directores-gerais-adjuntos, em relação ao pessoal colocado nos serviços que deles dependem, têm competência para aplicar qualquer pena disciplinar até à de suspensão, inclusive.

4 – Os directores de serviço, em relação ao pessoal colocado nos serviços que deles dependem, têm competência para aplicar a pena de repreensão.

Artigo 51.º
Suspensão preventiva

1 – O funcionário ou agente pode ser, por proposta da entidade que mandar instaurar o processo ou do instrutor e mediante despacho do Ministro da Defesa Nacional, preventivamente suspenso do exercício das funções, sem perda de vencimento e de categoria e até decisão do processo, pelo prazo de 90 dias, prorrogável por igual período, sempre que a sua presença se revele inconveniente para o serviço ou para o apuramento da verdade.

2 – A suspensão preventiva só não pode ter lugar se a infracção denunciada for punível com pena de repreensão ou multa.

Capítulo VI
Disposições finais e transitórias

Artigo 52.º
Direito subsidiário

Tudo o que, em matéria estatutária e disciplinar, não for especialmente regulado pela Lei Quadro e demais legislação do SIRP, pelo presente decreto-lei e pelos diplomas que os vierem a regulamentar, é regulado pela lei geral.

Artigo 53.º
Opção quanto a vencimento

1 – Os funcionários e agentes do SIEDM já vinculados aos quadros da Administração Pública, central, regional e local, da magistratura judicial ou do Ministério Público, das forças e dos serviços de segurança podem optar pelo regime remuneratório correspondente ao lugar de origem, sem prejuízo de auferirem os suplementos específicos atribuídos ao pessoal do SIEDM.

2 – Os militares das Forças Armadas na situação de activo que prestem serviço no SIEDM podem, relativamente ao regime remuneratório, exercer a opção a que se refere o artigo 4.º do Decreto-Lei n.º 57/90, de 14 de Fevereiro.

3 – O regime remuneratório dos militares das Forças Armadas e das forças de segurança na situação de reserva ou reforma que prestem serviço no SIEDM é o que resultar dos respectivos estatutos próprios ou do Estatuto da Aposentação.

Artigo 54.º
Uso e porte de arma

O direito ao uso e porte de arma por parte de funcionários e agentes do SIEDM será regulamentado por despacho conjunto dos Ministros da Defesa Nacional e da Administração Interna.

Artigo 55.º
Serviços sociais

1 – Os funcionários e agentes que se encontram nas condições referidas no artigo 26.º continuam a gozar de direitos e regalias iguais aos que usufruíam em resultado da sua inscrição nos serviços sociais instituídos nos departamentos de origem.

2 – Os funcionários e agentes que, antes de ingressarem no SIEDM, não eram beneficiários de qualquer serviço social ficam abrangidos por regime idêntico ao que vigora nos serviços sociais da Presidência do Conselho de Ministros.

3 – As modalidades de concessão dos benefícios sociais e de cumprimento das obrigações pelos beneficiários serão definidas por acordo a celebrar entre os serviços sociais e o SIEDM, tendo em conta a especificidade institucional deste último.

4 – O acordo a que se refere o número anterior carece de aprovação do Ministro da Defesa Nacional e do membro do Governo que superintender nos serviços sociais.

5 – O SIEDM não é abrangido pelo disposto no artigo 4.º do Decreto-Lei n.º 118/83, de 25 de Fevereiro, ficando sujeito ao regime aplicável aos serviços dotados de, apenas, autonomia administrativa.

Artigo 56.º
Início de funções

1 – O pessoal designado para prestar serviço no SIEDM considera-se em serviço a partir da data do despacho da sua nomeação ou da data que nele for mencionada.

2 – Os despachos de nomeação e exoneração não carecem de visto do Tribunal de Contas em de publicação no Diário da República.

ARTIGO 57.º
Serviço prestado por militares na situação de reserva

Todo o tempo de serviço prestado no SIEDM pelos militares na situação de reserva conta para efeitos de reforma, até ao limite correspondente a 36 anos de serviço.

ARTIGO 58.º
Aquisição de bens e serviços

1 – Na importação ou aquisição de armamento, munições, viaturas, equipamentos de segurança, telecomunicações, electrónica, laboratório e outros igualmente utilizados para fins de segurança, destinados ao SIEDM, poderá o Ministro das Finanças, nos termos da lei, conceder isenção dos respectivos direitos, incluindo sobretaxas e emolumentos, bem como dos correspondentes impostos.

2 – O Ministro da Defesa Nacional pode autorizar o SIEDM a celebrar contratos para aquisição de bens e serviços, com dispensa, total ou parcial, das formalidades previstas na lei geral, sempre que razões de segurança ou relacionadas com a especificidade do serviço o justifiquem.

ARTIGO 59.º
Dispensa de publicitação

Quando razões de segurança interna ou relacionadas com a especificidade do serviço o justifiquem, podem os membros do Governo intervenientes determinar, referindo-o expressamente, a dispensa de publicitação dos actos necessários à execução dos diplomas do SIEDM.

ARTIGO 60.º
Pessoal dirigente

O pessoal dirigente tem direito às remunerações e demais abonos previstos para o pessoal dirigente do Serviço de Informações de Segurança.

Artigo 61.º
Disposições transitórias

1 – Até ao final do corrente ano o SIEDM disporá apenas de autonomia administrativa, devendo ser inscritas no orçamento do Ministério da Defesa Nacional, em classificação orgânica apropriada, as dotações necessárias para suportar os encargos nesse período.

2 – Até preenchimento dos quadros de pessoal do SIEDM, é dispensado o requisito especial de provimento referido na alínea b) do n.º 1 do artigo 43.º para o pessoal que, à data da entrada em vigor do presente diploma, desempenhe funções na Divisão de Informações do Estado-Maior-General das Forças Armadas.

Artigo 62.º
Norma revogatória

São revogados os Decretos-Leis n.ᵒˢ 224/85 e 226/85, ambos de 4 de Julho.

Visto e aprovado em Conselho de Ministros de 20 de Julho de 1995. – *Manuel Dias Loureiro – António Jorge de Figueiredo Lopes – Manuel Dias Loureiro – Eduardo de Almeida Catroga – José Manuel Durão Barroso.*

Promulgado em 15 de Setembro de 1995.

Publique-se.

O Presidente da República, MÁRIO SOARES.

Referendado em 19 de Setembro de 1995.

O Primeiro-Ministro, *Aníbal António Cavaco Silva.*

Mapa I
Pessoal Dirigente

Pessoal dirigente	Percentagem
Director-geral	100
Director-geral-adjunto	96
Director de serviços	90
Director de área	80

Mapa II
Pessoal Técnico

Grupo de pessoal	Carreira/categoria/nível	Escalões 1	2	3	4
Técnico superior	Técnico-coordenador de informações, nível 2	430	440	–	–
	Técnico-coordenador de informações, nível 1	400	415	–	–
	Técnico superior de informações, nível 3	350	360	–	–
	Técnico superior de informações, nível 2	330	340	–	–
	Técnico superior de informações, nível 1	290	300	–	–
	Estagiário	190	–	–	–
Técnico	Técnico de informações, nível 4	340	345	–	–
	Técnico de informações, nível 3	320	330	–	–
	Técnico de informações, nível 2	305	310	–	–
	Técnico de informações, nível 1	285	295	–	–
	Estagiário	125	–	–	–
Técnico-profissional	Técnico-adjunto de informações, nível 6	280	290	300	–
	Técnico-adjunto de informações, nível 5	260	270	–	–
	Técnico-adjunto de informações, nível 4	240	250	–	–
	Técnico-adjunto de informações, nível 3	210	230	–	–
	Técnico-adjunto de informações, nível 2	190	200	–	–
	Técnico-adjunto de informações, nível 1	175	185	–	–
	Estagiário	105	–	–	–
Técnico-profissional de apoio geral	Chefe de sector	250	260	275	290
	Chefe de núcleo	190	200	210	220
	Adjunto técnico de secretariado, nível 2	165	175	185	195
	Adjunto técnico de secretariado, nível 1	120	135	150	–
	Técnico auxiliar de informações, nível 4	140	150	165	180
	Técnico auxiliar de informações, nível 3	125	140	155	165
	Técnico auxiliar de informações, nível 2	115	125	135	155
	Técnico auxiliar de informações, nível 1	105	115	125	135
	Motorista, nível 2	150	160	170	185
	Motorista, nível 1	120	130	140	–
Técnico de segurança	Vigilante, nível 2	130	135	145	155
	Vigilante, nível 1	90	100	120	135

Mapa III
Pessoal Auxiliar

Pessoal auxiliar:

Encarregado de pessoal auxiliar
Telefonista
Operador de reprografia
Auxiliar administrativo
Guarda-nocturno
Servente e auxiliar de limpeza

} Escalas do regime geral.

Mapa IV
Tabela de equivalência a que se referem os artigos 26.º e 28.º

Categoria do SIEDM (mapas II e III deste decreto-lei)	Categorias do regime geral (Decreto-Lei n.º 353-A/89, de 16 de Outubro)
Técnico-coordenador de informações, nível 2.	Assessor principal.
Técnico-coordenador de informações, nível 1.	Assessor.
Técnico superior de informações, nível 3.	Técnico superior principal.
Técnico superior de informações, nível 2.	Técnico superior de 1.ª classe.
Técnico superior de informações, nível 1.	Técnico superior de 2.ª classe.
Técnico de informações, nível 4	Técnico especialista principal.
Técnico de informações, nível 3	Técnico especialista.
Técnico de informações, nível 2	Técnico principal.
Técnico de informações, nível 1	Técnico de 1.ª classe.
Técnico-adjunto de informações, níveis 5 e 6.	Técnico-adjunto especialista de 1.ª classe.
Técnico-adjunto de informações, nível 4.	Técnico-adjunto especialista.
Técnico-adjunto de informações, nível 3.	Técnico-adjunto principal.
Técnico-adjunto de informações, nível 2.	Técnico-adjunto de 1.ª classe.
Técnico-adjunto de informações, nível 1.	Técnico-adjunto de 2.ª classe.
Chefe de sector	Chefe de repartição.
Chefe de núcleo	Chefe de secção.
Adjunto técnico de secretariado, nível 2.	Técnico auxiliar especialista.
Adjunto técnico de secretariado, nível 1.	Técnico auxiliar principal.
Técnico auxiliar de informações, nível 4.	Oficial administrativo principal.
Técnico auxiliar de informações, nível 3.	Primeiro-oficial.
Técnico auxiliar de informações, nível 2.	Segundo-oficial.
Técnico auxiliar de informações, nível 1.	Terceiro-oficial.
Motorista, níveis 1 e 2	Motorista de ligeiros.
Vigilantes, níveis 1 e 2	Auxiliar administrativo.
Encarregado de pessoal auxiliar Telefonista Operador de reprografia Auxiliar administrativo Guarda-nocturno Servente e auxiliar de limpeza.	Encarregado de pessoal auxiliar. Telefonista. Operador de reprografia. Auxiliar administrativo. Guarda-nocturno. Servente e auxiliar de limpeza.

Mapa V
Pessoal Dirigente

Pessoal dirigente	Número de lugares
Director-geral	1
Director-geral-adjunto	2
Director de serviços	7
Director de área	A fixar pelo despacho previsto no n.º 3 do artigo 14.º

Título IV
SEGURANÇA NACIONAL

GABINETE NACIONAL DE SEGURANÇA E O RESPECTIVO SERVIÇO

DECRETO-LEI N.º 217/97, DE 20 DE AGOSTO

A Autoridade Nacional de Segurança (ANS) é um órgão de segurança criado no âmbito da Organização do Tratado do Atlântico Norte com vista a que seja assegurada, em cada Estado membro, a segurança das matérias classificadas, isto é, que a elas não tenham acesso quem para tal não se encontre autorizado.

A evolução deste órgão, segundo os acontecimentos históricos vividos em Portugal, determinou, por um lado, que as Forças Armadas integrassem a ANS na sua estrutura, através do EMGFA, e, por outro, que a ANS passasse a ser responsável pela segurança das matérias classificadas dos âmbitos nacional e de outras organizações de que Portugal é parte – UE e UEO.

Na sequência da revisão constitucional de 1982 e da Lei de Defesa Nacional e das Forças Armadas de Novembro do mesmo ano, a ANS viria a passar para a estrutura do Ministério da Defesa Nacional, deixando a estrutura militar. Simultaneamente, foi assumindo novas competências e responsabilidades, exigências da nova realidade internacional em que Portugal se insere e da crescente complexidade tecnológica inerente à actividade de segurança.

A segurança hoje não é mais uma responsabilidade sectorial da defesa nacional, mas um imperativo cada vez mais ligado à actividade diplomática, empresarial e administrativa, nomeadamente nos sectores financeiro, do comércio e da indústria. Cabe, pois, deslocar a ANS da tutela sectorial do Ministério da Defesa Nacional para a tutela interdepartamental do Primeiro-Ministro.

Do mesmo modo, há que dotar a ANS de um serviço que lhe dê funcionalidade e designar esse serviço de forma distinta daquela – o Gabinete Nacional de Segurança.

Assim:

Nos termos do artigo 201.º, n.os 1, alínea a), e 2, da Constituição, o Governo decreta o seguinte:

Artigo 1.º
Gabinete Nacional de Segurança

O serviço do Ministério da Defesa Nacional designado Autoridade Nacional de Segurança (ANS), previsto no artigo 15.º do Decreto-Lei n.º 47/93, de 26 de Fevereiro, passa a designar-se Gabinete Nacional de Segurança (GNS).

Artigo 2.º
Dependência

1 – O Gabinete Nacional de Segurança passa a integrar a Presidência do Conselho de Ministros, na dependência do Primeiro-Ministro.

2 – O Primeiro-Ministro pode delegar no membro do Governo com competências de coordenação interministerial as competências de tutela sobre o Gabinete Nacional de Segurança, sem prejuízo de diferentemente se vir a dispor em diploma orgânico do Governo.

Artigo 3.º
Direcção

O Gabinete Nacional de Segurança é dirigido por um director-geral, que é, por inerência, a Autoridade Nacional de Segurança, coadjuvado por um subdirector-geral.

Artigo 4.º
Competência

1 – O Gabinete Nacional de Segurança é o serviço a quem incumbe superintender tecnicamente nos procedimentos da Administração Pública, por forma que seja garantida a segurança das matérias classificadas no âmbito nacional e das organizações internacionais de que Portugal é parte e exercer a autoridade de credenciação de pessoas e empresas para o acesso e manuseamento de matérias classificadas.

2 – Compete ao Gabinete Nacional de Segurança:

a) Exercer a competência técnica sobre os órgãos de segurança das matérias classificadas previstos na legislação nacional, bem como nas normas de segurança das organizações internacionais de que Portugal é parte;
b) Emitir normas técnicas sobre os procedimentos de segurança a adoptar pelos órgãos de segurança das matérias classificadas;
c) Autorizar a abertura e o encerramento, em território nacional e no estrangeiro, dos órgãos de segurança das matérias classificadas previstas nas normas de segurança em vigor;
d) Conceder e cancelar a credenciação dos cidadãos de nacionalidade portuguesa e de empresas nacionais, em graus de classificação de segurança igual ou superior a «confidencial» ou equivalentes, para o que lhe serão fornecidos todos os elementos informativos necessários;
e) Manter relação actualizada das credenciações em vigor;
f) Inspeccionar periodicamente os órgãos de segurança sob responsabilidade portuguesa, no território nacional e no estrangeiro, detentores de matérias classificadas, com vista a verificar o cumprimento das disposições de segurança respeitantes à sua protecção, incluindo as relativas à segurança das comunicações e à segurança informática e dos sistemas de informação;
g) Determinar a abertura dos respectivos inquéritos, sempre que ocorram comprometimentos, quebras ou violações de segurança;

h) Assegurar-se da existência ou promover a sua elaboração e permanente actualização de planos de emergência capazes de fazer face à ocorrência de quebras de segurança e comprometimentos das matérias classificadas;
i) Propor superiormente a adopção de normas de procedimento ou as medidas adequadas com vista a suprir deficiências detectadas na segurança das matérias classificadas;
j) Promover a formação e actualização de técnicos de segurança das matérias classificadas, abrangendo os âmbitos da segurança da informação classificada, segurança do pessoal, segurança física, segurança das comunicações e segurança informática e dos sistemas de informação;
k) Exercer as demais competências que lhe são cometidas pelas normas nacionais de segurança previstas na legislação referida na alínea a).

Artigo 5.º

Pessoal

1 – O pessoal dos quadros do Ministério da Defesa Nacional afecto à Autoridade Nacional de Segurança pode optar pelo ingresso no quadro do Gabinete Nacional de Segurança, nos termos do decreto regulamentar a que se refere o artigo seguinte.

2 – Os lugares de dirigentes e outros para que seja exigida licenciatura do Gabinete Nacional de Segurança podem ser providos por oficiais licenciados das Forças Armadas, no activo, em comissão normal, ou na situação de reserva, nos termos do decreto regulamentar a que se refere o artigo seguinte.

Artigo 6.º

Regulamentação

A orgânica, o quadro de pessoal e o regulamento de funcionamento do Gabinete Nacional de Segurança são aprovados por decreto regulamentar, a publicar no prazo de 120 dias a contar da data da entrada em vigor do presente diploma.

Artigo 7.º
Norma revogatória

É revogado o artigo 15.º do Decreto-Lei n.º 47/93, de 26 de Fevereiro.

Artigo 8.º
Norma transitória

Até à entrada em vigor do decreto regulamentar a que se refere o artigo 6.º, o pessoal civil e militar afecto à Autoridade Nacional de Segurança continua ao serviço do Gabinete Nacional de Segurança no mesmo regime em que se encontra.

Visto e aprovado em Conselho de Ministros de 11 de Junho de 1997. – *António Manuel de Oliveira Guterres – António Manuel de Carvalho Ferreira Vitorino – António Manuel de Carvalho Ferreira Vitorino – Jaime José Matos da Gama – António Luciano Pacheco de Sousa Franco – Alberto Bernardes Costa – João Cardona Gomes Cravinho – José Eduardo Vera Cruz Jardim – Augusto Carlos Serra Ventura Mateus – Fernando Manuel Van-Zeller Gomes da Silva – Eduardo Carrega Marçal Grilo – Maria de Belém Roseira Martins Coelho Henriques de Pina – Maria João Fernandes Rodrigues – Eduardo Luís Barreto Ferro Rodrigues – Elisa Maria da Costa Guimarães Ferreira – Manuel Maria Ferreira Carrilho – José Mariano Rebelo Pires Gago – Jorge Paulo Sacadura Almeida Coelho.*

Promulgado em 2 de Agosto de 1997.

Publique-se.

O Presidente da República, Jorge Sampaio.

Referendado em 4 de Agosto de 1997.

O Primeiro-Ministro, em exercício, *António Manuel de Carvalho Vitorino.*

SEGREDO DE ESTADO

LEI N.º 6/94, DE 7 DE ABRIL

Artigo 1.º
Objecto

1 – O regime do segredo de Estado é definido pela presente lei e obedece aos princípios de excepcionalidade, subsidiariedade, necessidade, proporcionalidade, tempestividade, igualdade, justiça e imparcialidade, bem como ao dever de fundamentação.

2 – As restrições de acesso aos arquivos, processos e registos administrativos e judiciais, por razões atinentes à investigação criminal ou à intimidade das pessoas, bem como as respeitantes aos serviços de informações da República Portuguesa e a outros sistemas de classificação de matérias, regem-se por legislação própria.

3 – O regime do segredo de Estado não é aplicável quando, nos termos da Constituição e da lei, a realização dos fins que ele visa seja compatível com formas menos estritas de reserva de acesso à informação.

Artigo 2.º
Âmbito do segredo

1 – São abrangidos pelo segredo de Estado os documentos e informações cujo conhecimento por pessoas não autorizadas é susceptível de pôr em risco ou de causar dano à independência nacional, à unidade e integridade do Estado e à sua segurança interna e externa.

2 – O risco e o dano referidos no número anterior são avaliados caso a caso em face das suas circunstâncias concretas, não resultando automaticamente da natureza das matérias a tratar.

3 – Podem, designadamente, ser submetidos ao regime de segredo de Estado, mas apenas verificado o condicionalismo previsto nos números anteriores, documentos que respeitem às seguintes matérias:

    a) As que são transmitidas, a título confidencial, por Estados estrangeiros ou por organizações internacionais;
    b) As relativas à estratégia a adoptar pelo País no quadro de negociações presentes ou futuras com outros Estados ou com organizações internacionais;
    c) As que visam prevenir e assegurar a operacionalidade e a segurança do pessoal, dos equipamentos, do material e das instalações das Forças Armadas e das forças e serviços de segurança;
    d) As relativas aos procedimentos em matéria de segurança na transmissão de dados e informações com outros Estados ou com organizações internacionais;
    e) Aquelas cuja divulgação pode facilitar a prática de crimes contra a segurança do Estado;
    f) As de natureza comercial, industrial, científica, técnica ou financeira que interessam à preparação da defesa militar do Estado.

Artigo 3.º
Classificação de segurança

1 – A classificação como segredo de Estado nos termos do artigo anterior é da competência do Presidente da República, do Presidente da Assembleia da República, do Primeiro-Ministro, dos Ministros e do Governador de Macau.

2 – Quando, por razão de urgência, for necessário classificar um documento como segredo de Estado, podem fazê-lo, a título provisório, no âmbito da sua competência própria, com a obrigatoriedade de comunicação, no mais curto prazo possível, para ratificação, às entidades referidas no n.º 1 que em cada caso se mostrem competentes para tal:

a) O Chefe do Estado-Maior-General das Forças Armadas;
b) Os directores dos serviços do Sistema de Informações da República.

3 – A competência prevista nos n.ºs 1 e 2 não é delegável.
4 – Se no prazo máximo de 10 dias contados a partir da data da classificação provisória esta não for ratificada, opera-se a sua caducidade.

Artigo 4.º
Desclassificação

1 – As matérias sob segredo de Estado são desclassificadas quando se mostre que a classificação foi incorrectamente atribuída ou quando a alteração das circunstância que a determinaram assim o permita.
2 – Apenas tem competência para desclassificar a entidade que procedeu à classificação definitiva.

Artigo 5.º
Fundamentação

A classificação de documentos submetidos ao regime de segredo de Estado, bem como a desclassificação, devem ser fundamentadas, indicando-se os interesses a proteger e os motivos ou as circunstâncias que as justificam.

Artigo 6.º
Duração do segredo

1 – O acto de classificação especifica, tendo em consideração a natureza e as circunstâncias motivadoras do segredo, a duração deste ou o prazo em que o acto deve ser revisto.

2 – O prazo para a duração da classificação ou para a sua revisão não pode ser superior a quatro anos.

3 – A classificação caduca com o decurso do prazo.

Artigo 7.º
Salvaguarda da acção penal

As informações e elementos de prova respeitantes a factos indiciários da prática de crimes contra a segurança do Estado devem ser comunicados às entidades competentes para a sua investigação, não podendo ser mantidos reservados, a título de segredo de Estado, salvo pelo titular máximo do órgão de soberania detentor do segredo e pelo tempo estritamente necessário à salvaguarda da segurança interna e externa do Estado.

Artigo 8.º
Protecção dos documentos classificados

1 – Os documentos em regime de segredo de Estado são objecto de adequadas medidas de protecção contra acções de sabotagem e de espionagem e contra fugas de informação.

2 – Quem tomar conhecimento de documento classificado que, por qualquer razão, não se mostre devidamente acautelado deve providenciar pela sua imediata entrega à entidade responsável pela sua guarda ou à autoridade mais próxima.

Artigo 9.º
Acesso a documentos em segredo de Estado

1 – Apenas têm acesso a documentos em segredo de Estado, com as limitações e formalidades que venham a ser estabelecidos, as pessoas que deles careçam para o cumprimento das suas funções e que tenham sido autorizadas.

2 – A autorização referida no número anterior é concedida pela entidade que conferiu a classificação definitiva e, no caso dos Ministros, por estes ou pelo Primeiro-Ministro.

3 – O disposto nos números anteriores não é aplicável ao Presidente da República e ao Primeiro-Ministro, cujo acesso a documentos classificados não fica sujeito a qualquer restrição.

4 – A classificação como segredo de Estado de parte de documento, processo, ficheiro ou arquivo não determina restrições de acesso a partes não classificadas, salvo na medida em que se mostre estritamente necessário à protecção devida às partes classificadas.

Artigo 10.º
Dever de sigilo

1 – Os funcionários e agentes do Estado e quaisquer pessoas que, em razão das suas funções, tenham acesso a matérias classificadas são obrigados a guardar sigilo.

2 – O dever de sigilo a que se refere o número anterior mantém--se após o termo do exercício de funções.

3 – A dispensa do dever de sigilo na acção penal é regulada pelo Código de Processo Penal.

Artigo 11.º
Legislação penal e disciplinar

A violação do dever de sigilo e de guarda e conservação de documentos classificados como segredo de Estado pelos funcionários e agentes da Administração incumbidos dessas funções é punida nos termos previstos no Estatuto Disciplinar dos Funcionários e Agentes da Administração Central, Regional e Local, no Código de Justiça Militar e no Código Penal e pelos diplomas que regem o Sistema de Informações da República Portuguesa.

ARTIGO 12.º
Fiscalização pela Assembleia da República

A Assembleia da República fiscaliza, nos termos da Constituição e do seu Regimento, o regime do segredo de Estado.

ARTIGO 13.º
Comissão de Fiscalização

1 – É criada a Comissão para a Fiscalização do Segredo de Estado, a quem cabe zelar pelo cumprimento das disposições da presente lei.

2 – A Comissão de Fiscalização é uma entidade pública independente, que funciona junto da Assembleia da República e dispõe de serviços próprios de apoio técnico administrativo.

3 – A Comissão é composta por um juiz da jurisdição administrativa designado pelo Conselho Superior dos Tribunais Administrativos e Fiscais, que preside, e por dois deputados eleitos pela Assembleia da República, sendo um sob proposta do grupo parlamentar do maior partido que apoia o Governo e outro sob proposta do grupo parlamentar do maior partido da oposição.

4 – Compete à Comissão aprovar o seu regulamento e apreciar as queixas que lhe sejam dirigidos sobre dificuldades ou recusa no acesso a documentos e registos classificados como segredo de Estado e sobre elas emitir parecer.

5 – Nas reuniões da Comissão participa sempre um representante da entidade que procede à classificação.

ARTIGO 14.º
Impugnação

A impugnação graciosa ou contenciosa de acto que indefira o acesso a qualquer documento com fundamento em segredo de Estado está condicionada ao prévio pedido e à emissão de parecer da Comissão de Fiscalização.

ARTIGO 15.º
Regime transitório

As classificações de documentos como segredo de Estado anteriores a 25 de Abril de 1974 ainda vigentes são objecto de revisão no prazo de um ano contado a partir da entrada em vigor da presente lei, sob pena de caducidade.

ARTIGO 16.º
Regulamentação e casos Omissos

Sem prejuízo de o Governo dever regulamentar a matéria referente aos direitos e regalias dos membros da Comissão de Fiscalização, nos casos omissos e, designadamente, no que diz respeito a prazos, aplica-se o disposto na Lei do Acesso aos Documentos da Administração.

ARTIGO 17.º
Entrada em vigor

A presente lei entra em vigor no prazo de 30 dias a contar da data da sua publicação.

Aprovada em 24 de Fevereiro de 1994.

Para ser publicada no Boletim Oficial de Macau.

O Presidente da Assembleia da República, *António Moreira Barbosa de Melo.*

Promulgada em 16 de Março de 1994.

Publique-se.

O Presidente da República, MÁRIO SOARES.

Referendada em 18 de Março de 1994.

O Primeiro-Ministro, *Aníbal António Cavaco Silva.*

Título V

LEGISLAÇÃO COMPLEMENTAR

REGIME DO ESTADO DE SÍTIO E DO ESTADO DE EMERGÊNCIA

LEI N.º 44/86, DE 30 DE SETEMBRO

Capítulo I
Disposições gerais

Artigo 1.º
(Estados de excepção)

1 – O estado de sítio ou estado de emergência só podem ser declarados nos casos de agressão efectiva ou iminente por forças estrangeiras, de grave ameaça ou perturbação da ordem constitucional democrática ou de calamidade pública.

2 – O estado de sítio ou estado de emergência, declarados pela forma prevista na Constituição, regem-se pelas normas constitucionais aplicáveis e pelo disposto na presente lei.

Artigo 2.º
(Garantias dos direitos dos cidadãos)

1 – A declaração do estado de sítio ou do estado de emergência em nenhum caso pode afectar os direitos à vida, à integridade pessoal, à identidade pessoal, à capacidade civil e à cidadania, a não retroac-

tividade da lei criminal, direito de defesa dos arguidos e a liberdade de consciência e de religião.

2 – Nos casos em que possa ter lugar, a suspensão do exercício de direitos, libcrdades e garantias respeitará sempre o princípio da igualdade e não discriminação e obedecerá aos seguintes limites:

 a) A fixação de residência ou detenção de pessoas com fundamento em violação das normas de segurança em vigor será sempre comunicada ao juiz de instrução competente, no prazo máximo de 24 horas após a ocorrência, assegurando-se designadamente direito de habeas corpus;
 b) A realização de buscas domiciliárias e a recolha dos demais meios de obtenção de prova serão reduzidas a auto, na presença de duas testemunhas, sempre que possível residentes na respectiva área, e comunicadas ao juiz de instrução, acompanhadas de informação sobre as causas e os resultados respectivos;
 c) Quando se estabeleça condicionamento ou a interdição do trânsito de pessoas e da circulação de veículos, cabe às autoridades assegurar os meios necessários ao cumprimento do disposto na declaração, particularmente no tocante ao transporte, alojamento e manutenção dos cidadãos afectados;
 d) Poderá ser suspenso qualquer tipo de publicações, emissões de rádio e televisão e espectáculos cinematográficos ou teatrais, bem como ser ordenada a apreensão de quaisquer publicações, não podendo estas medidas englobar qualquer forma de censura prévia;
 e) As reuniões dos órgãos estatutários dos partidos políticos, sindicatos e associações profissionais não serão em caso algum proibidas, dissolvidas ou submetidas a autorização prévia.

3 – Os cidadãos cujos direitos, liberdades e garantias tiverem sido violados por declaração do estado de sítio ou do estado de emergência, ou por providência adoptada na sua vigência, ferida de inconstitucionalidade ou ilegalidade, designadamente por privação ilegal ou injustificada da liberdade, têm direito à correspondente indemnização, nos termos gerais.

Artigo 3.º
(Proporcionalidade e adequação das medidas)

1 – A suspensão ou a restrição de direitos, liberdades e garantias previstas nos artigos 8.º e 9.º devem limitar-se, nomeadamente quanto à sua extensão, à sua duração e aos meios utilizados, ao estritamente necessário ao pronto restabelccimento da normalidade.

2 – A declaração do estado de sítio ou do estado de emergência só pode alterar a normalidade constitucional nos termos previstos na própria Constituição e na presente lei, não podendo nomeadamente afectar a aplicação das regras constitucionais relativas à competência e ao funcionamento dos órgãos de soberania e dos órgãos de governo próprio das regiões autónomas e bem assim os direitos e imunidades dos respectivos titulares.

Artigo 4.º
(Âmbito territorial)

O estado de sítio ou estado de emergência podem ser declarados em relação ao todo ou parte do território nacional, consoante o âmbito geográfico das suas causas determinantes, só podendo sê-lo relativamente à área em que a sua aplicação se mostre necessária para manter ou restabelecer a normalidade.

Artigo 5.º
(Duração)

1 – O estado de sítio ou estado de emergência terão duração limitada ao necessário à salvaguarda dos direitos e interesses que visam proteger e ao restabelecimento da normalidade, não podendo prolongar-se por mais de quinze dias, sem prejuízo de eventual renovação por um ou mais períodos, com igual limite, no caso de subsistência das suas causas determinantes.

2 – A duração do estado de sítio ou do estado de emergência deve ser fixada com menção do dia e hora dos seus início e cessação.

3 – Sempre que as circunstâncias permitam, deve a renovação da declaração do estado de sítio se substituída por declaração do estado de emergência.

Artigo 6.º
(Acesso aos tribunais)

Na vigência do estado de sítio ou do estado de emergência, os cidadãos mantêm, na sua plenitude, direito de acesso aos tribunais, de acordo com a lei geral, para defesa dos seus direitos, liberdades e garantias lesados ou ameaçados de lesão por quaisquer providências inconstitucionais ou ilegais.

Artigo 7.º
(Crimes de responsabilidade

A violação do disposto na declaração do estado de sítio ou do estado de emergência ou na presente lei, nomeadamente quanto à execução daquela, faz incorrer os respectivos autores em crime de responsabilidade.

Capítulo II
Do estado de sítio e do estado de emergência

Artigo 8.º
(Estado de sítio)

1 – O estado de sítio é declarado quando se verifiquem ou estejam iminentes actos de força ou insurreição que ponham em causa a soberania, a independência, a integridade territorial ou a ordem constitucional democrática e não possam ser eliminados pelos meios normais previstos na Constituição e na lei.
2 – Nos termos da declaração do estado de sítio será total ou parcialmente suspenso ou restringido o exercício de direitos, liberdades

e garantias, sem prejuízo do disposto no artigo 2.º, e estabelecida a subordinação as autoridades civis às autoridades militares ou a sua substituição por estas.

3 – As forças de segurança, durante o estado de sítio, ficarão colocadas, para efeitos operacionais, sob o comando do Chefe do Estado-Maior-General das Forças Armadas, por intermédio dos respectivos comandantes-gerais.

4 – As autoridades administrativas civis continuarão no exercício das competências que, nos termos da presente lei e da declaração do estado de sítio, não tenham sido afectadas pelos poderes conferidos às autoridades militares, mas deverão em qualquer caso facultar a estas os elementos de informação que lhes forem solicitados.

Artigo 9.º
(Estado de emergência)

1 – O estado de emergência é declarado quando se verifiquem situações de menor gravidade, nomeadamente quando se verifiquem ou ameacem verificar-se casos de calamidade pública.

2 – Na declaração do estado de emergência apenas pode ser determinada a suspensão parcial do exercício de direitos, liberdades e garantias, sem prejuízo do disposto no artigo 2.º, prevendo-se, se necessário, reforço dos poderes das autoridades administrativas civis e apoio às mesmas por parte das Forças Armadas.

Capítulo III
Da declaração

Artigo 10.º
(Competência)

1 – A declaração do estado de sítio ou do estado de emergência compete ao Presidente da República e depende da audição do Governo

e da autorização da Assembleia da República ou, quando esta não estiver reunida nem for possível a sua reunião imediata, da respectiva Comissão Permanente.

2 – Quando autorizada pela Comissão Permanente da Assembleia da República, a declaração do estado de sítio ou do estado de emergência terá de ser ratificada pelo Plenário logo que seja possível reuni-lo.

3 – Nem a Assembleia da República nem a sua Comissão Permanente podem, respectivamente, autorizar e confirmar a autorização com emendas.

Artigo 11.º
(Forma)

A declaração do estado de sítio ou do estado de emergência reveste a forma de decreto do Presidente da República e carece da referenda do Governo.

Artigo 12.º
(Modificação)

Em caso de alteração das circunstâncias que tiverem determinado a declaração do estado de sítio ou do estado de emergência, as providências e medidas constantes da declaração poderão ser objecto de adequadas extensão ou redução, nos termos do artigo 27.º.

Artigo 13.º
(Cessação)

1 – Em caso de cessação das circunstâncias que tiverem determinado a declaração do estado de sítio ou do estado de emergência, será esta imediatamente revogada, mediante decreto do Presidente da República referendado pelo Governo.

2 – O estado de sítio ou estado de emergência cessam automaticamente pelo decurso do prazo fixado na respectiva declaração e, em

caso de autorização desta pela Comissão Permanente da Assembleia da República, pela recusa da sua ratificação pelo Plenário.

Artigo 14.º
(Conteúdo)

1 – A declaração do estado de sítio ou do estado de emergência conterá clara e expressamente os seguintes elementos:

a) Caracterização e fundamentação do estado declarado;
b) Âmbito territorial;
c) Duração;
d) Especificação dos direitos, liberdades e garantias cujo exercício fica suspenso ou restringido;
e) Determinação, no estado de sítio, dos poderes conferidos às autoridades militares, nos termos do n.º 2 do artigo 8.º;
f) Determinação, no estado de emergência, do grau de reforço dos poderes das autoridades administrativas civis e do apoio às mesmas pelas Forças Armadas, sendo caso disso;
g) Especificação dos crimes que ficam sujeitos à jurisdição dos tribunais militares, sem prejuízo do disposto no artigo 22.º.

2 – A fundamentação será feita por referência aos casos determinantes previstos no n.º 2 do artigo 19.º da Constituição, bem como às suas consequências já verificadas ou previsíveis no plano da alteração da normalidade.

Artigo 15.º
(Forma da autorização ou confirmação)

1 – A autorização ou confirmação pela Assembleia da República da declaração do estado de sítio ou do estado de emergência assume a forma de lei.

2 – Caso a Assembleia da República recuse a autorização ou confirmação, tal decisão assumirá a forma de resolução.

3 – Quando a autorização ou a sua recusa forem deliberadas pela Comissão Permanente da Assembleia da República, assumirão a forma de resolução.

ARTIGO 16.º
(Conteúdo da lei de autorização ou confirmação)

1 – A lei de autorização da declaração do estado de sítio ou do estado de emergência conterá a definição do estado a declarar e a delimitação pormenorizada do âmbito da autorização concedida em relação a cada um dos elementos referidos no artigo 14.º.
2 – A lei de confirmação da declaração do estado de sítio ou do estado de emergência deverá igualmente conter os elementos referidos no número anterior, não podendo, contudo, restringir conteúdo do decreto de declaração.

CAPÍTULO IV
Da execução da declaração

ARTIGO 17.º
(Competência do Governo)

A execução da declaração do estado de sítio ou do estado de emergência compete ao Governo, que dos respectivos actos manterá informados o Presidente da República e a Assembleia da República.

ARTIGO 18.º
(Funcionamento dos órgãos de direcção e fiscalização)

1 – Em estado de sítio ou em estado de emergência que abranja todo o território nacional, o Conselho Superior de Defesa Nacional mantém-se em sessão permanente.

2 – Mantêm-se igualmente em sessão permanente, com vista ao pleno exercício das suas competências de defesa da legalidade democrática e dos direitos dos cidadãos, a Procuradoria-Geral da República e o Serviço do Provedor de Justiça.

Artigo 19.º
(Competência das autoridades)

Com salvaguarda do disposto nos artigos 8.º e 9.º e respectiva declaração, compete às autoridades, durante o estado de sítio ou do estado de emergência, a tomada das providências e medidas necessárias e adequadas ao pronto restabelecimento da normalidade.

Artigo 20.º
(Execução a nível regional e local)

1 – Com observância do disposto no artigo 17.º, e sem prejuízo das competências do Ministro da República e dos órgãos de governo próprio, o emprego das Forças Armadas para execução da declaração do estado de sítio nas regiões autónomas é assegurado pelo respectivo comandante-chefe.

2 – Com observância do disposto no artigo 17.º, a execução da declaração do estado de emergência nas regiões autónomas é assegurada pelo Ministro da República, em cooperação com o governo regional.

3 – No âmbito dos poderes conferidos às autoridades militares, nos termos do disposto no n.º 2 do artigo 8.º, a execução da declaração do estado de sítio no território continental, a nível local, é assegurada pelos comandantes militares, na área do respectivo comando.

4 – Também sem prejuízo das atribuições do Governo da República, a execução da declaração do estado de emergência no território continental, a nível local, é coordenada pelos governadores civis, na área da respectiva jurisdição.

Artigo 21.º
(Comissários governamentais)

Em estado de sítio ou em estado de emergência, pode o Governo nomear comissários da sua livre escolha para assegurar o funcionamento de institutos públicos, empresas públicas e nacionalizadas e outras empresas de vital importância nessas circunstâncias, sem prejuízo do disposto na presente lei quanto à intervenção das autoridades militares.

Artigo 22.º
(Sujeição ao foro militar)

1 – Sem prejuízo da especificação dos crimes que à jurisdição dos tribunais militares devem ficar sujeitos nos termos da declaração do estado de sítio, competirá a estes tribunais a instrução e o julgamento das infracções ao disposto naquela declaração.

2 – Aos tribunais militares caberá igualmente, nos termos do número anterior, a instrução e o julgamento dos crimes dolosos directamente relacionados com as causas que, nos termos da respectiva declaração, caracterizem e fundamentem o estado de sítio, praticados durante a sua vigência contra a vida, a integridade física e a liberdade das pessoas, o direito de informação, a segurança das comunicações, o património, a ordem e a tranquilidade públicas.

3 – Os crimes referidos são para o efeito equiparados aos essencialmente militares.

Artigo 23.º
(Subsistência do foro militar)

1 – Com salvaguarda do disposto no artigo anterior, bem como do que sobre esta matéria constar da declaração do estado do sítio ou do estado de emergência quanto aos direitos, liberdades e garantias cujo exercício tiver sido suspenso ou restringido, nos termos da Constituição e da presente lei, os tribunais comuns mantêm-se, na vigência daqueles estados, no pleno exercício das suas competências e funções.

2 – Cabe-lhes em especial, durante a mesma vigência, velar pela observância das normas constitucionais e legais que regem o estado de sítio e o estado de emergência.

CAPÍTULO V
Do processo da declaração

ARTIGO 24.º
(Pedido de autorização à Assembleia da República)

1 – O Presidente da República solicitará à Assembleia da República, em mensagem fundamentada, autorização para declarar o estado de sítio ou o estado de emergência.

2 – Da mensagem constarão os factos justificativos do estado a declarar, os elementos referidos no n.º 1 do artigo 14.º e a menção da audição do Governo, bem como da resposta deste.

ARTIGO 25.º
(Deliberação da Assembleia da República)

1 – A Assembleia da República ou, quando esta não estiver reunida nem for possível a sua reunião imediata, a respectiva Comissão Permanente pronunciar-se-ão sobre o pedido de autorização da declaração do estado de sítio ou do estado de emergência, nos termos do Regimento e do disposto no artigo 28.º.

2 – A autorização e a confirmação da declaração do estado de sítio ou do estado de emergência ou a sua recusa pelo Plenário da Assembleia da República têm a forma de lei, revestindo a sua autorização ou recusa pela Comissão Permanente a forma de resolução.

3 – Para além do disposto no n.º 3 do artigo 10.º, a autorização ou a confirmação não poderão ser condicionadas, devendo conter todos os elementos referidos no n.º 1 do artigo 14.º.

4 – Pela via mais rápida e adequada às circunstâncias, a Assembleia da República consultará os órgãos de governo próprio das regiões autónomas, nos termos do artigo 231.º, n.º 2, da Constituição, sempre que a declaração do estado de sítio ou do estado de emergência se refira ao respectivo âmbito geográfico.

Artigo 26.º
(Confirmação da declaração pelo Plenário)

1 – A confirmação pelo Plenário da Assembleia da República da declaração do estado de sítio ou do estado de emergência autorizada pela Comissão Permanente da Assembleia da República processar-se-á nos termos do Regimento.

2 – Para o efeito do número anterior o Plenário deve ser convocado no prazo mais curto possível.

3 – A recusa de confirmação não acarreta a invalidade dos actos praticados ao abrigo da declaração não confirmada e no decurso da sua vigência, sem prejuízo do disposto nos artigos 6.º e 7.º.

Artigo 27.º
(Renovação, modificação e revogação da declaração)

1 – A renovação da declaração do estado de sítio ou do estado de emergência, bem como a sua modificação no sentido da extensão das respectivas providências ou medidas, seguem os trâmites previstos para a declaração inicial.

2 – A modificação da declaração do estado de sítio ou do estado de emergência no sentido da redução das respectivas providências ou medidas, bem como a sua revogação, operam-se por decreto do Presidente da República, referendado pelo Governo, independentemente de prévia audição deste e de autorização da Assembleia da República.

ARTIGO 28.º
(Carácter urgentíssimo)

1 – Os actos de processo previstos nos artigos anteriores revestem natureza urgentíssima e têm prioridade sobre quaisquer outros.

2 – Para a execução dos mesmos actos, a Assembleia da República ou a sua Comissão Permanente reúnem e deliberam com dispensa dos prazos regimentais, em regime de funcionamento permanente.

3 – A lei da Assembleia da República que conceder ou recusar a autorização e o decreto do Presidente da República que declarar o estado de sítio, o estado de emergência ou a modificação de qualquer deles no sentido da sua extensão ou redução são de publicação imediata, mantendo-se os serviços necessários àquela publicação, para o efeito, em regime de funcionamento permanente.

ARTIGO 29.º
(Apreciação da aplicação da declaração)

1 – Até quinze dias após a cessação do estado de sítio ou do estado de emergência ou, tendo ocorrido a renovação da respectiva declaração, até quinze dias após o termo de cada período, o Governo remeterá à Assembleia da República relatório pormenorizado e tanto quanto possível documentado das providências e medidas adoptadas na vigência da respectiva declaração.

2 – A Assembleia da República, com base nesse relatório e em esclarecimentos e documentos que eventualmente entenda dever solicitar, apreciará a aplicação da respectiva declaração, em forma de resolução votada pelo respectivo Plenário, da qual constarão, nomeadamente, as providências necessárias e adequadas à efectivação de eventual responsabilidade civil e criminal por violação do disposto na declaração do estado do sítio ou do estado de emergência ou na presente lei.

3 – Quando a competência fiscalizadora prevista no número antecedente for exercida pela Comissão Permanente da Assembleia da República, a resolução desta será ratificada pelo Plenário logo que seja possível reuni-lo.

Aprovada em 23 de Julho de 1986.

O Presidente da Assembleia da República, *Fernando Monteiro do Amaral.*

Promulgada em 5 de Setembro de 1986.

Publique-se.

O Presidente da República, MÁRIO SOARES.

Referendada em 8 de Setembro de 1986.

Pelo Primeiro-Ministro, *Eurico Silva Teixeira de Melo*, Ministro de Estado.

ORGANIZAÇÃO DA INVESTIGAÇÃO CRIMINAL[86]

LEI N.º 21/2000, DE 10 DE AGOSTO E ALTERADA PELO DL N.º 305/2002, DE 13 DE DEZEMBRO

Capítulo I
Investigação criminal

Artigo 1.º
Definição

A investigação criminal compreende o conjunto de diligências que, nos termos da lei processual penal, visam averiguar a existência de um crime, determinar os seus agentes e a sua responsabilidade descobrir e recolher as provas, no âmbito do processo.

Artigo 2.º
Direcção da investigação criminal

1 – A direcção da investigação cabe à autoridade judiciária competente em cada fase do processo.

---

[86] Quanto à investigação criminal, Manuel Monteiro Guedes Valente, *Regime Jurídico da Investigação Criminal Anotado e Comentado*, 2.ª Edição, Almedina, 2004.

2 – A autoridade judiciária é assistida na investigação pelos órgãos de polícia criminal.

3 – Os órgãos de polícia criminal, logo que tomem conhecimento de qualquer crime, comunicam o facto ao Ministério Público no mais curto prazo, sem prejuízo de, no âmbito do despacho de natureza genérica previsto no n.º 4 do artigo 270.º do Código de Processo Penal, deverem iniciar de imediato a investigação e, em todos os casos, praticar os actos cautelares necessários e urgentes para assegurar os meios de prova.

4 – Os órgãos de polícia criminal actuam no processo sob a direcção e na dependência funcional da autoridade judiciária competente, sem prejuízo da respectiva organização hierárquica.

5 – As investigações e os actos delegados pelas autoridades judiciárias são realizados pelos funcionários designados pelas entidades dos órgãos de polícia criminal para o efeito competentes, no âmbito da autonomia técnica e táctica necessária ao eficaz exercício dessas atribuições.

6 – Na prossecução das atribuições legais dos órgãos de polícia criminal a autonomia técnica assenta na utilização de um conjunto de conhecimentos e de métodos adequados de agir, e a autonomia táctica consiste na opção pela melhor via e momento de as cumprir.

7 – Os órgãos de polícia criminal impulsionam e desenvolvem, por si, as diligências legalmente admissíveis, sem prejuízo de a autoridade judiciária poder, a todo o tempo, avocar o processo, fiscalizar o seu andamento e legalidade e nele instruir especificamente sobre a efectivação de quaisquer actos.

Capítulo II
Órgãos de polícia criminal

Artigo 3.º
Órgãos de polícia criminal

1 – São órgãos de polícia criminal de competência genérica:

a) A Polícia Judiciária;

b) A Guarda Nacional Republicana;
c) A Polícia de Segurança Pública.

2 – São órgãos de polícia criminal de competência específica todos aqueles a quem a lei confira esse estatuto.

3 – Compete aos órgãos de polícia criminal:

a) Coadjuvar as autoridades judiciárias na investigação;
b) Desenvolver as acções de prevenção e investigação da sua competência ou que lhes sejam cometidas pelas autoridades judiciárias competentes.

4 – Constitui competência específica da Polícia Judiciária:

a) A investigação dos crimes cuja competência reservada lhe é conferida pela presente lei e dos crimes cuja investigação lhe seja cometida pela autoridade judiciária competente para a direcção do processo, nos termos do artigo 5.º;
b) Assegurar a ligação dos órgãos e autoridades de polícia criminal portugueses e de outros serviços públicos nacionais com as organizações internacionais de cooperação de polícia criminal, designadamente a INTERPOL e a EUROPOL;
c) Assegurar os recursos nos domínios da centralização, tratamento, análise e difusão, a nível nacional, da informação relativa à criminalidade participada e conhecida, da perícia técnico-científica e da formação específica adequada às atribuições de prevenção e investigação criminais, necessários à sua actividade e que apoiem a acção dos demais órgãos de polícia criminal.

5 – Compete ainda à Polícia Judiciária, sem prejuízo das competências do Serviço de Estrangeiros e Fronteiras, a investigação dos seguintes crimes:

a) Auxílio à imigração ilegal;
b) Tráfico de pessoas, com o emprego de coacção grave, extorsão ou burla relativa a trabalho;

c) Falsidade de testemunho, perícia, interpretação ou tradução, conexos com os crimes referidos nas alíneas a) c b).

6 – Constitui competência específica da Guarda Nacional Republicana e da Polícia de Segurança Pública, enquanto órgãos de polícia criminal, a prevenção e a investigação dos crimes cuja competência não esteja reservada à Polícia Judiciária e ainda dos crimes cuja investigação lhe seja cometida pela respectiva lei orgânica ou pela autoridade judiciária competente para a direcção do processo.

> **Nota:** *O n.º 5 do art. 3.º tem redacção do DL n.º 305/2002, de 13-12. O n.º 6 do art. 3.º corresponde ao anterior n.º 5 do mesmo preceito. A Directiva 1/2002, da PGR, delega na PSP e GNR a competência para a investigação e para a prática dos actos processuais de inquérito da mesma derivados, relativamente aos crimes previstos neste artigo.*

ARTIGO 4.º
Competência reservada em matéria de investigação criminal

É da competência reservada da Polícia Judiciária a investigação dos seguintes crimes:

a) Homicídio doloso e ofensas dolosas à integridade física de que venha a resultar a morte;
b) Contra a liberdade e contra a autodeterminação sexual a que corresponda, em abstracto, pena superior a cinco anos de prisão, desde que o agente não seja conhecido, ou sempre que sejam expressamente referidos ofendidos menores de 16 anos ou outros incapazes;
c) Incêndio, explosão, exposição de pessoas a substâncias radioactivas e libertação de gases tóxicos ou asfixiantes, desde que, em qualquer caso, o facto seja imputável a título de dolo;
d) Poluição com perigo comum;

e) Furto, roubo, dano, contrafacção ou receptação de coisa móvel que tenha valor científico, artístico ou histórico ou para o património cultural que se encontre em colecções públicas ou privadas ou em local acessível ao público, que possua elevada significação no desenvolvimento tecnológico ou económico ou que, pela sua natureza, seja substância altamente perigosa;
f) Falsificação de cartas de condução, livretes e títulos de propriedade de veículos automóveis, de certificados de habilitações literárias, de passaportes e de bilhetes de identidade;
g) Tráfico e viciação de veículos furtados ou roubados;
h) Contra a paz e a Humanidade;
i) Escravidão, sequestro e rapto ou tomada de reféns;
j) Organizações terroristas e terrorismo;
k) Contra a segurança do Estado, com excepção dos que respeitem ao processo eleitoral;
l) Participação em motim armado;
m) Captura ou atentado à segurança de transporte por ar, água, caminho de ferro ou rodovia a que corresponda, em abstracto, pena igual ou superior a oito anos de prisão;
n) Executados com bombas, granadas, matérias ou engenhos explosivos, armas de fogo e objectos armadilhados, armas nucleares, químicas ou radioactivas;
o) Roubo em instituições de crédito, repartições da Fazenda Pública e correios;
p) Associações criminosas;
q) Relativos ao tráfico de estupefacientes e de substâncias psicotrópicas, tipificados nos artigos 21.º, 22.º, 23.º, 27.º e 28.º do Decreto-Lei n.º 15/93, de 22 de Janeiro, e dos demais previstos neste diploma que lhe sejam participados ou de que colha notícia;
r) Branqueamento de capitais, outros bens ou produtos;
s) Corrupção, peculato e participação económica em negócio e tráfico de influências;
t) Administração danosa em unidade económica do sector público e cooperativo;

u) Fraude na obtenção ou desvio de subsídio ou subvenção e ainda fraude na obtenção de crédito bonificado;
v) Infracções económico-financeiras cometidas de forma organizada ou com recurso à tecnologia informática;
w) Infracções económico-financeiras de dimensão internacional ou transnacional;
x) Informáticos;
y) Contrafacção de moeda, títulos de crédito, valores selados, selos e outros valores equiparados ou a respectiva passagem;
z) Relativos ao mercado de valores mobiliários;
aa) Insolvência dolosa;
bb) Abuso de liberdade de imprensa, quando cometido através de órgão de comunicação social de difusão nacional;
cc) Conexos com os crimes referidos nas alíneas s) a z);
dd) Ofensas, nas suas funções ou por causa delas, ao Presidente da República, ao Presidente da Assembleia da República, ao Primeiro-Ministro, aos presidentes dos tribunais superiores e ao Procurador-Geral da República;
ee) Crimes tributários de valor superior a € 500 000, quando assumam especial complexidade, forma organizada ou carácter transnacional;
ff) Tráfico de armas, quando praticado de forma organizada.

Nota: *A alínea a) do art. 4.º tem redacção do Dec.-Lei n.º 305/2002, de 13-12. As alíneas ee) e ff) do art. 4.º foram aditadas pelo Dec.-Lei n.º 305/2002, de 13-12. Quanto à interpretação da alínea n) do art. 4.º – cfr. Directiva 2/2004 da PGR. A Directiva 1/2002, da PGR, delega na PJ a competência para a investigação e para a prática dos actos processuais de inquérito derivados da mesma ou que a integrem, relativamente aos crimes previstos neste artigo.*

Artigo 5.º
Competência deferida para a investigação

1 – Na fase do inquérito, e mediante solicitação conjunta do director nacional da Polícia Judiciária e, consoante os casos, do comandante-geral da Guarda Nacional Republicana ou do director nacional da Polícia de Segurança Pública, pode o Procurador-Geral da Republica deferir a investigação de um crime referido nas alíneas b) a g) e aa) do artigo 4.º a outro órgão de polícia criminal, ou deferir a investigação à Polícia Judiciária de crime não previsto naquele artigo, quando tal se afigurar em concreto mais adequado ao bom andamento da investigação.

2 – Na fase do inquérito pode ainda o Procurador-Geral da República, ouvidas as autoridades de polícia criminal referidas no número anterior, no caso relevantes, deferir à Polícia Judiciária a investigação de crime não previsto no artigo 4.º, quando, em face das circunstâncias concretas, se preveja que a investigação requeira conhecimentos ou meios técnicos especiais e mobilidade de actuação, em razão do alargamento espácio-temporal da actividade delituosa ou da rnultiplicidade das vítimas ou dos suspeitos.

3 – Na fase da instrução a competência de investigação cabe ao órgão de polícia criminal que assegurou a investigação na fase de inquérito, salvo quando o juiz entenda que tal não se afigura, em concreto, o mais adequado ao bom andamento da investigação.

Artigo 6.º
Dever de cooperação

1 – Os órgãos de polícia criminal devem-se mútua cooperação no exercício das suas atribuições.

2 – A Guarda Nacional Republicana e a Polícia de Segurança Pública devem comunicar de imediato à Policia Judiciária os factos de que tenham conhecimento relativos à preparação e execução de crimes referidos no artigo 4.º, apenas podendo praticar, até à sua intervenção, os actos cautelares e urgentes para obstar à sua consumação e assegurar os meios de prova.

Capítulo III
Coordenação dos órgãos de polícia criminal de competência genérica

Artigo 7.º
Conselho coordenador

1 – A coordenação nacional dos órgãos de polícia criminal é assegurada por um conselho coordenador, composto por:

  a) Ministro da Justiça e Ministro da Administração Interna, que presidem;
  b) Director nacional da Polícia Judiciária;
  c) Comandante-geral da Guarda Nacional Republicana;
  d) Director nacional da Polícia de Segurança Pública.

2 – Participa nas reuniões do conselho o membro do Governo responsável pela coordenação da política de droga sempre que estiverem agendados assuntos relacionados com esta área.

3 – Quando se entenda conveniente, podem participar nas reuniões os ministros que tutelem órgãos de polícia criminal de competência específica, bem como os respectivos dirigentes máximos.

4 – Por iniciativa própria, sempre que o entendam, ou a convite dos membros do Governo que asseguram a presidência, podem participar nas reuniões do conselho o Presidente do Conselho Superior da Magistratura e o Procurador-Geral da República.

5 – Ao conselho coordenador compete:

  a) Dar orientações para assegurar a articulação entre os órgãos de polícia criminal;
  b) Garantir a adequada coadjuvação das autoridades judiciárias por parte dos órgãos de polícia criminal;
  c) Informar o Conselho Superior da Magistratura sobre deliberações susceptíveis de relevar para o exercício das competências deste;

d) Solicitar ao Procurador-Geral da República a adopção, no âmbito das respectivas competências, as providências que se revelem adequadas a uma eficaz acção de prevenção e investigação criminais;
e) Apreciar regularmente informação estatística sobre as acções de prevenção e investigação criminais;
f) Definir metodologias de trabalho e acções de gestão que favoreçam uma melhor coordenação e mais eficaz acção dos órgãos de polícia criminal nos diversos níveis hierárquicos.

ARTIGO 8.º
Sistema de coordenação

1 – A coordenação operacional dos órgãos de polícia criminal é assegurada a nível nacional pelos respectivos directores nacionais e comandante-geral e nos diferentes níveis hierárquicos ou unidades territoriais pelas autoridades ou agentes de polícia criminal que estes designem.

2 – A Guarda Nacional Republicana e a Polícia de Segurança Pública designarão oficiais de ligação junto da Polícia Judiciária para articulação específica com o Laboratório de Polícia Científica e o Instituto Superior de Polícia Judiciária e Ciências Criminais.

3 – O conteúdo, funcionalidades, deveres de cooperação e articulação com as autoridades judiciárias e entre os órgãos de polícia criminal relativamente ao Sistema Integrado de Informação Criminal é regulado em diploma próprio.

4 – O estatuído na presente lei não prejudica o disposto no Decreto-Lei n.º 81/95, de 22 de Abril.

> **Nota:** *Pelo interesse científico-académico introduzimos o DL n.º 81/95, de 22 de Abril, que não só aprovou a Competência da GNR e PSP para investigar crimes relacionados com o tráfico de droga de distribuição directa ao consumidor, como criou as Brigadas Anticrime e as Unidades de Coordenação e Intervenção Conjunta.*

DECRETO-LEI N.º 81/95
de 22 de Abril

O Decreto-Lei n.º 15/93, de 22 de Janeiro, e o Decreto Regulamentar n.º 61/94, de 12 de Outubro, fixam o novo regime jurídico aplicável ao tráfico e consumo de estupefacientes e substâncias psicotrópicas.

A luta contra o tráfico de tais substâncias exige, contudo, uma permanente adequação das soluções legislativas e operacionais tendo em vista a respectiva eficácia.

Urge, assim, face à disseminação do fenómeno, empenhar no esforço directo de combate à oferta e ao consumo outros órgãos de polícia criminal, a cuja preparação técnica se tem atendido, sem perder de vista a necessidade de, em atenção a razões de eficácia, continuar a atribuir à Polícia Judiciária funções de centralização informativa e de coordenação operacional.

Experiência já colhida da aplicação da legislação e o estudo da situação actual recomendam se estabeleçam as regras que, sem prejuízo da competência das autoridades judiciárias, se prendem com a área de intervenção e as modalidades em que se desenrola, da Polícia Judiciária, da Guarda Nacional Republicana, da Polícia de Segurança Pública, do Serviço de Estrangeiros e Fronteiras e da Direcção-Geral das Alfândegas.

Assim:

Nos termos da alínea *a)* do n.º 1 do artigo 201.º da Constituição, o Governo decreta o seguinte:

Artigo 1.º

O artigo 57.º do Decreto-Lei n.º 15/93, de 23 de Janeiro, passa a ter a seguinte redacção:

Artigo 57.º
Investigação Criminal

1 – Presume-se deferida à Polícia Judiciária, através da Direcção Central de Investigação do Tráfico de Estupefacientes, a competência para a investigação dos crimes tipificados nos artigos 21.º, 22.º, 23.º, 27.º e 28.º do presente diploma e dos demais que lhe sejam participados ou de que colha notícia.

2 – Presume-se deferida à Guarda Nacional Republicana e Polícia de Segurança Pública a competência para a investigação dos seguintes crimes, praticados nas respectivas áreas de jurisdição, quando lhes forem participados ou deles colham notícia:

a) Do crime previsto e punido no artigo 21.° do presente diploma, quando ocorram situações de distribuição directa aos consumidores, a qualquer título, das plantas, substâncias ou preparações nele referidas;
b) Dos crimes previstos e punidos nos artigos 26.°, 29.°, 30.°, 32.°, 33.° e 40.° do presente diploma.

Nota: *Quanto ao art. 40.° do DL n.° 15/93, só o «cultivo» continua a ser crime, porque as restantes condutas foram discriminalizadas pela Lei n.° 30/2000, de 29 de Novembro.*

ARTIGO 2.°
Prevenção Criminal

1 – Cabe especialmente à Polícia Judiciária:

a) A prevenção da introdução e trânsito pelo território nacional de substânciais estupefacientes ou psicotrópicas;
b) A prevenção da constituição de redes organizadas de tráfico interno dessas substâncias.

2 – À Guarda Nacional Republicana e à Polícia de Segurança Pública compete especialmente, nas respectivas áreas de actuação e com vista à detecção de situações de tráfico e consumo de estupefacientes ou substâncias psicotrópicas:

a) A vigilância dos recintos predominantemente frequentados por grupos de risco;
b) A vigilância e o patrulhamento das zonas usualmente referenciadas como locais de tráfico ou de consumo.

3 – A Guarda Nacional Republicana, através da Brigada Fiscal, faz incidir prioritariamente a sua acção na fronteira marítima, nomeadamente através do sistema de vigilância e controlo, em particular nos pontos que ofereçam condições propícias ao desembarque clandestino de droga.

4 – A Direcção-Geral das Alfândegas desenvolve a sua acção em matéria de prevenção do tráfico de droga através de unidades de informação, procedendo à identificação e adequado controlo de mercadorias e meios de transporte, na importação, exportação e trânsito, nas vias rodoviária, marítima, aérea e postal, mobilizando para o efeito todos os meios disponíveis.

ARTIGO 3.º
Dever de Comunicação

Os órgãos de polícia criminal e os serviços aduaneiros e de segurança que tiverem notícia de um crime, por conhecimento próprio ou mediante denúncia, comunicam-na, no mais curto prazo, ao Ministério Público e ao órgão de polícia criminal competente para a investigação.

ARTIGO 4.º
Centralização da Informação

1 – A Polícia Judiciária, através da Direcção Central de Investigação do Tráfico de Estupefacientes, centraliza e trata toda a informação respeitante às infracções tipificadas no Decreto-Lei n.º 15/93, de 22 de Janeiro.

2 – Os órgãos de polícia criminal e os serviços aduaneiros e de segurança transmitem à Direcção Central de Investigação do Tráfico de Estupefacientes da Polícia Judiciária todas as informações que obtenham, devendo fazê-lo de imediato quando tomem conhecimento da preparação ou início de execução de quaisquer das infracções previstas no diploma mencionado no número anterior

3 – É obrigatória a transmissão prévia à Direcção Central de Investigação do Tráfico de Estupefacientes da Polícia Judiciária das acções planificadas a desencadear neste âmbito por parte de qualquer dos órgãos de polícia criminal.

4 – Sem prejuízo do disposto no n.º 2, a Guarda Nacional Republicana e a Polícia de Segurança Pública remetem de imediato à Direcção Central de Investigação do Tráfico de Estupefacientes da Polícia Judiciária cópia dos autos de notícia ou de denúncia e dos relatórios finais dos inquéritos que elaborem e as demais informações que por esta lhes forem solicitadas.

ARTIGO 5.º
Brigadas Anticrime

1 – As brigadas anticrime são unidades especiais com competência específica em matéria de prevenção e investigação do tráfico de substâncias estupefacientes ou psicotrópicas.

2 – Em cada brigada territorial da Guarda Nacional Republicana são constituídas brigadas anticrime, na dependência do respectivo Comando de Brigada.

3 – Em cada Comando Regional, Comando Metropolitano e Comando de Polícia da Polícia de Segurança Pública são constituídas brigadas anticrime na dependência do respectivo Comando.

Artigo 6.º
Unidades de Coordenação e Intervenção Conjunta

Sob a coordenação e direcção estratégica e táctica da Polícia Judiciária são criadas unidades de coordenação e intervenção conjunta, integrando aquela Polícia, a Guarda Nacional Republicana, a Polícia de Segurança Pública, o Serviço de Estrangeiros e Fronteiras e a Direcção-Geral das Alfândegas, às quais compete disciplinar e praticar a partilha de informações oriundas de cada força ou serviço integrante e a coordenação das acções que devam ser executadas em comum.

Artigo 7.º
Formação

A formação específica adequada à prossecução das atribuições de prevenção e investigação do tráfico de estupefacientes e de substâncias psicotrópicas, ministrada aos elementos da Guarda Nacional Republicana e da Polícia de Segurança Pública que integrarem as respectivas brigadas anticrime e das unidades mistas de coordenação e intervenção conjunta, é da responsabilidade do Instituto Nacional de Polícia e Ciências Criminais da Polícia Judiciária com a colaboração das estruturas de formação da Direcção-Geral das Alfândegas.

Visto e aprovado em Conselho de Ministros de 2 de Março de 1995. — *Aníbal António Cavaco Silva — Manuel Dias Loureiro — Eduardo de Almeida Catroga — Álvaro José Brilhante Laborinho Lúcio.*
Promulgado em 4 de Abril de 1995.
Publique-se.
O Presidente da República, MÁRIO SOARES.
Referendado em 6 de Abril de 1995.
O Primeiro-Ministro, *Aníbal António Cavaco Silva.*

CAPÍTULO IV
Disposições finais

Artigo 9.º
Processos pendentes

As novas regras de repartição de competências para a investigação criminal entre os órgãos de polícia criminal não se aplicam aos processos pendentes à data da entrada em vigor da presente lei.

ARTIGO 10.º
Regimes próprios de pessoal

O estatuto, competências e forma de recrutamento do pessoal dirigente e de chefias dos órgãos de polícia criminal de competência genérica são os definidos nos respectivos diplomas orgânicos.

ARTIGO 11.º
Período transitório

Por portaria conjunta dos Ministros da Administração Interna e da Justiça pode ser definido um calendário quanto à transição de competências da Polícia Judiciária para a Polícia de Segurança Pública em Lisboa, Porto, Setúbal e Faro, a vigorar até 31 de Dezembro de 2001.

Aprovada em 6 de Julho de 2000.

O Presidente da Assembleia da República, *António de Almeida Santos.*

Promulgada em 27 de Julho de 2000.

Publique-se.

O Presidente da República, JORGE SAMPAIO.

Referendada em 29 de Julho de 2000.

O Primeiro-Ministro, *António Manuel de Oliveira Guterres.*

REGIME JURÍDICO DAS ACÇÕES ENCOBERTAS PARA FINS DE PREVENÇÃO E INVESTIGAÇÃO CRIMINAL

LEI N.º 101/2001, DE 25 DE AGOSTO

A Assembleia da República decreta, nos termos da alínea c) do artigo 161.º da Constituição, para valer como lei geral da República, o seguinte:

Artigo 1.º
Objecto

1 – A presente lei estabelece o regime das acções encobertas para fins de prevenção e investigação criminal.

2 – Consideram-se acções encobertas aquelas que sejam desenvolvidas por funcionários de investigação criminal ou por terceiro actuando sob o controlo da Política Judiciária para prevenção ou repressão dos crimes indicados nesta lei, com ocultação da sua qualidade e identidade.

Artigo 2.º
Âmbito de aplicação

As acções encobertas são admissíveis no âmbito da prevenção e repressão dos seguintes crimes:

a) Homicídio voluntário, desde que o agente não seja conhecido;
b) Contra a liberdade e contra a autodeterminação sexual a que corresponda, em abstracto, pena superior a 5 anos de prisão, desde que o agente não seja conhecido, ou sempre que sejam expressamente referidos ofendidos menores de 16 anos ou outros incapazes;
c) Relativos ao tráfico e viciação de veículos furtados ou roubados;
d) Escravidão, sequestro e rapto ou tomada de reféns;
e) Organizações terroristas e terrorismo;
f) Captura ou atentado à segurança de transporte por ar, água, caminho-de-ferro ou rodovia a que corresponda, em abstracto, pena igual ou superior a 8 anos de prisão;
g) Executados com bombas, granadas, matérias ou engenhos explosivos, armas de fogo e objectos armadilhados, armas nucleares, químicas ou radioactivas;
h) Roubo em instituições de crédito, repartições da Fazenda Pública e correios;
i) Associações criminosas;
j) Relativos ao tráfico de estupefacientes e de substâncias psicotrópicas;
l) Branqueamento de capitais, outros bens ou produtos;
m) Corrupção, peculato e participação económica em negócio e tráfico de influências;
n) Fraude na obtenção ou desvio de subsídio ou subvenção;
o) Infracções económico-financeiras cometidas de forma organizada ou com recurso à tecnologia informática;
p) Infracções económico-financeiras de dimensão internacional ou transnacional;
q) Contrafacção de moeda, títulos de créditos, valores selados, selos e outros valores equiparados ou a respectiva passagem;
r) Relativos ao mercado de valores mobiliários.

Artigo 3.º
Requisitos

1 – As acções encobertas devem ser adequadas aos fins de prevenção e repressão criminais identificados em concreto, nomeadamente a descoberta de material probatório, e proporcionais quer àquelas finalidades quer à gravidade do crime em investigação.
2 – Ninguém pode ser obrigado a participar em acção encoberta.
3 – A realização de uma acção encoberta no âmbito do inquérito depende de prévia autorização do competente magistrado do Ministério Público, sendo obrigatoriamente comunicada ao juiz de instrução e considerando-se a mesma validada se não for proferido despacho de recusa nas setenta e duas horas seguintes.
4 – Se a acção referida no número anterior decorrer no âmbito da prevenção criminal, é competente para autorização o juiz de instrução criminal, mediante proposta do Ministério Público.
5 – Nos casos referidos no número anterior, a competência para a iniciativa e a decisão é, respectivamente, do magistrado do Ministério Público junto do Departamento Central de Investigação e Acção Penal e do juiz do Tribunal Central de Instrução Criminal.
6 – A Polícia Judiciária fará o relato da intervenção do agente encoberto à autoridade judiciária competente no prazo máximo de quarenta e oito horas após o termo daquela.

Artigo 4.º
Protecção de funcionário e terceiro

1 – A autoridade judiciária só ordenará a junção ao processo do relato a que se refere o n.º 5 do artigo 3.º se a reputar absolutamente indispensável em termos probatórios.
2 – A apreciação da indispensabilidade pode ser remetida para o termo do inquérito ou da instrução, ficando entretanto o expediente, mediante prévio registo, na posse da Polícia Judiciária.
3 – Oficiosamente ou a requerimento da Polícia Judiciária, a autoridade judiciária competente pode, mediante decisão fundamentada,

autorizar que o agente encoberto que tenha actuado com identidade fictícia ao abrigo do artigo 5.º da presente lei preste depoimento sob esta identidade em processo relativo aos factos objecto da sua actuação.

4 – No caso de o juiz determinar, por indispensabilidade da prova, a comparência em audiência de julgamento do agente encoberto, observará sempre o disposto na segunda parte do n.º 1 do artigo 87.º do Código de Processo Penal, sendo igualmente aplicável o disposto na Lei n.º 93/99, de 14 de Julho.

Artigo 5.º
Identidade fictícia

1 – Para o efeito do n.º 2 do artigo 1.º, os agentes da polícia criminal podem actuar sob identidade fictícia.

2 – A identidade fictícia é atribuída por despacho do Ministro da Justiça, mediante proposta do director nacional da Polícia Judiciária.

3 – A identidade referida no número anterior é válida por um período de seis meses prorrogáveis por períodos de igual duração, ficando o funcionário de investigação criminal a quem a mesma for atribuída autorizado a, durante aquele período, actuar sob a identidade fictícia, quer no exercício da concreta investigação quer genericamente em todas as circunstâncias do tráfico jurídico e social.

4 – O despacho que atribui a identidade fictícia é classificado de secreto e deve incluir a referência à verdadeira identidade do agente encoberto.

5 – Compete à Polícia Judiciária gerir e promover a actualização das identidade fictícias outorgadas nos termos dos números anteriores.

Artigo 6.º
Isenção de responsabilidade

1 – Não é punível a conduta do agente encoberto que, no âmbito de uma acção encoberta, consubstancie a prática de actos preparatórios

ou de execução de uma infracção em qualquer forma de comparticipação diversa da instigação e da autoria mediata, sempre que guarde a devida proporcionalidade com a finalidade da mesma.

2 – Se for instaurado procedimento criminal por acto ou actos praticados ao abrigo do disposto na presente lei, a autoridade judiciária competente deve, logo que tenha conhecimento de tal facto, requerer informação à autoridade judiciária que emitiu a autorização a que se refere o n.º 3 do artigo 3.º.

ARTIGO 7.º
Legislação revogada

São revogados:

a) Os artigos 59.º e 59.º-A do Decreto-Lei n.º 15/93, de 22 de Janeiro;
b) O artigo 6.º da Lei n.º 36/94, de 29 de Setembro.

Aprovada em 17 de Julho de 2001.

O Presidente da Assembleia da República, *António de Almeida Santos.*

Promulgada em 11 de Agosto de 2001.

Publique-se.

O Presidente da República, JORGE SAMPAIO.

Referendada em 16 de Agosto de 2001.

O Primeiro-Ministro, *António Manuel de Oliveira Guterres.*

CONSELHOS MUNICIPAIS DE SEGURANÇA

LEI N.º 33/98, DE 18 DE JULHO

A Assembleia da República decreta, nos termos dos artigos 161.º, alínea c), e 166.º, n.º 3, e do artigo 112.º, n.º 5, da Constituição, para valer como lei geral da República, o seguinte:

Artigo 1.º
Criação dos conselhos municipais de segurança

São criados, pela presente lei, os conselhos municipais de segurança.

Artigo 2.º
Funções

Cada conselho municipal de segurança, adiante designado por conselho, é uma entidade de âmbito municipal com funções de natureza consultiva, de articulação, informação e cooperação, cujos objectivos, composição e funcionamento são regulados pela presente lei.

ARTIGO 3.º
Objectivos

Constituem objectivos dos conselhos:

a) Contribuir para o aprofundamento do conhecimento da situação de segurança na área do município, através da consulta entre todas as entidades que o constituem;
b) Formular propostas de solução para os problemas de marginalidade e segurança dos cidadãos no respectivo município e participar em acções de prevenção;
c) Promover a discussão sobre medidas de combate à criminalidade e à exclusão social do município;
d) Aprovar pareceres e solicitações a remeter a todas as entidades que julgue oportunos e directamente relacionados com as questões de segurança e inserção social.

ARTIGO 4.º
Competências

1 – Para a prossecução dos objectivos previstos no artigo 3.º, compete aos conselhos dar parecer sobre:

a) A evolução dos níveis de criminalidade na área do município;
b) O dispositivo legal de segurança e a capacidade operacional das forças de segurança no município;
c) Os índices de segurança e o ordenamento social no âmbito do município;
d) Os resultados da actividade municipal de protecção civil e de combate aos incêndios;
e) As condições materiais e os meios humanos empregues nas actividades sociais de apoio aos tempos livres, particularmente dos jovens em idade escolar;
f) A situação sócio-económica municipal;

g) O acompanhamento e apoio das acções dirigidas, em particular, à prevenção da toxicodependência e à análise da incidência social do tráfico de droga;
h) O levantamento das situações sociais que, pela sua particular vulnerabilidade, se revelem de maior potencialidade criminógena e mais carecidas de apoio à inserção.

2 – Os pareceres referidos no número anterior têm a periodicidade que for definida em regulamento de cada conselho, a aprovar nos termos do artigo 6.º.

3 – Os pareceres referidos no n.º 1 são apreciados pela assembleia municipal e pela câmara municipal, com conhecimento das autoridades de segurança com competência no território do município.

ARTIGO 5.º
Composição

1 – Integram cada conselho:

a) O presidente da câmara municipal;
b) O vereador do pelouro, quando este não seja assegurado pelo próprio presidente da câmara;
c) O presidente da assembleia municipal;
d) Os presidentes das juntas de freguesia, em número a fixar pela assembleia municipal;
e) Um representante do Ministério Público da comarca;
f) Os comandantes das forças de segurança presentes no território do município, bem como dos serviços de protecção civil e dos bombeiros;
g) Um representante do Projecto VIDA;
h) Os responsáveis na área do município pelos organismos de assistência social, em número a definir no regulamento de cada conselho;
i) Os responsáveis das associações económicas, patronais e sindicais, em número a definir no regulamento de cada conselho;

j) Um conjunto de cidadãos de reconhecida idoneidade, designados pela assembleia municipal, em número a definir no regulamento de cada conselho, no máximo de 20.

2 – O conselho é presidido pelo presidente da câmara municipal.

Artigo 6.º
Regulamento

1 – A assembleia municipal elabora e aprova o regulamento provisório, que envia a título consultivo ao conselho.
2 – O conselho, na sua primeira reunião, analisa o regulamento e emite parecer, a enviar à assembleia municipal.
3 – Na sua primeira reunião, após a recepção do parecer, a assembleia municipal discute e aprova o regulamento definitivo.

Artigo 7.º
Reuniões

O conselho reúne ordinariamente uma vez por trimestre, mediante convocação do presidente da câmara municipal.

Artigo 8.º
Instalação

1 – Compete ao presidente da câmara municipal assegurar a instalação do conselho.
2 – Compete à câmara municipal dar o apoio logístico necessário ao funcionamento do conselho.

Artigo 9.º
Posse

Os membros de cada conselho tomam posse perante a assembleia municipal.

Aprovada em 4 de Junho de 1998.

O Presidente da Assembleia da República, em exercício, *Manuel Alegre de Melo Duarte.*

Promulgada em 6 de Julho de 1998.

Publique-se.

O Presidente da República, JORGE SAMPAIO.

Referendada em 9 de Julho de 1998.

O Primeiro-Ministro, *António Manuel de Oliveira Guterres.*

LEI QUADRO QUE DEFINE O REGIME E FORMA DE CRIAÇÃO DAS POLÍCIAS MUNICIPAIS

LEI N.º 19/2004, 20 DE MAIO DE 2004

A Assembleia da República decreta, nos termos da alínea c) do artigo 161.º da Constituição, para valer como lei geral da República, o seguinte:

Capítulo I
Das atribuições dos municípios

Artigo 1.º
Natureza e âmbito

1 – As polícias municipais são serviços municipais especialmente vocacionados para o exercício de funções de polícia administrativa, com as competências, poderes de autoridade e inserção hierárquica definidos na presente lei.

2 – As polícias municipais têm âmbito municipal e não são susceptíveis de gestão associada ou federada.

Capítulo II
Das polícias municipais

Artigo 2.º
Atribuições

1 – No exercício de funções de polícia administrativa, é atribuição prioritária dos municípios fiscalizar, na área da sua jurisdição, o cumprimento das leis e regulamentos que disciplinem matérias relativas às atribuições das autarquias e à competência dos seus órgãos.

2 – As polícias municipais cooperam com as forças de segurança na manutenção da tranquilidade pública e na protecção das comunidades locais.

3 – A cooperação referida no número anterior exerce-se no respeito recíproco pelas esferas de actuação próprias, nomeadamente através da partilha da informação relevante e necessária para a prossecução das respectivas atribuições e na satisfação de pedidos de colaboração que legitimamente forem solicitados.

4 – As atribuições dos municípios previstas na presente lei são prosseguidas sem prejuízo do disposto na legislação sobre segurança interna e nas leis orgânicas das forças de segurança.

Artigo 3.º
Funções de polícia

1 – As polícias municipais exercem funções de polícia administrativa dos respectivos municípios, prioritariamente nos seguintes domínios:

a) Fiscalização do cumprimento das normas regulamentares municipais;
b) Fiscalização do cumprimento das normas de âmbito nacional ou regional cuja competência de aplicação ou de fiscalização caiba ao município;
c) Aplicação efectiva das decisões das autoridades municipais.

2 – As polícias municipais exercem, ainda, funções nos seguintes domínios:

a) Vigilância de espaços públicos ou abertos ao público, designadamente de áreas circundantes de escolas, em coordenação com as forças de segurança;
b) Vigilância nos transportes urbanos locais, em coordenação com as forças de segurança;
c) Intervenção em programas destinados à acção das polícias junto das escolas ou de grupos específicos de cidadãos;
d) Guarda de edifícios e equipamentos públicos municipais, ou outros temporariamente à sua responsabilidade;
e) Regulação e fiscalização do trânsito rodoviário e pedonal na área de jurisdição municipal.

3 – Para os efeitos referidos no n.º 1, os órgãos de polícia municipal têm competência para o levantamento de auto ou o desenvolvimento de inquérito por ilícito de mera ordenação social, de transgressão ou criminal por factos estritamente conexos com violação de lei ou recusa da prática de acto legalmente devido no âmbito das relações administrativas.

4 – Quando, por efeito do exercício dos poderes de autoridade previstos nos n.ºs 1 e 2, os órgãos de polícia municipal directamente verifiquem o cometimento de qualquer crime podem proceder à identificação e revista dos suspeitos no local do cometimento do ilícito, bem como à sua imediata condução à autoridade judiciária ou ao órgão de polícia criminal competente.

5 – Sem prejuízo do disposto nos números anteriores, é vedado às polícias municipais o exercício de competências próprias dos órgãos de polícia criminal.

Artigo 4.º

Competências

1 – As polícias municipais, na prossecução das suas atribuições próprias, são competentes em matéria de:

a) Fiscalização do cumprimento dos regulamentos municipais e da aplicação das normas legais, designadamente nos domínios do urbanismo, da construção, da defesa e protecção da natureza e do ambiente, do património cultural e dos recursos cinegéticos;
b) Fiscalização do cumprimento das normas de estacionamento de veículos e de circulação rodoviária, incluindo a participação de acidentes de viação que não envolvam procedimento criminal;
c) Execução coerciva, nos termos da lei, dos actos administrativos das autoridades municipais;
d) Adopção das providências organizativas apropriadas aquando da realização de eventos na via pública que impliquem restrições à circulação, em coordenação com as forças de segurança competentes, quando necessário;
e) Detenção e entrega imediata, a autoridade judiciária ou a entidade policial, de suspeitos de crime punível com pena de prisão, em caso de flagrante delito, nos termos da lei processual penal;
f) Denúncia dos crimes de que tiverem conhecimento no exercício das suas funções, e por causa delas, e competente levantamento de auto, bem como a prática dos actos cautelares necessários e urgentes para assegurar os meios de prova, nos termos da lei processual penal, até à chegada do órgão de polícia criminal competente;
g) Elaboração dos autos de notícia, autos de contra-ordenação ou transgressão por infracções às normas referidas no artigo 3.º;
h) Elaboração dos autos de notícia, com remessa à autoridade competente, por infracções cuja fiscalização não seja da competência do município, nos casos em que a lei o imponha ou permita;
i) Instrução dos processos de contra-ordenação e de transgressão da respectiva competência;
j) Acções de polícia ambiental;
k) Acções de polícia mortuária;
l) Garantia do cumprimento das leis e regulamentos que envolvam competências municipais de fiscalização.

2 – As polícias municipais, por determinação da câmara municipal, promovem, por si ou em colaboração com outras entidades, acções de sensibilização e divulgação de matérias de relevante interesse social no concelho, em especial nos domínios da protecção do ambiente e da utilização dos espaços públicos, e cooperam com outras entidades, nomeadamente as forças de segurança, na prevenção e segurança rodoviária.

3 – As polícias municipais procedem ainda à execução de comunicações, notificações e pedidos de averiguações por ordem das autoridades judiciárias e de outras tarefas locais de natureza administrativa, mediante protocolo do Governo com o município.

4 – As polícias municipais integram, em situação de crise ou de calamidade pública, os serviços municipais de protecção civil.

Artigo 5.º
Competência territorial

1 – A competência territorial das polícias municipais coincide com a área do município.

2 – Os agentes de polícia municipal não podem actuar fora do território do respectivo município, excepto em situações de flagrante delito ou em emergência de socorro, mediante solicitação da autoridade municipal competente.

Artigo 6.º
Dependência orgânica e coordenação

1 – A polícia municipal actua no quadro definido pelos órgãos representativos do município e é organizada na dependência hierárquica do presidente da câmara.

2 – A coordenação entre a acção da polícia municipal e as forças de segurança é assegurada, em articulação, pelo presidente da câmara e pelos comandantes das forças de segurança com jurisdição na área do município.

3 – A aplicação da presente lei não prejudica o exercício de quaisquer competências das forças de segurança.

Artigo 7.º
Designação e distintivos

1 – As polícias municipais designam-se pela expressão «Polícia Municipal», seguida do nome do município.

2 – O modelo de uniforme do pessoal das polícias municipais é único para todo o território nacional e deverá ser concebido de molde a permitir identificar com facilidade os agentes de polícia municipal, distinguindo-os, simultaneamente, dos agentes das forças de segurança.

3 – Os distintivos heráldicos e gráficos próprios de cada polícia municipal, a exibir nos uniformes e nas viaturas, deverão permitir a fácil identificação do município a que dizem respeito e distingui-los dos utilizados pelas forças de segurança.

4 – Os modelos de uniforme e distintivos heráldicos e gráficos a que aludem os números anteriores são aprovados por portaria conjunta dos membros do Governo responsáveis pelas áreas da administração interna e das autarquias locais.

Artigo 8.º
Efectivos

O efectivo das polícias municipais é objecto de regulamentação por decreto-lei, tendo em conta as necessidades do serviço e a proporcionalidade entre o número de agentes e o de cidadãos eleitores inscritos na área do respectivo município.

Artigo 9.º
Armamento e equipamento

1 – As polícias municipais só podem deter e utilizar as armas de defesa e os equipamentos coercivos expressamente definidos pelo Governo.

2 – As regras de utilização das armas são as fixadas na lei, a qual estipulará, obrigatoriamente, que aquelas serão depositadas em armeiro próprio.

3 – As especificações técnicas, como o tipo, o calibre, a dimensão e o modelo, bem como o número das armas e equipamentos de uso autorizado às polícias municipais, nos termos do número anterior, são definidas por portaria.

4 – O armamento das polícias municipais não pode ser de calibre igual ou superior ao detido pelas forças de segurança.

Artigo 10.º
Tutela administrativa

1 – A verificação do cumprimento das leis e dos regulamentos por parte dos municípios, em matéria de organização e funcionamento das respectivas polícias municipais, compete aos membros do Governo responsáveis pelas áreas das finanças e das autarquias locais.

2 – Sem prejuízo dos poderes de tutela previstos na lei geral sobre as autarquias locais, compete ao membro do Governo responsável pela administração interna, por iniciativa própria ou mediante proposta do membro do Governo responsável pelas autarquias locais, determinar a investigação de factos indiciadores de violação grave de direitos, liberdades e garantias de cidadãos praticados pelo pessoal das polícias municipais no exercício das suas funções policiais.

Artigo 11.º
Criação

1 – A criação das polícias municipais compete à assembleia municipal, sob proposta da câmara municipal.

2 – A deliberação a que se refere o número anterior formaliza-se pela aprovação do regulamento da polícia municipal e do respectivo quadro de pessoal.

3 – A eficácia da deliberação a que se referem os números anteriores depende de ratificação por resolução do Conselho de Ministros.

ARTIGO 12.º
Fixação de competências

1 – Das deliberações dos órgãos municipais que instituem a polícia municipal devem constar, de forma expressa, a enumeração das respectivas competências e a área do território do município em que as exercem.

2 – O Governo, através de decreto-lei, fixará as regras a observar nas deliberações referidas, nomeadamente no que respeita ao conteúdo do regulamento da polícia municipal, à adequação dos meios humanos às competências fixadas e à área do município em que as exercem.

ARTIGO 13.º
Transferências financeiras

O Governo adoptará as medidas legislativas necessárias à dotação dos municípios que possuam ou venham a possuir polícia municipal com os meios financeiros correspondentes às competências efectivamente exercidas.

CAPÍTULO III
Dos agentes de polícia municipal

ARTIGO 14.º
Poderes de autoridade

1 – Quem faltar à obediência devida a ordem ou mandado legítimos que tenham sido regularmente comunicados e emanados do agente de polícia municipal será punido com a pena prevista para o crime de desobediência.

2 – Quando necessário ao exercício das suas funções de fiscalização ou para a elaboração de autos para que são competentes, os agentes de polícia municipal podem identificar os infractores, bem

como solicitar a apresentação de documentos de identificação necessários à acção de fiscalização, nos termos da lei.

Artigo 15.º
Uniforme e identificação

No exercício efectivo das suas funções, o pessoal das polícias municipais tem de apresentar-se devidamente uniformizado e pessoalmente identificado.

Artigo 16.º
Meios coercivos

1 – Os agentes de polícia municipal só podem utilizar os meios coercivos previstos na lei que tenham sido superiormente colocados à sua disposição, na estrita medida das necessidades decorrentes do exercício das suas funções, da sua legítima defesa ou de terceiros.

2 – Quando o interesse público determine a indispensabilidade do uso de meios coercivos não autorizados ou não disponíveis para a polícia municipal, os agentes devem solicitar a intervenção das forças de segurança territorialmente competentes.

3 – O recurso a arma de fogo é regulado por lei.

Artigo 17.º
Porte de arma

1 – Sem prejuízo do disposto no artigo anterior, os agentes de polícia municipal, quando em serviço, podem ser portadores de arma fornecida pelo município.

2 – A câmara municipal manterá um registo actualizado das armas distribuídas e dos agentes autorizados a serem portadores das mesmas.

ARTIGO 18.º
Recrutamento e formação

1 – O regime de recrutamento e formação dos agentes de polícia municipal será regulado mediante decreto-lei.

2 – A formação de base conterá obrigatoriamente formação administrativa, cívica e profissional específica, contemplando módulos de formação teórica e estágios de formação prática.

ARTIGO 19.º
Estatuto

1 – Os agentes das polícias municipais estão sujeitos ao regime geral dos funcionários da administração local, com as adaptações adequadas às especificidades decorrentes das suas funções e a um estatuto disciplinar próprio, nos termos definidos em decreto-lei.

2 – As denominações das categorias que integrarem a carreira dos agentes de polícia municipal não podem, em caso algum, ser iguais ou semelhantes às adoptadas pelas forças de segurança.

CAPÍTULO IV
Disposições finais e transitórias

ARTIGO 20.º
Regulamentação

O Governo procederá, no prazo de 90 dias, à regulamentação da presente lei.

ARTIGO 21.º
Regime especial das Polícias Municipais de Lisboa e Porto

O regime das Polícias Municipais de Lisboa e Porto é objecto de regras especiais a aprovar em decreto-lei.

ARTIGO 22.º
Norma revogatória

É revogada a Lei n.º 140/99, de 28 de Agosto.

ARTIGO 23.º
Entrada em vigor

A presente lei entra em vigor no 1.º dia do 2.º mês seguinte ao da sua publicação.

Aprovada em 1 de Abril de 2004.

O Presidente da Assembleia da República, *João Bosco Mota Amaral.*

Promulgada em 3 de Maio de 2004.

Publique-se.

O Presidente da República, JORGE SAMPAIO.

Referendada em 5 de Maio de 2004.

O Primeiro-Ministro, *José Manuel Durão Barroso.*

REGIME JURÍDICO DO EXERCÍCIO DA ACTIVIDADE DE SEGURANÇA PRIVADA

DECRETO-LEI N.º 35/2004, DE 21 DE FEVEREIRO DE 2004

A actividade de segurança privada tem vindo a assumir uma inegável importância em Portugal, quer na protecção de pessoas e bens quer na prevenção e dissuasão da prática de actos ilícitos.

A experiência adquirida e consolidada nos últimos anos, a recente jurisprudência do Tribunal Constitucional e a necessidade de adaptação da legislação ao direito comunitário foram determinantes para a aprovação do actual diploma.

No presente normativo mantêm-se sem alteração os princípios definidores do exercício desta actividade, concretamente a prossecução do interesse público e a complementaridade e a subsidiariedade face às competências desempenhadas pelas forças e serviços de segurança.

No entanto, verifica-se uma clara evolução do regime ora aprovado face ao Decreto-Lei n.º 231/98, de 22 de Julho.

Clarifica-se o objecto da actividade de segurança privada, distinguindo-se a prestação de serviços a terceiros e a organização interna de serviços de segurança privada. Do mesmo passo, estabelecem-se condições distintas para a obtenção da respectiva autorização.

Concretizam-se as funções a desempenhar pelo pessoal de vigilância, consagrando-se, pela primeira vez, a faculdade de os vigilantes de segurança privada poderem efectuar revistas de prevenção e segurança no controlo de acessos a determinados locais.

Esta nova modalidade de revista tem como estrito objectivo impedir a introdução de artigos proibidos ou potencialmente perigosos em locais de acesso condicionado ao público, pelo que não se confunde nem visa os objectivos de obtenção de prova da prática de ilícito criminal previstos na legislação processual penal.

Ainda neste âmbito, importa realçar que os vigilantes de segurança privada não têm poderes para efectuar apreensão de quaisquer objectos ou efectuar detenções.

Noutra vertente, e com o objectivo de aumentar a eficácia da actuação das empresas e o nível de preparação e treino do pessoal de vigilância, introduz-se a possibilidade de as entidades que exercem a actividade de segurança privada poderem ser obrigadas a dispor de um director de segurança, nos termos e condições a fixar em regulamentação própria.

Por outro lado, o director de segurança bem como os formadores de segurança privada vão dispor de formação específica especialmente dirigida à obtenção dos conhecimentos teóricos e práticos necessários para que o pessoal de vigilância desempenhe cabalmente as suas funções.

Paralelamente, redefinem-se os requisitos gerais e específicos dos intervenientes na actividade de segurança privada, garantindo-se a clara separação entre fiscalizador e fiscalizado e impedindo-se o exercício de determinadas funções a quem tiver sido condenado por um determinado número de infracções muito graves no exercício da actividade ou a quem tiver sido sancionado com pena de separação de serviço ou pena de natureza expulsiva das Forças Armadas, dos serviços que integram o Sistema de Informações da República ou das forças e serviços de segurança.

No que se refere ao cartão profissional, é alterada a filosofia subjacente à sua emissão, quer quanto à entidade emissora quer quanto ao prazo da respectiva validade, quer ainda quanto às condições da respectiva renovação, criando uma maior dignificação da profissão e permitindo a verificação das qualidades pessoais do vigilante.

Procurou-se também reduzir as obrigações de carácter eminentemente burocrático, mantendo-se, contudo, um controlo rigoroso do exercício desta actividade indissociavelmente ligada à prossecução do interesse público.

Quanto à composição do Conselho de Segurança Privada, considerou-se oportuno introduzir como membros não permanentes o Banco de Portugal e um representante das entidades que são obrigadas a dispor de um sistema de segurança, permitindo a sua convocação quando as matérias objecto de consulta se revistam de interesse para este sector.

Paralelamente, e por se considerar que o Decreto-Lei n.º 298/79, de 17 de Agosto, que regula a segurança específica das instituições de crédito, se encontra desajustado da nova realidade bancária, bem como por se entender que os sistemas de segurança específicos que vierem a ser adoptados ao abrigo do presente diploma, via regulamentação própria, permitem garantir a segurança física naquelas instituições, é revogada, em conformidade, aquela legislação.

O presente diploma procede ainda a uma revisão do regime sancionatório.

Foram ouvidos a Comissão Nacional de Protecção de Dados, o Instituto de Reinserção Social, os representantes das empresas de segurança e dos trabalhadores e os restantes membros do Conselho de Segurança Privada.

Assim:

No uso da autorização legislativa concedida pela Lei n.º 29/2003, de 22 de Agosto, e nos termos das alíneas a) e b) do n.º 1 do artigo 198.º da Constituição, o Governo decreta o seguinte:

CAPÍTULO I

Disposições gerais

ARTIGO 1.º

Objecto

1 – O presente diploma regula o exercício da actividade de segurança privada.

2 – A actividade de segurança privada só pode ser exercida nos termos do presente diploma e de regulamentação complementar e tem uma função subsidiária e complementar da actividade das forças e dos serviços de segurança pública do Estado.

3 – Para efeitos do presente diploma, considera-se actividade de segurança privada:

a) A prestação de serviços a terceiros por entidades privadas com vista à protecção de pessoas e bens, bem como à prevenção da prática de crimes;
b) A organização, por quaisquer entidades e em proveito próprio, de serviços de autoprotecção, com vista à protecção de pessoas e bens, bem como à prevenção da prática de crimes.

Artigo 2.º
Serviços de segurança privada

1 – A actividade de segurança privada compreende os seguintes serviços:

a) A vigilância de bens móveis e imóveis e o controlo de entrada, presença e saída de pessoas, bem como a prevenção da entrada de armas, substâncias e artigos de uso e porte proibidos ou susceptíveis de provocar actos de violência no interior de edifícios ou locais de acesso vedado ou condicionado ao público, designadamente estabelecimentos, certames, espectáculos e convenções;
b) A protecção pessoal, sem prejuízo das competências exclusivas atribuídas às forças de segurança;
c) A exploração e a gestão de centrais de recepção e monitorização de alarmes;
d) O transporte, a guarda, o tratamento e a distribuição de valores.

2 – A prestação dos serviços previstos no número anterior obriga as entidades de segurança privada a possuírem instalações e meios materiais e humanos adequados ao exercício da sua actividade, cujos requisitos mínimos e regime sancionatório são definidos por portaria do Ministro da Administração Interna, sem prejuízo do estabelecido no presente diploma.

ARTIGO 3.º
Organização de serviços de autoprotecção

1 – Os serviços de autoprotecção referidos na alínea b) do n.º 3 do artigo 1.º devem ser organizados com recurso exclusivo a trabalhadores vinculados por contrato individual de trabalho com entidade titular da respectiva licença.

2 – Os serviços de autoprotecção previstos no número anterior podem ser complementados com o recurso à prestação de serviços de entidades titulares de alvará adequado para o efeito.

ARTIGO 4.º
Obrigatoriedade de adopção de sistema de segurança privada

1 – O Banco de Portugal, as instituições de crédito e as sociedades financeiras são obrigados a adoptar um sistema de segurança em conformidade com o disposto no presente diploma.

2 – As instituições de crédito e as sociedades financeiras podem ser obrigadas a adoptar meios de segurança específicos estabelecidos em portaria do Ministro da Administração Interna.

3 – Os estabelecimentos de restauração e de bebidas que disponham de salas ou de espaços destinados a dança ou onde habitualmente se dance, nomeadamente os recintos de diversão, bares, discotecas e boîtes, são obrigados a dispor de um sistema de segurança no espaço físico onde é exercida a actividade nos termos e condições fixados em legislação própria.

4 – A realização de espectáculos em recintos desportivos depende, nos termos e condições fixados por portaria conjunta do Ministro da Administração Interna e do membro do Governo que tutela a área do desporto, do cumprimento da obrigação de disporem de um sistema de segurança que inclua assistentes de recinto desportivo e demais meios de vigilância previstos no presente diploma.

5 – Os responsáveis pelos espaços de acesso condicionado ao público que, pelas suas características, possam ser considerados de elevado risco de segurança podem ser obrigados a adoptar um sistema de

segurança nos termos e condições a aprovar por despacho do Ministro da Administração Interna.

6 – Os sistemas de segurança a adoptar nos termos dos números anteriores, sem prejuízo de outras disposições legais e regulamentares aplicáveis, obedecem às normas do presente diploma, designadamente quanto ao regime fiscalizador e sancionatório.

Artigo 5.º

Proibições

É proibido, no exercício da actividade de segurança privada:

a) A prática de actividades que tenham por objecto a prossecução de objectivos ou o desempenho de funções correspondentes a competências exclusivas das autoridades judiciárias ou policiais;
b) Ameaçar, inibir ou restringir o exercício de direitos, liberdades e garantias ou outros direitos fundamentais, sem prejuízo do estabelecido nos n.ºs 5 e 6 do artigo seguinte;
c) A protecção de bens, serviços ou pessoas envolvidas em actividades ilícitas.

Capítulo II

Pessoal e meios de segurança privada

Secção I

Pessoal de segurança privada

Artigo 6.º

Pessoal e funções de vigilância

1 – Para os efeitos do presente diploma, considera-se pessoal de vigilância os indivíduos vinculados por contrato de trabalho às entida-

des titulares de alvará ou de licença habilitados a exercerem funções de vigilante, de protecção pessoal ou de assistente de recinto desportivo.

2 – Os vigilantes de segurança privada exercem, entre outras, as seguintes funções:

a) Vigiar e proteger pessoas e bens em locais de acesso vedado ou condicionado ao público, bem como prevenir a prática de crimes;
b) Controlar a entrada, presença e saída de pessoas nos locais de acesso vedado ou condicionado ao público;
c) Efectuar o transporte, o tratamento e a distribuição de valores;
d) Operar as centrais de recepção e monitorização de alarme.

3 – A função de protecção pessoal é desempenhada por vigilantes especializados e compreende o acompanhamento de pessoas para a sua defesa e protecção.

4 – Os assistentes de recinto desportivo são vigilantes especializados que desempenham funções de segurança e protecção de pessoas e bens em recintos desportivos e anéis de segurança, nos termos previstos em portaria do Ministro da Administração Interna e do membro do Governo que tutela a área do desporto.

5 – Os assistentes de recinto desportivo, no controlo de acesso aos recintos desportivos, podem efectuar revistas pessoais de prevenção e segurança com o estrito objectivo de impedir a entrada de objectos e substâncias proibidas ou susceptíveis de gerar ou possibilitar actos de violência.

6 – A faculdade prevista no número anterior estende-se ao pessoal de vigilância no controlo de acesso a instalações aeroportuárias, bem como a outros locais de acesso vedado ou condicionado ao público, sendo que, neste caso, sempre a título excepcional, mediante autorização expressa do Ministro da Administração Interna e por um período delimitado no tempo.

ARTIGO 7.º
Director de segurança

1 – As entidades que prestem serviços de segurança ou organizem serviços de autoprotecção podem ser obrigadas a dispor de um director de segurança, nas condições previstas em portaria do Ministro da Administração Interna.

2 – O director de segurança tem como funções ser responsável pela preparação, treino e actuação do pessoal de vigilância.

ARTIGO 8.º
Requisitos e incompatibilidades para o exercício da actividade de segurança privada

1 – Os administradores ou gerentes de sociedades que exerçam a actividade de segurança privada devem preencher permanente e cumulativamente os seguintes requisitos:

a) Ser cidadão português, de um Estado membro da União Europeia, de um Estado parte do Acordo sobre o Espaço Económico Europeu ou, em condições de reciprocidade, de um Estado de língua oficial portuguesa;
b) Possuir a escolaridade obrigatória;
c) Possuir plena capacidade civil;
d) Não ter sido condenado, por sentença transitada em julgado, pela prática de crime doloso contra a vida, a integridade física ou a reserva da vida privada, contra o património, de falsificação, contra a segurança das telecomunicações, contra a ordem e tranquilidade públicas, de resistência ou desobediência à autoridade pública, de detenção ilegal de armas ou por qualquer outro crime doloso punível com pena de prisão superior a 3 anos, sem prejuízo da reabilitação judicial;
e) Não exercer, nem ter exercido, as funções de gerente ou administrador de sociedade de segurança privada condenada, por decisão transitada em julgado, pela prática de três contra-orde-

nações muito graves no exercício dessa actividade nos três anos precedentes;
f) Não exercer, nem ter exercido, a qualquer título, cargo ou função de fiscalização do exercício da actividade de segurança privada nos três anos precedentes;
g) Não ter sido sancionado, por decisão transitada em julgado, com a pena de separação de serviço ou pena de natureza expulsiva das Forças Armadas, dos serviços que integram o Sistema de Informações da República ou das forças e serviços de segurança.

2 – O responsável pelos serviços de autoprotecção e o pessoal de vigilância devem preencher permanente e cumulativamente os requisitos previstos nas alíneas a) a d), f) e g) do número anterior.

3 – O director de segurança deve preencher permanente e cumulativamente os requisitos previstos nas alíneas a), c), d), f) e g) do n.º 1, bem como ter concluído o ensino secundário.

4 – Os formadores de segurança privada devem preencher permanente e cumulativamente os requisitos previstos nas alíneas c) e e) do n.º 1, bem como terem concluído o ensino secundário.

5 – São requisitos específicos de admissão e permanência na profissão do pessoal de vigilância:

a) Possuir a robustez física e o perfil psicológico necessários para o exercício das suas funções, comprovados por ficha de aptidão, acompanhada de exame psicológico obrigatório, emitida por médico do trabalho, nos termos da legislação em vigor, ou comprovados por ficha de aptidão ou exame equivalente efectuado noutro Estado membro da União Europeia;
b) Ter frequentado, com aproveitamento, cursos de formação nos termos estabelecidos no artigo 9.º, ou cursos idênticos ministrados e reconhecidos noutro Estado membro da União Europeia.

6 – Os nacionais de outro Estado membro da União Europeia legalmente habilitados e autorizados a exercer a actividade de segu-

rança privada nesse Estado podem desempenhar essas funções em Portugal nos termos estabelecidos no presente diploma desde que demonstrem que foram cumpridos os seguintes requisitos:

a) Para desempenhar as funções de director de segurança, os requisitos previstos nos n.os 3 e 7;
b) Para desempenhar as funções de responsável pela autoprotecção, o requisito previsto no n.º 2;
c) Para desempenhar as funções de vigilância, de protecção pessoal ou de assistente de recinto, os requisitos previstos nos n.os 2 e 5.

7 – É requisito específico de admissão e permanência na profissão de director de segurança a frequência, com aproveitamento, de cursos de conteúdo programático e duração fixados em portaria do Ministro da Administração Interna ou de cursos equivalentes ministrados e reconhecidos noutro Estado membro da União Europeia.

Artigo 9.º
Formação profissional

1 – A formação profissional do pessoal de vigilância bem como as respectivas especialidades e cursos de actualização podem ser ministrados por entidades que sejam titulares de alvará ou por entidades especializadas, autorizadas nos termos do presente diploma e em regulamentação especial.

2 – A definição do conteúdo e duração dos cursos referidos no número anterior, assim como os requisitos do respectivo corpo docente, consta de portaria conjunta dos Ministros da Administração Interna e da Segurança Social e do Trabalho e, no caso dos assistentes de recinto desportivo, de portaria conjunta dos Ministros da Administração Interna e da Segurança Social e do Trabalho e do membro do Governo que tutela a área do desporto.

3 – As entidades não inseridas no sistema nacional de ensino que pretendam ministrar a formação prevista nos números anteriores

devem, para o efeito, ser autorizadas nos termos a definir em portaria própria a aprovar pelo Ministro da Administração Interna.

4 – A elaboração, a realização e a fiscalização de exames, bem como a respectiva avaliação dos candidatos à protecção pessoal, competem às forças de segurança, nos termos de portaria a aprovar pelo Ministro da Administração Interna na qual se prevê o pagamento a efectuar a essas forças.

5 – Os formadores de segurança privada devem frequentar, com aproveitamento, um curso de conteúdo programático e duração fixados em portaria do Ministro da Administração Interna ou cursos equivalentes ministrados e reconhecidos noutro Estado membro da União Europeia.

Artigo 10.º
Cartão profissional

1 – Para o exercício das suas funções, o pessoal de vigilância deve ser titular de cartão profissional emitido pela Secretaria-Geral do Ministério da Administração Interna, válido pelo prazo de cinco anos e susceptível de renovação por iguais períodos de tempo.

2 – A emissão do cartão profissional para os nacionais de outro Estado membro da União Europeia está condicionada à comprovação do cumprimento dos requisitos enunciados no artigo 8.º junto da Secretaria-Geral do Ministério da Administração Interna.

3 – A renovação do cartão profissional implica a frequência de um curso de actualização ministrado nos termos e pelas entidades referidas no artigo anterior, ou de um curso equivalente ministrado e reconhecido noutro Estado membro da União Europeia, bem como a comprovação do requisito previsto na alínea d) do n.º 1 do artigo 8.º.

4 – Os modelos dos cartões profissionais do pessoal de vigilância referidos no n.º 1 são aprovados por portaria do Ministro da Administração Interna.

Artigo 11.º
Elementos de uso obrigatório

1 – O pessoal de vigilância, quando no exercício das funções previstas nas alíneas a), c) e d) do artigo 2.º, deve obrigatoriamente usar:

a) Uniforme;
b) Cartão profissional aposto visivelmente.

2 – O pessoal de vigilância, quando exerça funções de assistente de recinto desportivo, deve obrigatoriamente usar sobreveste de identificação onde conste de forma perfeitamente visível a palavra «Assistente», com as características fixadas em portaria do Ministro da Administração Interna, sendo, neste caso, dispensável a aposição visível do cartão profissional, de que obrigatoriamente é portador.

3 – A entidade patronal deve desenvolver todos os esforços para que os seus trabalhadores cumpram integralmente os requisitos previstos no n.º 1.

Secção II
Meios de segurança

Artigo 12.º
Contacto permanente

As entidades titulares de alvará devem assegurar a presença permanente nas suas instalações de pessoal que garanta o contacto, a todo o tempo, com o pessoal de vigilância, os utilizadores dos serviços e as forças de segurança.

Artigo 13.º
Meios de vigilância electrónica

1 – As entidades titulares de alvará ou de licença para o exercício dos serviços estabelecidos nas alíneas a), c) e d) do artigo 2.º podem utilizar equipamentos electrónicos de vigilância com o objectivo de proteger pessoas e bens desde que sejam ressalvados os direitos e interesses constitucionalmente protegidos.

2 – A gravação de imagens e som feita por entidades de segurança privada ou serviços de autoprotecção, no exercício da sua actividade, através de equipamentos electrónicos de vigilância deve ser conservada pelo prazo de 30 dias, findo o qual será destruída, só podendo ser utilizada nos termos da legislação processual penal.

3 – Nos lugares objecto de vigilância com recurso aos meios previstos nos números anteriores é obrigatória a afixação em local bem visível de um aviso com os seguintes dizeres, consoante o caso, «Para sua protecção, este lugar encontra-se sob vigilância de um circuito fechado de televisão» ou «Para sua protecção, este lugar encontra-se sob vigilância de um circuito fechado de televisão, procedendo-se à gravação de imagem e som», seguido de símbolo identificativo.

4 – A autorização para a utilização dos meios de vigilância electrónica nos termos do presente diploma não prejudica a aplicação do regime geral em matéria de protecção de dados previsto na Lei n.º 67//98, de 26 de Outubro, designadamente em matéria de direito de acesso, informação, oposição de titulares e regime sancionatório.

Artigo 14.º

Porte de arma

1 – O pessoal de vigilância está sujeito ao regime geral de uso e porte de arma.

2 – Em serviço, o porte de arma só é permitido se autorizado por escrito pela entidade patronal, podendo a autorização ser revogada a todo o tempo.

3 – A autorização prevista no número anterior é anual e expressamente renovável.

Artigo 15.º
Canídeos

1 – As entidades titulares de alvará ou de licença podem utilizar canídeos, acompanhados de pessoal de vigilância devidamente habilitado pela entidade competente.

2 – A utilização de canídeos está sujeita ao respectivo regime geral de identificação, registo e licenciamento.

3 – Em serviço, a utilização de canídeos só é permitida desde que autorizada por escrito pela entidade patronal, podendo a autorização ser revogada a todo o tempo.

Artigo 16.º
Outros meios técnicos de segurança

Pode ser autorizada a utilização de meios técnicos de segurança não previstos no presente diploma, por despacho do Ministro da Administração Interna, ouvido o Conselho de Segurança Privada.

Secção III
Deveres

Artigo 17.º
Dever de colaboração

1 – As entidades titulares de alvará ou de licença, bem como o respectivo pessoal, devem prestar às autoridades públicas toda a colaboração que lhes for solicitada.

2 – Em caso de intervenção das forças ou serviços de segurança em locais onde também actuem entidades de segurança privada, estas devem colocar os seus meios humanos e materiais à disposição e sob a direcção do comando daquelas forças.

Título V – *Legislação complementar* 657

Artigo 18.º
Deveres especiais

1 – Constituem deveres especiais das entidades titulares de alvará ou de licença:

a) Comunicar de imediato à autoridade judiciária ou policial competente a prática de qualquer crime de que tenham conhecimento no exercício das suas actividades;
b) Diligenciar para que a actuação do pessoal de vigilância privada não induza o público a confundi-lo com as forças e serviços de segurança;
c) Organizar e manter actualizado um registo de actividades permanentemente disponível para consulta das entidades fiscalizadoras;
d) Fazer prova, até ao dia 31 de Março de cada ano, junto da Secretaria-Geral do Ministério da Administração Interna, da existência e manutenção dos seguros e da caução respeitantes ao ano anterior exigidos nos termos do presente diploma, da inexistência de dívidas ao Estado e à segurança social, ou de que o seu pagamento se encontra assegurado, e de que foram cumpridas as obrigações fiscais relativas ao ano a que respeita a comprovação;
e) Comunicar à Secretaria-Geral do Ministério da Administração Interna, até ao dia 15 do mês seguinte em que tiverem ocorrido, as alterações ao pacto social e de administradores, gerentes ou responsáveis pelos serviços de autoprotecção, fazendo prova do cumprimento dos requisitos estabelecidos no artigo 8.º, bem como a abertura ou encerramento de filiais e instalações operacionais;
f) Verificar, a todo o tempo, o cumprimento dos requisitos previstos no artigo 8.º, comunicando à Secretaria-Geral do Ministério da Administração Interna todas as ocorrências que impliquem perda de capacidade para o exercício de funções;
g) Organizar e manter actualizados ficheiros individuais do pessoal de vigilância ao seu serviço, incluindo cópia do cartão

de identificação e do certificado do registo criminal, número do cartão profissional de que é titular e data de admissão ao serviço;
h) Comunicar à Secretaria-Geral do Ministério da Administração Interna as admissões e cessações contratuais do pessoal de vigilância e do director de segurança até ao dia 15 do mês seguinte em que tiverem ocorrido;
i) Comunicar à Secretaria-Geral do Ministério da Administração Interna, no prazo de oito dias, a cessação da actividade, para efeitos de cancelamento do alvará ou da licença concedida.

2 – Constitui ainda dever especial das entidades titulares de alvará mencionar o respectivo número na facturação, correspondência e publicidade.

Artigo 19.º
Segredo profissional

1 – As entidades titulares de alvará ou de licença e o respectivo pessoal ficam obrigados a segredo profissional.
2 – A quebra do segredo profissional apenas pode ser determinada nos termos da legislação penal e processual penal.

Capítulo III
Conselho de Segurança Privada

Artigo 20.º
Natureza e composição

1 – O Conselho de Segurança Privada (CSP) é um órgão de consulta do Ministro da Administração Interna.
2 – São membros permanentes do CSP:

a) O Ministro da Administração Interna, que preside;
b) O inspector-geral da Administração Interna;
c) O comandante-geral da Guarda Nacional Republicana;
d) O director nacional da Polícia de Segurança Pública;
e) O director nacional da Polícia Judiciária;
f) O secretário-geral do Ministério da Administração Interna;
g) Dois representantes das associações de empresas de segurança privada;
h) Dois representantes das associações representativas do pessoal de vigilância.

3 – Atendendo à matéria objecto de consulta, podem ainda ser convocados, como membros não permanentes:

a) Um representante do Conselho Nacional contra a Violência no Desporto;
b) Um representante do Banco de Portugal;
c) Um representante das entidades previstas no n.º 3 do artigo 4.º.

4 – As entidades referidas nas alíneas a) a f) do n.º 2 podem designar representantes.

5 – Os membros do CSP referidos nas alíneas g) e h) do n.º 2 e na alínea c) do n.º 3 são designados pelo Ministro da Administração Interna, mediante proposta das entidades nele representadas.

6 – A Secretaria-Geral do Ministério da Administração Interna presta o apoio técnico e administrativo necessário ao funcionamento do CSP.

Artigo 21.º
Competência

Compete ao CSP:

a) Elaborar o regulamento de funcionamento interno;

b) Elaborar um relatório anual sobre a actividade de segurança privada;
c) Pronunciar-se sobre o cancelamento de alvarás e licenças, sempre que solicitado pelo Ministro da Administração Interna;
d) Pronunciar-se sobre a admissibilidade de novos meios de segurança;
e) Pronunciar-se e propor iniciativas legislativas em matéria de segurança privada;
f) Propor ao Ministro da Administração Interna orientações a adoptar pelas entidades competentes na fiscalização da actividade de segurança privada;
g) Emitir recomendações, no âmbito da actividade da segurança privada.

Capítulo IV
Emissão de alvará e de licença

Artigo 22.º
Alvará e licença

1 – A actividade de segurança privada a que se refere a alínea a) do n.º 3 do artigo 1.º só pode ser exercida com a autorização do Ministro da Administração Interna, titulada por alvará e após cumpridos todos os requisitos e condições estabelecidos no presente diploma e em regulamentação complementar.

2 – A actividade de segurança privada a que se refere a alínea b) do n.º 3 do artigo 1.º só pode ser exercida com a autorização do Ministro da Administração Interna, titulada por licença e após cumpridos todos os requisitos e condições estabelecidos no presente diploma e em regulamentação complementar.

Artigo 23.º
Requisitos das entidades de segurança privada

1 – As sociedades que pretendam exercer a actividade de segurança privada prevista na alínea a) do n.º 3 do artigo 1.º devem constituir-se de acordo com a legislação de um Estado membro da União Europeia ou de um Estado parte do Acordo sobre o Espaço Económico Europeu e possuir sede ou delegação em Portugal.

2 – O capital social das entidades referidas no número anterior não pode ser inferior a:

a) (€) 50000, se prestarem algum dos serviços previstos na alínea c) do n.º 1 do artigo 2.º;
b) (€) 125000, se prestarem algum dos serviços previstos nas alíneas a) e b) do n.º 1 do artigo 2.º;
c) (€) 250000, se prestarem algum dos serviços previstos na alínea d) do n.º 1 do artigo 2.º.

3 – O disposto nos números anteriores não se aplica:

a) Às entidades estabelecidas noutro Estado membro da União Europeia, legalmente autorizadas e habilitadas para exercer a actividade de segurança privada nesse Estado, que pretendam exercer a sua actividade em Portugal de forma contínua e duradoura e que detenham neste país delegação, sucursal ou qualquer outra forma de estabelecimento secundário;
b) Às entidades estabelecidas noutro Estado membro da União Europeia, legalmente autorizadas e habilitadas para exercer a actividade de segurança privada nesse Estado, que pretendam exercer a sua actividade em Portugal de forma temporária e não duradoura ao abrigo da liberdade de prestação de serviços.

Artigo 24.º
Instrução do processo

Compete à Secretaria-Geral do Ministério da Administração Interna a instrução dos processos de autorização para o exercício da actividade de segurança privada, bem como a emissão de alvarás, licenças e respectivos averbamentos.

Artigo 25.º
Elementos que instruem o requerimento

1 – O pedido de autorização para o exercício da actividade de segurança privada é formulado em requerimento dirigido ao Ministro da Administração Interna, acompanhado dos seguintes elementos:

a) Certidão de teor da descrição e de todas as inscrições em vigor emitida pela Conservatória do Registo Comercial;
b) Identificação dos administradores, gerentes ou responsável pelos serviços de autoprotecção, consoante o caso, e documentos comprovativos de que satisfazem os requisitos exigidos nos n.os 1 e 2 do artigo 8.º;
c) Identificação das instalações a afectar ao serviço para o qual é requerido o alvará ou a licença;
d) Certidão comprovativa da inexistência de dívidas ao Estado e à segurança social, ou de que o seu pagamento se encontra assegurado, e do cumprimento das obrigações fiscais respeitantes ao ano em que o requerimento é apresentado;
e) Modelo de uniforme a utilizar pelo pessoal de vigilância, no caso de pedido de autorização para a prestação dos serviços de segurança enunciados nas alíneas a), c) e d) do n.º 1 do artigo 2.º.

2 – O disposto no número anterior aplica-se, com as necessárias adaptações, às situações previstas no n.º 3 do artigo 23.º, sendo tidos em conta os elementos, justificações e garantias já exigidos no Estado membro de origem.

3 – Os documentos referidos nos números anteriores são arquivados em processo individual organizado pela Secretaria-Geral do Ministério da Administração Interna.

4 – É dispensada a apresentação de documentos que já constem do processo individual da entidade requerente, quando solicitar autorização para prestar novos tipos de serviços de segurança privada.

5 – A Secretaria-Geral do Ministério da Administração Interna pode, no prazo de 30 dias a contar da data de entrada dos requerimentos, solicitar as informações e os documentos complementares necessários ao esclarecimento dos seus elementos instrutórios.

Artigo 26.º
Requisitos de emissão de alvará

1 – Concluída a instrução, o processo será submetido ao Ministro da Administração Interna para decisão, a proferir no prazo máximo de 30 dias.

2 – Após o despacho referido no número anterior, o início do exercício da actividade de segurança privada fica condicionado à comprovação, pelo requerente e no prazo de 90 dias a contar da notificação, da existência de:

a) Instalações e meios humanos e materiais adequados;
b) Caução a favor do Estado, prestada mediante depósito em instituição bancária, seguro-caução à primeira solicitação ou garantia bancária à primeira solicitação, de montante, não superior a (€) 40000, a fixar por despacho do Ministro da Administração Interna;
c) Director de segurança, quando obrigatório;
d) Quinze trabalhadores a ele vinculados por contrato de trabalho e inscritos num regime de protecção social, quando os serviços de segurança privada requeridos se inserem nas alíneas a) ou d) do n.º 1 do artigo 2.º;
e) Seguro de responsabilidade civil no valor mínimo de (€) 250000 e demais condições a aprovar por portaria conjunta dos Ministros das Finanças e da Administração Interna;

f) Seguro contra roubo e furto no valor mínimo de (€) 2000000 e demais condições a aprovar por portaria conjunta dos Ministros das Finanças e da Administração Interna, no caso da prestação dos serviços de segurança previstos na alínea d) do n.º 1 do artigo 2.º;
g) Pagamento da taxa de emissão de alvará.

3 – O prazo para entrega dos elementos referidos no número anterior pode ser prorrogado por igual período mediante pedido devidamente fundamentado.

4 – A não emissão de alvará no prazo previsto nos números anteriores por causa imputável ao requerente determina a caducidade da autorização concedida nos termos do n.º 1.

5 – Nos casos previstos no n.º 3 do artigo 23.º, são tidos em conta os elementos, justificações e garantias já exigidos no Estado membro de origem e que sejam apresentados pelo requerente.

Artigo 27.º
Requisitos para a emissão de licença

1 – Concluída a instrução, o processo será submetido ao Ministro da Administração Interna para decisão, a proferir no prazo máximo de 30 dias.

2 – Após o despacho referido no número anterior, o início do exercício da actividade de segurança privada fica condicionado à comprovação, pelo requerente, no prazo de 90 dias, da existência de:

a) Instalações e meios materiais e humanos adequados;
b) Caução a favor do Estado, prestada mediante depósito em instituição bancária, seguro-caução à primeira solicitação ou garantia bancária à primeira solicitação, de montante, não superior a (€) 40000, a fixar por despacho do Ministro da Administração Interna;
c) Director de segurança, quando obrigatório;
d) Pagamento da taxa de emissão da licença.

3 – O prazo para entrega dos elementos referidos no número anterior pode ser prorrogado por igual período mediante pedido devidamente fundamentado.

4 – A não emissão da licença no prazo previsto nos números anteriores por causa imputável ao requerente determina a caducidade da autorização concedida nos termos do n.º 1.

5 – Nos casos previstos no n.º 3 do artigo 23.º, são tidos em conta os elementos, justificações e garantias já exigidos no Estado membro de origem e que sejam apresentados pelo requerente.

Artigo 28.º
Especificações do alvará e da licença

1 – Do alvará e da licença constam os seguintes elementos:

a) Denominação da entidade autorizada;
b) Sede social, filiais, delegações, estabelecimentos secundários e instalações operacionais;
c) Indicação do despacho que aprovou o modelo de uniforme, se aplicável;
d) Discriminação dos serviços de segurança autorizados.

2 – As alterações aos elementos constantes do respectivo alvará ou licença fazem-se por meio de averbamento.

3 – A Secretaria-Geral do Ministério da Administração Interna emite o alvará e a licença e respectivos averbamentos e comunica os seus termos ao Comando-Geral da Guarda Nacional Republicana, à Direcção Nacional da Polícia de Segurança Pública, à Direcção Nacional da Polícia Judiciária, à Inspecção-Geral da Administração Interna e ao governo civil.

4 – Não é admitida a transmissão ou a cedência, a qualquer título, do alvará emitido.

ARTIGO 29.º
Suspensão e cancelamento de alvará e de licença

1 – Verifica-se a suspensão imediata do alvará ou da licença logo que haja conhecimento de que algum dos requisitos ou condições necessários ao exercício da actividade de segurança privada, estabelecidos no presente diploma ou em regulamentação complementar, deixaram de se verificar.

2 – No caso de incumprimento reiterado das normas previstas no presente diploma ou em regulamentação complementar, por despacho do Ministro da Administração Interna e sob proposta do secretário--geral do Ministério da Administração Interna, pode ser cancelado o alvará ou a licença emitido.

3 – Para efeitos do número anterior, considera-se incumprimento reiterado, designadamente:

   a) O não cumprimento, durante dois anos seguidos, dos deveres especiais previstos na alínea d) do n.º 1 do artigo 18.º;
   b) A inexistência ou insuficiência de meios humanos ou materiais ou de instalações operacionais, definidos na portaria aprovada nos termos do n.º 2 do artigo 2.º, por um período superior a seis meses;
   c) A suspensão do alvará ou da licença prevista no n.º 1 por um período superior a seis meses.

4 – As decisões de suspensão e cancelamento de alvarás ou licenças são notificadas aos membros permanentes do Conselho de Segurança Privada.

ARTIGO 30.º
Taxas

1 – A emissão do alvará e da licença e os respectivos averbamentos estão sujeitos ao pagamento de uma taxa que constitui receita do Estado, revertendo 20% para a Secretaria-Geral do Ministério da Administração Interna.

2 – O valor da taxa referida no número anterior é fixado por portaria conjunta dos Ministros das Finanças e da Administração Interna, podendo ser objecto de revisão anual.

Capítulo V
Fiscalização

Artigo 31.º
Entidades competentes

A fiscalização da formação e da actividade de segurança privada é assegurada pela Secretaria-Geral do Ministério da Administração Interna, com a colaboração da Polícia de Segurança Pública e da Guarda Nacional Republicana e sem prejuízo das competências das forças e serviços de segurança e da Inspecção-Geral da Administração Interna.

Artigo 32.º
Organização de ficheiros

A Secretaria-Geral do Ministério da Administração Interna organiza e mantém actualizado um ficheiro das entidades que exerçam a actividade de segurança privada, dos administradores, dos gerentes, dos responsáveis pelos serviços de autoprotecção, dos directores de segurança e do pessoal de vigilância.

CAPÍTULO VI
Disposições sancionatórias

Artigo 33.º
Contra-ordenações e coimas

1 – De acordo com o disposto no presente diploma, constituem contra-ordenações muito graves:

a) O exercício das actividades proibidas previstas no artigo 5.º;
b) A prestação de serviços de segurança sem o necessário alvará ou licença;
c) O exercício de funções de vigilância por indivíduos que não sejam titulares de cartão profissional;
d) A não existência de director de segurança, quando obrigatório;
e) O não cumprimento do preceituado no artigo 12.º;
f) O não cumprimento dos deveres previstos no artigo 17.º e na alínea a) do n.º 1 do artigo 18.º;
g) O porte de arma em serviço sem autorização da entidade patronal;
h) A utilização de meios materiais ou técnicos susceptíveis de causar danos à vida ou à integridade física;
i) O não cumprimento do preceituado no n.º 2 do artigo 13.º;
j) Manter ao serviço pessoal de vigilância que não satisfaça os requisitos previstos no artigo 8.º.

2 – São graves as seguintes contra-ordenações:

a) Não comunicar, ou comunicar fora do prazo previsto, ao Ministério da Administração Interna as admissões ou rescisões contratuais do pessoal de vigilância;
b) O não cumprimento dos deveres especiais previstos nas alíneas b) a g) e i) do n.º 1 do artigo 18.º;
c) O não cumprimento do preceituado no n.º 3 do artigo 13.º;
d) A utilização de canídeos em infracção ao preceituado no artigo 15.º.

3 – São contra-ordenações leves:

a) O não cumprimento do estabelecido na alínea b) do n.º 1 do artigo 11.º e no n.º 2 do artigo 18.º;
b) O não uso de uniforme, quando obrigatório;
c) O não cumprimento das obrigações, formalidades e requisitos estabelecidos no presente diploma, quando não constituam contra-ordenações graves ou muito graves.

4 – Quando cometidas por pessoas colectivas, as contra-ordenações previstas nos números anteriores são punidas com as seguintes coimas:

a) De (€) 1000 a (€) 5000, no caso das contra-ordenações leves;
b) De (euro) 5000 a (€) 25000, no caso das contra-ordenações graves;
c) De (€) 10000 a (€) 40000, no caso das contra-ordenações muito graves.

5 – Quando cometidas por pessoas singulares, as contra-ordenações previstas nos n.ᵒˢ 1 a 3 são punidas com as seguintes coimas:

a) De (€) 100 a (€) 500, no caso das contra-ordenações leves;
b) De (€) 200 a (€) 1000, no caso das contra-ordenações graves;
c) De (€) 400 a (€) 2000, no caso das contra-ordenações muito graves.

6 – Se a contra-ordenação tiver sido cometida por um órgão de pessoa colectiva ou de associação sem personalidade jurídica, no exercício das suas funções e no interesse do representado, é aplicada a este a coima correspondente, sem prejuízo da responsabilidade individual do agente da contra-ordenação.

7 – Se o agente retirou da infracção um benefício económico calculável superior ao limite máximo da coima, e não existirem outros meios de o eliminar, pode esta elevar-se até ao montante do benefício, não devendo, todavia, a elevação exceder o limite máximo estabelecido no regime geral das contra-ordenações.

8 – A tentativa e a negligência são puníveis.

9 – Nos casos de cumplicidade e de tentativa, bem como nas demais situações em que houver lugar à atenuação especial da sanção, os limites máximo e mínimo da coima são reduzidos para metade.

ARTIGO 34.º
Sanções acessórias

1 – Em processo de contra-ordenação, podem ser aplicadas simultaneamente com a coima as seguintes sanções acessórias:

a) A apreensão de objectos que tenham servido para a prática da contra-ordenação;
b) O encerramento do estabelecimento por um período não superior a dois anos;
c) A suspensão, por um período não superior a dois anos, do alvará ou da licença concedido para o exercício da actividade de segurança privada ou da autorização para a utilização de meios de segurança;
d) A interdição do exercício de funções ou de prestação de serviços de segurança por período não superior a dois anos.

2 – Se o facto constituir simultaneamente crime, o agente é punido por este, sem prejuízo das sanções acessórias previstas para a contra--ordenação.

ARTIGO 35.º
Competência

1 – São competentes para o levantamento dos autos de contra-ordenação previstos no presente diploma as entidades referidas no artigo 31.º.

2 – É competente para a instrução dos processos de contra-ordenação o secretário-geral do Ministério da Administração Interna, o qual pode delegar aquela competência nos termos da lei e sem prejuízo das competências próprias das forças de segurança.

3 – A aplicação das coimas e sanções acessórias previstas no presente diploma compete ao Ministro da Administração Interna.

4 – O produto das coimas referidas no número anterior reverte para o Estado, sendo 40% para a Secretaria-Geral do Ministério da Administração Interna.

5 – Na execução para a cobrança da coima, responde por esta a caução prestada nos termos previstos no presente diploma.

6 – Na Secretaria-Geral do Ministério da Administração Interna, é mantido, em registo próprio, o cadastro de cada entidade a que foram aplicadas sanções previstas no presente diploma.

Artigo 36.º
Legislação aplicável

Às contra-ordenações previstas no presente diploma é aplicado o regime geral que regula o processo contra-ordenacional, nos termos da respectiva lei geral, com as adaptações constantes dos artigos 31.º a 35.º.

Capítulo VII
Disposições finais e transitórias

Artigo 37.º
Norma revogatória

São revogados os Decretos-Leis n.ᵒˢ 298/79, de 17 de Agosto, e 231/98, de 22 de Julho, com a redacção que lhe foi dada pelo Decreto--Lei n.º 94/2002, de 12 de Abril.

Artigo 38.º
Norma transitória

1 – Os alvarás e licenças emitidos ao abrigo do Decreto-Lei n.º 231/98, de 22 de Julho, passam a valer, independentemente de quaisquer formalidades, como os alvarás e licenças emitidos ao abrigo do presente diploma, nos seguintes termos:

a) Os alvarás e licenças emitidos ao abrigo das alíneas b) e c) do n.º 1 do artigo 2.º do Decreto-Lei n.º 231/98, de 22 de Julho, autorizam o exercício das actividades previstas na alínea a) do n.º 1 do artigo 2.º do presente diploma;
b) O alvará e a licença emitidos ao abrigo da alínea d) do n.º 1 do artigo 2.º do Decreto-Lei n.º 231/98, de 22 de Julho, autorizam o exercício das actividades previstas na alínea b) do n.º 1 do artigo 2.º do presente diploma;
c) O alvará e a licença emitidos ao abrigo da alínea a) do n.º 1 do artigo 2.º do Decreto-Lei n.º 231/98, de 22 de Julho, autorizam o exercício das actividades previstas na alínea c) do n.º 1 do artigo 2.º do presente diploma;
d) O alvará e a licença emitidos ao abrigo da alínea e) do n.º 1 do artigo 2.º do Decreto-Lei n.º 231/98, de 22 de Julho, autorizam o exercício das actividades previstas na alínea d) do n.º 1 do artigo 2.º do presente diploma.

2 – Sem prejuízo do disposto no número anterior, as entidades já detentoras de alvará ou licença emitido ao abrigo do Decreto-Lei n.º 231/98, de 22 de Julho, devem adaptar-se às condições impostas nas alíneas b), d) e e) do n.º 2 do artigo 26.º e na alínea b) do n.º 2 do artigo 27.º, respectivamente, no prazo de um ano a contar da data da entrada em vigor do presente diploma.

3 – Sem prejuízo do disposto no n.º 1, as entidades já detentoras de alvará ou licença emitido ao abrigo do Decreto-Lei n.º 231/98, de 22 de Julho, devem adaptar-se à condição imposta na alínea c) do n.º 2 dos artigos 26.º e 27.º, respectivamente, no prazo de um ano a contar da data da entrada em vigor da portaria prevista no n.º 1 do artigo 7.º do presente diploma.

4 – Os cartões emitidos ao abrigo do artigo 9.º do Decreto-Lei n.º 231/98, de 22 de Julho, e regulamentação complementar mantêm-se em vigor até ao termo da respectiva validade, sendo substituídos nos termos e condições previstos no n.º 3 do artigo 10.º do presente diploma.

5 – Enquanto não forem aprovadas as portarias previstas nas alíneas e) e f) do n.º 2 do artigo 26.º, é apenas exigível a cobertura dos riscos aí previstos nos montantes aí indicados.

6 – Mantêm-se em vigor as Portarias n.ºs 969/98, de 16 de Novembro, 1325/2001, de 4 de Dezembro, 971/98, de 16 de Novembro, alterada pela Portaria n.º 485/2003, de 17 de Junho, 135/99, de 26 de Fevereiro, 25/99, de 16 de Janeiro, 972/98, de 16 de Novembro, e 1522-B/2002 e 1522-C/2002, ambas de 20 de Dezembro, publicadas ao abrigo do Decreto-Lei n.º 231/98, de 22 de Julho, na parte em que não forem materialmente incompatíveis com o presente diploma, até serem substituídas.

Artigo 39.º
Entrada em vigor

O presente diploma entra em vigor no 30.º dia após o da respectiva publicação.

Visto e aprovado em Conselho de Ministros de 11 de Dezembro de 2003. – *José Manuel Durão Barroso – Maria Manuela Dias Ferreira Leite – António Jorge de Figueiredo Lopes – Maria Celeste Ferreira Lopes Cardona – José Luís Fazenda Arnaut Duarte – Armando José Cordeiro Sevinate Pinto – António José de Castro Bagão Félix.*

Promulgado em 6 de Fevereiro de 2004.

Publique-se.

O Presidente da República, Jorge Sampaio.

Referendado em 11 de Fevereiro de 2004.

O Primeiro-Ministro, *José Manuel Durão Barroso.*

LEI DE BASES DA PROTECÇÃO CIVIL

LEI N.º 113/91, DE 29 DE AGOSTO, ALTERADO PELA LEI N.º 25/1996

A Assembleia da República decreta, nos termos dos artigos 164.º, alínea d), 168.º, n.º 1, alíneas b) e d), e 169.º, n.º 3, da Constituição, o seguinte:

Capítulo I
Princípios gerais

Artigo 1.º
Protecção civil

A protecção civil é a actividade desenvolvida pelo Estado e pelos cidadãos com a finalidade de prevenir riscos colectivos inerentes a situações de acidente grave, catástrofe ou calamidade, de origem natural ou tecnológica, e de atenuar os seus efeitos e socorrer as pessoas em perigo, quando aquelas situações ocorram.

Artigo 2.º
Definições

1 – Acidente grave é um acontecimento repentino e imprevisto, provocado por acção do homem ou da natureza, com efeitos relativa-

mente limitados no tempo e no espaço susceptíveis de atingirem as pessoas, os bens ou o ambiente.

2 – Catástrofe é um acontecimento súbito quase sempre imprevisível, de origem natural ou tecnológica, susceptível de provocar vítimas e danos materiais avultados, afectando gravemente a segurança das pessoas, as condições de vida das populações e o tecido sócio-económico do País.

3 – Calamidade é um acontecimento ou uma série de acontecimentos graves, de origem natural ou tecnológica, com efeitos prolongados no tempo e no espaço, em regra previsíveis, susceptíveis de provocarem elevados prejuízos materiais e, eventualmente, vítimas, afectando intensamente as condições de vida e o tecido sócio-económico em áreas extensas do território nacional.

4 – Considera-se que existe uma situação de calamidade ou de catástrofe quando, face à ocorrência ou perigo de ocorrência de algum ou alguns dos acontecimentos referidos nos números anteriores, é reconhecida e declarada a necessidade de adoptar medidas de carácter excepcional destinadas a repor a normalidade das condições de vida nas zonas atingidas pelos seus efeitos.

ARTIGO 3.º
Objectivos e domínios de actuação

1 – São objectivos fundamentais da protecção civil:

a) Prevenir a ocorrência de riscos colectivos resultantes de acidente grave, de catástrofe ou de calamidade;
b) Atenuar os riscos colectivos e limitar os seus efeitos no caso das ocorrências descritas na alínea anterior;
c) Socorrer e assistir as pessoas em perigo.

2 – A actividade de protecção civil exerce-se nos seguintes domínios:

a) Levantamento, previsão, avaliação e prevenção dos riscos colectivos de origem natural ou tecnológica;

b) Análise permanente das vulnerabilidades perante situações de risco devidas à acção do homem ou da natureza;
c) Informação e formação das populações, visando a sua sensibilização em matéria de autoprotecção e de colaboração com as autoridades;
d) Planeamento de soluções de emergência, visando a busca, o salvamento, a prestação de socorro e de assistência, bem como a evacuação, alojamento e abastecimento das populações;
e) Inventariação dos recursos e meios disponíveis e dos mais facilmente mobilizáveis, ao nível local, regional e nacional;
f) Estudo e divulgação de formas adequadas de protecção dos edifícios em geral, de monumentos e de outros bens culturais, de instalações de serviços essenciais, bem como do ambiente e dos recursos naturais.

ARTIGO 4.º
Medidas de carácter excepcional

1 – Sem prejuízo do disposto na lei sobre o estado de sítio e estado de emergência, no caso de ocorrência ou perigo de ocorrência de acidente grave, catástrofe ou calamidade, podem ser estabelecidas as seguintes medidas de carácter excepcional, destinadas a repor a normalidade das condições de vida nas zonas atingidas:

a) Limitar a circulação ou permanência de pessoas ou veículos de qualquer natureza, em horas e locais determinados, ou condicioná-las a certos requisitos;
b) Requisitar temporariamente quaisquer bens, móveis ou imóveis, e serviços;
c) Ocupar instalações e locais de qualquer natureza, com excepção dos que sejam destinados a habitação;
d) Limitar ou racionar a utilização dos serviços públicos de transportes, comunicações, abastecimento de água e energia, bem como o consumo de bens de primeira necessidade;

e) Determinar a mobilização civil de indivíduos, por determinados períodos de tempo, por zonas do território ou por sectores de actividade, colocando-os na dependência das autoridades competentes;
f) Afectar meios financeiros especiais destinados a apoiar as entidades directamente envolvidas na prestação de socorro e assistência aos sinistrados.

2 – Na escolha e na efectiva aplicação das medidas excepcionais previstas no número anterior devem respeitar-se critérios de necessidade, proporcionalidade e adequação aos fins visados.

3 – A aplicação das medidas previstas nas alíneas b) e c) do n.º 1, quando os seus efeitos atinjam os direitos ou interesses de qualquer cidadão ou entidade privada, confere o direito a indemnização, a fixar em função dos prejuízos efectivamente produzidos.

Capítulo II
Política de protecção civil

Artigo 5.º
Definição e fontes

1 – A política de protecção civil consiste no conjunto coerente de princípios, orientações e medidas tendentes à prossecução permanente dos fins definidos no artigo 1.º.

2 – Os princípios fundamentais e os objectivos permanentes da política de protecção civil decorrem da Constituição e da presente lei, competindo o seu desenvolvimento e permanente actualização à Assembleia da República e ao Governo, de harmonia com as suas competências específicas.

Artigo 6.º
Caracterização

A política de protecção civil tem carácter permanente, multidisciplinar e plurissectorial, cabendo a todos os órgãos e departamentos do Estado promover as condições indispensáveis à sua execução, de forma descentralizada, sem prejuízo do apoio mútuo entre organismos e entidades do mesmo nível ou proveniente de níveis superiores.

Artigo 7.º
Âmbito espacial

1 – A protecção civil é desenvolvida em todo o espaço sujeito aos poderes do Estado Português.

2 – No quadro dos compromissos internacionais e das normas aplicáveis do direito internacional, a actividade de protecção civil pode ser exercida fora do espaço referido no número anterior, em cooperação com Estados estrangeiros ou organizações internacionais de que Portugal seja parte.

Artigo 8.º
Informação e formação dos cidadãos

1 – Os cidadãos têm direito à informação sobre os riscos graves, naturais ou tecnológicos, aos quais estão sujeitos em certas áreas do território, e sobre as medidas adoptadas e a adoptar com vista a minimizar os efeitos de acidente grave, catástrofe ou calamidade.

2 – A informação pública visa esclarecer as populações sobre a natureza e os fins da protecção civil, consciencializá-las das responsabilidades que recaem sobre cada indivíduo e sensibilizá-las em matéria de autoprotecção.

3 – Os programas de ensino, nos seus diversos graus, incluirão, na área de formação cívica, matérias de protecção civil e autoprotecção,

com a finalidade de difundir conhecimentos práticos e regras de comportamento a adoptar no caso de acidente grave, catástrofe ou calamidade.

Artigo 9.º
Deveres gerais e especiais

1 – Os cidadãos têm o dever de colaborar na prossecução dos fins da protecção civil, observando as disposições preventivas das leis e regulamentos, acatando ordens, instruções e conselhos dos órgãos e agentes responsáveis pela segurança interna e pela protecção civil e satisfazendo prontamente as solicitações que justificadamente lhes sejam feitas pelas entidades competentes.

2 – Os funcionários e agentes do Estado e das pessoas colectivas de direito público, bem como os membros dos órgãos de gestão das empresas públicas, têm o dever especial de colaboração com os organismos de protecção civil.

3 – Os responsáveis pela administração, direcção ou chefia de empresas privadas cuja laboração, pela natureza da sua actividade, esteja sujeita a qualquer forma específica de licenciamento têm, igualmente, o dever especial de colaboração com os órgãos e agentes de protecção civil.

4 – A desobediência e a resistência às ordens legítimas das entidades competentes, quando praticadas em situação de acidente grave, catástrofe ou calamidade, serão sancionadas nos termos da lei penal, e as respectivas penas são sempre agravadas em um terço, nos seus limites mínimo e máximo.

5 – A violação do dever especial previsto nos n.ºs 2 e 3 implica, consoante os casos, responsabilidade criminal e disciplinar, nos termos da lei.

Capítulo III
Enquadramento, coordenação, direcção e execução da política de protecção civil

Secção I
Competência da Assembleia da República

Artigo 10.º
Assembleia da República

1 – A Assembleia da República contribui, pelo exercício da sua competência política, legislativa e financeira, para enquadrar a política de protecção civil e para fiscalizar a sua execução.

2 – Os partidos representados na Assembleia da República serão ouvidos e informados com regularidade pelo Governo sobre o andamento dos principais assuntos da política de protecção civil.

3 – O Governo informará periodicamente a Assembleia da República sobre a situação do País no que toca à protecção civil, bem como sobre a actividade dos organismos e serviços por ela responsáveis.

Secção II
Competência do Governo

Artigo 11.º
Competência do Governo

1 – A condução da política de protecção civil é da competência do Governo, que, no respectivo Programa, deve inscrever as principais orientações a adaptar ou a propor naquele domínio.

2 – Ao Conselho de Ministros compete:

a) Definir as linhas gerais da política governamental de protecção civil, bem como a sua execução;
b) Programar e assegurar os meios destinados à execução da política de protecção civil;
c) Declarar a situação de catástrofe ou calamidade pública, por iniciativa própria ou mediante proposta fundamentada do Ministro da Administração Interna ou dos Governos Regionais;
d) Adoptar, no caso previsto na alínea anterior, as medidas de carácter excepcional destinadas a repor a normalidade das condições de vida nas zonas atingidas;
e) Deliberar sobre a afectação extraordinária dos meios financeiros indispensáveis à aplicação das medidas previstas na alínea anterior, com salvaguarda do disposto na alínea e) do artigo 137.º da Constituição da República.

3 – No tocante à protecção civil relativa às Regiões Autónomas dos Açores e da Madeira, o Governo ouvirá, previamente, sempre que possível, os órgãos de governo próprio das Regiões Autónomas sobre a tomada de medidas da sua competência, nos termos dos números anteriores, especificamente a elas aplicáveis.

Artigo 12.º
Competência do Primeiro-Ministro

1 – O Primeiro-Ministro é responsável pela direcção da política de protecção civil, competindo-lhe, designadamente:

a) Coordenar e orientar a acção dos membros do Governo nos assuntos relacionados com a protecção civil;
b) Convocar o Conselho Superior de Protecção Civil e presidir às respectivas reuniões;
c) Assumir a direcção das operações em situações de catástrofe ou calamidade de âmbito nacional.

2 – O Primeiro-Ministro pode delegar, no todo ou em parte, as competências referidas nas alíneas b) e c) do número anterior no Ministro da Administração Interna.

Secção III
Conselho Superior de Protecção Civil

Artigo 13.º
Definição e funções

1 – O Conselho Superior de Protecção Civil é o órgão interministerial de auscultação e consulta em matéria de protecção civil.

2 – Compete ao Conselho, enquanto órgão de consulta, emitir parecer, nomeadamente, sobre:

a) A definição das linhas gerais da política governamental de protecção civil;
b) As bases gerais da organização e do funcionamento dos organismos e serviços de protecção civil, bem como sobre o estatuto do respectivo pessoal;
c) Os projectos de diplomas de desenvolvimento das bases do regime jurídico definido pela presente lei;
d) A aprovação de acordos ou convenções sobre cooperação internacional em matéria de protecção civil;
e) A aprovação do Plano Nacional de Emergência.

3 – O Conselho assiste o Primeiro-Ministro no exercício das suas competências em matéria de protecção civil, nomeadamente no caso previsto na alínea c) do n.º 2 do artigo 11.º.

Artigo 14.º

Composição

1 – O Conselho Superior de Protecção Civil é presidido pelo Primeiro-Ministro e dele fazem parte:

a) Os vice-primeiros-ministros e os ministros de Estado, se os houver;
b) Os ministros responsáveis pelos sectores da defesa nacional, administração interna, planeamento e administração do território, finanças, agricultura, indústria, energia, educação, obras públicas, transportes, comunicações, saúde, segurança social, comércio, turismo, ambiente e recursos naturais;
c) O presidente do Serviço Nacional de Protecção Civil;
d) O secretário-geral do Gabinete Coordenador de Segurança.

2 – Os ministros da República e os presidentes de governo regional participam nas reuniões do Conselho que tratem de assuntos de interesse para as respectivas Regiões Autónomas.

3 – O presidente, quando o considerar conveniente, pode convidar a participar nas reuniões do Conselho outras entidades com especiais responsabilidades no âmbito da protecção civil.

4 – O Conselho elaborará o seu próprio regimento, que é sujeito à aprovação do Conselho de Ministros.

5 – O secretariado e demais apoio às reuniões do Conselho é assegurado pelo Serviço Nacional de Protecção Civil.

Secção IV

Comissão Nacional de Protecção Civil

Artigo 15.º

Definição e composição

1 – A Comissão Nacional de Protecção Civil é o órgão especializado de assessoria técnica e de coordenação operacional da actividade dos organismos e estruturas de protecção civil.

2 – A Comissão funciona na directa dependência do Primeiro-Ministro ou, por sua delegação, na dependência do Ministro da Administração Interna, e dela fazem parte:

a) Delegados dos ministros responsáveis pelos sectores referidos na alínea b) do n.º 1 do artigo 14.º;
b) Um representante do Estado-Maior-General das Forças Armadas;
c) Um representante de cada um dos Comandos-Gerais da Guarda Nacional Republicana, da Guarda Fiscal e da Polícia de Segurança Pública;
d) Um representante de cada um dos sistemas de autoridade marítima e aeronáutica;
e) O presidente do Serviço Nacional de Bombeiros;
f) As entidades referidas nas alíneas c) e d) do n.º 1 do artigo 14.º.

3 – Os delegados dos ministros da República e dos presidentes de governo regional participam nas reuniões que tratem de assuntos de interesse para a respectiva região autónoma e poderão participar nas demais, quando o considerem conveniente, atenta a natureza das matérias incluídas na agenda dos trabalhos, que lhes será comunicada sempre que a Comissão reúna.

4 – O presidente, quando o considerar conveniente, pode convidar a participar nas reuniões da Comissão outras entidades com especiais responsabilidades no âmbito da protecção civil, nomeadamente representações da Associação Nacional de Municípios e da Liga dos Bombeiros Portugueses, quando se trate de matérias directamente relacionadas com os seus objectivos institucionais.

5 – As normas de funcionamento da Comissão serão fixadas por decreto regulamentar.

ARTIGO 16.º
Funções

1 – Compete à Comissão Nacional de Protecção Civil assistir, de modo regular e permanente, as entidades governamentais responsáveis

pela execução da política de protecção civil e, designadamente, estudar e propor:

a) Medidas legislativas e normas técnicas necessárias à execução da presente lei e à prossecução dos objectivos permanentes da protecção civil;
b) Mecanismos de colaboração institucional entre todos os organismos e serviços com responsabilidades no domínio da protecção civil, bem como formas de coordenação técnica e operacional da actividade por aqueles desenvolvida, no âmbito específico das respectivas atribuições estatutárias;
c) Critérios e normas técnicas sobre a organização do inventário de recursos e meios, públicos e privados, mobilizáveis ao nível local, distrital, regional ou nacional, em caso de acidente grave, catástrofe ou calamidade;
d) Critérios e normas técnicas sobre a elaboração de planos de emergência, gerais e especiais, de âmbito local, distrital, regional ou nacional;
e) Prioridades e objectivos a estabelecer com vista ao escalonamento de esforços dos organismos e estruturas com responsabilidades no domínio da protecção civil, relativamente à sua preparação e participação em tarefas comuns de protecção civil.

2 – Compete ainda à Comissão, no âmbito específico da informação pública e da formação e actualização do pessoal dos organismos e estruturas que integram o sistema de protecção civil, bem como no da cooperação externa, estudar e propor ou emitir parecer sobre:

a) Iniciativas tendentes à divulgação das finalidades da protecção civil e à sensibilização dos cidadãos para a autoprotecção e para a colaboração a prestar aos organismos e agentes que exercem aquela actividade;
b) Acções a empreender, no âmbito do sistema educativo, com vista à difusão de conhecimentos teóricos e práticos sobre a natureza dos riscos e a forma de cada indivíduo contribuir para limitar os efeitos de acidente grave, catástrofe ou calamidade;

c) Programas de formação, actualização e aperfeiçoamento do pessoal dos organismos e estruturas que integram o sistema nacional de protecção civil;
d) Formas de cooperação externa que os organismos e estruturas do sistema de protecção civil desenvolvem nos domínios das suas atribuições e competências específicas.

Capítulo IV
Estrutura, serviços e agentes de protecção civil

Artigo 17.º
Serviços de protecção civil

1 – Integram o sistema nacional de protecção civil o serviço nacional, os serviços regionais e os serviços municipais.

2 – Nos distritos haverá delegações do serviço nacional de protecção civil.

3 – No espaço sob jurisdição da autoridade marítima a responsabilidade inerente à protecção civil cabe aos serviços dependentes daquela autoridade.

4 – Aos serviços de protecção civil cabem, em geral, funções de informação, formação, planeamento, coordenação e controlo nos domínios previstos no artigo 3.º.

5 – As matérias respeitantes à organização, funcionamento, quadros de pessoal e respectivo estatuto dos serviços de protecção civil e suas estruturas inspectivas, bem como as suas atribuições e competências, serão objecto de decreto regulamentar.

Artigo 18.º
Agentes de protecção civil

1 – Exercem funções de protecção civil, nos domínios do aviso, alerta, intervenção, apoio e socorro, de acordo com as suas atribuições próprias:

a) O Serviço Nacional de Bombeiros;
b) As forças de segurança;
c) As Forças Armadas;
d) Os sistemas de autoridade marítima e aeronáutica;
e) O Instituto Nacional de Emergência Médica.

2 – A Cruz Vermelha Portuguesa exerce, em cooperação com os demais agentes e de harmonia com o seu estatuto próprio, funções de protecção civil nos domínios da intervenção, apoio, socorro e assistência sanitária e social.

3 – Especial dever de cooperação com os agentes de protecção civil mencionados no número anterior impende sobre:

a) Os serviços e associações de bombeiros;
b) Os serviços de saúde;
c) As instituições de segurança social;
d) As instituições com fins de socorro e de solidariedade social subsidiadas pelo Estado;
e) Os organismos responsáveis pelas florestas, parques e reservas naturais, indústria e energia, transportes, comunicações, recursos hídricos e ambiente;
f) Os serviços de segurança e socorro privativos das empresas públicas e privadas, dos portos e aeroportos.

4 – Sem prejuízo do disposto na lei sobre o regime do estado de sítio e estado de emergência, as condições de emprego das Forças Armadas, em situação de catástrofe ou de calamidade, serão definidas por decreto regulamentar, nomeadamente as entidades que possam solicitar a colaboração, a forma que esta pode revestir e as autoridades militares que a devem autorizar.

5 – Os agentes de protecção civil actuam sob a direcção dos comandos ou chefias próprios.

ARTIGO 19.º
Instituições de investigação técnica e científica

1 – Os órgãos de direcção, planeamento e coordenação que integram o sistema nacional de protecção civil podem, em termos a definir em decreto regulamentar, recorrer à cooperação de organismos e instituições de investigação técnica e científica, públicos ou privados, com competências específicas, nomeadamente nos domínios da sismologia, cartografia, avaliação de riscos, planeamento de emergência, previsão, detecção, aviso e alerta.

2 – São especialmente vinculados a cooperar, nos termos referidos no número anterior, os seguintes organismos:

a) Instituto Nacional de Meteorologia e Geofísica;
b) Laboratório Nacional de Engenharia Civil;
c) Laboratório Nacional de Engenharia e Tecnologia Industrial;
d) Direcção-Geral de Geologia e Minas;
e) Direcção-Geral das Florestas;
f) Gabinete de Protecção e Segurança Nuclear;
g) Direcção-Geral dos Recursos Naturais.

CAPÍTULO V
Operações de protecção civil

ARTIGO 20.º
Centros operacionais de protecção civil

1 – Em situação de acidente grave, catástrofe ou calamidade e no caso de perigo de ocorrência destes fenómenos, são desencadeadas operações de protecção civil, de harmonia com os programas e planos de emergência previamente elaborados, com vista a possibilitar a unidade de direcção das acções a desenvolver, a coordenação técnica e operacional dos meios a empenhar e a adequação das medidas de carácter excepcional a adoptar.

2 – Consoante a natureza do fenómeno e a gravidade e extensão dos seus efeitos previsíveis, são activados centros operacionais de protecção civil de nível nacional, regional, distrital ou municipal, especialmente destinados a assegurar o controlo da situação.

3 – As matérias respeitantes a atribuições, competências, composição e modo de funcionamento dos centros operacionais de protecção civil serão objecto de decreto regulamentar.

4 – O apoio administrativo e logístico aos centros operacionais referidos no n.º 2 é assegurado pelos serviços de protecção civil mencionados no artigo 17.º.

Artigo 21.º
Planos de emergência

1 – Os planos de emergência são elaborados de acordo com as directivas emanadas da Comissão Nacional de Protecção Civil e estabelecerão, nomeadamente:

a) O inventário dos meios e recursos mobilizáveis, em situação de acidente grave, catástrofe ou calamidade;
b) As normas de actuação dos organismos, serviços e estruturas, públicas ou privadas, com responsabilidades no domínio da protecção civil;
c) Os critérios de mobilização e mecanismos de coordenação dos meios e recursos, públicos ou privados, utilizáveis;
d) A estrutura operacional que há-de garantir a unidade de direcção e o controlo permanente da situação.

2 – Os planos de emergência, consoante a extensão territorial da situação visada, são nacionais, regionais, distritais ou municipais e, consoante a sua finalidade, são gerais ou especiais.

3 – Os planos de emergência estão sujeitos a actualização periódica e devem ser objecto de exercícios frequentes com vista a testar a sua operacionalidade.

4 – Os planos de emergência de âmbito nacional e regional são aprovados, respectivamente, pelo Conselho de Ministros e pelos órgãos de governo próprio das Regiões, mediante parecer prévio da Comissão Nacional de Protecção Civil.

5 – Os planos de emergência de âmbito distrital e municipal são aprovados pela Comissão Nacional de Protecção Civil, mediante parecer prévio, respectivamente, do governador civil e da câmara municipal.

ARTIGO 22.º
Auxílio externo

1 – Salvo tratado ou convenção internacional em contrário, o pedido e a concessão de auxílio externo, em caso de acidente grave, catástrofe ou calamidade, são da competência do Governo.

2 – Os produtos e equipamentos que constituem o auxílio externo, solicitado ou concedido, são isentos de quaisquer direitos ou taxas, pela sua importação ou exportação, devendo conferir-se prioridade ao respectivo desembaraço aduaneiro.

3 – São reduzidas ao mínimo indispensável as formalidades de atravessamento das fronteiras por pessoas empenhadas em missões de socorro.

CAPÍTULO VI
Disposições finais

ARTIGO 23.º
Protecção civil em estado de excepção ou de guerra

1 – Em situação de guerra e em estado de sítio ou estado de emergência, as actividades de protecção civil e o funcionamento do sistema instituído pela presente lei subordinam-se ao disposto na Lei de Defesa

Nacional e na Lei sobre o Regime do Estado de Sítio e do Estado de Emergência.

2 – Em matéria de planeamento a nível global, nacional e internacional, o sistema nacional de protecção civil articula-se com o Conselho de Planeamento Civil de Emergência.

3 – Será assegurada a representação adequada, ao nível de órgãos de planeamento, do sistema nacional de protecção civil no Conselho Nacional de Planeamento Civil de Emergência e no Comité de Protecção Civil da NATO.

Artigo 24.º
Regiões Autónomas

1 – Nas Regiões Autónomas, os serviços de protecção civil dependem dos respectivos órgãos de governo próprio, sem prejuízo da necessária articulação com as competentes entidades nacionais.

2 – Nas Regiões Autónomas, os componentes do sistema de protecção civil, a responsabilidade sobre a respectiva política e a estruturação dos serviços de protecção civil constantes deste diploma e das competências dele decorrentes serão definidos por diploma das respectivas Assembleias Legislativas Regionais, às quais caberá igualmente o exercício do poder regulamentar no tocante às matérias referidas no n.º 5 do artigo 17.º e no n.º 3 do artigo 20.º.

3 – Nas Regiões Autónomas, os planos de emergência de âmbito municipal a que se refere o n.º 5 do artigo 21.º são aprovados pelo membro do Governo Regional que tutela o sector da protecção civil, sob parecer do serviço regional de protecção civil e da respectiva câmara municipal, o qual dará conhecimento posterior à Comissão Nacional de Protecção Civil.

4 – Nas Regiões Autónomas, a responsabilidade inerente à protecção civil no espaço sob jurisdição da autoridade marítima cabe a esta autoridade, sem prejuízo da necessária articulação com o serviço regional de protecção civil.

Nota: *O art. 24.º foi alterado pela Lei n.º 25/96, de 31 de Julho.*

Artigo 25.º
Contra-ordenações

Sem prejuízo das sanções já previstas, o Governo definirá, nos termos constitucionais, as contra-ordenações correspondentes à violação das normas da presente lei que implicam deveres e comportamentos necessários à execução da política de protecção civil.

Artigo 26.º
Norma revogatória

São revogados todos os diplomas ou normas que disponham em contrário da presente lei, nomeadamente o artigo 70.º da Lei n.º 29/82, de 11 de Dezembro.

Artigo 27.º
Diplomas complementares e entrada em vigor

1 – No prazo de um ano a contar da sua publicação, o Governo deve aprovar os diplomas de desenvolvimento e de regulamentação da presente lei.

2 – Sem prejuízo do disposto no número anterior, a presente lei entra em vigor com o diploma que expressamente mencione ser o último dos que procedeu ao seu desenvolvimento.

Aprovada em 19 de Junho de 1991.
O Presidente da Assembleia da República, *Vítor Pereira Crespo*.
   Promulgada em 4 de Agosto de 1991.
Publique-se.
O Presidente da República, MÁRIO SOARES.
   Referendada em 8 de Agosto de 1991.
Pelo Primeiro-Ministro, *Joaquim Fernando Nogueira*, Ministro da Presidência.

SERVIÇO NACIONAL DE BOMBEIROS E PROTECÇÃO CIVIL

DECRETO-LEI N.º 49/2003, DE 25 DE MARÇO[87], ALTERADO PELO DECRETO-LEI N.º 97/2005, DE 16 DE JUNHO

O XV Governo Constitucional inscreveu no seu Programa, como uma das principais linhas de acção a implementar no âmbito do Ministério da Administração Interna, a criação de um novo serviço de protecção civil e socorro, tendo por base as experiências institucionais

---

[87] O Decreto-lei n.º 49/2003, de 25 de Março, foi alterado pelo Decreto-Lei n.º 97/2005, de 16 de Junho, cujo preâmbulo, parte inicial do art. 1.º e normas transitórias se publica nesta nota, sendo que se procedeu à actualização dos artigos alterados.

"O sistema nacional de protecção e socorro sofreu, em 2003, uma profunda alteração estrutural, que levou à extinção do Serviço Nacional de Bombeiros e do Serviço Nacional de Protecção Civil.

Com a extinção do Serviço Nacional de Bombeiros foram extintos os cargos de inspector nacional de bombeiros e de inspector distrital de bombeiros, o que conduziu a que o sistema de socorro e luta contra incêndios ficasse limitado na sua estrutura nacional e distrital e desprovido de uma unidade de comando.

A reforma do sistema nacional de emergência e as consequentes modificações ao nível das estruturas institucionais existentes obrigam a uma ponderação conceptual e a uma compatibilização organizacional que a urgência da preparação do combate aos incêndios florestais de 2005 não permite.

São assim promovidas, neste momento, as alterações essenciais ao restabelecimento da cadeia de comando no que às funções de coordenação e comando operacional diz respeito.

existentes e a sua evolução, em substituição do Serviço Nacional de Protecção Civil e do Serviço Nacional de Bombeiros.

Estes dois organismos, tendo embora desenvolvido ao longo dos anos uma meritória acção de prevenção de acidentes e calamidades e

---

A necessidade de conferir aos responsáveis do Centro Nacional de Operações de Socorro (CNOS) e dos centros distritais de operações de socorro (CDOS) competências de comando operacional mais efectivas, no sentido de agilizar as forças e meios intervenientes nas operações de protecção, socorro e luta contra incêndios, torna indispensável a alteração do Decreto-Lei n.º 49//2003, de 25 de Março.

Foram ouvidos a Associação Nacional de Municípios Portugueses, a Liga dos Bombeiros Portugueses e a Associação Nacional de Bombeiros Profissionais.

Assim:

No desenvolvimento do regime jurídico estabelecido pela Lei n.º 113/91, de 29 de Agosto, e nos termos das alíneas a) e c) do n.º 1 do artigo 198.º da Constituição, o Governo decreta o seguinte:

Artigo 1.º
Alteração ao Decreto-Lei n.º 49/2003, de 25 de Março

São alterados os artigos 9.º, 29.º, 30.º e 31.º do Decreto-Lei n.º 49/2003, de 25 de Março, que passam a ter a seguinte redacção: (...).

Artigo 2.º
Comissões de serviço

Mantêm-se as comissões de serviço dos coordenadores dos centros distritais de operações de socorro, doravante designados comandantes operacionais distritais.

Visto e aprovado em Conselho de Ministros de 28 de Abril de 2005. – *José Sócrates Carvalho Pinto de Sousa* – *António Luís Santos Costa* – *Luís Manuel Moreira de Campos e Cunha.*

Promulgado em 30 de Maio de 2005.

Publique-se.

O Presidente da República, Jorge Sampaio.

Referendado em 6 de Junho de 2005.

O Primeiro-Ministro, *José Sócrates Carvalho Pinto de Sousa.*"

de socorro a pessoas e bens, não raro enfrentaram obstáculos de articulação, que dificultaram ou impediram o melhor aproveitamento dos recursos humanos e materiais.

O problema, há muito assinalado, deu origem a várias tentativas de solução mediante a reformulação das estruturas orgânicas daqueles serviços e demais legislação complementar, designadamente o Decreto-Lei n.º 203/93, de 3 de Junho, no desenvolvimento do regime jurídico estabelecido pela Lei n.º 113/91, de 29 de Agosto, e os Decretos-Leis n.ºs 152/99, de 10 de Maio, 293/2000, de 17 de Novembro, 295/2000, de 17 de Novembro, 296/2000, de 17 de Novembro, 297//2000, de 17 de Novembro, e 209/2001, de 28 de Julho.

Apesar de toda a legislação produzida e das medidas adoptadas na sua execução, subsistiram as dificuldades de articulação entre os vários serviços e sectores envolvidos nas operações de socorro, agravadas em situações de intervenção de outros agentes do sistema nacional de protecção e socorro.

Tornou-se assim indispensável ultrapassar o problema, introduzindo mecanismos que permitam assegurar actuações atempadas e eficazes na prevenção de acidentes e na prestação de socorros, definindo linhas de comando, estabelecendo áreas de intervenção, fixando competências e atribuições, optimizando recursos e qualificando os agentes.

São estes alguns dos objectivos do presente diploma, por forma a ir ao encontro das necessidades das populações, assegurando auxílio em situações de risco ou acidente.

Desde logo, afirma-se a necessidade de colaboração estreita com todos os organismos e serviços cujas competências abrangem actividades conducentes ao desenvolvimento dos meios de socorro e protecção civil.

Assegura-se a coordenação de toda a actividade operacional no domínio do socorro e salvamento, criando o Centro Nacional de Operações de Socorro, unidade orgânica central que constitui pedra angular do novo serviço.

É criado o Núcleo de Protecção da Floresta, ao qual incumbe garantir a detecção e vigilância de fogos florestais, em articulação com as comissões especializadas de fogos florestais ao nível distrital e municipal.

Preenchendo uma importante lacuna, passa a existir uma unidade orgânica para assegurar a promoção e o desenvolvimento de acções necessárias à instalação e funcionamento de um sistema destinado à vigilância sanitária do pessoal dos corpos de bombeiros.

São criados os centros distritais de operações de socorro, com atribuições designadamente em matéria de organização e funcionamento dos corpos de bombeiros, segurança contra incêndios, equipamentos e fiscalização, de acordo com as orientações e o apoio do Centro Nacional de Operações de Socorro.

Assente na consagração da importância do voluntariado em todo o sistema de protecção e socorro, passa a existir um Gabinete de Apoio ao Voluntariado, em cujas atribuições se inscreve, como vector essencial, a promoção de iniciativas apelativas ao ingresso de novos voluntários nos corpos de bombeiros.

Foram ouvidos os órgãos de governo próprio das Regiões Autónomas, a Associação Nacional de Municípios Portugueses, a Liga dos Bombeiros Portugueses e a Associação Nacional de Bombeiros Profissionais.

Foram observados os procedimentos decorrentes da Lei n.º 23/98, de 26 de Maio.

Assim:

No desenvolvimento do regime jurídico estabelecido pela Lei n.º 113/91, de 29 de Agosto, e nos termos das alíneas a) e c) do n.º 1 do artigo 198.º da Constituição, o Governo decreta, para valer como lei geral da República, o seguinte:

Capítulo I
Natureza, âmbito e atribuições

Artigo 1.º
Natureza

O Serviço Nacional de Bombeiros e Protecção Civil, adiante designado por SNBPC, é uma pessoa colectiva de direito público, dotada de autonomia administrativa e património próprio, que tem como objectivo a protecção e socorro de pessoas e bens, sujeito à tutela e superintendência do Ministro da Administração Interna.

Artigo 2.º
Sede e âmbito

1 – O SNBPC tem sede no distrito de Lisboa e âmbito nacional.

2 – As Regiões Autónomas dos Açores e da Madeira dispõem de serviços de bombeiros e protecção civil cujo regime jurídico é objecto de diploma próprio, sem prejuízo das articulações ao nível nacional com os serviços correspondentes.

Artigo 3.º
Atribuições

1 – Incumbe ao SNBPC prevenir os riscos inerentes a situações de acidente, catástrofe ou calamidade, bem como resolver os efeitos decorrentes de tais situações, protegendo e socorrendo pessoas e bens.

2 – São ainda atribuições genéricas do SNBPC orientar, coordenar e fiscalizar as actividades exercidas pelos corpos de bombeiros, bem como orientar e coordenar todas as actividades de protecção civil e socorro.

3 – Incumbe em especial ao SNBPC:

a) Exercer a acção inspectiva sobre os corpos de bombeiros e as estruturas de protecção civil e prestar-lhes o apoio necessário ao desenvolvimento das respectivas actividades, designadamente inventariando e inspeccionando os serviços, meios e recursos de protecção civil e socorro;
b) Homologar a criação de novos corpos de bombeiros voluntários e privativos e suas secções, promovendo e incentivando todas as formas de apoio à respectiva missão;
c) Assegurar a realização de acções de aperfeiçoamento profissional e organizacional, quer de âmbito teórico quer de índole operacional, adequadas à prossecução das atribuições deste Serviço;
d) Estabelecer e desenvolver a cooperação com organizações nacionais e internacionais, em especial Estados membros da União Europeia e da Comunidade de Países de Língua Portuguesa, no âmbito do socorro, emergência e protecção civil;

e) Emitir parecer sobre projectos de natureza legislativa que visem questões de socorro e protecção civil e propor medidas legislativas e regulamentares sobre as mesmas matérias;
f) Desenvolver acções pedagógicas e informativas de sensibilização das populações, visando a autoprotecção e o fomento da solidariedade;
g) Promover o estudo, normalização e aplicação de técnicas adequadas de prevenção e socorro;
h) Promover o levantamento, previsão e avaliação dos riscos colectivos de origem natural ou tecnológica, bem como a elaboração de regulamentos de segurança contra incêndios, emitir pareceres e exercer acção fiscalizadora nesse domínio;
i) Exercer as funções de coordenação nacional de alerta e combate aos incêndios florestais;
j) Fomentar o espírito de voluntariado com vista à participação das populações na prevenção e combate a incêndios, bem como a participação das populações noutras formas de socorro;
l) Colaborar com outros organismos e entidades em matérias relacionadas com a protecção civil e os corpos de bombeiros, designadamente quanto ao funcionamento eficaz e coordenado do número nacional de emergência (112);
m) Emitir parecer obrigatório sobre os pedidos de isenção de impostos ou taxas relativos a importação de material ou equipamentos para os corpos de bombeiros, bem como sobre o reconhecimento de benefícios fiscais ao abrigo da lei do mecenato;
n) Apoiar técnica e financeiramente as associações e corpos de bombeiros para a execução de programas que visem a preservação e divulgação do seu património histórico;
o) Exercer as demais competências previstas na lei ou em regulamento.

4 – Enquanto autoridade técnica nacional, são ainda atribuições do SNBPC, nomeadamente:

a) Inspeccionar, fiscalizar e avaliar os serviços, meios e recursos de protecção civil, incluindo os disponíveis nos corpos de bombeiros;

b) Promover, ao nível nacional, a elaboração de estudos e planos de emergência, facultando o necessário apoio técnico às entidades responsáveis regional, distrital e localmente pela protecção civil;
c) Emitir pareceres sobre os planos de emergência de protecção civil;
d) Fomentar e apoiar actividades em todos os domínios em que se desenvolve a protecção civil, nomeadamente facultando apoio técnico ou financeiro compatível com as suas disponibilidades e plano anual de actividades;
e) Organizar um sistema nacional de alerta e aviso que integre os diversos serviços especializados e assegure a informação necessária à população;
f) Assegurar a realização das acções de formação e de aperfeiçoamento operacional com vista à melhoria contínua de conhecimentos técnicos do pessoal dos corpos de bombeiros;
g) Exercer a acção tutelar sobre os corpos de bombeiros, nomeadamente zelando pela observância das leis e regulamentos em vigor;
h) Promover e incentivar todas as formas de auxílio ao cabal exercício da missão dos corpos de bombeiros;
i) Promover a vigilância sanitária, higiene e segurança do pessoal e a investigação de acidentes nos corpos de bombeiros.

Artigo 4.º
Articulação com outros organismos

O SNBPC funciona em estreita colaboração com todos os organismos e serviços cujas competências abrangem actividades conducentes ao desenvolvimento dos meios de socorro e protecção civil, incluindo a Associação Nacional de Municípios Portugueses e a Liga dos Bombeiros Portugueses, podendo estabelecer para o efeito programas e acordos de cooperação.

Capítulo II
Órgãos e serviços

Secção I
Dos órgãos

ARTIGO 5.º
Órgãos

São órgãos do SNBPC:

a) O presidente;
b) O conselho administrativo.

ARTIGO 6.º
Presidente

1 – O SNBPC é dirigido por um presidente, equiparado, para todos os efeitos, a director-geral, coadjuvado por três vice-presidentes, equiparados a subdirectores-gerais.

2 – Compete ao presidente:

a) Dirigir os serviços e coordenar as suas actividades;
b) Aprovar e fazer executar as instruções e as normas regulamentares necessárias ao funcionamento dos serviços;
c) Exercer a autoridade disciplinar sobre todo o pessoal ao serviço do SNBPC;
d) Orientar e dirigir a participação do SNBPC na actividade da Escola Nacional de Bombeiros, no âmbito da formação técnica do pessoal dos corpos de bombeiros e dos agentes de protecção civil;
e) Autorizar a realização de despesas, bem como o seu pagamento, dentro dos limites legalmente estabelecidos;

f) Autorizar e determinar a realização de concursos públicos, ou de outros procedimentos adequados, para a selecção de fornecedores de equipamentos, veículos e outros bens ou serviços;
g) Elaborar o plano anual de apoio às associações e corpos de bombeiros, dentro dos limites do seu orçamento;
h) Homologar a criação de corpos de bombeiros voluntários e privativos;
i) Aprovar os regulamentos internos dos corpos de bombeiros;
j) Aprovar as normas a que devem obedecer o equipamento e o material dos corpos de bombeiros, com vista à normalização técnica da respectiva actividade;
l) Superintender a administração do património do SNBPC;
m) Emitir parecer obrigatório sobre os pedidos de isenção de impostos ou taxas;
n) Representar o SNBPC em juízo ou fora dele;
o) Exercer as demais competências previstas na lei e as que lhe sejam delegadas ou subdelegadas.

3 – O presidente é nomeado ouvida a Associação Nacional de Municípios Portugueses e a Liga dos Bombeiros Portugueses.

4 – O presidente é substituído, na sua ausência ou impedimento, pelo vice-presidente que indicar ao Ministro da Administração Interna.

Artigo 7.º
Conselho administrativo

1 – O conselho administrativo (CA) é o órgão consultivo e fiscalizador em matéria de gestão financeira e patrimonial.

2 – Compõem o conselho administrativo:

a) O presidente ou o vice-presidente que aquele designar para o efeito;
b) O director de serviços de Recursos Humanos e Financeiros;
c) O director do Gabinete de Inspecção.

3 – O chefe da Divisão de Gestão Financeira e Patrimonial (DGFP) participará como secretário nas reuniões do conselho administrativo.

4 – Compete, em especial, ao conselho administrativo:

a) Apreciar os projectos de orçamento de despesas e receitas e aprovar as contas de gerência;
b) Verificar e controlar a realização de despesas;
c) Apreciar a situação administrativa e financeira;
d) Apreciar o plano de actividades e o plano de apoio aos corpos de bombeiros.

5 – O CA reúne ordinariamente uma vez por mês e extraordinariamente sempre que o presidente o convocar.

SECÇÃO II

Dos serviços

ARTIGO 8.º

Serviços

1 – O SNBPC dispõe de serviços centrais, distritais e de apoio.
2 – São serviços centrais do SNBPC:

a) O Centro Nacional de Operações de Socorro;
b) O Núcleo de Protecção da Floresta;
c) A Direcção de Serviços de Recursos Humanos e Financeiros;
d) A Direcção de Serviços Técnicos;
e) A Direcção de Serviços de Prevenção e Protecção.

3 – Ao nível distrital, o SNBPC dispõe de centros distritais de operações de socorro (CDOS).

Título V – *Legislação complementar* 705

4 – São serviços de apoio:

a) O Gabinete de Inspecção;
b) O Gabinete Jurídico e de Auditoria;
c) O Gabinete de Relações Públicas e Internacionais;
d) O Gabinete de Apoio ao Voluntariado.

Subsecção I
Serviços centrais

Artigo 9.º
Centro Nacional de Operações de Socorro

1 – O Centro Nacional de Operações de Socorro (CNOS) é a unidade orgânica à qual compete acompanhar toda a actividade operacional do SNBPC no domínio do socorro.

2 – O CNOS é dirigido pelo comandante operacional nacional, equiparado para efeitos remuneratórios a subdirector-geral.

3 – Compete, em especial, ao CNOS:

a) Assegurar as operações de socorro;
b) Elaborar, ao nível nacional, os planos de emergência de protecção civil e dar parecer sobre os planos de emergência distritais e municipais;
c) Elaborar os dados estatísticos periódicos relativos à actividade operacional;
d) Assegurar a ligação entre o SNBPC com outras estruturas operacionais de protecção e socorro de âmbito nacional ou internacional;
e) Garantir as ligações com todas as instituições públicas ou privadas necessárias às operações e acautelar o oportuno alerta das populações em risco.

4 – Compete, em especial, ao comandante nacional:

a) Assegurar, a nível nacional, o comando operacional das operações de socorro;
b) Coordenar operacionalmente os comandantes distritais de operações e a actividade operacional dos meios aéreos ao serviço das operações de socorro;
c) Acompanhar, em permanência, a situação nacional no domínio da intervenção dos bombeiros e dos demais agentes de protecção civil;
d) Promover a fiscalização das medidas de prevenção e segurança.

5 – O comandante nacional integra, enquanto entidade nacional ao nível das funções de coordenação e comando operacional, o sistema integrado de coordenação, comando e controlo.

6 – O CNOS compreende:

a) A Divisão de Vigilância e Alerta;
b) A Divisão de Planeamento de Emergência.

Nota: *O art. 9.º foi alterado pelo DL n.º 97/2005, de 16 de Junho.*

Artigo 10.º
Divisão de Vigilância e Alerta

Compete à Divisão de Vigilância e Alerta, designadamente:

a) Organizar um sistema que possibilite o oportuno alerta e aviso das populações, integrando os diversos serviços especializados na detecção de cada risco;
b) Estabelecer as necessidades e o diálogo permanente com as instituições técnicas e científicas no sentido de obter informação de base e produtos para a previsão e acompanhamento de todas as situações;

c) Promover a previsão e o acompanhamento permanente das situações de risco e a vigilância reforçada de situações críticas;
d) Promover a emissão de alertas ao sistema nacional de protecção civil e de avisos às populações.

Artigo 11.º
Divisão de Planeamento de Emergências

Compete à Divisão de Planeamento de Emergências:

a) Elaborar, ao nível nacional, os planos de emergência de protecção civil e programar as adequadas acções de socorro;
b) Dar parecer sobre os planos de emergência submetidos à aprovação ou parecer do SNBPC;
c) Colaborar com os serviços municipais, distritais e privados na elaboração de planos de emergência e no desenvolvimento dos programas deles decorrentes;
d) Assegurar o levantamento dos meios e recursos e inventariar as carências, propondo as soluções adequadas para fazer face a acidentes graves, catástrofes ou calamidades;
e) Propor a criação de depósitos e centros de abastecimento;
f) Estudar e planear o apoio logístico a prestar às vítimas e forças de socorro em situações de emergência;
g) Proceder ao acompanhamento permanente da situação nacional no domínio da protecção civil e da sua evolução decorrente de acidentes graves, catástrofes ou calamidades;
h) Apoiar a organização e o funcionamento dos centros de operações avançados;
i) Promover a realização de exercícios visando testar a operacionalidade dos planos de emergência de protecção civil, mantendo a prontidão e eficácia dos agentes de protecção civil;
j) Assegurar a ligação e o apoio aos meios aéreos e unidades especiais, permanentes ou conjunturais, nomeadamente hos-

pital de campanha, cozinhas de campanha, grupos especiais de socorro, equipas móveis de intervenção rápida e organizações de voluntários.

Artigo 12.º
Núcleo de Protecção da Floresta

1 – O Núcleo de Protecção da Floresta (NPF) desenvolve a sua actividade nas áreas da detecção e vigilância de fogos florestais.
2 – Compete, em especial, ao NPF:

a) Apoiar as comissões especializadas de fogos florestais (CEFF) distritais e municipais, fomentando a cooperação entre as comissões geograficamente contíguas;
b) Analisar as propostas das CEFF distritais e municipais com vista ao estabelecimento dos necessários programas para a execução das que forem aprovadas;
c) Elaborar os planos e elementos de enquadramento, tendo como objectivo compatibilizar as acções e os meios disponíveis com vista à diminuição do número de incêndios florestais e das áreas ardidas, sem prejuízo das competências específicas dos departamentos envolvidos;
d) Assegurar a ligação entre as diversas entidades com atribuições no domínio dos incêndios florestais;
e) Incentivar a investigação científica aplicada aos incêndios florestais e suas consequências, apoiando, com os meios disponíveis, os programas por si aprovados;
f) Elaborar planos de contingência de incêndios florestais contendo a indicação dos procedimentos a adoptar, tendo em vista a diminuição do seu número e das áreas atingidas;
g) Apoiar as iniciativas e os esforços que visem a prevenção e o combate a incêndios florestais.

3 – O apoio técnico e administrativo ao NPF é assegurado pela Direcção de Serviços de Prevenção e Protecção (DSPP).

4 – O NPF será apoiado na sua acção por uma comissão que integrará representantes designados pelos membros do Governo responsáveis pelas áreas da defesa, agricultura, administração local, ordenamento do território e ambiente.

Artigo 13.º
Direcção de Serviços de Recursos Humanos e Financeiros

1 – A Direcção de Serviços de Recursos Humanos e Financeiros (DSRHF) é o serviço de gestão e apoio técnico-administrativo ao qual incumbe promover e assegurar as funções nas áreas de planeamento, organização, gestão de recursos humanos, financeiros e patrimoniais e de administração geral, bem como promover a vigilância sanitária dos corpos de bombeiros.

2 – A DSRHF compreende:

a) A Divisão de Organização e Recursos Humanos;
b) A Divisão de Gestão Financeira e Patrimonial;

Artigo 14.º
Divisão de Organização e Recursos Humanos

1 – Compete à Divisão de Organização e Recursos Humanos (DORH):

a) Propor e desenvolver medidas tendentes à permanente actualização da estrutura e funcionamento dos serviços e à racionalização e simplificação do trabalho administrativo, designadamente quanto aos métodos de trabalho e circuitos administrativos;
b) Colaborar na definição e aplicação das medidas tendentes à racionalização de espaços e à reinstalação de serviços;
c) Promover o recrutamento, selecção e admissão de pessoal e assegurar a gestão dos recursos humanos;

d) Organizar a base de dados relativa ao pessoal;
e) Promover a recolha e o tratamento da informação necessária à organização e manutenção dos indicadores de gestão dos recursos humanos;
f) Elaborar o balanço social do SNBPC;
g) Coordenar e assegurar as acções inerentes ao expediente geral e arquivo;
h) Elaborar o plano e o relatório de actividades.

2 – A DORH compreende as seguintes secções:

a) Secção de Pessoal;
b) Secção de Expediente Geral e Arquivo;
c) Secção de Saúde.

ARTIGO 15.º
Secção de Pessoal

Compete à Secção de Pessoal:

a) Efectuar o expediente relativo ao recrutamento e selecção, nomeação, contratação, promoção, progressão, mobilidade, aposentação e exoneração ou demissão de funções do pessoal do quadro;
b) Elaborar e manter actualizado o registo biográfico do pessoal, bem como o registo e controlo da assiduidade;
c) Organizar o processo anual de notação do pessoal e assegurar a elaboração das listas de antiguidade;
d) Organizar os processos respeitantes ao abono de prestações complementares;
e) Efectuar o processamento de remunerações e outros abonos de pessoal;
f) Preparar os elementos necessários à elaboração do balanço social;
g) Emitir e actualizar os cartões de identificação;

h) Superintender e orientar a utilização do pessoal auxiliar;
i) Executar as demais operações conducentes à boa administração do pessoal.

Artigo 16.º
Secção de Expediente Geral e Arquivo

Compete à Secção de Expediente Geral e Arquivo:

a) Efectuar a recepção, classificação, registo, distribuição e expedição de toda a documentação do SNBPC;
b) Assegurar o controlo e a pesquisa da documentação relativa a processos e assuntos pendentes;
c) Divulgar legislação, normas internas e outras instruções superiores aos serviços;
d) Organizar e manter actualizado o arquivo geral e dar execução às disposições legais relativas à destruição de documentos;
e) Assegurar outras funções de apoio geral.

Artigo 17.º
Secção de Saúde

À Secção de Saúde compete promover e desenvolver as acções necessárias à instalação e funcionamento de um sistema destinado à vigilância sanitária do pessoal dos corpos de bombeiros desde a sua admissão no quadro.

Artigo 18.º
Divisão de Gestão Financeira e Patrimonial

1 – Compete à Divisão de Gestão Financeira e Patrimonial (DGFP):

a) Elaborar o orçamento do SNBPC;
b) Propor as alterações orçamentais;

c) Assegurar a gestão e o controlo da execução dos orçamentos e o registo de receitas e despesas;
d) Coordenar a preparação da conta de gerência e colaborar na elaboração do respectivo relatório;
e) Assegurar a gestão patrimonial e a eficiente execução das funções de aprovisionamento e economato.

2 – A DGFP compreende:

a) A Secção de Orçamento e Contabilidade;
b) A Secção de Economato e Património.

Artigo 19.º
Secção de Orçamento e Contabilidade

Compete à Secção de Orçamento e Contabilidade:

a) Preparar os elementos necessários à elaboração do orçamento;
b) Verificar o enquadramento legal das despesas e prestar as informações de cabimento orçamental;
c) Promover a autorização, processamento e liquidação das despesas;
d) Promover o expediente respeitante aos pedidos de libertação de créditos, antecipação de duodécimos e alterações orçamentais;
e) Organizar e manter actualizados os registos contabilísticos;
f) Elaborar e apresentar os balancetes mensais de execução orçamental e demais instrumentos legais de acompanhamento da evolução da situação orçamental e financeira;
g) Assegurar o processamento e o controlo das receitas a arrecadar;
h) Gerir o fundo de maneio;
i) Elaborar a conta de gerência;
j) Processar a atribuição de subsídios de natureza social concedidos em compensação de prejuízos sofridos em situações de acidente grave, catástrofe ou calamidade.

Artigo 20.º
Secção de Economato e Património

Compete à Secção de Economato e Património:

a) Promover a aquisição de bens e serviços necessários ao funcionamento dos serviços;
b) Organizar e assegurar a gestão dos serviços de economato;
c) Organizar e manter actualizado o inventário patrimonial;
d) Assegurar a gestão das instalações, incluindo a contratação de serviços de vigilância e limpeza;
e) Assegurar a gestão dos equipamentos, incluindo os serviços de manutenção;
f) Assegurar a gestão do parque de viaturas, nomeadamente a distribuição diária dos itinerários e os serviços de manutenção e reparação.

Artigo 21.º
Direcção de Serviços Técnicos

1 – A Direcção de Serviços Técnicos (DST) é um serviço de apoio de natureza técnica e científica, designadamente em matéria de equipamento e segurança contra incêndios.
2 – A DST compreende:

a) A Divisão de Informática e Telecomunicações;
b) A Divisão de Normalização e Documentação;
c) A Divisão de Segurança contra Incêndios;
d) A Divisão de Formação.

Artigo 22.º
Divisão de Informática e Telecomunicações

Compete à Divisão de Informática e Telecomunicações (DIT):

a) Promover a informatização das actividades desenvolvidas pelo SNBPC;
b) Organizar e gerir a distribuição, implantação e instalação dos recursos informáticos, em conformidade com as necessidades dos serviços, apoiando os utilizadores e assegurando a correcta utilização dos equipamentos;
c) Assegurar a gestão, manutenção e actualização da rede informática e garantir a sua segurança física e a da informação residente, bem como a sua ligação a outras redes;
d) Manter actualizado o cadastro de equipamentos e software informático;
e) Propor, em estreita colaboração com a DF, a formação dos utilizadores;
f) Organizar as telecomunicações impostas pelas necessárias ligações entre a estrutura operacional do SNBPC;
g) Proceder ao levantamento dos meios de telecomunicações, mantendo esta informação actualizada;
h) Gerir e administrar a rede de comunicações dos bombeiros;
i) Definir e normalizar os equipamentos de telecomunicações;
j) Proceder ao levantamento dos meios de telecomunicações susceptíveis de serem utilizados como complemento ou em reforço da capacidade de intervenção em situações de emergência;
l) Definir os requisitos de ligação que garantam a optimização das acções de socorro;
m) Exercer as funções de administração das bases de dados e das redes de comunicações;
n) Apoiar a criação de bases de dados de apoio à decisão e colaborar no estabelecimento de compatibilização e comunicação com os demais ficheiros e bases de dados de outras entidades relacionadas com a protecção civil.

Artigo 23.º
Divisão de Normalização e Documentação

Compete à Divisão de Normalização e Documentação (DND):

a) Organizar e manter o acervo de documentos e publicações técnicas relacionadas com a actividade do SNBPC, promovendo a difusão de informação e a edição de publicações;
b) Assegurar a organização, actualização e conservação do património documental e bibliográfico do SNBPC;
c) Recolher e classificar as informações noticiosas com interesse para os bombeiros e protecção civil e difundi-las pelos vários serviços do SNBPC;
d) Pesquisar, seleccionar e catalogar a legislação nacional e comunitária relativa às matérias conexas com as actividades desenvolvidas pelo SNBPC, propor a aquisição de publicações com elas relacionadas e disso informar os serviços;
e) Assegurar a elaboração e a difusão periódica de uma publicação regular destinada à informação do público;
f) Colaborar na transposição de directivas comunitárias e na adaptação de legislação nos diversos domínios de prevenção e segurança, material e equipamento de socorro e salvamento;
g) Estudar e dar parecer sobre as recomendações internacionais, bem como sobre os critérios, normas e regulamentos de origem estrangeira, sempre que não exista a correspondente legislação nacional;
h) Participar e representar o SNBPC em comissões técnicas e sectoriais relativas à elaboração de normas no âmbito da normalização nacional e europeia sobre segurança contra incêndios, equipamentos e veículos de socorro;
i) Elaborar projectos de regulamentos sobre fardamentos, uniformes, distintivos, honras e continências;
j) Assegurar o apoio técnico e elaborar estudos em matéria de equipamentos, veículos e meios aéreos;

l) Proceder à elaboração das especificações técnicas dos cadernos de encargos que digam respeito à aquisição ou selecção de equipamentos, veículos e meios aéreos;
m) Manter informação actualizada sobre regulamentos em vigor, recomendações, critérios e normas de origem nacional ou estrangeira.

Artigo 24.º
Divisão de Segurança contra Incêndios

1 – À Divisão de Segurança contra Incêndios (DSCI) incumbe, em geral, propor medidas legislativas, efectuar estudos, emitir pareceres, definir critérios de análise e elaborar planos de inspecções no âmbito da segurança contra incêndios.

2 – Compete, em especial, à DSCI:

a) Elaborar pareceres sobre a legislação e regulamentos em matéria de segurança contra incêndios;
b) Definir, em articulação com o CNOS, critérios de análise dos estudos, projectos e planos de segurança contra incêndios e das vistorias, a divulgar pelas associações / corpos de bombeiros, centros distritais de operações de socorro e câmaras municipais;
c) Promover a elaboração de notas técnicas e outros documentos tipo para aplicação na análise dos estudos, projectos e planos de segurança, actualizando-os sempre que necessário;
d) Pronunciar-se sobre os pareceres emitidos pelos coordenadores distritais, quando lhe seja superiormente determinado;
e) Emitir parecer sobre os estudos, projectos e planos de segurança contra incêndios nos diversos tipos de instalações;
f) Apoiar a elaboração de planos de fiscalização de segurança contra incêndios;
g) Propor medidas legislativas e formular propostas de regulamentos no âmbito da prevenção e segurança contra incêndios.

3 – A matéria da segurança contra incêndios será regulamentada em diploma próprio.

Artigo 25.º
Divisão de Formação

1 – A Divisão de Formação (DF) é o serviço de apoio de natureza técnica no âmbito da actividade formativa.
2 – Compete à DF:

a) Preparar e propor o plano anual de formação, tendo em atenção objectivos de modernização administrativa;
b) Proceder a estudos e levantamento de necessidades no domínio da formação;
c) Promover a formação e o aperfeiçoamento do pessoal do SNBPC;
d) Promover a formação e o aperfeiçoamento do pessoal do SNBPC em matéria de protecção civil;
e) Elaborar planos de formação e programas de cursos e assegurar a respectiva realização de acordo com a detecção das necessidades;
f) Elaborar relatórios e análises de validação das acções de formação realizadas;
g) Manter com a Escola Nacional de Bombeiros estreita ligação, dando o apoio necessário às actividades formativas ali desenvolvidas no âmbito das iniciativas do SNBPC.

Artigo 26.º
Direcção de Serviços de Prevenção e Protecção

1 – Compete à Direcção de Serviços de Prevenção e Protecção (DSPP) elaborar e promover estudos sobre riscos naturais, tecnológicos e da vida corrente, por forma a identificar, quando possível, os riscos de ocorrência de acidentes e prevenir as suas consequências.

2 – A DSPP compreende:

a) A Divisão de Riscos Naturais e Tecnológicos;
b) A Divisão de Sensibilização e Informação Pública.

ARTIGO 27.º
Divisão de Riscos Naturais e Tecnológicos

Compete à Divisão de Riscos Naturais e Tecnológicos (DRNT):

a) Realizar estudos técnicos relativos à identificação dos riscos naturais que possam afectar o território nacional e promover a respectiva cartografia;
b) Realizar os estudos necessários destinados a avaliar as consequências dos riscos naturais em função da amplitude e do local previsível da sua ocorrência;
c) Prestar apoio na elaboração de protocolos, convénios ou contratos-programas a celebrar entre o SNBPC e outras instituições com a finalidade de previsão dos riscos naturais e da probabilidade da sua ocorrência;
d) Manter informação actualizada sobre acidentes graves, catástrofes e calamidades naturais, especialmente quando ocorridos em território nacional, bem como sobre os elementos relativos às suas condições de ocorrência, às medidas adoptadas para fazer face às respectivas consequências e às conclusões sobre o êxito ou insucesso das acções empreendidas em cada caso;
e) Elaborar e adoptar metodologias de avaliação dos riscos tecnológicos e da vida corrente e de estimativa das respectivas consequências.

ARTIGO 28.º
Divisão de Sensibilização e Informação Pública

Compete à Divisão de Sensibilização e Informação Pública (DSIP):

a) Promover e incentivar acções de divulgação sobre protecção civil junto da população com vista à adopção de medidas de autoprotecção e orientar e prestar apoio técnico aos centros distritais de operações de socorro na execução daquelas acções;
b) Estudar e propor os programas das matérias de protecção civil a incluir nos programas oficiais dos vários graus de ensino;
c) Elaborar os textos necessários ao exercício das competências referidas nas alíneas anteriores;
d) Incentivar e apoiar o ensino das matérias de protecção civil ao pessoal das autarquias;
e) Fomentar a aquisição dos adequados conhecimentos de protecção civil pelo pessoal dos serviços e instituições públicas e privadas;
f) Promover a realização periódica de seminários, conferências e reuniões temáticas relacionados com a informação das populações.

Subsecção II

Serviços distritais

Artigo 29.º

Centros distritais de operações de socorro

1 – Em cada distrito existe um centro distrital de operações de socorro (CDOS), estruturado de acordo com as necessidades resultantes dos riscos naturais, tecnológicos e da actividade humana que se verifiquem na respectiva área territorial.

2 – O CDOS é dirigido por um comandante operacional distrital, equiparado para efeitos remuneratórios a director de serviços.

3 – O comandante operacional distrital é substituído nas suas ausências e impedimentos por um comandante de corpo de bombeiros por si designado.

Nota: *O art. 29.º foi alterado pelo DL n.º 97/2005, de 16 de Junho.*

Artigo 30.º
Atribuições

1 – São atribuições dos CDOS, em matéria de organização e funcionamento dos corpos de bombeiros:

a) Fixar e delimitar as áreas de actuação própria, proceder à respectiva publicação em ordem de serviço e dirimir eventuais litígios surgidos sobre a questão;
b) Instruir e dar parecer sobre os pedidos de homologação da criação de corpos de bombeiros voluntários e privativos e suas secções;
c) Executar as directivas, ordens e instruções dimanadas do SNBPC na prossecução, ao nível distrital, das suas atribuições;
d) Desenvolver acções de informação, formação, planeamento, coordenação e controlo;
e) Colaborar na divulgação do número de telefone 112, no tratamento de chamadas e na reformulação da operacionalidade das centrais de emergência;
f) Assegurar o acompanhamento permanente da situação distrital, recolher as informações de carácter operacional e encaminhar os pedidos de apoio formulados;
g) Apoiar as autarquias do distrito em matéria de protecção e socorro, nomeadamente na organização e funcionamento dos respectivos serviços municipais;
h) Propor as medidas necessárias a uma maior operacionalidade e eficácia dos corpos de bombeiros em matéria de organização, formação e funcionamento;
i) Dar parecer sobre os planos anuais de formação do pessoal dos corpos de bombeiros.

2 – Em matéria de segurança contra incêndios:

a) Fiscalizar a aplicação das normas e regulamentos de protecção e prevenção contra incêndios;

b) Emitir parecer no que respeita a redes de captação e distribuição de água para aglomerados urbanos quanto à segurança contra incêndios, em colaboração com os comandantes dos corpos de bombeiros locais.

3 – Em matéria de equipamento dos corpos de bombeiros:

a) Inspeccionar e elaborar relatórios sobre o estado de conservação do material e do parque de viaturas;
b) Emitir recomendações e propostas sobre os tipos de veículos e restante material de socorro e salvamento de que devem ser dotados os corpos de bombeiros, tendo em vista as características dos serviços a que se destinam e as zonas em que os mesmos actuam.

4 – Para além das atribuições previstas nos números anteriores, compete ainda aos centros distritais de operações de socorro:

a) Proceder a visitas de inspecção regulares aos corpos de bombeiros do respectivo distrito e remeter ao CNOS os relatórios das visitas;
b) Fiscalizar o cumprimento das leis e regulamentos aplicáveis aos corpos de bombeiros;
c) Assegurar a ligação entre o SNBPC e os corpos de bombeiros;
d) Dar parecer sobre as medidas mais adequadas a empreender em relação aos locais que, pela sua situação, sejam passíveis de ser atingidos por catástrofes e calamidades;
e) Promover a realização de treinos e exercícios visando testar a operacionalidade dos planos de emergência de protecção civil;
f) Executar as demais tarefas que lhes sejam determinadas por lei, regulamento ou instruções superiores.

Nota: *O art. 30.º foi alterado pelo DL n.º 97/2005, de 16 de Junho.*

Artigo 31.º
Comandante operacional distrital

1 – Compete ao comandante operacional distrital:

a) Assegurar, a nível distrital, o comando operacional das operações de socorro;
b) Coordenar operacionalmente, em colaboração com o comandante operacional nacional, a actividade operacional dos recursos humanos e dos meios terrestres e aéreos ao serviço das operações de socorro;
c) Assegurar a ligação entre o SNBPC com outras estruturas operacionais de protecção e socorro de âmbito distrital;
d) Garantir as ligações com todas as instituições públicas ou privadas necessárias às operações e acautelar o oportuno alerta das populações em risco;
e) Acompanhar, em permanência, a situação e dirigir as acções resultantes da intervenção dos bombeiros e dos demais agentes de protecção civil, a nível distrital;
f) Promover a fiscalização das medidas de prevenção e segurança;
g) Acompanhar as obras de infra-estruturas florestais e a aplicação das medidas de preservação e defesa da floresta.

2 – O comandante operacional distrital integra, enquanto entidade distrital ao nível das funções de coordenação e comando operacional, o sistema integrado de coordenação, comando e controlo.

3 – Compete ainda ao comandante operacional distrital:

a) Homologar a nomeação dos comandantes, 2.ºs comandantes e adjuntos de comando dos corpos de bombeiros voluntários e privativos;
b) Autorizar a passagem à situação de inactividade no quadro ou de reingresso no quadro dos corpos de bombeiros voluntários e privativos, nos termos da legislação aplicável;

c) Homologar as licenças concedidas ao comandante, 2.º comandante e adjunto de comando dos corpos de bombeiros voluntários e privativos;
d) Exercer o poder disciplinar sobre os comandantes dos corpos de bombeiros voluntários e privativos, designadamente determinando a instauração dos respectivos processos e aplicando as penas legalmente previstas;
e) Propor ao CNOS a realização de inquéritos e a investigação de acidentes;
f) Receber e manter actualizada informação sobre os resultados de processos disciplinares instaurados a elementos dos corpos de bombeiros voluntários e privativos;
g) Avaliar os comandantes dos corpos de bombeiros voluntários e privativos segundo critérios a definir por portaria do Ministro da Administração Interna;
h) Presidir ao júri dos cursos de promoção e classificação nas provas de acesso às diferentes categorias do quadro activo;
i) Superintender na instrução do pessoal dos corpos de bombeiros voluntários e privativos e aprovar os respectivos planos anuais, nos termos da lei;
j) Fiscalizar o cumprimento das normas legais sobre fardamentos, uniformes e distintivos;
l) Assegurar a coordenação e a direcção estratégica das operações de socorro a nível distrital;
m) Realizar auditorias específicas que lhe sejam determinadas superiormente;
n) Levantar autos de contra-ordenações em matérias previstas na lei.

4 – Para efeitos da alínea a) do n.º 3 deste artigo, o comandante operacional distrital pode fazer depender a homologação de prévia prestação de provas para aferir das condições do nomeado para o exercício do cargo.

5 – Dos actos do comandante operacional distrital em matéria disciplinar cabe recurso hierárquico necessário para o presidente.

Nota: *O art. 31.º foi alterado pelo DL n.º 97/2005, de 16 de Junho.*

Subsecção III
Serviços de apoio

Artigo 32.º
Gabinete de Inspecção

1 – O Gabinete de Inspecção é um serviço central de inspecção, fiscalização e apoio técnico do SNBPC.

2 – A inspecção do SNBPC desenvolve a sua actividade no território continental, abrangendo todos os serviços dependentes do SNBPC e os corpos de bombeiros.

3 – Compete ao Gabinete de Inspecção, em especial:

a) Realizar inspecções ordinárias com vista a avaliar a eficiência e a eficácia dos serviços e a aplicação dos subsídios atribuídos;
b) Fiscalizar o cumprimento das disposições legais e regulamentares;
c) Prestar apoio técnico aos agentes e órgãos distritais e locais de protecção civil em matérias de protecção e socorro;
d) Efectuar a avaliação dos serviços, bem como detectar deficiências na execução dos planos e programas de protecção civil;
e) Emitir normas orientadoras de carácter genérico respeitantes à organização e ao exercício das actividades das associações de bombeiros;
f) Inspeccionar periodicamente os CDOS, designadamente em matérias administrativas, organizativas e de pessoal;
g) Inspeccionar regularmente os corpos de bombeiros, fiscalizando o cumprimento das leis e dos regulamentos aplicáveis aos corpos de bombeiros;
h) Acompanhar no local, em caso de acidente grave, catástrofe ou calamidade, as acções de socorro desenvolvidas pelas várias entidades e organizações e apurar as circunstâncias em que o fenómeno se produziu e em que decorreram as operações de emergência, com a finalidade de detectar a origem ou a causa

Título V – *Legislação complementar* 725

do evento e de colher ensinamentos que possam contribuir para a adopção das medidas adequadas;
i) Fiscalizar o cumprimento da legislação de segurança contra incêndios;
j) Instruir e realizar processos de averiguações, sindicâncias, inquéritos e outras acções de âmbito disciplinar, bem como realizar auditorias específicas que lhe sejam determinadas superiormente;
l) Investigar acidentes com elementos dos corpos de bombeiros, tendo em vista a determinação das respectivas causas;
m) Exercer as demais actividades de inspecção que lhe sejam determinadas pelo presidente.

4 – Para o exercício das suas funções, os inspectores do SNBPC têm os seguintes poderes:

a) Livre acesso a todos os serviços e instalações onde se exerçam actividades abrangidas pelas suas competências;
b) Requisição, para exame ou junção aos autos, de documentos existentes nos serviços inspeccionados.

5 – O Gabinete de Inspecção é dirigido por um inspector, equiparado a director de serviços, coadjuvado por três inspectores-adjuntos, equiparados a chefe de divisão.

Artigo 33.º
Gabinete Jurídico e de Auditoria

1 – Compete ao Gabinete Jurídico e de Auditoria, em especial:

a) Prestar assessoria jurídica, elaborar estudos e dar informações e pareceres;
b) Acompanhar o contencioso do SNBPC;
c) Emitir pareceres sobre os acordos de colaboração a estabelecer com outros países e prestar apoio técnico nos trabalhos relacionados com organizações internacionais;

d) Colaborar na preparação do relatório anual e do plano de actividades e na proposta de projecto de orçamento anual do SNBPC;
e) Apreciar, em termos pedagógicos e preventivos, a actividade dos serviços do SNBPC, de acordo com os princípios e normas aplicáveis ou superiormente definidos;
f) Estudar e propor medidas destinadas a melhorar o funcionamento dos serviços.

2 – O Gabinete Jurídico e de Auditoria é coordenado por um técnico superior licenciado em Direito.

Artigo 34.º
Gabinete de Relações Públicas e Internacionais

1 – Compete ao Gabinete de Relações Públicas e Internacionais, nomeadamente:

a) Assegurar as relações com os meios de comunicação social;
b) Prestar assessoria técnica no domínio das relações nacionais e internacionais, nomeadamente através da elaboração de pareceres sobre os acordos de colaboração a estabelecer com outros países;
c) Desenvolver acções de cooperação, no âmbito da protecção e socorro, com outros países;
d) Participar nos programas de actividades de protecção e socorro das organizações internacionais.

2 – O Gabinete de Relações Públicas e Internacionais é coordenado por um técnico superior.

Artigo 35.º
Gabinete de Apoio ao Voluntariado

1 – Compete ao Gabinete de Apoio ao Voluntariado:

a) Em articulação com a DSIP, promover junto das escolas e da população em geral a divulgação da actividade dos bombeiros voluntários e do seu exemplo;
b) Promover sessões de esclarecimento sobre o papel e a importância que o voluntariado tem no desenvolvimento de acções de prevenção e socorro de pessoas e bens;
c) Difundir dados e estatísticas referentes aos bombeiros;
d) Promover iniciativas apelativas ao ingresso de novos voluntários nos corpos de bombeiros;
e) Emitir informações e instruções sobre o processo de inscrição de bombeiros voluntários;
f) Apoiar as associações de bombeiros voluntários na divulgação das virtualidades do voluntariado.

2 – O Gabinete de Apoio ao Voluntariado é coordenado por um técnico superior.

Capítulo III
Gestão financeira e patrimonial

Artigo 36.º
Princípios e instrumentos de gestão

1 – A gestão de recursos afectos à actividade do SNBPC rege-se pelas disposições legais e princípios de administração financeira aplicáveis e é baseada em:

a) Gestão por objectivos;
b) Controlo de custos e de resultados;
c) Sistema de informação integrada de gestão.

2 – Como instrumentos de gestão, o SNBPC utiliza, nomeadamente:

a) Plano anual de actividades;
b) Relatório anual de actividades;
c) Documentos de prestação de contas legalmente exigidos.

3 – O plano e o relatório de actividades são elaborados nos termos legais estabelecidos e tendo em conta a estratégia superiormente definida para o desenvolvimento do serviço.

Artigo 37.º
Orçamento e movimentação de fundos

1 – O orçamento é elaborado de acordo com o plano de actividades previamente estabelecido para o ano económico respectivo e no respeito pelos princípios de gestão definidos.
2 – Todas as receitas do SNBPC são depositadas na Direcção-Geral do Tesouro.

Artigo 38.º
Receitas do SNBPC

1 – Constituem receitas do SNBPC, para além das dotações atribuídas pelo Orçamento do Estado:

a) As receitas específicas atribuídas nos termos legais;
b) As importâncias das coimas aplicadas, dentro dos limites legalmente admissíveis;
c) Os subsídios e comparticipações atribuídos por entidades públicas e privadas, nacionais ou estrangeiras;
d) Subvenções, quotizações, doações, heranças ou legados de entidades e respectivos rendimentos;
e) O produto da venda de publicações;

f) Os rendimentos de bens patrimoniais adquiridos através do autofinanciamento do serviço;
g) A remuneração dos serviços prestados, nomeadamente estudos, pareceres, palestras, prelecções e conferências sobre temas de protecção civil e socorro;
h) As percentagens legalmente atribuídas sobre os prémios de seguro contra o fogo e de transporte de mercadorias perigosas, incluindo o seguro de carga e o seguro das viaturas especificamente destinadas a este tipo de transporte, e sobre o valor dos prémios de seguros agrícolas e pecuário;
i) Quaisquer outras receitas que lhe sejam atribuídas por lei, regulamento, contrato ou outro título válido.

2 – As entidades seguradoras devem cobrar as percentagens previstas na alínea h) do número anterior conjuntamente com os prémios de seguro.

3 – A cobrança, o depósito e o controlo das receitas são feitos nos termos da legislação aplicável aos organismos integrados.

Artigo 39.º
Encargos do SNBPC

Constituem encargos do SNBPC:

a) As despesas decorrentes do funcionamento dos seus órgãos e serviços, bem como as despesas resultantes da sua participação na Escola Nacional de Bombeiros;
b) Apoio financeiro ao investimento e à aquisição e manutenção de material e equipamento necessário para o combate a incêndios e para outras formas de socorro cometidas aos corpos de bombeiros;
c) Atribuição de subsídios e prémios relacionados com acções de socorro e funcionamento dos corpos de bombeiros, bem como a preparação e formação contínua do respectivo pessoal, dentro das disponibilidades orçamentais do serviço.

Artigo 40.º
Património

1 – O património do SNBPC é constituído pelos bens e direitos recebidos para o exercício da sua actividade ou adquiridos através dela.
2 – O SNBPC administra e dispõe dos bens que integram o seu património.

Capítulo IV
Do pessoal

Artigo 41.º
Quadro de pessoal

1 – O quadro de pessoal dirigente do SNBPC é o constante do mapa anexo ao presente diploma, do qual faz parte integrante.
2 – O quadro do restante pessoal do SNBPC é aprovado por portaria conjunta dos Ministros das Finanças e da Administração Interna no prazo de 90 dias após a publicação do presente diploma.
3 – A distribuição do pessoal pelos serviços do SNBPC é feita por despacho do presidente, tendo em consideração a experiência profissional e a natureza das funções a exercer.

Artigo 42.º
Recrutamento de coordenadores

1 – O recrutamento de coordenadores é feito, mediante concurso, de entre indivíduos, vinculados ou não à Administração Pública, que reúnam uma das seguintes condições:

   a) Possuírem licenciatura e experiência profissional adequadas ao exercício daquelas funções;

b) Serem comandantes de bombeiros com, pelo menos, três anos de serviço efectivo nas respectivas funções;
c) Terem exercido cargos dirigentes, na área de inspecção, nos serviços extintos durante mais de três anos.

2 – A abertura do concurso é autorizada por despacho do Ministro da Administração Interna.

ARTIGO 43.º
Provimento dos coordenadores

O provimento dos coordenadores é feito, por despacho do Ministro da Administração Interna, em comissão de serviço por um período de três anos, que poderá ser renovada por iguais períodos, aplicando-se às respectivas cessação e suspensão o regime previsto na Lei n.º 49/99, de 22 de Junho.

ARTIGO 44.º
Serviço de prevenção e turnos

1 – É assegurada a permanência no serviço de pessoal da área das telecomunicações em regime de turnos, de acordo com a lei geral.

2 – Para acorrer a situações de emergência, existe um regime de prevenção, que tem lugar todos os dias úteis fora do horário normal e aos sábados, domingos e feriados, assegurado em regime de turnos por pessoal designado por despacho do presidente.

ARTIGO 45.º
Dever de disponibilidade

1 – O serviço prestado no SNBPC é de total disponibilidade, pelo que o pessoal ali em funções não pode, salvo motivo excepcional devidamente justificado, deixar de comparecer ou permanecer no serviço

em caso de iminência ou ocorrência de acidente grave, catástrofe ou calamidade.

2 – A inobservância do dever previsto no número anterior implica responsabilidade disciplinar nos termos da lei.

Artigo 46.º
Identificação

1 – A identificação do pessoal do SNBPC é feita mediante a apresentação de cartão próprio, sendo do modelo A o destinado ao pessoal dirigente, de coordenação e inspecção e do modelo B para o restante pessoal.

2 – Ao pessoal dirigente, de coordenação e inspecção, no exercício das suas funções, é facultada a livre entrada nos estabelecimentos e locais pertencentes ao sector público, privado ou cooperativo.

3 – O presidente do SNBPC, quando as circunstâncias e o tipo de funções o justificarem, pode autorizar a emissão do cartão de identificação do modelo A a outro pessoal do SNBPC.

4 – Os modelos de cartões de identificação referidos nos números anteriores são aprovados por despacho do Ministro da Administração Interna.

Capítulo V
Disposições finais e transitórias

Artigo 47.º
Conta de emergência

1 – Com a entrada em vigor do presente diploma é extinta a conta especial de emergência criada pelo Decreto-Lei n.º 231/86, de 14 de Agosto, com as alterações introduzidas pelo Decreto-Lei n.º 316/99, de 18 de Agosto, transitando os saldos apurados para a rubrica específica

«Outras despesas correntes – Encargos de emergência com calamidades», a inscrever no orçamento do SNBPC, sendo financiada através das receitas gerais e do autofinanciamento.

2 – As despesas de emergência decorrentes de acções de socorro e assistência às populações atingidas por situações de catástrofe ou calamidade ficam dispensadas de formalidades nas seguintes condições:

a) Carecem de despacho do Ministro da Administração Interna;
b) Estão isentas de duodécimos;
c) São autofinanciadas pela receita que alimenta a conta especial.

3 – São receitas consignadas à rubrica referida no n.º 1:

a) Auxílios financeiros para o efeito concedidos ou postos à disposição do SNBPC por entidades públicas ou privadas, nacionais, estrangeiras ou internacionais, ou por pessoas singulares;
b) Eventuais saldos disponíveis no fim de cada ano económico do orçamento do SNBPC;
c) Subsídios, auxílios ou dotações extraordinárias de qualquer outra origem.

Artigo 48.º
Financiamento dos corpos de bombeiros

O modelo de apoio financeiro aos corpos de bombeiros será regulamentado por diploma próprio.

Artigo 49.º
Escola Nacional de Bombeiros

1 – Na prossecução dos seus fins, o SNBPC participa como associado na Escola Nacional de Bombeiros, associação de direito privado sem fins lucrativos, com autoridade pedagógica na formação e

aperfeiçoamento dos bombeiros e agentes de protecção civil portugueses.

2 – A participação do SNBPC é objecto de definição através de despacho conjunto dos Ministros das Finanças e da Administração Interna que estabelece as condições essenciais de que a mesma se reveste, nomeadamente financeiras.

3 – Os planos, os programas e o desenvolvimento das actividades formativas são estabelecidos pelos associados em conformidade com as necessidades e os recursos disponíveis.

Artigo 50.º
Transição do pessoal

1 – A transição do pessoal dos quadros do Serviço Nacional de Bombeiros e do Serviço Nacional de Protecção Civil para o quadro de pessoal do SNBPC faz-se nos termos da legislação em vigor, na mesma carreira, categoria e escalão.

2 – Os lugares de chefe de repartição são extintos, sendo os respectivos titulares reclassificados de acordo com a lei.

Artigo 51.º
Estágios e concursos pendentes

1 – Os concursos cujos avisos de abertura se encontrem publicados à data da entrada em vigor do presente diploma mantêm-se válidos para o novo quadro de pessoal.

2 – O disposto no número anterior é aplicável aos concursos que vierem a ser abertos até à entrada em vigor da portaria a que alude o n.º 2 do artigo 41.º.

3 – O pessoal que à data da entrada em vigor deste decreto-lei se encontre em regime de estágio mantém-se nessa situação até à conclusão do mesmo, devendo, consoante os casos e se necessário, ser nomeado novo júri ou elementos do júri.

Artigo 52.º
Transferência

1 – São transferidos para o SNBPC todos os direitos e obrigações, património e recursos financeiros pertencentes ao Serviço Nacional de Bombeiros, ao Serviço Nacional de Protecção Civil e à Comissão Nacional Especializada de Fogos Florestais.

2 – Os bens imóveis e os veículos automóveis excedentários ou subutilizados que integrem o património autónomo ou estejam afectos aos organismos mencionados no número anterior revertem para a Direcção-Geral do Património.

Artigo 53.º
Remissão

Todas as referências e remissões ao Serviço Nacional de Bombeiros, ao Serviço Nacional de Protecção Civil e à Comissão Nacional Especializada de Fogos Florestais constantes de qualquer diploma legal, ainda que sob a forma de regulamento, bem como todas aquelas constantes de acto ou contrato administrativo, passam a considerar-se feitas ao Serviço Nacional de Bombeiros e Protecção Civil.

Artigo 54.º
Extinção de serviços

1 – É extinto o Serviço Nacional de Bombeiros, criado pela Lei n.º 10/79, de 21 de Março.

2 – É extinto o Serviço Nacional de Protecção Civil, criado pelo Decreto-Lei n.º 78/75, de 22 de Fevereiro.

3 – É extinta a Comissão Nacional Especializada de Fogos Florestais, criada pela Resolução do Conselho de Ministros n.º 30/87, de 23 de Maio.

Artigo 55.º
Norma revogatória

São revogados:

a) O Decreto-Lei n.º 231/86, de 14 de Agosto, com a alteração introduzida pelo Decreto-Lei n.º 316/99, de 11 de Agosto;
b) O Decreto-Lei n.º 203/93, de 3 de Junho, com a redacção que lhe foi dada pelo Decreto-Lei n.º 152/99, de 10 de Maio;
c) O Decreto-Lei n.º 293/2000, de 17 de Novembro, com a redacção que lhe foi dada pelo Decreto-Lei n.º 209/2001, de 28 de Julho;
d) O Decreto-Lei n.º 296/2000, de 17 de Novembro, na redacção dada pelo Decreto-Lei n.º 209/2001, de 28 de Julho;
e) A Resolução do Conselho de Ministros n.º 23/2001, de 27 de Fevereiro.

Visto e aprovado em Conselho de Ministros de 7 de Fevereiro de 2003. – *José Manuel Durão Barroso – Maria Manuela Dias Ferreira Leite – Paulo Sacadura Cabral Portas – António Jorge de Figueiredo Lopes – Armando José Cordeiro Sevinate Pinto – José David Gomes Justino – Luís Filipe Pereira – Isaltino Afonso de Morais.*

Promulgado em 14 de Março de 2003.

Publique-se.

O Presidente da República, Jorge Sampaio.

Referendado em 17 de Março de 2003.

O Primeiro-Ministro, *José Manuel Durão Barroso*

Mapa Anexo
Quadro de pessoal dirigente do Serviço Nacional de Bombeiros e Protecção Civil

Pessoal dirigente	Número de lugares
Presidente	1
Vice-presidente	3
Inspector	1
Director de serviços	3
Inspector-adjunto	3
Chefe de divisão	10

ÍNDICE

Prefácio 7

Parte I
REFLEXÕES

REFLEXÕES (BREVES) TÉCNICO-JURÍDICAS SOBRE SEGURANÇA
INTERNA 11

§1.º Enquadramento Geral 11

§2.º Do Quadro Legislativo 13
    2.1. Da Lei de Segurança Interna e Diplomas Conexos 13
    2.2. Das medidas de polícia em especial 23
    2.3. Das leis orgânicas das forças e serviços de Segurança (brevíssimas considerações) 26

§3.º Breves Considerações Finais 27

UMA PERSPECTIVA SOBRE O SISTEMA DE SEGURANÇA INTERNA .. 29

§1.º Introdução 29

§2.º A Segurança Interna 30
    2.1. Domínios da actividade de Segurança Interna 33
        2.1.1. Domínio das informações 34

2.1.2. Domínio da Prevenção 36
2.1.3. Domínio da Ordem Pública.. 39
2.1.4. Domínio da Investigação Criminal................................. 40

2.2. O Sistema de Segurança Interna... 43
2.2.1. A Assembleia da República 44
2.2.2. O Governo 45
2.2.3. O Primeiro-Ministro... 45
2.2.4. O Conselho Superior de Segurança Interna 46
2.2.5. Gabinete Coordenador de Segurança............................ 47
2.2.6. As Forças e Serviços de Segurança................................ 50

2.3. O Relatório de Segurança Interna... 54

§3.º Considerações Finais 55

Parte II
LEGISLAÇÃO

Título I
SISTEMA DE SEGURANÇA INTERNA

LEI DE SEGURANÇA INTERNA
Lei n.º 20/87, de 12 de Junho, alterada pela Lei n.º 8/91, de 1 de Abril....   61

REGIMENTO DO CONSELHO SUPERIOR DE SEGURANÇA INTERNA
Resolução do Conselho de Ministros n.º 12/88, de 14 de Abril   75

NORMAS DE FUNCIONAMENTO DO GABINETE COORDENADOR DE
SEGURANÇA
Decreto-lei n.º 61/88, de 27 de Fevereiro, com as alterações introduzidas
  pelos Decreto-Lei n.º 51/96, de 16 de Maio e pelo Decreto-Lei
  n.º 149/ /2001, de 7 de Maio   83

SISTEMA NACIONAL DE GESTÃO DE CRISES
Decreto-Lei n.º 173/2004, de 21 de Julho..   91

Título II
LEIS ORGÂNICAS DAS FORÇAS E SERVIÇOS DE SEGURANÇA QUE EXERCEM FUNÇÕES DE SEGURANÇA INTERNA

GUARDA NACIONAL REPUBLICANA
  Decreto-Lei n.º 231/93, de 26 de Junho, Rectificado pela Declaração de rectificação n.º 138/93, de 31 de julho, alterado pelo DL n.º 298/94, de 24 de Novembro, pelo DL n.º 188/99, de 2 de Junho e pelo DL n.º 15/2002, de 29 de Janeiro 99

POLÍCIA DE SEGURANÇA PÚBLICA
  Lei n.º 5/99, de 27 de Janeiro, alterada pelo DL n.º 137/2002, de 16 de Maio 147

POLÍCIA JUDICIÁRIA
  Decreto-Lei n.º 275-A/2000, de 9 de Novembro, rectificado pela Declaração de Rectificação n.º 16-D/2000, de 30 de Novembro, alterado pela Lei n.º 103/2001, de 25 de Agosto, pelo DL n.º 323/2001, de 17 de Dezembro, pelo DL n.º 304/2002, de 13 de Dezembro, e pelo DL n.º 43/2003, de 13 de Março 225

SERVIÇO DE ESTRANGEIROS E FRONTEIRAS
  Decreto-Lei n.º 252/2000, de 16 de Outubro, alterado pelo DL n.º 290-A/2001, de 17 de Novembro.. 343

SISTEMA DA AUTORIDADE MARÍTIMA
  Decreto-Lei n.º 43/2002, de 2 de Março 401
  Decreto-Lei n.º 44/2002 de 2 de Março 409

SISTEMA DE AUTORIDADE DE AERONAÚTICA
  Instituto Nacional de Aviação Civil – INAC
  Decreto-Lei n.º 133/98, de 15 de Maio, alterado pelo Decreto-Lei n.º 145/2002, de 21 de Maio e pelo Decreto-Lei n.º 250/2003, de 11 de Outubro 431

SISTEMA NACIONAL DE FACILITAÇÃO E SEGURANÇA DA AVIAÇÃO CIVIL – COMISSÃO NACIONAL FAL/SEC
  Decreto-Lei n.º 322/98, de 28 de Outubro de 1998 465

Título III
SISTEMA DE INFORMAÇÕES DA REPÚBLICA PORTUGUESA

LEI QUADRO DO SISTEMA DE INFORMAÇÕES DA REPÚBLICA PORTUGUESA
Lei n.º 30/84, de 5 de Setembro, alterada pela Lei Orgânica n.º 4/2004, de 6 de Novembro 479

SERVIÇO DE INFORMAÇÕES E SEGURANÇA
Decreto-Lei n.º 225/85, de 4 de Julho, alterado pelo DL n.º 369/91, de 10 de Julho e pelo DL n.º 245/95, de 14 de Setembro 499

SERVIÇO DE INFORMAÇÕES ESTRATÉGICAS DE DEFESA NACIONAL
Decreto-Lei n.º 254/95 de 30 de Setembro 537

Título IV
SEGURANÇA NACIONAL

GABINETE NACIONAL DE SEGURANÇA E O RESPECTIVO SERVIÇO
Decreto-Lei n.º 217/97, de 20 de Agosto 575

SEGREDO DE ESTADO
Lei n.º 6/94, de 7 de Abril 581

Título V
LEGISLAÇÃO COMPLEMENTAR

REGIME DO ESTADO DE SÍTIO E DO ESTADO DE EMERGÊNCIA
Lei n.º 44/86, de 30 de Setembro 591

ORGANIZAÇÃO DA INVESTIGAÇÃO CRIMINAL
Lei n.º 21/2000, de 10 de Agosto, alterada pelo DL n.º 305/2002, de 13 de Dezembro 605

REGIME JURÍDICO DAS ACÇÕES ENCOBERTAS PARA FINS DE PREVENÇÃO E INVESTIGAÇÃO CRIMINAL
Lei n.º 101/2001, de 25 de Agosto 619

CONSELHOS MUNICIPAIS DE SEGURANÇA
Lei n.º 33/98, de 18 de Julho 625

LEI QUADRO QUE DEFINE O REGIME E FORMA DE CRIAÇÃO DAS POLÍCIAS MUNICIPAIS
Lei n.º 19/2004, 20 de Maio de 2004 631

REGIME JURÍDICO DO EXERCÍCIO DA ACTIVIDADE DE SEGURANÇA PRIVADA
Decreto-Lei n.º 35/2004, de 21 de Fevereiro de 2004 643

LEI DE BASES DA PROTECÇÃO CIVIL
Lei n.º 113/91, de 29 de Agosto, alterado pela Lei n.º 25/1996 675

SERVIÇO NACIONAL DE BOMBEIROS E PROTECÇÃO CIVIL
Decreto-Lei n.º 49/2003, de 25 de Março, alterado pelo Decreto-Lei n.º 97/2005, de 16 de Junho 695